John Nichols, Richard Gough

# A Collection of all the Wills, Now Known to be Extant, of the Kings and Queens of England

John Nichols, Richard Gough

**A Collection of all the Wills, Now Known to be Extant, of the Kings and Queens of England**

ISBN/EAN: 9783337069445

Printed in Europe, USA, Canada, Australia, Japan

Cover: Foto ©ninafisch / pixelio.de

More available books at **www.hansebooks.com**

A

# COLLECTION

OF ALL

# THE WILLS,

NOW KNOWN TO BE EXTANT,

OF THE

KINGS and QUEENS of ENGLAND,

PRINCES and PRINCESSES of WALES,

AND EVERY BRANCH OF THE BLOOD ROYAL,

FROM THE REIGN OF WILLIAM THE CONQUEROR,

TO THAT OF HENRY THE SEVENTH EXCLUSIVE.

WITH EXPLANATORY NOTES, AND A GLOSSARY.

LONDON:
PRINTED BY J. NICHOLS,
PRINTER TO THE SOCIETY OF ANTIQUARIES:
SOLD BY H. PAYNE, PALL-MALL; C. DILLY, IN THE POULTRY;
J. WALTER, CHARING-CROSS; N. CONANT, FLEET-STREET;
AND E. BROOKE, BELL-YARD, TEMPLE-BAR.
MDCCLXXX.

# PREFACE.

WHEN the great Sobieſki, to whoſe valour, not only Vienna, but the German empire, owed its preſervation from the Turkiſh power, was aſked in extremity to make his will, he laught in the face of the biſhop, who had been obliged to take the moſt round-about method to make the propoſal. "The misfortune of royalty," ſaid the King, recollecting himſelf, "is, that we are not obeyed while we are alive: and can it be expected we ſhould be obeyed after we are dead?"

Elective kings have not the power, and the kings of uncultivated northern nations have not the idea, of making proviſion for heirs, even though they are to ſink at once into a private rank.

The kings of England wanted no ſuch monitor: but, either from motives of juſtice or contrition, or in a miſtaken zeal to ſave their ſouls by a momentary good deed, we find moſt of them ready enough to engage in "the laſt great act of a wiſe man's life." The utmoſt of their ability was to diſpoſe of their great treaſures among their relations, ſervants, or eccleſiaſtics. The Conqueror bequeathed kingdoms; Henry II. money to monks and nuns; Henry I.

and

and III. Edward I. and III. money, jewels, houſehold furniture, and charitable legacies; the unhappy Richard II. in whoſe reign it ſeems to have been firſt allowed by authority of parliament to our kings, their heirs and ſucceſſors, to make their wills, and have them duly executed *, makes his teſtament in the ſpirit of the times, and at the eve of a revolution which he little ſuſpected, while the uſurper confeſſes his ſins with all the contrition he had need of. Henry V. expreſſes all the anxiety of a wealthy country gentleman about his lordſhips and manors; and his monkiſh ſon devotes his teſtament intirely to found and plan two colleges.

If from ROYAL we turn our eyes to NOBLE teſtaments, we ſhall find them conceived in nearly the ſame ſentiments. The care of ſepulture, debts, legacies, and charitable foundations, fill up the common outline †. Lady Clare, the foundreſs of Clarehall, Cambridge, ſeems to have completed that pious foundation in her life-time, only a

---

* " Fait a remembr', Qe les Prelatz, Seigñrs Temporels, & Communes, ſ'aſſenterent en plein Parlement, q̃ ſ̃re S̃r le Roi & ſes heirs & ſucceſſours Roys d'Engleterre purront franchement faire lour Teſtamentz, & q̃ execution purra eſtre faite d'icelles." Rot. Parl. 16 Ric. II. vol. III. n. 10. p. 301.

† The French biſhops, in the ſixteenth century, claimed a right to refuſe burial to perſons dying inteſtate, or without leaving a legacy to the church; and the relations of the deceaſed were obliged to make amends for the omiſſion. Saintfoix, Eſſais Hiſt. ſur Paris, I. 50.

legacy

legacy of £.40 to it appearing in her will. The gallant Prince of Wales enlarges on his tomb and his bed-furniture, within a month of his lingering death, as much as his brother of Gaunt does on his wardrobe, or the rich Cardinal of England on his plate. Henry Duke of Lancaster and Edward Duke of York founded colleges which have long fince given way to diffolution, while thofe two founded by Henry VI. with thofe which claim the " venerable Margaret" for their foundrefs fur- vive and flourifh as much as they furpafs them in utility, for the " increafe of virtue, and dilatation " of conning, and ftablifhment of Chriftian faith." Richard Earl of Arundel affords a ftriking picture of human vanity in the troublefome reign of Ri- chard II. and Edward IV's queen a perfect portrait of royal poverty.

This feries of mifcellaneous and different wills prefents us with many curious particulars. We learn from them more of the manners and private life of our illuftrious anceftors, fome new facts in their public hiftory, and feveral new defcents in their pedigrees. The profpect of death fets their lives in a new point of light. Such is the force of fuperftition, however the prefent age thinks itfelf above its reach, that the recommendation of the foul to half a dozen faints was fet up as a pallia- tive for a thoufand crimes. Men left their good

works

works to their laſt moments, died in the midſt of their ſins, with every vicious impreſſion deeply ſtampt on their ſouls, till purgatory or papal indulgence ſhould wear it out.

The language of theſe wills is the common language of the times, here attempted to be rendered intelligible by the help of thoſe excellent compendious Gloſſaries of old French, publiſhed by Monſ. Borel*, Monſ. Laccombe, and Mr. Kelham, and the more extenſive Latin one of Du Cange †.

The forms of the bequeſts are preciſe and nervous, unincumbered with the truſts and deviſes of modern times, more advantageous to lawyers than teſtators. They breathe the ſpirit of an age when the moſt important grants and charters were compriſed in ſlips of parchment not ſix inches ſquare, atteſted by a croud of witneſſes who ſeldom wrote their names.

The prerogative of the archbiſhop of Canterbury in teſtamentary matters extends to the probate of granting adminiſtrations, and all cauſes thereon depending, where the parties deceaſed were poſſeſſed of *bona notabilia* (that is, effects to the value of five pounds) in different dioceſes, within his province,

---

* Treſor de Recherches et Antiquitez Gauloiſes et Françoiſes, 4to, Paris, 1655.

† In the will of Philippa Ducheſs of York, 1330, ſome words abſolutely Engliſh have crept in.

except

except in the diocese of London, where it is ten pounds by antient composition, and this will account for so many of the wills here printed being extant in the Archiepiscopal Registry at Lambeth.

These and the registers of the different sees, which have hitherto been generally considered as mere records of institution, endowments, or other ecclesiastical matters, have in various instances preserved many curious particulars of our national history. The Black Prince's letter to the Bishop of Worcester, published from his register in Archæol. I. p. 212. may be considered as a Gazette account of the battle of Poitiers. Innumerable wills, of which this small sample is here presented to the curious, deserve to be published*, at least in abstract; as Sir William Dugdale has done†, throughout his Baronage. Le Neve mentions two recorded upon the Clause Rolls‡, where great numbers are preserved.

Abusing the sacred trust of testamentary disposition was one of the aggravated crimes of that egregious plagiarist and libeller Edmund Curll,

---

* See one of lady Eliz. Fitz Hugh, 1427, Ant. Rep. Nᵒ xxix.

† Sir William Dugdale supposes the will of Clifford implies a recantation of the errors, as he calls them, of Lollardism. He would have formed a judgment more candid, as well as more just, had he said the testator only spoke the general penitential language of wills.

‡ Blomefield's Norfolk, I. p. 677. Mr Becket the surgeon observed more wills in the Prerogative Office, relating to the county of Lincoln, than any other county. Stukeley's Itin. Cur. I. p. 25.

who overleapt all bounds that oppofed the intereft of the moment. The prefent Editor violates no confidence which the revolution of feven centuries has not made the property of the publick. Ambitious to contribute his mite to that fpirit of hiftoric inveftigation that diftinguifhes the prefent age, he is confcious of the incompetency of his fubject to yield him much beyond the fame of an Antiquary, while he prefents his countrymen with a feries of wills made by our Sovereigns, or the feveral collateral branches of the royal families ; fome taken from the parliamentary regifters and public records, and moft * of the others tranfcribed from the archiepifcopal regifters at Lambeth under the immediate infpection of the prefent librarian, by whom the proof-fheets were in part revifed, and the whole illuftrated with notes and a gloffary by other learned friends.

*March 27, 1780.*             J. N.

---

* The will of John of Gaunt, having been depofited at Lincoln, is faithfully copied from the regifter of his fon Bp. Beaufort, who enjoyed that fee from 1397 to 1405, when he was tranflated to Winchefter, which he held till 1447.

ROYAL

# ROYAL AND NOBLE WILLS.

Edward

[ x ]

*Lately publifhed,*

The Will of King Henry the Seventh; with an Hiftorical Preface, by
Thomas Aftle, Efq.

ROYAL

# ROYAL WILLS.

## WILLIAM THE CONQUEROR.

THE Conqueror's will confifted only of a diftribution of all his wealth among the churches, clergy, and the poor, the precife fums which he bequeathed to each being fet down by notaries from his mouth, on his death-bed, where he made a long and pathetic fpeech about his affairs and fucceffors in his different dominions. He was particularly liberal to the clergy of Mantes, whofe churches he had burnt. To his younger fon Henry he left 5000 £. of filver; to his eldeft fon Robert, Normandy *; and to his fecond fon William, the crown of England.

" Sapiens heros in futurum fibi multifque commoda facere non diftulit, omnefque thefauros fuos ecclefiis et pauperibus, Deique miniftris diftribui præcepit. Quantum vero fingulis dari voluit callide taxavit, & coram fe defcribi a notariis imperavit. Clero quoque Mandantenfi fupplex ingentia dona mifit, ut inde reftaurarentur ecclefiæ quas combufferat."

* See Lord Lyttelton's obfervations in this bequeft in his Hiftory of Henry II. vol. I. p. 77, 8vo.

" Duca-

"Ducatum Normanniæ antequam in epitumo * Senlac contra Heraldum certaffem Roberto filio conceffi quia primogenitus eft. Conceffus honor nequit abftrahi.— Robertus habebit Normanniam, et Gulielmus Angliam.

Henricus junior filius ut nihil fibi de regalibus gazis dari audivit mœrens cum lacrymis ad regem dixit, Et mihi, pater, quid tribuis ? Cui rex ait, quinque millia libras argenti de thefauro meo tibi do."

Ord. Vitalis, l. vii. p. 656. 659.

ANNO 1087. Rex Gulielmus regnum devaftans Franciæ, caftrum nobile quod vocatur Maante combuffit, et ecclefias quæ ibi erant et plebem multam et duos fanctos anachoritas igni tradidit, quibus vifum non fuit & in tanto periculo deferere cellas fuas. Sed in ipfo redditu dirus dolor vifcerum apprehendit illum. Cum autem diem fibi mortis imminere fenfiffet, fratrem fuum Odonem Bajocenfem epifcopum et omnes quos in Anglia vel Normannia tenebat in vinculis relaxabat. Terras vero fuas fic divifit. Roberto primogenito fuo Normanniam ; Gulielmo fecundo filio fuo Angliæ monarchiam. Henrico thefauri copiam. Pro quo cum Robertus vendidiffet ei partem Normanniæ, thefauro habito, quod ei vendiderat abftulit. Rex igitur Gulielmus poftquam genti Anglorum præ-

---

* Epitumum, epitimium, are terms peculiar to Ordericus Vitalis for a *field*. Du Cange, in voc. *Senlac*, or *Sang Lac*, was the name given to the fpot where the decifive battle was fought between Harold and William. Camden Brit. Suffex.

fuiffet

fuiſſet viginti * annis, decem menſibus et 27 diebus, quinto idus Septembris die Jovis regnum cum vita reliquit, et Cadomi in eccleſiam S. Stephani quam ipſe a funda- mentis conſtruxerat ſepultus requieſcit. Uxor vero ſua Matildis abbaciam ſanctimonialium ibidem conſtruxit, ubi et ipſa requieſcit.

Walſingham Ypodigma Neuſtriæ, p. 440. in Camdeni Anglica Normannica fol. Francfort. 1603.

The diſpoſal of his eſtates between his three ſons, is re- corded in theſe few old rhimes ; in the continuation of Robert of Gloceſter, p. 335.

> He gaf his eldeſt ſon Normandy,
> And to the ſecund Engelond truly,
> To the thridde his goods menable ;
> This was holde ferme and ſtable.

Du Moulin + ſays he divided his treaſure among the churches, the religious, the ſecular clergy, and the poor, ſpecifying the exact ſums to each ; ſent to the clergy of Mantes a conſiderable ſum of money for the repair of the churches which he had burnt, with ſome lines which ſhewed the reality of his repentance, and his earneſt deſire to be remembered in their prayers.

---

* In the 22d year, according to Malmſbury.
+ Hiſt. Gen. de Norm. VII. p. 234.

The

The ſtately monuments of the Conqueror and of his
queen (deſtroyed by the Huguenots in the civil wars of
France, A. D. 1562) are ſucceeded by modern altar tombs,
which are engraven in Dr. Ducarel's Anglo-Norman
Antiquities, plates VI. and VII. where alſo (at p. 51.) is
a particular deſcription of the original monument erected
for the Conqueror by his ſon William Rufus.

THE immature death of WILLIAM RUFUS,
A. D. 1000. did not give him time to make any teſtamentary diſpoſition. His tomb in Wincheſter cathedral met
with the ſame treatment as his father's in our late civil
wars *. It is engraven in Sandford, p. 23. edit. 1677.
and in Gale's Antiquities of Wincheſter.

* Mr. Warton ſays, that " his tomb was opened by the rebels in the
" civil wars, who ſtole from thence the remains of a cloth of gold, a ring
" ſet with rubies, ſaid to be worth £.500. and a ſmall ſilver chalice."
*Deſcription of Wincheſter*, p. 90.

HENRY

# HENRY THE FIRST.

HENRY I. ordered his natural son Robert * to take £.60,000. out of his treafure in his cuftody at Falaife, and to diftribute gratuities and pay among his fervants and foldiers; and directed his body to be carried to Reading, where he had founded an abbey.

" Roberto filio fuo de thefauro quod idem fervabat Falefiæ fexaginta millia libras juffit accipere famulifque fuis atque ftipendiariis militibus mercedes et donativa erogare. Corpus vero fuum Reddingas deferri præcepit ubi coenobium cc monachorum in honore fanctæ et individuæ Trinitatis condiderat." Ord. Vit. l. vii. p. 901.

This king died at St. Denys, in the caftle and foreft of Lions, in Normandy, Dec. 4, 1135; and was buried at Reading abbey, where there are not now the fmalleft memorials of him.

---

* Earl of *Gloucefter*, the guardian of the kingdom, and able defender of the title of his fifter and nephew againft Stephen. He died in November, 1146. See his character admirably drawn by Lord Lyttelton, Vol. II. p. 148, &c.

STEPHEN

STEPHEN was too much of a foldier of fortune to have it in his power to make any bequefts. The kingdom was fettled for him the moment the right heir was able to affert his claim. He died at Dover, Oct. 25, 1154. His own and his queen's bodies * were torn out of their graves at Feverfham abbey, at the diffolution, for the fake of the lead of their coffins.

* *Weever* and *Stow*, the latter as quoted by *Lewis*, fpeak only of the king's body. *Lewis*, however, fpeaks of it as probable, that the bodies of the queen and Euftace their fon fhared the fame fate. Euftace died at St. Edmondfbury, Aug. 10, 1152. Maud, Stephen's queen, May 3, 1151. *Weever*.

HENRY

# HENRY THE SECOND.

"HENRICUS Dei gratia rex Angliæ, Dux Normanniæ et Aquitaniæ, comes Andegaviæ, Henrico regi,
et Ricardo, et Galfrido, et Johanni filiis suis; archie-
piscopis, episcopis, abbatibus, archidiaconis, decanis,
comitibus, baronibus, justiciariis, vicecomitibus, ministris,
& omnibus hominibus & fidelibus suis tam clericis quam
laicis tocius terræ suæ citra mare & ultra, salutem. Notum
vobis facio, quod apud Waltham, præsentibus episcopis
R. Wintoniensi et J. Norwicensi, & G. * cancellario filio
meo, et magistro Waltero [de] Constantiis archidiacono
Oxon. et Godefrido de Luci archidiacono de Derebi, & Ra-
nulfo de Glanvilla, et Rogero filio Reimfridi, et Hugone
de Morewic, & Radulfo filio Stephani camerario, et
Willelmo Rufo, feci divisam meam de quadam parte pe-
cuniæ meæ in hunc modum: domui militiæ templi Jerusalem MMMMM marcas argenti, domui hospitali Jerusalem
MMMMM marcas argenti; et ad communem defensionem
terræ Jerosolimitanæ MMMMM marcas argenti, per manum magistrorum templi et hospitalis Jerusalem & visum
eorundem habendas; præter pecuniam illam quam prius
prædictis domibus templi et hospitalis commiseram cus-
todiendam; quam similiter dono ad defensionem ipsius
terræ Jerosolimitanæ, nisi eam in vita mea repetere voluero;
et aliis domibus religiosis tocius Jerosolimæ, et leprosis et

---

* Geoffrey son of Henry II. by fair Rosamond. He was archdeacon and
bishop of Lincoln, chancellor of England, and archbishop of York 21 years.
He died 1213. Sandford, p. 71, 72.

inclusis

inclufis et heremitis ejufdem terræ MMMMM marcas argenti, dividendas per manum patriarchæ Jerufalem, & vifum epifcoporum terræ Jerofolimæ, et magiftrorum templi
et hofpitalis; domibus religiofis Angliæ, monachorum,
canonicorum, fanctimonialium, & leprofis, et inclufis, &
heremitis ipfius terræ MMMMM marcas argenti, dividendas
per manum et vifum [1] R. archiepifcopi Cant. et [2] R. Winton'
et [3] B. Wigorn' et [4] G. Elyen' et [5] J. Norwic' epifcoporum,
et Ranulfi de Glanvilla jufticiarii Angliæ; domibus religiofis Normanniæ, monachorum, canonicorum fanctimonialium, et inclufis, et heremitis ejufdem terræ MMM marcas
argenti, dividendas per manum et vifum archiepifcopi
Rothomagenfis, et Baiocenfis, et Abrincenfis, et Sagienfis,
et Ebroicenfis epifcoporum; domibus leproforum ipfius
ccc marcas argenti per manum et vifum prædictorum
dividendas; monialibus Moretoniæ c marcas argenti;
monialibus de Viliers extra Faleifiam c marcas argenti;
domibus religiofis terræ comitis Andegaviæ patris mei,
exceptis fanctimonialibus de ordine fontis Ebraldi, M marcas argentis per manus epifcoporum Cenomannenfis et
Andegavenfis dividendas; ipfis autem fanctimonialibus
Fontis Ebraldi, et domibus ipfius ordinis, MM marcas argenti, dividendas per manum et vifum abbatiffæ Fontis
Ebraldi; fanctimonialibus fancti Sulpicii Britanniæ c
marcas argenti; domui et toti ordini Grandis Montis

---

[1] Richard prior of Dover, immediate fucceffor of Thomas Becket.
[2] Richard Topclive, al. More, al. de Ivelcheſter.
[3] Baldwin abbot of Ford.
[4] Galfridus Rydall, archdeacon of Canterbury,
[5] John Oxford, archdeacon of Salifbury.

MMM marcas argenti ; domui & toti ordini de Chartufa MM marcas argenti ; domui Ciftertii et omnibus domibus ipfius ordinis, exceptis domibus ejufdem ordinis quæ in terra mea funt quibus divifam meam feci, MM marcas argenti, dividendas per vifum et manum abbatis Ciftertii et Clarevallis ; domui Cluniaci M marcas argenti, præter hoc quod eidem domui accommodavi, quod ei perdono nifi in vitâ mea repetere voluero ; domui Majoris Monafterii * perdono M marcas argenti quas ei commodavi, nifi eas in vita mea repetere voluero ; fanctimonialibus de Maitilli c marcas argenti ; domui de Præmonftrato et toti ordini, exceptis domibus ejufdem ordinis quæ in terra mea funt, cc marcas argenti ; domui de Arrodis et toti ordini, exceptis domibus ejufdem ordinis terræ meæ, c marcas argenti ; ad maritandas pauperes et liberas fœminas Angliæ quæ carent auxilio, ccc marcas auri, dividendas per manum et vifum R. Wintonienfis, et B. Wigorn', et G. Elyenfis, et J. Norwicenfis epifcoporum, et Ranulfi de Glanvilla ; ad maritandas pauperes et liberas fœminas Normanniæ quæ carent auxilio, c marcas auri, dividendas per manum et vifum Rothomagenfis archiepifcopi, et Baiocenfis et Abrincenfis, et Sagienfis, et Ebroicenfis epifcoporum ; ad maritandas [pauperes] et liberas fœminas de terra comitis Andegaviæ patris mei c marcas auri, per manum et vifum Cenomannenfis et Andegavenfis epifcoporum dividendas. Hanc autem divifam feci imprædicto loco anno incarnationis Domini MCLXXXII. Quam

* Marmonftier.

C                                    vobis

vobis filiis meis per fidem quam mihi debetis et facramentum quod mihi juraftis, præcipio ut firmiter et inviolabiliter teneri faciatis; et quod fuper eos qui ipfam fecerint manum non apponatis; et quicunque contra hoc
venire prefumpferit, indignationem et iram omnipotentis
Dei, et maledictionem ipfius Dei et meam incurrat. Vobis
etiam archiepifcopis et epifcopis mando, ut per facramentum
quod mihi feciftis, et fidem quam Deo et mihi debetis,
in fynodis veftris follempniter accenfis candelis excommunicetis et excommunicare faciatis omnes illos qui hanc
divifam meam infringere præfumpferint: et fciatis quod
dominus papa hanc divifam meam fcripto et figillo fuo
confirmavit fub interminatione anathematis."

Ex antiquo Cod. MS. Feodorum militum Angliæ penes
Remem. Regis, fol. 1. Habet hunc titulum five rubricam,

" Hoc eft Teftamentum illuftriffimi Regis Henrici Se
" cundi Angliæ."

Printed in Madox's Formulare Anglicanum, p. 421.

This king died before the altar in the church at Chinon, July 7, 1189; and was buried at Font Evrauld in
Anjou. See his monument, and that of his queen Eleanor, in Sandford, p. 64. and Montfaucon, Monumens de
la Monarchie Françoife, II. pl. xv. Alfo by G. Vertue, in
Rapin's Hiftory of England.

RICHARD

Since this Will was printed, we have difcovered a
clofe Tranflation of it into old Englifh in PETER
LANGTOFT's Rhyming Chronicle, publifhed by
HEARNE, Vol. I. p. 135—137. The Author
lived about the Time of Edw. I. or II.

THAN faid Sir Henry, nedes burd him wende [a]
To France & Normundie, to witte a certeyn ende.
At Parys [b] wild he be, at ther parlement.
Ther wille wald [b] he fe, to what thei wild [b] confent.
At the duzepers [c] the fothe wild he wite,
And on what maners, & wharto he fuld lite,
And whedir thei wild to werre, or thei wild nouht,
Or alle in luf fperre [d] that thing that thei had wrouht.
He fauh wele bi figne, he drouh [e] faft tille [f] elde [g],
Long myght he not regne, ne on his lif belde [h].
Wherfor Henry faid he wild, or he went,
That the fumme wer laid of his teftament.
Lifte & I falle rede the parcelles what amountes,
If any man in dede wille kefte in a countes [i].

*De teftamento Henrici fecundi, faƐto apud Waltham, per totum.*
SEX thoufand marke tille Acres did he fend.
Ageyn his comyng thidere, bi marchandz fo he wend [k].
Fifty thoufand marcs had he lent abbeis,
That wer in pouerte, up tham forto reife.
Alle that was gyuen, & befor hand lent,
That was not in cofre, whan he mad teftament.

[a] Go. [b] Would. [c] The 12 peers. [d] In peace examine. [e] Drew. [f] To.
[g] Old age. [h] Build, reckon. [i] Caft up the account. [k] Wened, thought.

C 2                                                      Of

Of that that was in cofre, & in his cofines [1],
He mad his teftament, als did other pilgrimes.
To Waltham gede the kyng, his teftament to make,
And thus quathe [m] he his thing, for his foule fake.
To temples * in Acres he quath [m] fiue thoufand marke,
And fiue thoufand to the hofpitale +, for thei were in karke [n].
To the folk that duelled, Acres for to fende [o],
Other fiue thoufand marke he gaf tham to fpende.
Tille other houfes [p] of the cuntre fiue thoufand marke he gaf,
Tille heremites & tille feke [q] men, & other of fuilk raf [r].
Tille monkes & to chanons [s], that were in Inglond,
Fiue [t] thoufand marke refceyued thei of his hond.
To tho of that religion, that were in Normundie,
Fiue thoufand mark unto ther treforie.
And to mefelle [u] houfes of that fame lond,
Thre thoufand mark unto ther fpenfe he fond [x].
To ladies of habite, Vilers & Mortayn [y],
He gaf tuo hundreth mark, I trowe thei were fayn [z].
To tho religioufes that were in Gafcoyne [a],
He gaf a thoufand mark, withouten effoyne [b].
To tham of Founz Eberard [c], ther his body lis,
He gaf tuo thoufand mark, tho ladies of pris [d].

---

[1] *Cephinus*, cheft.  [m] Bequeathed.  * The knights templars.  + The knights hof-
pitalers.  [n] In charge. Hearne.  [o] Defend.  *Ad communem defenfionem terræ Jerofo-
limitana.* Latin Will.  *Acres* in this poetical will is fynonymous with Jerufalem or the
Holy Land.  [p] Religious houfes in Jerufalem and the Holy Land.  [q] *Leprofi.*
[r] Such mean condition. Hearne.  [s] And to other religious houfes and hofpitals, adds
the Latin Will.  [t] Three. Lat. Will: perhaps to be correfted from this.  [u] Houfes
of *lepers.*  [x] Found.  [y] To the Nuns of Viliers and Mortayne each 200 marks.
See Alien Priories, II. 49. I. 156. The latter of thefe houfes was founded by
Henry's great uncle, Robert earl of Mortain, 1082.  [z] Glad.  [a] *Monialibus terræ
comitis Andegaviæ patris mei.*  [b] Excufe.  [c] Fontevrauld.  [d] Though the religious in
it were women of rank or fortune. See Alien Priories, II. 69.

4

To the ladies of Bretayn, men calle Seynt Suplice [e],
He gaf a hundreth mark, to mend ther office [f].
To the houſes of Chartres [g] tuo thouſand mark bi counte,
And thre thouſand mark to the ordre of Grant mounte [h].
To the ordre of Ciſteaus [i] he gaf tuo thouſand mark,
The ordre of Clony [k] a thouſand, to lay up in arke [l].
The ordre of Premonſtere [m] tuo hundreth mark thei had.
To the ladies of Markayne [n] a hundreh mark thei lad [o].
To the houſes of Arroys [p], that ere bigond the ſe,
Tuo [q] hundreth mark thorgh [r] teſtament gaf he.
To women of Inglond, of gentille lynage [s],
A hunderth mark of gold, to ther mariage.
To gentille, & tille other [s], that were in Normundie,
A hundreth mark of gold thei had to ther partie [t].
To gentille women of Aniowe [u], of non auancement [x],
A hundreth mark of gold unto tham was ſent.
Withouten this teſtament that he did writen,
And the grete trefore tille Acres was witen,
And that he lent religiouſe to bring tham aboue [y],
Fourty thouſand mark [z] he gaf for Gode loue.

Whan the kyng Henry had mad his teſtament,
He dight his oſte redy [a], & to Parys went.

[e] St. Sulpice in Brittany. [f] Stock, income. [g] Charter-houſe. [h] Grandmont near Rouen, founded by this prince. See Alien Priories, II. 30. [i] *Citeaux*, Ciſtercians. [k] Clugni. [l] *Arca*, coffer. [m] Premonſtratenſes. [n] Marmoutier *Majoris Monaſterii*. Alien Priories, II. 131. Why called *Markayne* does not appear. [o] They carried, *on porta*. This was money lent and forgiven them. Lat. Will. [p] *Dominus de Arrodis & toti ordini*. Q. Canons of Arroaſia, a reform of the Auguſtin order by St. Nicholas of Arroaſia in Artois about 1090, of which there were five houſes in England. See Stevens, Mon. II. 149. Tanner, Not. Mon. pref. p. xviii. [q] One. Lat. Will. [r] By. [s] *Pauperes & liberæ*. Lat. Will. [t] Portion, ſhare. [u] Anjou. [x] Poor. [y] To raiſe them. [z] The total amount is 45,000 marks. [a] Made his army ready.

# ELEANOR

## QUEEN OF HENRY II.

IT appears by the Patent Rolls of her son John that this Queen had licence to make a will. Whether she made it has not yet appeared.

Quod Alienora regina Angliæ faciat teftamentum fuum.

Pat' de anno 4° Johannis, p. 29.

Rex omnibus ad quos prefentes literæ pervenerint falutem. Sciatis quod conceffimus dominæ Alienoræ reginæ Angliæ matris noftræ quod ipfa faciat racionabile teftamentum fuum de reditu fuo ad terminum Sancti Michaelis proximo futuro regni noftri anno quarto. Tefte meipfo apud Rothomagum vicefimo fecundo die Julii [*].

This Princefs was eldeft daughter and heir of William 9th duke of Aquitaine, by Eleanor of Chaftelheraut, the divorced wife of Lewis VII. king of France. She was the prime caufe of thofe bloody wars which continued fo long

---

[*] Ex libro pen. Tho. Aftle arm. de tranfcriptu Rotulor. Pat. et Clauf. necnon aliorum munimentorum Regum Angliæ. Printed at the end of the fecond edition of the Liber Niger Scaccarii, 1771. vol. II. p. 805.

between

between England and France; and after having feen three of her fons fucceffively enjoy the crown of England, fhe died in the caftle of Mirabel in Anjou, June 26, 1202, and was buried at Font Evraud, where her figure is ftill to be feen, lying by her hufband, as before defcribed. Sandford, p. 60.

# RICHARD THE FIRST.

WHEN Richard I. was pronounced paſt recovery of his wound, 1199, he bequeathed to his brother John his kingdom of England, and all his other territories, and made all preſent take the oath of allegiance to him. He ordered that his caſtles ſhould be delivered to him, and three parts of his treaſure: and all his jewels he deviſed to his nephew * Otho emperor of Germany, and directed that the remaining fourth of his treaſures ſhould be diſtributed among his ſervants and the poor. He directed that his brains, his blood, and his entrails, ſhould be buried at Charrou [Chaluz], his heart at Rouen, and his body at Font Evraud, at the feet of his father.

" Cum autem rex de vita deſperaret, diviſit Johanni fratri ſuo regnum Angliæ et omnes alias terras ſuas; et fecit fieri prædicto Johanni fidelitates ab illis qui aderant; et præcepit ut traderentur ei caſtella ſua et tres partes theſauri ſui, et omnia baubella ſua diviſit Othoni nepoti ſuo regi Alemannorum, et quartam partem theſauri ſui, præcepit ſervientibus ſuis et pauperibus diſtribui. Deinde præcepit rex ut cerebrum et ſanguis et viſcera ſua ſe-

---

* Otho IV. emperor of Germany was ſon of Maud ſiſter of Richard I. married to Henry V. ſurnamed the Lion, duke of Saxony and Bavaria. Sandford, p. 69.

pelirentur

pelirentur apud Charrou, et cor fuum apud Rothomagum, et corpus fuum apud Fontem Ebraudi ad pedes patris fui."

Hoveden, Annal. p. 449, 450. 1596.

This king died at Gizors, April 6, 1199. His body was buried at Font Evraud in Anjou; fee his monument in Sandford, p. 64. and in Montfaucon, Mon. de la Monar-chie, Franc. II. pl. xv. Alfo by G. Vertue, in Rapin's History of England. His heart was buried at Rouen; his monument, and that of his fecond wife Elizabeth, is engraven in Montfaucon, ubi fupra, and copied in Dr. Ducarel's Anglo-Norman Antiquities, pl. 2. as is alfo the effigies of Berengera his wife, taken from her tomb in the abbey of L'Efpan near Mons, where fhe is interred.

KING

# KING JOHN.

EGO J. Dei gratia rex Anglie, dominus Hibernie, dux Norm' et Aquit', Com' Andegav', gravi infirmitate preventus, nec fufficiens ad tempus infirmitatis mee currere per fingula, ut teftamentum meum de fingulis rebus meis condam ; ordinationem et difpofitionem teftamenti mei fidei et difpofitioni legitime committo fidelium meorum fubfcriptorum, fine quorum confilio etiam in bono ftatu conftitutus nullatenus imprefentia eorum ordinarem : ut quod ipfi fideliter ordinaverint et difpofuerint de rebus meis, tam in fatisfactione facienda Deo et fancte ecclefie de dampnis et injuriis eis illatis, quam in fuccurfu faciendo terre Jerofolimitane, et fuftentatione preftanda filiis meis pro hereditate fua perquirenda et defendenda, et in remuneratione facienda illis qui fideliter nobis fervierunt, et in diftributione facienda pauperibus et domibus religiofis pro falute anime mee, ratum fit et firmum. Peto etiam, ut qui confilium et juvamen eis fecerit ad teftamentum meum ordinandum, gratiam Dei percipiat et favorem. Qui autem ordinationem et difpofitionem fuam infregerit, maledictionem et indignationem. omnipotentis Dei et beate Marie, et omnium fanctorum incurrat. Imprimis igitur volo, quod corpus meum fepeliatur in ecclefia Sancte Marie et Sancti Wulftani de Wigorn.

gorn. Ordinatores autem et difpofitores tales conftituo:
dominum G. Dei gratia titulo Sancti Martini prefbiterum
cardinalem apoftolice fedis legatum, dominum ' P. Winton'
epifcopum, dominum * R. Ciceftrenfem epifcopum, dominum ' S. Wigorn' epifcopum, fratrem Aimericum de Sancta
Maura, W. Marefcallum comitem Penbroc', R. Com.
Ceftr', Willielmum Comitem de Ferrarris, Willielmum
Bruwne, Walterum de Lafey, et Johannem de Monemut,
Savaricum de Malo Leone, Falkefium de Breante.

Ex Originale penes Dec. et Cap. Wigorn'.

Printed in Thomas's Survey of the Cathedral of Worcefter, Appendix, N° 33.

He died at Newark, Oct. 19, 1216, and was buried
in Worcefter cathedral. See his Monument in Sandford,
p. 85. Thomas's Survey of Worcefter cathedral, p. 36.
and Stukeley's Itinerary, I. pl. XVIII. and by G. Vertue,
in Rapin's Hiftory of England. His bowels were buried
at Croxton-abbey. Green's Survey of Worcefter, p. 67.

¹ Peter de Rupibus.
² Richard Poore, afterwards bp. of Sarum.
³ Silvefter de Evefham, prior of Evefham.

HENRY

# HENRY THE THIRD.

IN nomine Patris et Filii et Spiritus Sancti, Ego Henricus, Dei gratia, Rex Angliæ, et Dominus Hiberniæ, Dux Normanniæ, Aquitanniæ, et Comes Andegaviæ, die Martis proxime poft feftum apoftolorum Petri et Pauli, anno gratiæ millefimo ducentefimo quinquagefimo tercio, apud Suthwyk proponens transfretare in Vafconiam, hujufmodi condo teftamentum meum. In primis, animam meam lego et commendo Deo, et * beatæ virgini matri fuæ, et † omnibus fanctis. Sepulturam corpori meo eligo apud ecclefiam beati Edwardi Weftmonafterii, eo non obftante, quod prius eligeram fepulturam apud Novum Templum Londoniæ. Cuftodiam vero Edwardi primogeniti filii mei et hæredis, et aliorum puerorum meorum, et ‡ regni mei Angliæ, et omnium aliarum terrarum mearum Walliæ et Hiberniæ et Vafconiæ, lego et committo illuftri reginæ meæ Alionoræ, ufque ad legitimam ætatem hæredum meorum; et totum aurum meum, præter § jocalia, lego in fubfidium terræ fanctæ, deportandum cum cruce mea per viros ftrenuos et fide dignos, per prædictam reginam et executores meos fubfcriptos eligendos. Et fabricam ecclefiæ beati Edwardi Weft-

---

* Beati, MS.  
‡ Reginæ mei MS.  
† Et et omnibus, MS.  
§ Jacalia, MS.

monafterii

monasterii lego et committo præfato Edwardo primogenito meo perficiendum; ad feretrum vero ipsius Edwardi beati perficiendum lego quingentas marcas argenti, percipiendas de * jocalibus meis per manus prædictorum reginæ et executorum meorum. Et de debitis meis sic volo et ordino, quod regina mea, hæredibus meis infra ætatem et in custodia ipsius reginæ existentibus, cum prædictis terris meis debita mea acquietet, quatenus potest, de exitibus prædictarum terrarum, salvis statu et continencia propriorum hæredum. Cum vero † idem hæredes ad ætatem legitimam pervenerint, totum residuum sive remanens eorundem debitorum acquietabunt. Satisfactionem vero obsequiorum militum, serviencium, et aliorum, quibus teneor, committo et injungo præfatis reginæ et Edwardo primogenito meo, ut eis, juxta merita obsequiorum, respondeant et retribuant. Crucem autem; quam dedit michi comitissa Canciæ, cum vestimento capellæ meæ albo, et cum imagine beatæ virginis ‡ argentea, parvo tabernaculo lego predictæ ecclesiæ beati Edwardi Westmonasterii; et aliam crucem auream, et vestimentum capellæ meæ, cum lapidibus preciosis et aliis pertinentibus ad capellam et imaginem beatæ Virginis auream, lego prædicto Edwardo primogenito et hæredi meo. Alia autem, in hoc testamento non expressa, committo et relinquo dispociffioni executorum meorum subscriptorum † videliced prefatæ

* Jacalibus, MS.                         † Sic.
‡ Argentei, MS.

Reginæ

Reginæ meæ, Bonefacii Cantuariæ archiepifcopi ; ' Ado-
mari Wintoniæ electi, et Ricardi comitis Cornubiæ, fratrum meorum ; Petri de Sabaudia, Johannis Maunfelle
præpofiti Beverlye, +Petri Chiceporm ‡ archediaconi Walliæ, Johannis prioris de Novoburgo, capellanis meis; Johannis de Gray fenefcalli mei, et Henrici de Wengham clerici mei. Ita quod ifti de fingulis, hic non expreffis, difponant, fecundum quod faluti meæ viderint expedire. Et
in hujus rei majorem evidenciam et firmitatem, figillum
noftrum præfenti fcripto in modum cirographi confecto
una cum figillis præfcriptorum fecimus apponi.

Printed in Liber Niger Scaccarii, vol. II. p. 532. publifhed by Hearne.

He died at his palace at Weftminfter, Nov. 16, 1272.
His heart was buried at Font Evraud in Anjou ; his
body in Weftminfter Abbey. See his Monument in Sandford, p. 92. and by G. Vertue, in Rapin's Hiftory of
England.

---

' Aymer de Valence, own brother to H. III. by the fecond marriage of
his mother with Hugh earl of March. He was elected by the king's intereft ;
but not confecrated till the year before his death, which happened 1261.
Godwin.

† Petro, MS.      ‡ Sic.

D         EDWARD

# EDWARD THE FIRST.

EN nun du Pere, du Fitz, e du Seynt Efprit, Amen. Nus Edward, einfne filz au noble Roy d'Engleterre, fefoms noftre teftament, en noftre bon fen, e en noftre bone memorie, le Samedis procheyn apres la Pentecoufte, en le an de noftre feygnur mil, deu cent, feptfaunt fecund, en cefte manere. En primes, nus divifoms a Deu, e a noftre dame Seinte Marie, e a tuz feyns noftre alme; et noftre cors enfeuelir, ou nos effeketurs, ceo eft a faver, fire Johan de Bretayne, fire William de Valence, fire Rog. de Clifford, fire Payn de Chautros, fire Roberd Tilotot, fire Otes de Grauntfon, Robert Burnett, et Antoyne Bek, o oukuns de eus aurunt deviffe: As queus nus donoms et grauntoms plener poer, ke il pufint ordiner por noftre alme, de tuz nos beyns, moebles e noun moebles, cum en rendre nos dettes, e redrecher les tort ke nus avoms fet par nus ou par nos baliz, et rendre a noftre gent' lur fervife, fulom ceo ke il verrunt ke bon feyt.

E por ceo ke nus favoms ben, ke noz moebles né purrunt pas fuffire a ceo vulums e otroms ke noz avaunt diz exfeketurs eyent plener poer, le quel nus les grauntoms fi avaunt ke nus pouns, de ordiner, et eftablir de tutes nos teres d'Engleterre, de Irelaunde, de Gafcoine, e de tutes nos autres teres, ke il en pufent ourir en memes la manere ke nus feymes quant eles furent en noftre meign, faunt

I                                  vendre

vendre ou doner, e en lur meyns tenir enſemblement o la
garde de nos enfaunz, uſque au plener age de eus, pur
noſtre teſtament acomplir, et nos aumones fere en Engletere, et aillurs ſulum ceo ke nos eſſeketurs verrunt ke ſeyt
a fere; as queus fere, nus ordinoms ceynt mille marcs.

Et, apres noſtre devis fet, et nos aumons acomplies,
volums ke les iſſues des avaunt dites teres, turnent au profit de noz enfaunz, e demurgent en les meyns des avaunt
diz exeketurs, juſkes a l'age de noz enfaunz avaunt
nomes.

Et, ſi aventure avenge ke noſtre ſeygnur rey, noſtre pere,
murge dedenz le age de nos enfauns (ke Deu defende) nos
voloms ke le reaume d'Engletere, et tutes les autres teres
ke porrunt eſchair a noz enfaunz, demorgent en les meyns
de nos eſſeketurs avaunt nomes, enſemblement oveſque
noſtre cher piere le Erceueſk de Everwyk, * e ſire Rog. e
oveſk autres prodes homes du reaume, ke il akondrunt ſi
meſtier ſeyt, juſkes al plener age de nos enfaunz ſus nomez,
e ke les iſſues avaunt dites teres ſeyent cuilliz, e gardez,
per les meyns de nos exſeketures avauntdiz, e liverez a nos
enfaunz, quant il ſerrunt de plener age a lur profiſt.

E, ſur ceo nus voloms e ordinoms ke deus, ou plus de
noz eſſeketurs, eyent poer de oyr nos acuntes, e de recey-
vere de tuz nos baliz, ou ke il ſeyent, devaunt noſtre departir d'Engletere.

E puis, ſe il ne poent muſter ke il eyent leal acunte ren-
due, et ſi nul de noz baliz ſeyt mort, ke ſes heirs ſeyent
tenuz a rendre la cunte pur luy.

* Walter Giffard, 1265—1279.

D 2. Endreyt

Endreyt de dowarie de noftre chere femme Alianore, volums ke ele eyt pleynement ceo ke fuſt nome quant nus les puſams, e ſi de ceo ne ſe tent pas a pae, nus voloms ke ele eyt ceo ke dreyt e ley la dorra, ſulom les uſages e le leys d'Engletere.

E voloms auſi ke la ou tuz noz eſſeketurs ne poirunt eſtre pur fere le execution de noſtre teſtament avaunt dit, ke quatre ou plus, en num des autrys, eyent poer pur eus, e pur les autrys, pur acomplir les choſes ſuſdites.

E pur ceo, priums a noſtre ſeynt pere l'apoſtle, ke il voyll ceſte choſe tenir, et fere tenir, e confirmer; e ke il voyle prier noſtre cher pere, ke il voyle tenir eſtable, e fere tenir, par tut ſon reaume, e tot ſon poer, quel part ke il ſeyt, les choſes avaunt nomes.

En teſtimoniaunce de la queu choſe, a ceo teſtament avoms fet mettre noſtre ſel, et avoms prie ſire Johan er-ceveſke de Sur, et vicarie de la ſeinte egliſe de Jeruſalem, et les honurables pers, frere Hue Revel, meſtre de l'Hoſ-pital, et frere Thomas Berard, meſtre du Temple, ke a ceſt eſcrit meis ent auſi lur ſeus, les quieus ſi le vut fet enſem-blement, o nos eſſeketurs avaunt nomes en teſmoiſnaunce des choſes ſus dites.

Done a Acre, le Samedy avaunt nome, le diſutime jur de Juen, l'an du regne le roy noſtre pere cinkaunt e ſine *.

RYMER's Fœdera, tom. I. p. 885.

* Edward was at Acres 1271, the fifty-*ſixth* and laſt year of his father's reign. Rapin III. 488, 489.

Whether

Whether the military tranſactions, and the revenge this great Prince was preparing to execute on the Scotch, when death overtook him at Burgh on Sands, in Cumberland, July 7, 1307, prevented him from making any teſtamentary diſpoſition after he came to the crown ; no other will of his has yet come to light. He was buried at the head of his father in Weſtminſter-abbey. See his Monument in Sandford, p. 136. and by G. Vertue in Rapin's Hiſtory of England, vol. I.

See alſo Sir Joſeph Ayloffe's account of his body, as it appeared on opening his tomb in the year 1774. Archæologia, vol. IV. p. 376.

It is more eaſy to account for the want of a will of his unhappy ſon and ſucceſſor EDWARD THE SECOND, who was murdered on the 25th of January, 1326, and buried in the monaſtery (now the cathedral) of St. Peter at Glouceſter. See his monument in Sandford, p. 151. and by G. Vertue in Rapin's Hiſtory of England, vol. I.

ELIZ.

# ELIZABETH DE BURGH,
## LADY CLARE.

Third daughter of Gilbert de Clare, laſt earl of
Gloucefter and Hereford of that name, and Joan
of Acres, daughter of Edward I.

She was foundreſs of Clare-hall, Cambridge, and married firſt to John de Burgh, who was ſon and heir of
Richard earl of Ulſter; and died 1313. ſecondly,
1315, to Theobald lord Verdon, who died next year,
10 E. II *. and laſtly to Roger Damory, baron of
Armoy in Ireland, who was attainted for taking part
with Thomas earl of Lancaſter, 15 E. II. but his life
was ſpared, and he died the ſame year. Elizabeth ſurvived him, and died Nov. 4, 1360. 34 E. III. leaving for
heir Elizabeth her grandaughter, by William de Burgh,
her ſon by her firſt huſband, who died in her life-time.
She was buried in the middle aile of Ware church, c.
Herts, with her third huſband. Weever (p. 544) has
preſerved this epitaph over them :

" Hic jacet Rogerus Damory, baro, tempore Edwardi
" Secundi, et Elizabetha, tertia filia Gilberti Clare,
" comitis Glouceſtriæ, et Johannæ uxoris ejus, filiæ
" Edwardi primi vocat. Johan de Acris ——†"

* Leaving her with child of a daughter, afterwards named Iſabel.
  Dugd. Bar. I. 474.
‡ Sandford, p. 141, 142. Chauncy, p. 216, 217.

Mr.

Mr. Salmon (Hertfordſhire, p. 247) ſays, that in his time there remained only the coronet; but there is now no memorial at all.

EN noun du Pére, du Fitz, et du Seint Eſpirit, Amen. Je Elizabeth de Burg, dame de Clare, ordeine et face mon teſtament et ma darreine volunte en ma pleine memoire le xxv jour de Septembr' l'an de l'Incarnation noſtre Seign'r l'hu Criſt' M. ccc. LV. en la fourme et maniere q'enſuyt. A de primes jeo deviſe m'alme a Dieu et a ſa douce miere Seinte Marie et a touz les Seintz du Ciel; et mon corps a la terre d'eſtre enterre a les ſoeres Menureſſes hors de Algate en Loundres. It'm je deviſe pur lumiere entour mon corps la veille et le jour de mon enterrement II c lb. de cire des queux jeo voel et ordeine q tut le ſurplus de la lumiere qe ſerra deſpendue graunt.* gree ſurra part a la place fus dite ſoit departi as povres eſgliſes environ ſolonc la diſcretion de mes executours. It'm je deviſe et ordeine en toles maneres deſpenſes aſaire pur mon corps enterer la veille et le jour de mon enterrement et pur la departiſon des povres meſme le jour III c. li. Et voel et ordeine q' mon corps ne demoerge de ſeu terre outre quinſ'ze jours apres mon deces, deinz queu temps je voel q' la ſolempnite de mon enterrement ſe face ſans plus outre delai. Et apres mon enterrement je voel et ordeine q' mes dettes

* Sic. Orig.

ſoient

ſoient primerement paies, et apres mes dites dettes renduz
et paies je voel a de primes qe les ſervices de mes ſervants
ſoient paies en manere q' enſuit ; primerement a Monſ'r
Nichol Dammory vi chargeours ᵃ, xii eſqueles ᵇ, i godet ᶜ d'argent ove covercle et i ſaler ᵈ d'argent.    A Rob't Mareſchal
xii eſqueles d'argent et ii cruet d'argent p'celle ſurorre ᵉ. A
Suſanne de Neketon, xii eſqueles d'argent ii cruets novels
d'argent, i mors ᶠ d'argent amaille ᵍ de mes armes, et ma meillour robe ove touz les garnementz. A Anne de Lexeden
xx li deſterlinges, i chaliz, i mors d'argent et maille ᵍ de
mes armes, xii eſqueles d'argent, et ma robe de noir ove
touz les garnementz.    A Elizabeth Torel un godet ʰ d'argent ove covercle kernelle, et ii bacyns d'argent ove tuelle ⁱ
amaillez en founs, et ma ſeconde meillure robe ove les garnements.    A Margarete Banchon iiii ewers d'argent et
ma tirce meillure robe ove touz les garnemens.    A Colmet
de Morlee et a Iſabel ſa femme i godet d'argent ſurorre ove
covercle kernelle, viii grant ſaufers, xxxvi meindres ſaucers, et a la dite Iſabel ma quartre mellure robe ove touz les
garnements.    A John de Southam' et a Agnes ſa femme
iiii pootz ᵏ d'argent, i godet d'argent i hanap' ˡ d'alabaſtre
h'noiſe ᵐ d'argent ſurorre, i petit bacyn d'argent du tour

---

ᵃ chargers.      ᵇ porringers.      ᶜ *godet*, a mug.
ᵈ ſaltſeller.      ᵉ *ſurdorre*, gilt.      ᶠ F. *morceau*.
ᵍ *emaille*, enamelled.      ʰ cup.      ⁱ *tuyau, conduit*, pipe.
ᵏ pots.      ˡ *coupe a boire*, cup.
ᵐ *harnoiſe*, mounted.

d'une

d'une efquele; et a la dite Agneis trois garnements de ma
quinte meillure robe, c'eft affavoir cote, furcote, et mantel de
Paone ⁿ. A Alifon de Wodeham vɪ plates d'argent, ɪ pou-
drer d'argent, et tut le remenant de ma fifme meillurs robe
outre ce q'eft devife a Johan de Horfelee come piert p' anal.
A Johanette Drueys vɪ plates d'argent, et ɪɪ quillers °d'argent furorrez, et ɪ quiller d'argent blank. It'm a departir
entre les dites Alafon et Johanette mes deux robes de tyrteyne. * A Sire Johan' de Lenne ɪ mafer ᵖ ove covercle hernoife d'argent furorre et kernelle, ɪ chaliz d'argent ɪ veftiment pur confeffours d'un drap de foye chekere ᑫ ove furrore,
l'apparail. A Sire Piers de Erefwell ɪ boefte d'argent furorre
amaille, ɪ chaliz, ɪ. poire des chaundelabres, ɪɪ bacyns, ɪ
benoit ʳ ove efperge, ɪ feyn ˢ et ɪ mors d'argent furorre ove
perrie ᵗ mes deux antiphoners d'un volum vieux, ɪɪ grayels
d'un volum vieux, ɪ veftiment d'un camoka ᵘ rouge et ynde ˣ
ove tut l'apparail, et vɪ furplis de ma chapelle des meillurs
q'il voudra ellire. A Sire Henry Motelot vɪ bacyns, ɪ plate
d'argent ove pee, ɪ veftiment d'un camoke rouge tanne
ove tut l'apparail, et ɪ mafer ove covercle hernoife d'argent
furorre. A Sire William de Mantonz ɪɪɪ pootz d'argent,
xv pieces d'argent, et ɪ efcalop d'argent. A frere John de

---

ⁿ Purple.     ° Q. efquiles, bells.
* Sorte de mauvaife etoffe qui a pris fon nom de Tyre, et dont on habille la
milice. Laccombe, Dict. du vieux langage François.
ᵖ A bowl.     ᑫ F. Chequer'd.
ʳ Holy water pot, with a fprinkler.
ˢ cloche, bell.     ᵗ Q. pierres, precious ftones.
ᵘ Sorte d'etoffe riche.     ˣ blue.

E                         Hafel-

Hafelbech v marcs. A frere Rob't de Wifebech v mars. A Sire William Albon le meillure de deux fengles vefti-ments de blank camoka. A Sire John de Chiph'm l'autre fengle veftiment de blank camoka. A Sire Edward Soth-word c s. A Sire Joh'n de Huntyngdon c s. A Sire Wil-liam de Berkwey un veftiment d'un camoca, le champ noir tanne ove tut l'apparail. A Sire William de Wykkewane 11 quillers d'argent, un poire de chandelabres d'argent ove vyz, et 1 hanap de beril h'noife d'argent furorre. A Sire William Ailmare c s. A Sire William de Ditton 1 boeft d'argent blank, 1 chaliz d'argent furorre, 11 cruets, 1 pees, 1 chandeler d'argent pur la feinte chaundele, 1 veftiment de camoca le champ noir. A Sire Henri Palmer 1 pees d'ar-gent furorre, xxxiiii quillers d'argent, 11 chargeours d'ar-gent, un veftiment palee de deux camoças ove tut l'apparel. A Sire William Coke LX s. A frere John L'eremyte 1 petit feyn d'argent, 1 quiller d'or et 11 ervers d'argent. A Sire John de Kireby LX s. A Richard de Waterden, LX s. A Joh'n de Clare xx li. d'efterlings. A John Bataile 11 cruets d'argent furorrez, 11 grant poots, et 11 meindres poots d'argent, et xii efqueles d'argent. A Rob't Fle-mengs, 11 ervers d'argent, et L efquele pur l'aumerie d'ar-gent ove le pee bien lee ʸ. A Johan de Horfelee, 111 garne-ments de ma fifme meillure robe c'eft affavoir cote, furcote, et mantel de paone. A Wauter de Kireby, 1 poire de bacyns d'argent, 1 benoiter, et 1 efperge d'argent furorre. A Ni-

ʸ broad.

5              cholas

cholas Nowers x li. A John Gough 1 ewer d argent p'-
celle furorre, et IIII godets d'argent. A Humfrei de Waleden, II chargeours d'argent, II plates ove pees p'celle
amailles d'une fuyte. A Thomas Charman, I ewer et XII
efqueles d'argent. A Richard de Kingefton, I petit poot
d'argent, I coupe de jafpre, I hanap d'argent plat. A Alifaundre Charman III poire des bacyns. A Richard de
Bufkeby I tablet, II chaufe poynts d'argent dont l'un furorre et I grant poot d'argent. A John le Meffag' c s. a
meftre Philip Lichet x marcs. A Eftephene Derby LX s.
A John de Knarefburgh xx marcs. A William Beneyt
II chargeours d'argent. A Richard de Wodeham c s. A
John Motelot I chandelabre p'tie d'argent, II benoiters, et
II efperges. It'm, a Thomas de Lynton LX s. It'm, a
Firmyn de Shropham XL s. A John de Henle XL s. A
Wauter de Colefhull c s. A William de Stone IIII li. A
Eftephene le Pelleter L s. A William de Coleceftre VI
godets d'argent. A Thomas Montjoye c s. A Thomas Scot
I bacyn et III ervers d'argent. A John le Lardiner x
marcs. A Hugh le Pullitier x marcs. A Richard le Paf-
teler LX s. A John de Dunmowe LX s. A Henri le Pul-
letier v marcs. A Cok Haveryngs IIII li. A John Brian
c s. A John Whitehened c s. A Joh'n Braceour c s. A
John de Rufhton c s. A John le Chaundeler I hanap
plat d'argent furorre, I ewerot ᶻ d'arg'. A Richard le Gayte

* Q. Little Ewer.

E 2

LX S.

LX s. A Richard le Charer IIII li. et le char as damoiseles ove le houce a ce appurtinant. A Jost'an Forester v marcs. A Richard Forrider LXX s. A Joh'n de Kent LX s. A Joh'n de Rineshale XL s. A Joh'n le Venour jadis demorant ovesq' moi XL s. A Richard de Waltham LX s. A Joh'n Parker de Southfrith XX s. A John Parker baillif de Erbury XL s. A Roger Garbedons C s. A Richard Segor C s. A Richard atte Pole XL s. A William Edward XL s. A Symon Parker de Trillek XL s. A Adam le Baker XL s. A William Gruffuth LX s. A Thomas Aylmer XX s. A Esmon Edward de Farnham XL s. A Joh'n Bacon baillifs de Burton XX s. A Nicholas Artour baillifs de Craneburn LX s. A John Goffe baillifs de Wyke XL s. A Thomas Palmer provost de Stoke Verdon C s. A Adam ap Wyllym baillif de Novelgraunge XL s. A Richard Cook baillif de Liswyry LX s. A Richard Toyere provost de Troye XL s. It'm a Rob't de la Chambre XL s. a Joh'n de Wardon II pieces d'argent. A Nichol le Ewer et a Isabel sa femme v marcs. A John de Redyngs XL s. A Thomas de Henham XLVI s. VIII. A John Testepyn II marcs. A Richard garceon de la chambre II marcs. A Thomas le Purtreour II marcs. A Richard de Lanyngton XL s. A John garceon de la Botellerie II marcs. A Adam de la Pestriue C s. A William Bacon XL s. A Rob't Wolwy XX s. A Perot de Holand XXXIII s. IIII d. A Joh'n Caton LX s. A Joh'n Luceson LX s. A Rob't Lucesone LX s. A Henri Cnappyngs LX s. A Richard de

la

la Forge 11 marcs. A Rob't de la Chaundelerie 11 marcs.
A Wauter Hunte 11 marcs. A William Joliffe 11 marcs.
A John le Seller xx s. A touz le pages de mon hoftel q'
portent ma liveree a departir entre eux x li. folent la dif-
pofition de mes executours. It'm je devife pur meffes
chauntre pur les almes Monf'r John de Bourgs, Monf'r
Theobaud de Verdon, et Monf'r Roger Dammory mes
Seignours *, m'alme, et pur les almes de touz mes bons et
loials fervants qe murrerent ou murront en mon fervice
cxL li. Et voel qe cefte chofe foit faite le primer an apres
mon deces a plus en hafte qe honi purra bonement en les
places plus convenables folont l'ordinance de mes executors fufdits. It'm je devife pur trover v homes d'armes a
la terre feinte c marcs a bailler a afcun qe loil foit et covenable qe voudra enprendre la charge fi comune viage fe
face dedeins les fept anns p'chains apres mon deces de les
defpendre en la fervice Dieu et deftruction de fes enemys
pur les almes mes Seignours Monf'r John, Monf'r The-
baud, Monf'r Roger fufdits et la moie. Et eft ma volunte
et ma entention darreine riele q' fi nulle comune voiage fe
face devers la dite terre dedeins les ans fufdits q' les avant
dits c marcs foint meyntendant apres les anns fus nomes
departiz et dones as autres aumofnes et oevres de charite
come en partie de relevement des mefons des religious et
religioufes poffeffioners q' fount efcheuz en poverte per
cheance de nisfortunies diverfes de prier pur les almes fufditz les almes de touz mes bienfefours et de tous creftiens.

* Her third hufband.

It'm,

It'm, Je devife a la terre feinte en eide des creftiens pur la loy Dieu meignteigh di marc. It'm, Je devife a la mefon des foeres menoreffes hors de Algate en Loundres xx li. I reliqer de criftal, I grant chaliz d'argent furorre, et II cruets cofteles [a], I veftiment de blank drap door [b] ove qantq' au dit veftiment app'ent, et III mors ove M l'res † de perles, enfemblement ove ma robe de ruffet ove tous les garnementz. I'tm, Je devife a mefme la place pur un memorial le veftiment d'un noir drap door ove quantq' a ce app'ent. v draps door, I lit de noir tartaryn, ove VIII ta- pitz et qantq' appent a mefme le lit, dont les IIII tapits foient atticles a noir veftiment fufdit. It'm, a mefme la place, VI tapits grants de delie leyne d'un de mes autres lits noirs, et XII tapits grants de delie leyne d'un de mes autres lits noirs et XII tapits vert'z ove la bordure * m're poudre des Huans. It'm, a Soer Katerine de Ingham abbeffe de mefme le lieu xx li. It'm a chefcune foer de mefme l'ab- beye le jour de mon enterrement XIII s. IIII d. It'm, as qatres freres de mefme le lieu au dit jour a chefcun di marc. I'tm, Je devife a ma fale appelle Clarehall en Can- tebrig' XL li. en deniers, I encenfer d'ergent furorre, VI chargeours, XXXIX faufers, I nief pur l'aumerie en eide de les edifier. It'm, Je devife a ma fale fufdite pur un per- petuel memorial al oeps [c] de mes chapelleins en le collegie deux chalix d'argent furorrez ove deux petites quillers,

---

[a] Q. coftly.
† Dugd. Bar. I. 475. tranflates this a thoufand pearls.
* Sic Orig.
[c] oeps, volonte.

II cruets,

ıı cruets, ı boefte furórre et amaille ove le hernoife ᵈ pur le
corps noftre feign'r, et un encenfer ove un nief ᵉ d'argent
pur encens. It'm, a mefme la place un veftiment de rouge
camoka embroide dymagerie door ove qantq' a dit veftiment app'ent, ı veftiment de noir camoka pur requiem ove
une chape et qantq' au dit veftiment attient, ı veftiment
de blank tartayn raie door pur quarifme ove tut l'apparail,
et un atir pur le fepulcre, un veftiment d'un camoka plun-
ket diapre de noir tanne ove deux aubes et qantq' au dit
veftiment atient, un veftiment d'un blank famyt ᶠ auxint
pur quarefme, et touz les fuppliz de ma chapelle forfpris
ceux qe fount devifes a Sire Pieres et le griender efp'uer
des deux pur le corps n're feign'r. It'm, Je devife a ma
fale fufdits deux bons antiphoners chefcun ove un grayel
en mefme le volum, ı bone legende, ı bone meffale bien
note, ı autre meffal covert de blank quir, ᵍ ı bone Bible
covert de noir quir, ı hugucion ʰ, ı legende fanctorum,
ı poire de decretals, ı livre des queftions, et xxxıı quaiers
d'un livre appelle, de caufa Dei contra Pelagianos. It'm,
Je devife al eglife cathedrale de Seint Paul, un veftiment
novel de blank camoca ove qantq' a ce ap'p'ent pur un memorial. It'm, Je devife a Seint Thomas de Hereford un
ymage de n're dame d'argent furorre d'eftre tache ⁱ fur fon

ᵈ furniture.
ᵉ fhip for incenfe ; fee churchwardens of Abingdon's accounts, Archæol. I.
ᶠ Fine ftuff or linen.        ᵍ cuir.
ʰ Hugutio or Hugh de Vercellis bifhop of Terrara, a great writer on the
Decretals. Hoffman Lex.
ⁱ faften'd, attaches tache in old French and Spanifh is a nail.

                              fiertre,

fiertre[k], et al eglife cathedrale illoeq'[l], i veftiment dynde
fatyn c'eft affavoir chefible, ii tonicles, i chape broides de
ymagerie et d'archangeles poudres. It'm, Je devife a l'overaigne[m] de l'eglife de Walfingham, i godet d'argent furorre et amaille ove un trepar, et iiii lb. en deniers, et ii
draps door. It'm, a la mefon de Stokes, xii quillers d'argent furorrez, et i drag' ove pee d'argent p'celle furorre,
et ii draps door. It'm, a la mefon de Anglefeye x marcs,
et le veftiment d'un rouge drap door de Raffata[n] ove iii
creftes p'argent furorres pur les chapes. It'm, a la mefon
de Croiz Roeis[o] LX s. et ii draps door. It'm, a la mefon
de Teukefbirs deux reliqers, i crois ove Marie et Joh'n, et
ii draps door. A la mefon de Ambrebirs x li. et ii draps
door. A la mefon de Cranebourne xx s. et ii draps door.
A la mefon de Tonebriggs c s. et ii draps door. A la
mefon de Tynterne i veftiment d'un drap facryn blanks
ove qantq' a ce app'ent, et ii draps door. A la mefon des
dames de Ufk x marcs, et ii draps door. A la mefon de
Crokefden[p] c s. et ii draps door. A la mefon de Chirpelee[q]
XL s. et i drap door. A la mefon de Seint Elmon[r] iii
draps door. A l'hofpital de Seint John en Cantebrigg XL
s. A la mefon des moignes en Thetford x marcs, et i
drap door. A la mefon des dames en Swafham, xii efqueles d'argent, et ii draps door. A l'efglife parochiale de

[k] fierte, feretory, fhrine.                   [l] there.
[m] ouvrage, work.      [n] Q. Taffeta.      [o] Royfton.
[p] c. Stafford, where her fecond hufband was buried.
[q] Q. Chipley, a priory of Auftin Canons in Suffolk. Tan. N. M. 525.
[r] Q. St. Edmund, fcil. Bury.

Clare

Clare LX s. et 1 drap door. A l'efglife paro'hiale de Berdefeld', LX s. et 1 drap door. A l'efglife p'ochiale de Stanndon' LX s. et 1 drap door. A l'eglife parochiale de Bode-
kefham ", XL s. et un drap door. It'm, a les freres de feynt
Auguftyn de Clare x li. A les freres menours de Babewell
c s. As freres precheours de Thetford XL s. As qatre
ordres des freres de Norwiz' VIII li. As freres menours de
Walfingham c s. A qatre ordres des freres en Jernem' •
VIII li. A freres de Seint Auguftyn en Oreford* XL s. As
freres precheours de Donwiz' XL s. As freres menours de
Gipwy* XL s. A freres menours de Coleceftre XL s. As
freres precheours de Subirs * x marcs. As freres precheours
de Chelmesford XL s. As freres menours de Ware XL s.
As freres des Carmes de Maldon, as quatre ordres des freres
en Loundres VIII li. As trois ordres des freres en Canter-
biris VI li. As freres menours de Canterbrugg' XL s. It'm
a mefmes les freres pur lour overaigne c s. et les autres
trois des freres en Cantebrugg' VI li. As freres menours
de Bedeford XL s. As freres de Seint Auguftyn de Hun-
tyndon XL s. As quatre ordres des freres de Northampton
VIII li. As quatre ordres des freres en . . . . . . VIII li.
As deux ordres de freres de Caerdit VI li. As quatre
ordres de freres de Glouçeftre VIII li. As freres precheours
et menours de Salefbirs IIII li. As freres menours de Dor-

---

᾿ Q. Berdwell, c. Suffolk.          ᵗ Standon, c. Herts.
ᵛ Q. Bottefham, c. Cambridge.       ʷ Yarmouth.
᾿ Orford.                           ʸ Dunwich.
ˣ Ipfwich.                          ᾿ Sudbury.

F                                        cheftre

cheftre xl s.   It'm, Je devife a dame Elizabeth ma fille
counteffe d'Ulveftier[b] tote la dette qe mon filz' fon piere
me devoit le jour q'il moruft.   It'm, Je devife a ma dite
fille pur femail[c] fur les manoirs de mon heritage en la baillie de Clare c'eft affavoir Staundon, Berdefeld, Clarete,
Erbury, Hoveden, Wodehalle, Bricham, et Walfingham: en
la baillie de Dorfete c'eft affavoir Cranebourne, Tarent,
Pimperne, Stupel, Wykes, et Portlonde: et en Gales
c'eft affavoir Troye, Trillek, Lancombe, Novelle Graunge,
Lantfan, et Tregruke, de furment, fegle et mixtilon[d] pur la
fefon yvernaille en les manoirs fufditz cccc. vii qartres.
It'm de feves, pois, et vefces en mefmes les manoirs pur la
fefon quaremele[e], lxi qartres.   It'm, d'orge et draget[e] pur
mefme la fefon cciiii quartres.   It'm aveignes pur mefme
la fefon v c xxix qartres.   It'm, des chivaux chareterres
pur les manoirs fufditz xxiii.   It'm des affres[f] xxiiii. xiii.
des boefs pur les carves[g] iic xlviii. enfemblement ove le
mort eftor'[h] deinz[i] les ditz manoirs come charettes, carves,
chare as boefs, feur[k] et paille.   It'm, Je devife a ma fille
Bardolf[l], mon lit de vert velvet raie de rouge ove qantq'

---

[h] Ulfter.  Maud, daughter of Henry earl of Lancafter, and fifter to
Henry duke of Lancafter, married to her fon William de Burgh earl of
Ulfter.   Sandford, p. 142.        [c] Seed corn.
   [d] Monk, meflin, or mixt corn.         [e] Lent.
      [f] *Averia*, beafts.                   [g] carts, whence *carvage*.
         [h] dead ftock, or *ftore*.            [i] *dedans*.
      [k] Laccombe makes *feur* fynonymous with *paille*, elfewhere *hay*, *forrage*.
      [l] Elizabeth, her daughter by Roger Damory, married, 10 E. III. to
John Bardolf, who died 45 E. III.  Dugd. Bar. I. 682.

a ce attient enfemblement ove une coverture d'un drap
m're ove la paane [m] de menever puree, une dymy coverture
de la feute, et une coverchief d'ynde famyt ove la paane de
Bla . . . . . . . . et 1 coverture de tanne medle bve la
paane de grys. It'm, Je devife a ma dite fille une graut
fale de worftede le champ tanne ove papejayes [n], et cokerele
de blu et qantq' a ce ap'p'ent. It'm, Je devife a ma ditte
fille mon grant char ove les houces, tapets, et quiffyns, et
qantq' a ce appendent. It'm, Je devife a Monf'r John de
Bardolf et a ma ditte fille fa compaigne joyntement en
mes manoirs de Cathorp et Clapton, de furment pur le
femail come appertient a fefon yvernaille xxvi qartres, de
mixtilon et fegle vii qartres, iiii bs. [o] It'm, pur la fefon
quaremele des pois xvii qartres iiii bs. d'erge [p] xxxvii
quart iiii b. de draget [q] ix qartres iiii b. des aveignes
xxii qartres, i b. des chivaux chare heres iiii. des
affres, xii des boefs xxii. enfeffiblement ove [r] mes charettes et carves qe as ditz manoirs ap'ptinent et tut lur
apparail. It'm, Je devife a ma joefne [s] fille [t] Ifabell Bardolf
en eide de lui marier, un hanap' plat door, ii grant drag-
ners amaillez en parcelle et xii groffes faufers d'argent,
mon lit de fandal m're—ove une coverture de cendryn
medle ove la paane de menever. It'm, a Agneis [t] fa foer en

[m] *pane*, parcel, fkirt.  [n] popinjays, parrots.
[o] *boiffeaux*, bufhels.  [p] *orge*, barley.
[q] *dragee*, meflin.  [r] *enfemblement*, together.
[s] *joene*, jeune.  [t] Q. If her *grandaughters*, daughters of
John and Elizabeth Bardolf, not mentioned by Dugdale.

F 2                                              eide

eide le lui marier, 1 croiz d'argent, 11 chaundelabres, 11 falers, 1 godet, 1 grant efquele pur l'aumerie, 1 hanep' d'argent pounfone, 1 nief pur encens, 1 encenfer, 1 mors
de l'annuntiation, et vi chargeours novelles d'argent.
It'm a la ditte Agneis un lit d'ynde dont la chemcere et
cutepoint d'un tamelot de tripe ove les appurtenances, et
1 coverture de blu, ove la pane de gris. It'm, Je devife
a Monf'r William de Ferrers ᵘ en mon manoir de Litle-
worth, femail pur le dit manoir, c'eft affavoir de furment
xi qartres, vi b's. de fegle vi qartres, iiii b. de
mixtillon 11 qartres. de fieves et pois xiii qartres, d'orge,
xiii qartres, de draget 11 qartres, de aveignes xxix qartres ;
des chivaux charettres iiii, des affres vi, des boefs xviii,
enfemblement ove les charettes et carves et tut l'apparaile.
It'm, Je devife a Monf'r Thomas Furnivall fur mes
manoirs de Farnham, Sere, Stoke, Verdon, et Wynele-
ford de ble pur femail, c'eft affavoir de furment xxxv qartres, 11 b's. de fegle et mixtilon xii qartres iiii b's.
d'efpois ˣ et veftes ʸ z qartres, vi b's. d'orge et draget xlv
qartres, iiii b's. des aveignes xxxiiii qartres, vii b's.
des chivaux charettres 11, des affres xvi. des boefs
xxviii, enfemblement ove les charettes, carves, et tut l'apparail. It'm, Je divife a ma fille countefie D'Atthelles mes
deux litz de tanne le grant et le petit enfemblement ove
qantq' a ceux appertienent. It'm, 1 coverture d'un bruf-

---

ᵘ Richard Damory, fuppofed by Dugdale nephew to Elizabeth's hufband
Roger, had the cuftody of lands of fome of the Ferrers, temp. E. II.
Dugd. Bar. II. 100.
    ˣ *pois.*                          ʸ *veffes,* vetches.

kyn ᶻ en greyn ᵃ ove la paane demy puree, et 1 coverchief
d'un camoka noir tanne ove la paane demy puree.   It'm,
Je divife a mon feign'r le Roi pur fa collegie de Wyndefore une coupe door ove pee pur le corps n're feign'r, et un
d'argent furorre ove trois anngelets pur mefme le coupe.
It'm, Je devife a mon feign'r le prince un tabernacle door,
ove l'ymage de noftre dame, et 11 anngeletz entaille door,
1 grant crois ove Marie et Joh'n d'argent furorre, et 11
grant pees d'argent furorrez et amailles, et 1 anel door ove
un rubie.   It'm, Je devife au duc de Lancaftre mon petit
fauter covert d'arcail door, et 1 cruis quarre ove une
peice de la verroie cruis q'eft en 1 cas door amaille.   It'm,
Je devife a dame Marie de Seint Poul countefle Penibrok
une petit croiz d'or ove un faphir en my lieu, et 1 anel door
ove un faphir en my lieu, et 1 anel door ove un diamant.
It'm, Je devife a dame Johanne de Bars countefle de
Garenne ᵇ une ymage door de Seint John le Baptiftre
eftean en defert.   Et je voel et ordeine q' fi je face nul
regard as afcunes des perfones fufnomes come en gardes,
mariages, donns des terres, rents, donns en deniers, afcune
fume drapeft ᶜ ou autre bienfait outre la certeine covenant
des mes fervantz fus dits, c'eft aflavoir entre la date de
ceftes et le jour de mon deces; qe mefme le regard des
gardes, mariages, donns des terres, rentes, donns en deniers,
et la fumme dapreft, fi nulle y foit eftoife ᵈ en partie du

---

ᶻ *Brufq* is old French for *green*.     ᵃ in grain.
ᵇ Wife of John laft earl of Warren.   She died 1361.   35 E. III.   Dugd.
Bar. I. 82.
ᶜ Q. *dapreft*, loans.     ᵈ fubject, *eftoifer a la ley*, fubir a la loi.

paiement

païement de cest mon divis, nulle perfone forfprife, fans
foulement ceuz q' imprendront la charge et execution de
ceft mon teftament, le regard des queux enfemblement ove
l'ur nouns et la fu'me des deniers en gros qe je vouchfauf
a chefcune perfone ferront trovez en une remembrance en-
fealee de mon feal, en lieu de quele fumme des deniers fufditz, les parcelles d'or et d'argent font as avantdits perfones et diverfes mefons affignes.  It'm, Je voel et ordeine
qe de totes les parcelles, parament nomeez et divifes, fauve
foulement de monoye, la liveree fe face per mes executours folonc ce qe jai mefmes les dites parcelles declaree et
article a chefcune perfone en la remembrance fufdite, que
les parcelles je voel qe foient eues ᵉ et tenues pur enclofes et
comprifes dedeins ceftes, et de mefme l'effect et value, come
elles fufent efcrites de parole en parole en ceft mon dit
teftament.  Et s'il aveigne qe nulles des parcelles door ou
d'argent a ma meignee ᶠ parameont divifes apres la date de
ceftes foient en afcun autre oeps ordinees moi vivante, iffuit
qe mefmes les parcelles ne foient trovees apres mon deces
per caufe de la chaunge per moi faite ; je voel qe a mefme
la perfone due fatisfaction foit fait en deniers ou en autre
parcelle de mes biens a la value.  Et fachent totes gents
qe ceft ma volente et ordinance darreinere ᵍ qe chefcun a qi
jai devife ma veffelle ou autre parcelle d'argent forfpris
monoye, foit la fume meindre ou greindre ʰ eit folonc fa

---

ᵉ *eues,* had.                          ᶠ *famille, menage.*
ᵍ *dernier.*                            ʰ *plus grande.*

2                                                        **partion**

partion diſſept livres per pois d'orfieure en lieu de xx li.
d'eſterlings, et ſi per cas la portion d'aſcune perſone paſſe la
ſumme des deniers a lui deviſes, face la dit perſone ſatiſ-
faction a mes executours du ſurplus, et ſi nulle perſone eit
meyns pur ſa portion du pois ſuſditz, je voel qe gree lui
ſoit fait pur la defaute.  Et ſi aviſe ſoit a mes executours
qe je neye pas fait plein ſatisfaction a mes ſervants ſuſdits,
et as autres mes ſervants nient compris en ceſt mon teſti-
ment pur lur travail du temps du temps paſſe, et de
temps a venir, je voel et ordeine qe de la reſidue de ma
veſſele d'argent de ma chapelle et de ma garderobe, outre ce
q'eſt diviſee en certein lur ſoit fait un regard reſonable ſolonc la bone diſcretion de mes executours ſuſditz et qe la
reſidue ſuſdite ne ſoit mys autre oeps, vendu, ne per nulle
part delivery tantq' c'eſt ma darraine volunte ſoit pleinement perfourmie.  Et ſi per cas aviegne, qe Dieu defend,
qe nul de mes precheins, amys, ou nul autre a qi jai rien
diviſe, ou nul autre en lour noun mettent empeſchement a
mes executours de les deſturbir q'ils ne purrount peiſible-
ment aminiſtrer tous mes biens moebles et nient moebles
ſolonc l'ur charge et le purport de ceſte ma darreine volente, je voil et ordeigne qe le devis a les dites perſones
de qele condition q'elles ſoient ſoit pur nul et de tut avienti
iſſint q'ils n'eyont de ceſt mon devis ne de mes autres
biens ſuſditz parte ne parcelle forſq' a peril qe appent a
torcenous[1] occupours des biens de mortz et deſtourbours de

---

[1] wrongful.

lur

lur darreines voluntees.  It'm ſi defalcation doit eſtre fait
pur neceſſite,  je voel qelle ſoit faite ſi bien des biens qe jai
diviſee as ditz dame Elizabeth ma fille d'Ulveſtier, Monſ'r
John Bardolf, et ma fille ſa compaigne, Monſ'r William de
Ferrers, Monſ'r Thomas de Furnivall, et ma fille d'Athel-
les, come a touz autres contenuz dedeins ceſt mon teſtament.  Et pur ce qe diverſes empeſchementz ſe fount ſo-
vent per malice, et ſubtilite de home eſt plus qe ne ſoleit
avant ces heures, je voel et ordeine qe touz ceux as queux
jai deviſe aſcune choſe in ceſt mon teſtament, facent a mes
executours aquitances ſi bien des totes maneres d'actions,
quereles, et demandes, queux ils ount ou avre purrount encontre mes executours come divis as eux fait et paie per les
executours avantditz.  Et ſi les ditz legataires recuſent et
ne voillent tieles aquitances faire ſolonc le purport de ceſte
ma ordinance, voel et ordeine qe les divis a moi faites as
cieux ſoient tenuz pur nulles et pur nonneſcrites.  It'm,
Je ordeine qe mes executours facent aquitance et pleine
liberation a Sire Johan Leche de mille marcs en quels il
m'eſt tenuz per ſon fait obligatorie, iſſint q'il face general
acquitance a mes executours de totes maneres d'actions
queles il ad ou avre purra devers eux come executours.  Et
de la reſidue de touz mes biens et chatelx qe demurront
apres l'execution faite de ceſt mon teſtament, je voel et
ordeine qe une diſtribution ſoit fait par mes executours
ſuſditz en la manere q'enſuyt, ceſt aſſavoir de relever les
povres religious poſſeſſioners [k] ſi bien des dames come des

[k] Q. houſckeepers.

autres

autres qe font efcheuz en mefchiefs, partie povres gentiles
femmes qe fount charges des enfantz, eider povres fglifes
parochiales, et lour furnementz redrefcer et amender, partie
pur povres efcolers a lefcole trover et fuftenir, pounts et
caufes [i] redrefcer, povres gentz q' foleient tenir hoftiel,
povres marchantz qe pur cheantz fount anientiz, & povres
prifoners regarder et eider, remenant foit fait en autres oevres
de charite par avifement a bone difcretion de mes executours folonc ce q'ils verront mieltz [k] faire pur le falvation
de malme. Et pur cefte ma darreine volunte et mon teftament pleynement et loialement performir et accomplir,
jeo ordeine, face et noeme mesexecutours foucheferites ; ceft
affavoir Monf'r Nichol Dammory [l], Sire John de Lenne,
Sire Henri Motelot, John Bataille, Sire Piers de Erefwell,
Rob't Marefchal, et Sire William de Manton, principaus
et chiefs ; Sire Henri Palmer, Richard de Bufkeley, Thomas Charman, Alifaundre Charman, Humfrei de Waleden, Richard de Kyngefton, John Motelot, et Sire Will'
de Berkevoy, fecundaires. Et voel et ordeine qe les avant
ditz Monf'r Nichol, Sire John, Sire Henri Motelot, John
Bataile, Sire Pieres, Rob't, Sire William de Manton, Sire
Henri Palmer, Richard, Thomas, Alifaundre, Humfrei,
Richard de Kingefton, John Motelot, et Sire William de
Berkewey, aminiftrent touz mes biens et chateux tochantz

---

[i] bridges and caufeways.                    [k] *mieux.*
[l] Q. A brother of her hufbands.   Dugd. Bar. II. 100.

G.                                          ceft

ceft mon teftamont en les-forme et manere qe enfuyent,
et noun pas autrement; ceft affavoir qe de mes biens qe
furront venduz totes pars pour ma dite volunte perfourmir
foient les vendours en les countees de Suff. Norff. et Effex,
Sire Will' de Manton, Humfrey de Waleden, et Thomas
Charman. It'm, en la feignourie d'Ufk, et aillours es
parties de Gales, Sire Henri Motelot, et Alifaundre fufditz; en les countees de Dorfet, Wilts, et Chilterne,
Sire Henri Motelot, Ric' de Kyngefton, et John Motelot.
Item, en les counties Nichole [m], Leyc, & Warr', Richard
de Bufkeley, & Sire Will' de Berkweye. Et foient les
deniers levees de touz mes biens & chateux fufditz liveriees
per endenture a Sire William de Manton, Sire Henry Palmer, et Richard de Bufkeley, et qe mefmes ceux Sire
William, Henri, et Ric' foyent acountables de lour receite
a les avant ditz Monf'r Nichol, Sire John, Sire Henry
Motelot, et a mes autres executours principaus, & qe per
l'ordinance des avantditz Monf'r Nichol, Sire John, Sire
Henri Motelot, John Bataille, & les autres principaus &
chiefs executours foient touz les divis faitz de ceft mon
teftament, autres deftributions qe ent ferront faitez, & toutes
autres chofes qe charge porteount perfourmis & eftablis.
En tefmoignance de qelc chofes a cefte ma darreine volunte
ay mys mon feal. Don a Clare, les jour & an fufditz.

[m] Lincoln.

Probatio

Probatio dicti teftamenti coram Simone Iflip Cantuar'
 Archiep' in ecclefia Sororum Minoraffarum ordinis
 Sancte Clare extra Elgate London, 3 non Decem-
 bris, Anno Domini 1360.

Regifter Iflep. fol. 164, b. 165, a. b. 166, a. b. in the
 Archiepifcopal Regiftry at Lambeth.

# HUMFERY DE BOHUN,

## NINTH OF THAT NAME, AND

## EARL OF HEREFORD AND ESSEX.

He died unmarried, in his castle of Plessey in Essex, 1361. 35 Edw. III. and was buried in the church of the Austin Friars, London, which he rebuilt 1354 *.

EN le noun du Piere, del Fuiz, et du Seint Esp'it, Amen. Le dymenge[a] lendemeyn de Seint Denys en Octobr', l'an de Incarnation n're Seign'r I'hu Crist mil troiz centz seyssauntisme p'mier nous Humfray de Bohun counte de He'ford et D'Eez[b], et Seign'r de Breken en sancte et bone memoire fesoms n're testament en ceste man'e. Adep'mes nous devismes n're alme a dieux a la rev'ence de la T''inite, et de seint Augustyn a qi nous ovons grant affection, et p' la resonn q' dieux nous ad p'stez richessez et honour en ceste seicle q' nest a la p'fyn q' ueyne gloire nous devisoms n're corps de gesier[c] et d'estr' ensevely entre les pov's freres de l'ordre de Seint Augustyn cest assavoir en le quoer de lour esglise a Loundres devant le haut autier. Et ne voloms point q' nos executours facent pur nous le jour de n're enterement nule comune dep'tisonn as pov's

---

* Dugd. Bar. I. 185. Vincent on Brooke, p. 244. Stowe's Survey of London, p. 185.

[a] *Dimanche.*   [b] *Essix.*   [c] lye.

gentz,

gentz, ne q'il p'ent granz feignours ne un ne autr', ne q'il facent nule mang'ie le jour de n're enterrement forfq' tant foulement a un evefq' q' s'ra prie de nous enterrer et as poevres freres et a n're meyfnee, ne q'il facent nule herce[d] entour n're corps fofq' de trerfe cierges, chefcun del pois de v lb. et q'il ordeinent n're toumbe folonc ceo q'il v'rount q' foit afaire et en qiconq' lieu q'il nous eftov[e]'a morir ; nous devifoms a la parfone de la efglife pochiale de cele place xx li, fi q'il prie pur nous et nous affoile fi riems[f] eioms in efpris v's fa efglife en difmes offrendres ou autre chofe, et q'il releffe totes man'es dactions et chalanges q'il purra avoir p' caufe de n're fepulture et entrement riens, et fi ceft come n're alme f'ra a dieux comande, nous volons q' nos executours mandent le corps tout priveement a Londres ove n're confeffour et autres gentz des queux foient tout le plus chapelains, et foit entr' illoq'es priveement, nos devifoms auxint[g] et voiloms q' une huche[h] foit faite auxi com' pur n're corps, et demoere en certaine place la ou n're meifnee demurra tantq' n're ent'rement foit ordeine, et q' chefcun jour y foit fait pur nous placebo et dirige et meffes et cierges entour cele huche pur nous, chefcun de troiz lb. tantq' l'enterrement foit fait, et chefcune noct p' chemyn ou cele houche en lieu de n're corps covendra repofer, nous

[d] *herfe*, or frame of wood-work, to put over the body while it lay in ftate.
[e] eftovoir, *neceffité*. eftoyer, *etre*.
[f] *rien:* in old French this word has a pofitive fenfe, and means *any thing*.
[g] *auffi*, fometimes *aufinc*. Laccombe.
[h] Laccombe explains this *couvrachef*, *voile*, *coffre*, *coeffe*. Here it means a pall over an empty coffin reprefenting the real one.

I

voloms

voloms q' ceux trerſe cierges de cire ſoient ardanns entour
cele huche tant com' placebo, dirige, et lendemeyn la meſſe
avant n're departir ſoient adire, et ceux cierges demoerent
a l'eſgliſe, ou le ſervice s'ra dit, ſil ne y ſoit q' une eſgliſe
en la ville, & ſi deux ou pluſurs y ſoient, les cierges
ſoient departiz entr' eles ſolonc le ordinance de n're confeſſour ap'er p' nous. Nous deviſoms auxint, et voloms q'
tantoſt apres n're deces q' totes nos dettes, auxi bien celes q'
nos ovoins charges de bouche q' ſont p'vees com les autres
ſoient paiez, et q' gre et ſatisfactioun ſoit faite a totes gentz
as queux nos executours poent ſavoir q' nos eioms meſpris
ou t'paſſe p' qiconq' voie, nous voloms auxint, et diviſoms
q' tote n're meiſnee demoerge enſemble a nous coſtages[i]
tantq' cheſcun ſoit paie de ceo q' nous lui avoins deviſe,
ſolom ceo q'eſt contenu p'deſoutz, et q' cheſcun ſoit charge
quant il p'ndra ſa paie a prier pur nous. Nos deviſoms auxint, et voloms q' tantoſt apres n're detes nous executours
deliverent a frere William de Monkeland n're confeſſour,
a frere William Wilhale meſtre de divinite, et frere Geffrey
de Berdefeld troiz centz marcs d'argent, dont ordein et
aſſign' p' la ou il v'ront q' mieux ſoit afaire cinq'nte
freres de meſme le ordre q' ſoient de bone et ſeinte vie a
chaunter meſſes a dire placebo et dirige, comendation et autres devoutes priers pur nous cheſcun jour p'tot le p'mer an
q' nous demeroins, et q' cheſcun de eux chante pur nous
meſme l'an un plen' trental de meſſes, et q' trerſe de

---

[i] coſt'ges, Laccombe; frais, depenſes.

meſme

mefme les cinq'nte freres veillent jour et noet en quele
place q'il foient affignez p' la difcreffioun de troiz freres
avant nomes, les uns a repofer les autres p' tout l'an avantdit,
et dient placebo et dirige, fauters et autres devoutes priers
et q' les freres avantdiz foient jures de cefte n're voluntie
p'faire leaument folent l'ordinance de n're confeffour et des
autres deux freres defus nomes p' vewe de noz executours.
Et fi l'un de troiz freres demye, choifent les deux un autre
en foen lieu p' vewe de noz executours. Nos devifoms a
l'ordre des freres avantdiz une fepultre ove tabernacles et
finols[k], et ove pierres pur mettre eviz le corps n're feignour,
fi la dite fepultre nous demoere apres n're deces, et a mefme
l'ordre une coupe d'or affaire ent un chaliz, et un blank
veftiment de n're chapele, et un noir veftiment dont les
bordours font des armes d'Engleterre. Et voloms q' ceftes
chofes demoerent en l'ordre pur fervir ou il v'ront q' mieux
foit afaire. Et voloms q' ceftes chofes foient p'fees p' nos
executours, et q' nre dit confeffour nous ordeine chaunte-
ries annuels en l'ordre a la value des joiaux avantditz affaire
mefme l'an. Nos devifoms auxint a les troiz ordres de
mendinanz en Londres, ceft affavoir a les freres prechours,
menours, et carmes, a chefcune maifonn x li. a prier pur
nous. Nos devifoms auxint a les eftudinanz de q'tre ordres des mendinanz en Oxenford et Cantebrigg', ceft affavoir freres prechours, menours, carmes, et de feint Auguftyn,

---

[k] *finials*: a term of Gothic architecture for the little ornaments that
terminate pinnacles.

7

.a chefcun

a chefcun maifon x li. a prier pur nous. Nos devifoms
auxint a n're abbeye de Walden c li. d'argent a departier
entre les moignes et al proffit de la maifonn a prier pur
nous en cieu manere q'il nos p'donnent et affoilent de
q'ntq' nous avoins mefpris dev's eux fi rienz y foit. Nos
devifoms auxint a n're a la dite abbeye de f'vir en la chapele de n're dame illoeq's une tixt[1] d'argent, et une veftment de rouge velvet, ove q'tre garnemens. Et p'r ceo q'
nos fumes tenuz p' avow d'offrier en leon'ance de n're dame
al ymage de n're dame en la dite chapele de Walden une
g'unt corone d'argent doire, une doubletz & p'let en le
frount, et de une efpaume de haut, nous voloms qe nos
executours la facent faire, et l'offrent illoeq' a demurer fur
la tefte le dit ymage en p'petuel memoire de nos. Nous
devifoms auxint a n're priorie de l'Anthony[m] pres de Glouceftr' xl marcs a dep'tier entr' les chanoyns illoeq's et al
p'ffit de la maifonn et q'il prient pur nous. Nous devifoms auxint, et voloms q' nous executours facent faire un
chalys d'argent doire del pois de feiflaunte foutz pur fervir
en la chapele de la Trinite, q' f'ra faite pur nous a l'Anthony, & q'il facent achat a cella deux poire de veftiment,
ceft affavoir deux aubres, deux amys, ove la tier q'il apent,
deux chefibles de diverfe fewte de drap d'or, ove la tyr de
l'autier de la fewte double et curtyns, l'une paire p'r jours.

[1] Q. pix.
[m] Lantoni priory, founded 1136, by Milo earl of Hereford, whofe
daughter was married to Humphrey de Bohun, firft earl of Hereford.

nous,

ferials et l'autre paire pur jours festivals, et l'offrent tout
ensemble en la dite chapele de la Trinite, q' le priour et le
covent de n're dite maisonn ferront faire pur nous en lour
dite maisonn pres de la novele chaumbre le dit priour, a
demurrer en la dite chapele en p'petuel memoire de nous.
Et si la dite chapele soite commence et nemye p'faite a n're
deces, nos volums, q' nous executours la facent p'faire en-
tierrement a nous costages.    Et si la dite chapele ne soit de
riens commencie avant n're deces nos voloms q' nous executours facent faire illoeq' une bele chapele de la Trinite
tout a nos costages.    Nos devisoms auxint a n're priorie de
Breken' cent marcs a dep'tier entr' les moignes et a profit
de la mayson, si q'il nous p'dounent et affoillent de q'ntq'
nous avoins mespris dev's eux, et a prier pur nos.    Nos
devisoms a les freres preceours de Breken x li. a prier pur
nous, et a les freres p'cheours de Chemesford x li. a prier
pur nous.    Nous devisoms a n're priorie de Farlegh[n] xl
marcs a dep'tier entre les moignes a p'er pur nous, et a n're
priorie de Hurlle [o] xx li. a dep'tier entr' les moignes a p'er
pur nous, et a n're priorie de Notele [p] xx marcs a dep'tier
entre les chanoignes a prier pur nous, et a n're priorie de
Scoule xx marcs a prier pur nous.    Nous devisoms auxint a

[n] In Wilts, founded by Humphrey de Bohun the Second.  Dugd. Bar.
I. 179.  Tanner, Not. Mon. p. 596.
[o] Henley priory, Berks, founded by Geoffrey de Magnaville, temp. Wm.
Conq. and subject to Walden Abbey, whence it came under the patronage
of the earls of Essex.  Tan. ib. p. 13.
[p] Notley abbey, c. Bucks.  It does not appear what connexion the
earl of Essex, or the Bohun family, had with it.

n're

n're chapele deinz n're chaftel de Pleffy, un chaliz et un veftiment de vert ove les garnementz, un miffal, et un antiphoner pur fervir en la dite chapele a falu de n're alme pur touz jours. Nous devifoms auxint a frere William de Monkelane n're confeffiour c li. d'argent et un plat hanap' d'argent deint nous foloms boire, un petit poot d'argent, vi efqueles, et vi faufers d'argent, q'il demoere la ou il purra plus fpecialment prier pur nous. Et prions devoutement al priour provincial et a tout l'ordre avantdit q'il voeillont grentier q' le dit frere William y puiffe demorer a touz jours, et q'il eyt fa chaumbre bele et honefte, et foit cione* com' une meftre de divinite. Nous devifoms auxint a frere Johan de Teye n're luminour⁹ x li. a prier pur nous. Nous voloms auxint et devifoms q' noz executours facent faire xiii chalys en noun de Dieux et de fes douce apoftres, et v chaliz d'argent en noun de v joyes de n're dame, et q'il les facent ailler⁷ as diverfes efglifes poevres, a chefcune efglife un chaliz, fi q' nous foions en les proiers de genz converfanz as dite efglefe a touz jours. Nous devifoms auxint a l'abbeffe et as noneynes de Caam' en Normandye xxx li. a prier pur nous. Nous devifoms auxint a n're cher neveu Humfray de Bohun une nocheⁱ dor environne de groffes perles ove un ruby en my lieu affys entre qartre perles, troiz diamaunz entre troiz perles et troiz emerandes, et une poire de Paternoftres d'or de cin--

* Sic Orig.
⁹ Adminiftrateur ou Marguillier de l'eglife. Laccombe. Q. chaplain, or chapel clerk.
⁷ Nuns of Caen..    ⁱ ouch, or nouche, a gold ftud, or fetting, for jewels.

q'nte

q'nte pieces ove les ᵗ gaudez ᵘ q'errex et ovez une croiz
d'or enquele eſt une piece de la v'roie croz n're ſeignour.
Nous deviſoms auxint a Elizab't n're niece de Northamp-
tonˣ n're liht des armes d'Englet'e ove ceel et curteyns et
dys tapitez.   Nous deviſoms a n're niece dame Katerine
Dengaynʸ xʟ li. pur ſa chambre. Nous deviſoms auxint a
n're ſoer counteſſe Doremantᶻ deux pots d'argent, xɪɪ eſqueles, et xɪɪ ſaucers d'argent pur ſon hoſtel.   Nous deviſoms auxint a n're frere Monſ'r Hugh de Courtenay
count de Deveniſshire un graunt ſaphir quarre de fyne colour dyndeᵃ. Nous deviſoms auxint a n're ſoer Counteſſe de
Devenſshire n're liht vert poudre de roſes vermailles ove
tout l'apparail, et un chapelet gobonne de g'nz ſaphirs et
groſſes perles, et un bacyn darrein, en quel nous ſumes
acouſtumez a laver n're teſte, et qe fuit a Madame ma
miere.   Nous deviſoms auxint a l'abbe de Walden xʟ li. A
Sire Nichol de Neuton c marcs.     A Sire Thomas de Walmesford xʟ li.   A Sire Stiefne atte Roche xx li.    A Sire
Williem Agodeſhalf x li.    A Wauter Blount et a Marionn
ſa feme c marcs, et n're meillure robe ove mauntel furre

<hr>

ᵗ Q. Ornaments.                    ᵘ Q. *quarres.*

ˣ Only daughter of his brother William, earl of Northampton, married
to Richard ſon and heir to Edmund earl of Arundel. Dugd. Bar. I. 186.

ʸ Daughter of Hugh earl of Devon, married to Thomas lord Engayn,
who died 41 E. III.  Dugd. Bar. I. 467.

ᶻ Eleanor his eldeſt ſiſter, maried James Botiler, earl of Ormond. Vincent on Brooke, p. 241. makes her youngeſt of the two. Dugdale, Bar. I.
p. 184. makes her his ſecond ſiſter, but ſays nothing of her marriage.
Margaret, the other ſiſter, married Hugh Courtney earl of Devonſhire, mentioned afterwards.

ᵃ blue.

de meniver, et la dite Marionn furra charges de lyverer en-
tierrement a noz executours touz nous joiaux, et totes
nos autres chofes, qele ad en garde forfpris, lyntheux et
keverches, les queux nous voillons q'il foient dep'tiez entre
nos damoyfels a prier p'r nous. Nous devifoms auxint a
Letice de Maffendon xx li. A Helen Smyth x marcs. A
Thomafine Belle xL marcs, pur fon mariage, ou plus fi
qele foit bien mariee. A Joh'n de Chertefeye xL marcs, fi
q'il foit aidant et entendant a nous executours. Nous devifoms a Rob't Nobet, et a Katerine fa femme xL marcs.
A Symond Peiche xx li. A William Nobet x li. A Johan
Maundeville xx marcs. A Ine de Sandhurft xx marcs. A
frere William Belle x li. A Joh'n Atteford x marcs.
A Thomas Docking xx li. f'il ne foit avance devant n're
deces; et f'il foit avance, nous voloms q'il ne eit forfq' x
li. A Joh'n atte Roche xL s. A Joh'n Bonnallet' x li.
A Williem de la garderobe x li. et une robe, ove un mantel pur tout fon fee. A Henri Skynnere c foutz. A Joh'n
Middleton x li. A Richard Maldon, c s. A Piers Peyn
x marcs. A William Hurle xx marcs et une robe. A
Watekyn Potter c s. A Waut' de la Chaumbre xx marcs
et une robe. A Raunde de la Chaumbre c s. A Henri de
la Chaumbre xL s. A Joh'n Rolf v marcs. A Joh'n Luminour xL s. A Joh'n rouge ᵇPotager xL s. A Williem de
Barton haftiler xL s. A Joh'n Ufsher xL s. A Willlem
Gamage xL s. A Joh'n Ralgh venour xL s. A un garfon
pur le ferour xx s. A Joh'n Ravenefton xL s. et un viel

ᵇ *Potager* is in Laccombe, officier qui a foin du potage du Roi.

robe,

robe, ceſt aſſavoir cote et ſurcote. A Rob't de Legh'es 11
marcs. A Salkyn Wyſtok 11 marcs. A Benoyt de la
Quiſine 1 marc. A Whitenod 1 marc. A Gibbe Parkere
1 marc. A Perimant 1 marc. A Rog' Hergeſt xl s. pur
laveurye 1 garſon xx s. A vi charetters, cheſcun de eux
v marcs, ceſt aſſavoir a ceux q' ſuiſt lungement demurrez
oveſq' nous : et a les autres meynes ſolom lour demoere p'
ayiſament de nos executours. A meſtre Thomas le Ferour
v marcs. A Davy q'eſt Barber et Ewer xl s. A un garſon ſeurer ᶜ 1 marc; et q' null ne ſoit paie de nous gens
avantditz, ſ'il ne ſoit en vie apres n're deces, et demorraunt
oveſq' nous. Nous deviſoms auxint a les executours Sire
Stevene de Greveſhende ᵈ jadys eveſq' de Londres xx marcs
les queux nous luy devoms. Et voloms auxint qe totes
les depenſes q' nos executours ferrount p' eux ou p' autres
entour le executioun de n're teſtament q'ils les p'gnent de
nous beins ; et tout le remenant de nous biens a chateux q'ᵛ
ne ſont pas deviſes ne paiez, ſicom' d'iſt eſt p' amont nous
voloms q'il ſoient vendus, et les deniers quillies ᵉ enſemble et
menex a Loundres, et illoeq's p' aviſement de nos executours et des plus ſages des freres illoeq's ſoit ordeine a paier
nous dettes, ſi nuls ſoient aderere ; et tout le remeneant
voloms q' ſoit dep'tie et deſpendeu en di verſes aumoſnes,
et nomeement en vii oev'es de charite, et en meſſes chaun-
tiez p' les plus ſeintes gens q' q' hounne p'ra eſpier et autre
aumoſnes q' mieux et plus toſt puiſſent proffit a n're alme.

ᶜ *fuere,* artiſan, ouvrier. Laccombe. It is not eaſy to explain the offices
of the ſeveral domeſtics here mentioned, ſuch as *Haſtiler, Ferour,* &c.
ᵈ He died 1338. ᵉ receuillez.

Nous

Nous voloms auxint q' par avifement de n're confeffour et
de nous executours gre [f] foit fait a totes les efglifes p'ochials
ou nous avoins demurres, fi riens foit arare [g] de difmes, ou
d'offrendes, ou de nule autre chofe qap'tenoit a la droite de
la efglife quele qele foit.    Nous voloms auxint q' tous nos
joiaux q' nous demoerent ap's n're detes par refoun q' nous
avoins ew graunt delig't de eux regarder, q'il foient touz
venduz, et les deniers dep'tiz en diverfes aumofnes per avifement n're confeffour, et p' nous executours. De ceft n're
teftament nous ordenons et fefoms noz executours frere
William Abbe de Walden, frere William Monkeland n're
confeffour, Sire Nichoel de Neuton, et Sire Thomas de
Walmesford, et Sire Eftiefnes atte Roche nos clers.    Et
prioms n're tres honourable piere in Dieu, q' totes ceftes
chofes foient faites folom n're volentie.    Nous voloms
auxint et devifoms q' nous executours facent lewer un
chapeleyn q' foit de bone condition daler a J'hrl'm princi-
palment pur ma dame ma miere & pur mon feignour mon
piere as queux Dieux face v'rore mercy et pour nous, et
qe le chapelayn foit charge a dire meffes p' chemeyn a
totes les fois q'il p'ra conement p'r les almes.    Et auxint
q' nous executours lowent un bon home et loial daler a
Caunt'birs, et offrer illoeq's p'r nous xL s. d'argent. Et un
autre tiel home daler a Pountfreyt, et offrir illoeq's a la
toumbe Thomas jadys Counte de Lancaftre xL s [h].   Nous

[f] _gré_, allowance.

[g] _arere_, a rear, as _aderere_ before.

[h] See Dugd. Bar. I. p. 782. and Walfingham, p. 167. The teftator's
father loft his life by adhering to Thomas earl of Lancafter, in his rebellion againft Edward II. being flain on the bridge at Burroughbridge, 1321.
Lancafter's popularity made him pafs for a martyr.

voloms auxint q' fi nous eioms ubliez de mettr' en n're
teftament afcun de nous fervans q' nous exccutours les facent trov' cynk chapelains tout un an a chaunter pur l'alme
de nous et pur les almes de ceux q' nous ont fervy et a
prier pur nos. Nous devifoms auxint et ordenoms q' nos
executours p'ignent e li. et achatent une p'celle de terre et
enfeffent Joh'n de Mortimer et fes enfans de fon corps en-
gendre, et qe la terre foit taille, fi qele ne puiffe eftre aliene
fi le dit Johan foit en vie adunq's, et f'il foit a dieux, comande q'il enheritient fes enfans a touz jours apper [i] pur
nous. Nous voiloms auxint et ordenoms q' tantoft apres
n're deces noz executours et n're confeffour ordeignent
chapelains les plus feintes gentz q'il purrount trov', auxi
bien des feculers com' de religious, a prier pour nous. En
tefmoignance de queu chofe a cefcuy n're teftament avoins
mys n're feal eftre[k] en n're prefence en n're chaftel de
Pleffy, le jour et l'an de fufditz. Et pour ceo q' nous
fumes en volientie affaire une chaunterie de certains chape-
layns en l'onour de Dieux et de n're dame et de Seinte
Anne a prier pur nous en manere q' f'ra ordeine, queu
chofe fuit enp'tie comences et puis deftourbe p' la mort
n're ch' frere counte de Northampton 'q' dieux affoile, nous
voloms q' fi la dite chaunterie ne foit p'fourme en n're vie
q' nos executours achatent tant de terre a la v'roie value
del manoir de Dunmawe, et p'fourner la dite chaunt'ie
a la priorie de Scoule, f'il p'ount acorder, ou ailleurs fi com'

[i] Q. a prier.      [k] *propre*, own, Laccombe. .
[l] He died 1360, and was buried at Walden abbey. Dugd. ubi fup.
See his wife's will. Ib.

il.

il v'rount q' meux foit affaire. Nous voloms auxint et devifoms q' apres totes ceftes chofes faites contenues en n're
teftament p' amount q' nos executours p'ignent dys mill'
marcs, et les defpendent per confaile et avifement des freres
defuznomes en chaunt'ies et un autres fept oev'es de charite, folont ceo q'il poont mieux accorder q' mieux foit pur
l'alme de nous, et auxient pur paier dettes fi nules foient
aderere. Et tout le remenant foit defpendu com' eft avant
devife en n're dit Teftament.

> Probatio dicti Teftamenti coram Simon. archiep' Cant'
> dat. 13 Kal. Novembr' Anno D'ni 1361. apud
> Novum Templum, London.

Extracted from the regifter of Simon Iflip, fol. 178. b.
179. a. b.

In the Archiepifcopal Regiftry at Lambeth.

HUMFREY

# HVMPHREY DE BOHVN.

## TENTH EARL OF HEREFORD AND ESSEX,

Nephew to the foregoing. He died 1371. 46 E. III.
having married Joan daughter of Richard Fitz Alan
earl of Arundel, by whom he left only two daughters,
Eleanor, married to Thomas of Woodftock duke of
Gloucefter, and Mary, to Henry duke of Lancafter,
afterwards king Henry IV *.

EN noun de Dieu, Jeo Humfr' de Bohun, conte de
Hereford, d'Effex, et de Northampton, et coneftable
d'Engleterre, de bone et faine memoire, face mon teftament
le XII jour de Decembr', en l'an de grace mil ccc feptant
fecond' en manere q'enfuit. Primerement, Jeo devife
m'alme a Dieu tout puiffant, a la bennye virge Seinte Marie,
et a touz Seints du Ciel, et mon corps d'eftre enterres en
l'eglife de l'abbeye de Walden. Et jeo doigne et devife
touz mes biens et chateaux, vifs et morts moebles, et nient
moebles q'cunq' p't q'ils foient a meftre Simon † p' la grace
de Dieu evefq' de Londres, Monf'r Gy de Bryane, Monf'r
John de Moulton, Monf'r Rob't de Tye, Joh'n de Gyldef-
burgh, et a S'r Ph. de Melreth, p'r mon corps enterrer, et

* Dugd. and Vincent ut fup. Sandford, p. 143.
† Simon Sudbury, afterwards abp. of Canterbury, beheaded by Wat
Tyler's mob, 1381.

p'r

p'r les dettes mon treſhone' Seign'r et Piere q' Dieu aſſoile,
et auſſint pur mes dettes propres entierement paier, et jeo
deviſe q' mon dit corps enterrez, & les dettes mon dit treſhone' Seign'r et Piere, et auſſint mes dettes propres paiez,
qe le reſidue de touz mes biens et chateux ſoit fait p'r m'alme et p'r les almes de ceux as queux jeo ſui tenuz, ſolonc
la diſpoſition des avauntditz eveſq', Monſ'r Gy, Monſ'r
Joh'n, Monſ'r Rob't, John, et S'r Ph. quels jeo face et
ordeigne mes executours de ceſt mon teſtament, et ceo p'
la ſurveue Monſ'r Richard conte d'Arundell et de Surr' Johanne ma treſchere compaigne et Adam Fraunceys citezein
de Londres.   Don' a Pleſſiz le jour et l'an ſuſdits.

Probatio dicti Teſtamenti coram d'no Willielmo Wit-
    tleſey archiep' Cant', apud Lambeth, Id. Maii, Anno
    D'ni 1373.

Regiſt. Witleſey, fol. 127. a. b.   In the Archiepiſcopal
    Regiſtry at Lambeth.

EDWARD

# EDWARD THE THIRD.

IN nomine fumme et individue trinitatis, Patris, et Filii
et Spiritus Sancti, gloriofe virginis Marie matris Dei, et
totius celeftis curie, amen. Cafus mortiferus parentis primi
de ftatu labentis innocencie immortalitatem mortalitate in-
felici commercio commutavit, et adeo dire infectionis rivulos
derivavit in pofteros ut genus humanum ab infectis radicib'
propagatum racione ipfius originalis contagii exinde refo-
lutionis patetur difcrimina, et divina volente jufticia de
ceto' per mortis femitas incedere cogeretur. Quod nos Edwardus Dei gra', qui feptra regnorum Anglie et F'ncie,
regis regum nobis affiftente clemencia, per nonnulla te-
nuimus tempora, in regalis difcretionis examine revolventes,
ac confiderantes q'd permiffa mortis fentencia eft tam cont'
maiores q'm infimos generaliter promulgata, cum juxta fa-
pientis proverbium omnes morim' et dilabim' velud aqua,
volentes que propterea dum recenti gaudemus memoria de
n'ris anima et corpore ac bonis mobilib' nobis adeo collatis
taliter ordinare, q'd n'ra difpoficio effe poterit deo placita,
mundo accepta, ac liberis, miniftris et familiarib' n'ris
fidelib', qui nedum nobis, fet toto regno n'ro, multa gra-
tuita impenderunt obfequia, in aliqualem recompenfa-
tionem laborum fuorum admodum p'futura, ad teftamentum n'm folempnit' condendum, et voluntatem n'ram
ultimam regaliter declarand', procedere decrevimus, in

I 2

hunc

hunc modum. In primis fiquidem, in puritate et finceritate fidei catholice exiftentes, omnipotenti deo plafmatori n'ro animam n'ram quam fuo cruore p'ciofo redimit
legamus, et eam fibi intenfiori devotione qua poffumus
commendamus; p' corpore vero n'ro in eccl'ia Sancti Petri
Weftmonaft'ii int' clare memorie p'genitores n'ros reges
Anglie regalem eligimus fepulturam, feu funeris noftri exequias more regio volumus celebrari, cum tali tamen mo-
deramine ut preter torcheas cereas in numero condecenti fint
tantum circa corpus noftrum in ipfis exequiis, quinq' ceree
feu luminaria cerea in quantitate competenti, cum fex
mortariolis cereis abfq' pluri; deinde vero volumus, et in
hac ultima voluntate n'ra fpecialiter ordinamus, q'd monafterium n're d'ne de gracia jux'a Turrim n'ram London' al'
p'nos fundatum quoad dotem fufficientem et alia in-
cumbencia augmentetur juxta n'ram intentionem pri-
mevam. Volum' etiam, et exp'ffe ordinamus, q'd collegium n'rm lib'e capelle n're Sancti Stephani apud
Weftmonaft'm' p' nos fundatum p'ficiat', et omnib' debite de bonis n'ris compleat'r jux'a ordinacionem primeve
fundacionis ejufdem. Item volum', et exp'ffe ordinamus
q'd in conventu fratrum predicatorum de Langele n're fundacionis conftruant' et fiant domus et edificia n'ris
fumptib', prout per nos alias fuerat ordinatum: volum' in-
fup' q'd conventus dictorum fr'm de num' viginti p'fona-
rum ejufd'm ordinis augmentetur, et q'd novi redditus
de bonis n'ris adquirantur, qui ad folvendu' fingulis ipforum
viginti fratrum annis fingulis decem marcas fufficere poterunt

runt annuatim, qui omnes pro ſtatu n'ro salubri dum
vivimus, et pro anima n'ra cum ab hac luce ſubtracti
fuerimus, ac anima clare memorie Philipe quondam regine
Anglie conſortis n're cariſſime, necnon pro bono ſtatu
om'ium liberorum n'rorum ſup'ſtitum, et animabus extinc-
toru', apud Deum in miſſis et aliis oracionib' et devo-
cionib' ſuis ſp'ialit' intercedere p'petuo teneant'. Conſe-
quenter damus et legamus heredi n'ro futuro, cui Deus
conferat graciam ſalutarem, Ricardo videlicet filio recolende
memorie Edwardi nup' principis Wallie primogeniti n'ri,
unu' lectum integrum cum toto apparatu ſuo de integris
armis n'ris Anglie et F'nc' apud palacium n'rm Weſtmo-
naſt'ii exiſtentem. Item damus & legamus eid'm quatuor alios lectos qui ſolebant extendi in quatuor cameris
inferiorib' palacii ſup'dicti eciam cum apparatu integro
eorundem. Item damus et legamus eid'm dupplicem ap-
paratum pro aula ſua, quorum unus ſit magnus et nobilis,
reliquus vero lenis et tenuis pro cariagio ordinatus. Item
damus et legamus eidem duos apparatus integros p' capella. Item damus et legamus Johanne nup' conjugi
celebris memorie Edwardi primogeniti n'ri ſup'dicti
mille marcas in quibus nobis ex mutuo tenebatur, volentes quod jocalia ſua nobis propterea impignorata lib'e reſti-
tuant' eid'm. Item damus et legamus cariſſime filie n're
Iſabelle * comitiſſe Bedefordie pro ſubvencione ſua et exhi-

---

* Iſabel, eldeſt daughter of Edward III. was married 1365 to Ingelram
de Coucy earl of Soiſſons, whom the king created earl of Bedford next
year. He died at Barre in Apulia 1397. She died
and was buried at the Friars minors, without Aldgate. Sandford, p. 178.
Vincent on Brooke.

bicione filie<sup>b</sup> fue trefcentas marcas annuas annuatim prove-
nientes feu excuntes de t'ris et redditib' filii et heredis
bone memorie comitis Oxonie ultimo defuncti, <sup>c</sup> quas
Thomas Tirell' miles tenet de nobis, quamdiu infra etatem fuerit idem heres.    Refiduum vero omniu' bonorum
n'rorum mobilium in quibufcumq' rebuz exiftenciu', eciam
fi in cuftodia t'rarum et tenementor. maritagiis heredum,
arreragiis firmarum', reddituu', vel in debitis, feu nominib'
debitorum a retro quomodolib' exiftenciu' extiterint damus
et legamus, ac omnib' viis et modis quib' melius pot'i-
mus concedimus executoribus n'ris inferius nomi'atis,
ip'orumq' bonoru' poffeffionem ex nunc in ip'os executores
in quantum poffumus transferimus, ut de illis debita n'ra,
contemplacione p'fone n're dumtaxat, non racione regni feu
guerrarum n'rarum contracta, ad que heredem et fucceffo-
rem n'rm, ip'iusq' heredes et fucceffores, ex lege Dei et
confciencie fore intendimus obligatos, et ideo ip'os executores n'ros ad ea folvenda aftringi volumus vel artari, quatenus ip'a bona fe extendere potuerint jufte p'folvant, et alias
p' animo n'ra ea difponant, p'ut voluerint coram fummo
judice in ultimo examine refpondere.    Habita femp' con-
fideracione quod fideles miniftri et familiares n'ri qui hucufq'
a nobis non fuerunt debite premiati, ex dicto refiduo bono-

<sup>b</sup> Philippa, youngeft daughter of the earl and countefs of Bedford before
mentioned, was married to Robert de Vere earl of Oxford, afterwards
duke of Ireland and marquis of Dublin, who forfook her for a foreigner.
He died 1392, having been attainted in Parl. 11. Ric. II.  The parliament
allowed her lands, 2 H. IV.  She was living 5 H. IV. and ftiled marchionefs
of Ireland.   MS. note of St. L. Kniveton on Vincent on Brooke, p. 404.
This legacy was a further provifion for her, out of her hufband's eftate,
after fhe was deferted by him.

<sup>c</sup> Thomas de Vere eighth earl of Oxford, father of Robert.

rum

ſum n'ror', quatenus juxta diſcrecionem dictorum executorum n'rorum fieri pot'it, debitam remuneracioncm t'neant,
et debite renumerati datis a nobis plene gaudeant, quod
heredi n'ro futuro ſub paterne benedictionis plenitudine
judicamus. Hujus ſiquid'm teſtamenti n'ri regii executores nom'iamus, facim', et deputamus p'clarum videl't,
filium n'rm Johannem [d] regem Caſtelle et Legionis, ac
ducem Lancaſtrie illuſtrem, ven'abilesq' p'res [e] Joh'em
ep'm Lincolinen', [f] Henricum ep'm Wigornjen', [g] Johannem ep'm Hereforden', ac dilectos et fideles n'ros Wil-
l'mu' dnm' Latymer [h], Johannem Knyuet cancellariu',
Rob'tum de Aſheton theſaurarium, Rogerium de Bello
Campo camerariu', Johannem de Ipre ſeneſcallum n'ros
milites, ac Nich'm de Caren cuſtodem privati ſigilli
Quos omnes et ſingulos oneramus ut hanc voluntatem
n'ram ultimam debite exequi et adempleri faciant, prout
ſuperius ordinavim', et prout ad partem ſunt de n'ris inten-
tione et voluntate plenius et magis ſpecifice informati ; ſuperviſores autem hujuſmodi n'ri teſtamenti creamus, facimus, ordinamus et conſtituimus rev'endos in xp'o patres
Simonem [i] archiep'm Cantuarien' et [k] Alexandrum archiep'm Eboracen', quos quantum ad nos attinet in d'no requi-

[d] John of Gaunt.
[e] John Buckingham, keeper of the privy ſeal, died 1397.
[f] Henry Wakefield, lord treaſurer, died 1395.
[g] John Gilbert, lord treaſurer, died 1398.
[h] He died 4 R. II. Dugd. Bar. II. 32.
[i] Simon Sudbury.
[k] Alexander Neville, baniſht 1387, died at Lovain 1591.　Godwin.

rimus

rimus et rogamus quatenus ipfi tamquam regni n'ri Anglie
primates fup'iores omnia hanc ultimam voluntatem n'ram
concernencia quatenus opus fuit fup'videant, ipfamque exe-
cutioni  debite  demandari faciant, refiftentes vero  ec-
cli'aftica cenfura p'ut eorum officiu' exigit debite coherceant et compefcant, p'ut coram Deo reddere volu'nt racionem.  In quorum omnium et fingulorum teftimonium
atq' fidem p'fentem paginam feu p'fens teftamentum voluntatem n'ram ultimam continens,fuperfcriptam in fcriptis
redigi, ac figillo privato et figneto n'ris includi, et fignari,
ac n'ri magni figilli appenfione fecimus roborari. Datum,
fcriptum, et ordinatum fuit p'fens teftamentum in man'io
n'ro regali de Haveryngge atte boure, in cam'a n'ra infe-
riori, feptima die mens' Octobr', Anno D'ni mill'imo tre-
centefimo feptuagefimo fexto, ac regni n'ri Anglie quinquagefimo, regni vero n'ri Francie tricefimo feptimo.
Prefentibus dilectis et fidelib' n'ris Johanne de Bureleye,
Ric'o Sturreie, et Ph'p la Vache militib'; Will'mo Strete con-
trotulare hofpicii n'ri, Johanne de Bev'rle, Walt'o et Johanne
de Salefburi, fcutiferis camere noftre, et aliis quampluribus,
cum Wal'to de Skirlawe[1] decretorum doctore canonico una
Eboracen' ad audiendum hanc ultimam voluntatem n'ram
fpecialiter evocatis in folempnius teftimoniu' p'miffor'.

Probatio dicti Teftamenti coram D'no Simone Cant'
Archiep' apud Lamheth, 25 June 1377.

[1] Dean of St. Martin's, bp. of Litchfield and Coventry, 1385; Bath and
Wells, 1386; Durham, 1388; died 1406. Godwin.

Regift.

Regift. Sudbury, fol. 97. b. 98. a.b. in the Archiepifcopal Regiftry at Lambeth.

King Edward the Third died at his manor of Shene, (now Richmond) in Surrey, June 21, 1377; and was buried in Weftminfter Abbey. See his monument engraven in Sandford's Genealog. Hiftory, p. 176. and by Vertue, for Rapin's Hift. of England,

K                          EDWARD

# EDWARD, PRINCE OF WALES.

EN noun de Pere, du Fitz, et de Saint Efpirit, Amen. Nous Edward, eifne fitz du Roy d'Engletere et de Fraunce, prince de Gales, duc de Cornwaill, et count de Ceftre, le vii jour de Juyn, l'an de grace mil troifcentz feptantz et fifme, en n're chambre dedeyns le palois de n're trefredote S'r et pere le Roy a Weftm' efteantz en bon et fain memoire, et eiantz confideration a le brieve duree de humaine freletee, et come non certein eft le temps de la re-folution a la divine volunte, et defiranz toutjourz d'eftre preft ove l'eide de dieu a fa difpoficioun, ordenons et fefons n're teftament en la maner qe enfuyt. Primeriment nous de-vifons n're alme a Dieu n're Creatour, et a la feinte benoite Trinite, et a la glorieufe virgine Marie, et a touz les fainz ; et n're corps d'eftre enfeveliz en l'eglife cathedrale de la Trinite de Canterbire, ou le corps du veray martir monf'r Seint Thomas repofe en mylieu de la chapelle de n're dame Undercrofte[a], droitement devant l'autier, fiq' le bout

de

---

[a] This is the chapel called by Mr. Somner "The Lady Undercroft," in the middle of which Becket was buried. Neither he nor Mr. Gofling, had they feen this will, would have entettained any doubt about the place of that prelate's interment. (Canterbury Walk, p. 220. 2d edit.) The Black Prince does not mean to be buried in the fame chapel with the faint; that would have been too great an intrufion. He only means to be laid in the fame church, directly before the altar, from which his tomb was to be ten feet diftant. He founded a chantry in this chapel, 1303, with li-cence of his father, king Edward III. and made a very confiderable altera-tion in the Gothic tafle, with ribs curioufly moulded, and having carved ornaments at their interfections, among which one has his arms. This was called the *Black Prince's Chapel.* The endowment of the chantry was

*Vauxhall*

dè n're tombe devers les pees foit dix peez loinz de l'autier,
et qe mefme la tombe foit de marbre de bone mafonerie
faite.   Et volons qe entour la ditte tombe foient dufze ef-
cuchons de laton, chacun de la largeffe d'un pie, dont les
fyx feront de noz armez entiers, et les autres fix des plu-
mez d'oftruce, et qe fur chacun efcuchon foit efcript, c'eft af-
faveir' fur cellez de noz armez et fur les autres des plumes
doftruce, houmout[b]. Et paramont[c] la tombe foit fait un table-
ment de laton fuzorrez de largeffe a longure de meifme
la tombe,  fur quel nouz voloms q'un ymage d'ov'eigne[d]
leve[e] de latoun fuzor.ez foit mys en memorial de nous, tout
armez de fier de guerre de nous armes quartillez & le vifage
nie,  ove notre heaume du leopard mys deffous la tefte de
l'ymage, et volons qé fur n're tombe en lieu ou leu[f] le purra
plus clerement lire et veoir foit efcript ce qe enfuit en la
maner qe fera mielz aviz a noz executours[g]:

Tu qe paffez ove bouche clofe par la ou cift corps repofe,
Entent ce qe te dirray, ficome te dire le fay.

*Vauxhall* manor, near London, now belonging to the Dean and Chapter
of Canterbury.   The houfes for the priefts belonging to it were at the bottom of Beft's-lane, where a ftone door-way remains; and the place is or
was lately privileged, under the board of Green-cloth. Ib. p. 218, 219. 62.
    [b] This word in the German language fignifying a *haughty fpirit*, might
reprefent him as an intrepid warrior.  Goftling, p. 267.   Whatever occafioned the alteration from his order here recited, the fhields with the
oftrich feathers have his motto *Ich dien*.
    [c] *On the top of the tomb.*
    [d] *Of work in relief of copper gilt.*
    [e] Sic Orig. *i. e.* wafhed over with latyii, &c.
    [f] Orig. *leu*, or *len*. Q. *l'on.*
    [g] This epitaph is given in Sandford and in Dart's Canterbury, with
fome little variations, and fome incorrectnefs.  It is written on the edge of
the brafs table, in double lines, the lines of each couplet following one
another.  There is added an epitaph in profe, fetting forth the Prince's
titles, the day of his death, &c.

Tiel come tu es, je autiel fu ; tu feras tiel come je fu ;
De la mort ne penfay je mie, tant come javoy la vie.
En terre avoy grand richeffe, dont je y fys grand nobleffe,
Terre, mefons, et grand trefhor, draps, chivalx, argent, et or,
Mes ore fu je povres et cheitifs, profond en la terre gys.
Ma grand beaute eft tout alee, ma char eft tout gaftee.
Moult eft etroite ma mefon.   En moy na fi verite non.
Et fi ore me veiffez,   je ne quide pas qe vous deiffez,
Qe je euffe onqes hom efte, fi fu je ore de tout changee.
Pur Dieu pries au celeftien roy, qe mercy eit de l'alme
          de moy.
Tout cil qi pur moi prieront, ou a Dieu m'acorderont,
     Dieu les mette en fon paradys, ou nul ne poet eftre chetifs."
Et volons qe a quele heure qe notre corps foit amenez parmy
la ville de Canterbire tantq'[h] a la priore, q' deux deftrez[i] co-
vertz de noz armez et deuz homez armez en noz armez et en
noz heaumes voifent [k] devant dit n're corps, c'eft affavoir,
l'un pur la guerre de noz armez entiers quartellez, et l'autre pur la paix de noz bages des plumes d'oftruce ove quartre
baneres de mefme la fute, et qe checun de ceux q' porteront
les ditz baneres ait fur fa tefte un chapeu de noz armes. Et
qe celi qe fera armez pur la guerre ait un home armez portant apres li un peñon de noir ove plumes d'oftruce.   Et
volons q' le herce[l] foit fait entre le haut autier et le cuer,
dedeyns le quel nous voloms q' n're corps foit pofee, tantq'[h]
les vigiliez, meffes, et les divines fervices foient faiftes ; lefquelx fervices enfi faitez, foit n're corps portes en l'avant

[h] unto, until.   [i] *deftriers*, horfes.   [k] voifent. Q. fhall walk before our Lady.
[l] See before, p. 45.

                                                            dite

dite chappelle de notre dame ou il fera enfevillez. Item nous
donnons et devifoms al haut autier de la dite eglife n're
veftement de velvet vert enbroudez d'or avec tout ce q'
appertient au dit veftement. Item deux bacyns d'or, un
chalix avec le patyn d'or noz armez graves fur le pie, et
deux cruetz d'or, et un ymage de la Trinite a mettre fur le
dit autier, et n're grande croix d'argent fuzorrez et enamel-
lez, c'eft affavoir la meliour croix qe nous avons d'argent ;
toutes lefqueles chofez nouz donnons et devifons au dit autier
a y fervir perpetuelement, fainz jammes le mettre en autre
oeps[m] pur nul mifchiefs[n]. Item nous donnons et devifons al
autier de n're dame en la chappelle furdite n're blank veftiment tout entier diappree d'une viue dazure et auxi le frontel
qe l'evefqe d'Exceftre nous donna, q'eft de l'affumption de n're
dame en mylieu fev'er d'or et d'autre ymagerie, et un tabernacle de l'affumpcioun de n're dame qe le dit evefq' no'
donna auxi, et deux grandez chandelabres d'argent q' font
tortillez, et deux bacyns de noz armez, et un grand chalix
fuzorre et enameillez des armes de Garrenne[o] ove deux
cruetz taillez come deux angeles, pur fervir a mefme l'autier
perpetuelment, fainz jamez le mettre en autre oeps p' nul
mefchief. Item, noz donnons et devifons notre fale des
plumes d'oftruce de tapiterie noir et la bordure rouge ove
cignes ove teftez de dames, ceft affavoir un doffier, et huyt
pieces pur les cofts et deux banqueres[p] a la dit eglife de Canterbire. Et volons q' le doffier foit taillez enfi come mielz fera

[m] ufe, work.
[n] to prevent prejudice being done to them ; or, on no account.   [o] Warren.
[p] A back piece, and eight pieces for the fides and two benches.

avis a noz executours pur fervir devant et entour le haut
autier, et ce q' ne befoignera a fervir illec du remenant du
dit doffier, et auxi lez ditz banqueres volons q' foit departiz
a fervir devant l'autier la ou Monf'r Saint Thomas gift, et
l'autier la ou la tefte eft, et a l'autier la ou la poynte de
l'efpie⁹, et ento'r n're corps en la dite chappelle de n're dame
Undercrofte, fi avant come il purra fuffiere.  Et voloms q'
les coftres ᵏ de la dit fale foient pur pendre en le quer tout
du long paramont les eftallez ˢ ; et en cefte maniere ordenons a
fervir et eftre ufez en memorial de noz a la fefte de la Trinite, et a toutz les principales feftes de l'an, et a lez feftes
et jours de Monf'r Saint Thomas et a toutez les feftes de
n're dame, et les jours auxi de n're anniv'faire perpetuelement, tant come ils purront durer fainz james eftre mys
en autre oeps.  It'm nous donnons et devifons a n're chap-

⁹ At the altar where St. Thomas lies, at the altar where the crown of
his fkull which was cut off at his death was preferved, and at the altar
where was kept the piece of Richard Brito's fword, which was broken off by
the violence of his blow against the archbishop's head and the pavement.
See Fitz Stephen's account of his death in Sparke's Hist. Anglic. Script.
p. 87. Gervaife inter X. Script. p. 1416.   The first was called *altare tumbæ*
B. Thomæ martyris (Somner p. 98. Battel. p. 28.)   The fecond was probably in that part of the cathedral called *Becket's Crown*. (Ib. p. 94. Goftl.
p. 124.)   The third was dedicated to the Virgin Mary, and commonly
called the altar of the martyrdom of St. Thomas.   Erafmus fays it was of
wood, and a very fmall one, and that there was laid upon it the point of
the fword which cut off the crown of the archbishop's head, and was ftirred
about in his brain.  At this altar he breathed his laft invocations on the
Bleffed Virgin.  Batteley, p. 27, fays, Roger who was chofen abbot of St.
Auftin's 1176, and carried with him from it a piece of the fkull, and good
part of the blood and brains of St. Thomas, was keeper of *this* altar; but
Thorn (int. X. Script. p. 1819) fays, he was keeper of the altar *ad quod
S. Thomas fuit martyrizatus*.  This was *St. Benedict's* altar, Fitz Stephen.
In the windows of the Library at Trinity College, Oxford, is a figure with a
mitre and crofier, and *the point of a fword ficking in his forehead*, which
from this circumftance the late Mr. Huddesford fuppofed to reprefent Becket.
 ᵏ *ceftes*, fide pieces.   It feems to refer to the hangings of his hall.
 ˢ above the ftalls.

1.                                                              pelle

pelle de cefte n're dite dame Undercrofte en laquelc nous
avoins fondes une chant'ie de deux chapellayns a chantei
pur noz perpetuelement n're miffal et n're portehors [t], lefquelx noz mefmez avons fait faire et enlumyner de noz
armez en diverfez lieux, et auxi de noz bages dez plumes
doftruce, et ycelx miffal et portehors ordenons a fervir perpetuelement en la dite chappelle, fainz james les mettre en
autre oeps pur nul mefchiefs, et de toutez ceftes chofcs
chargeons les almes des priour et convent de la d'te eglife,
ficome ils vorront refpondre devant Dieu. Item, nous
donnons et devifons a la dite chappelle deux veftementz
fengles, ceft affavoir, aube, amyt, chefyble, eftole, et fanon [u],
avec towaill, covenables a chacun des ditz veftementz a f'vir
auxi en la dite chapelle perpetuelement. Item, nos don-
nous et devifons notre grand table d'or & d'arg-nt tout pleyn
dez precieufes reliques, et en mylieu un croiz de ligno
fancte crucis, et la dite table eft garniz de pierres et de perles
ceft affavoir vingt cynk balois [x], trentquartre fafirs, cinqaunt
perles groffes et plufo's outres fafirs, emeraudes, et perles petitz,
a la haut autier de n're mefon d'Afheruggey q'eft de n're
fundatioun, a fervir perpetuelement au dit autier, fanz james le
mettre en autre oeps pur nul mefchiefs, et de ce chargeous

[t] *Portiforium*, with which the French word is fynonymouf.

[u] *manipule.* Laccombe.

[x] ballafs. This is the name of a fpecies of rubies, of a vermeil rofe colour. Chambers's Dict.

[z] Afhridge, in Buckinghamfhire. Edmund earl of Cornwall, fon of Richard king of the Romans, founded this college of Bonhommes, 1283. Edward III. confirmed his charter, a. w. 5. What concern the Black Prince had in this foundation no further appears.

les

les almes du rectour et du convent de la d'te meſon a reſpondre devant Dieu. Item, nous donnons et deviſons le
remenant de touz noz veſtimentz, draps d'or, le tab'nacle de
la reſurrection, deux cixtes ᶻ d'argent ſuzorrez et enameillez
d'une ſute ᵃ, croix, chalix, cruetz, chandelabres, bacyns,
liveres, et touz noz autrez ornements appertenantz a ſeinte
egliſe a n're chapelle de Saint Nicholas ᵇ dedenz n're chaſtel
de Walyngforde, a y ſ'vir et demurer perpetuelement, ſanz
james le mettre en autre oeps, et de ceo chargeons les
almes des doien et ſouzdoyen de la dite chapelle a reſpondre devant Dieu, horſpris toutesfois le veſtement blu avec
roſez d'or a plumes doſtruce, lequel veſtement tout entier,
avec tout ce qe appertient a ycell noz donnons & deviſons a
n're fitz Richard, enſemble avec le lit q' nous avons de meſme la ſute & tout l'apparaill du dit lit lequele n're tres redotes
ſeignour & pere le Roy nous donna. Item, nous donnons et
deviſons a n're dit fitz n're lit palee de baudekyn et de camaka rouge qeſt tout novel, avec tout ce q' app'tient au dit
lit. Item, noz donnons et deviſons a n're dit filz n're
grand lit des angeles enbroudes avec les quiſſins, capitz ᶜ
cov'ture, lintaux, et tout ent'rement l'autre app'all app'tie-
nant au dit lit. Item, nous donons et deviſons a n're dit
filz la ſale ᵈ darras du pas de Saladyn, et auxi la ſale de

---

ᶻ Q. ciſtes, little boxes.     ᵃ of one pattern.
ᵇ This chapel ſubſiſted in the beginning of John's reign, if not before ;
was augmented by Edmund earl of Cornwall, 10 E. I. and again by the
Black Prince and Henry VI. ſo that before the diſſolution its revenues
amounted to £. 147. 8s. per annum. Tan. Not. Mon. p. 19.
ᶜ cuſhions,teſter, coverlets, ſheets, &c.
ᵈ Sale ſems to be uſed here, and in other wills, for the hangings of a hall.

worſtede

worftede embroudez avec mermyns de mier ᵉ et la bordure
de rouge et de noir pales et embroudez de cignes avec teftes
de dames et de plumes d'oftruce, lefqueles fales noz volons
qe notre dit filz ait avec tout ce q' appartient a ycell. Et
quant a n're veffelle d'argent porte, q' nous penfons q' nos
receumes avec n're compaigne la princeffe au temps de
n're mariage, jufqes a la value de fept centz marcs d'eft'linges ᶠ de la veffelle de n're dit compaigne ; nous volons q'
elle ait du notre tantq' a la dite value. Et en remenant de
n're dit veffelle noz volons q' n're dit filz ait une partie
covenable pur fon eftat, folonc l'avis de noz executours.
Item, nous donnons et devifons a n're dit compaigne la
princeffe la fale de worftede rouge d'egles et griffons embroudez avec la bordure de cignes ove teftes de dames.
Item, noz devifoms a fire Rog' de Claryndon ᵍ un lit de foie
folonc l'avis de noz executours, avec tout ce q' app'tient au
dit lit. Item, noz donnons & divifons a fire Rob't de
Walfham n're confeffour un grand lit de rouge camoca avec
nos armes enbroudes a checun cornere, & le dit camaka eft
diapreez enlimines des armes de Hereford avec le celure ʰ entiere, curtyns, quiffins, trav'fin ᶦ, capitz, de tapit'ee et tout entierment l'autre apparaill'. Item, nous donons et devifons

---

ᵉ mermaids of the fea.   ᶠ fterling.

ᵍ He was a natural fon of the Prince of Wales, probably born at and
named from Clarendon. He was made one of the knights of the chamber to
king Richard II. his half brother, who Oct. 1, a. r. 13, granted him an
annuity of 100l. during life, out of the iffues of the fubfidies in divers counties. He was attainted in the reign of Henry IV. and is thought to have
been anceftor of a family of Smith in Effex.   Sandf. p. 189.

ʰ coverlet. Kelham. Q. if not rather teafter, from ciel. In the following will, p. 79. we have ciel integrum.

ᶦ traverfin, crofs piece, whatever that means here. In the next will is
tranfverfia.

L                                    a Monf'r

a Monſ'r Alayn Cheyne n're lit de camoka blank poudres d'egles[k] d'azure, ceſt aſſavoir, quilte [l], doſſier[m], celure entiere, curtyns, quiſſyns, trav'ſyn, capitz, et tout entierment l'autre apparaill'. Et tout le remenant de noz biens et chateux auxi bien veſſel d'or et jocalx come touz autres biens, ou q'ils ſoient outre ceux q' nous avons deſſuz donnes et deviſez come dit eſt, auxi toutez maneres des dettes a nous due, en quecoпq' manere q' ſe ſoit, enſemble avec touz les iſſuez et profitz q' purront ſoudre[n] & avenir de touz nos terrez & ſeignouris par trois ans apres ce qe dieux aura fait ſa volunte de nous, leſquelx profitz n're dit ſeignour & pere nos a ottriez p' paier noz dettez, Nous ordenons et deviſoms ſi bien pur les deſpenz fun'ales q' conveneront neceſſairement eſtre faites pur noſtre eſtat, come p' acquiter toutez noz dettez per les mains de noz executours, ſiq' ils paient primerement les dis deſpentz fun'ales, et ap's acquitent principalement toutez les debtes par noz lyialement dehues[o]. Et ceſtes choſes perfourmez com dit eſt ſi rien remenit de noz ditz biens et chateux nous volons qe adonqes noz ditz executours, ſelonc la quantite enguerdonnent[p] noz povres ſervantz egalement ſelonc leur degreez et deſertes ſi avant come ils purront avoir information de ceux q' en ont melliour cogniſſante, ſi come ils en vorront reſpondre devant Dieu au jour de juggement, ou nul ne ſera jugge q' un ſeul. Et quant a les annuytes q' nous

---

[k] *with eagles.*
[l] *quilte* is not a modern French word, and yet occurs not in old gloſſaries.
[m] back piece.
[n] *ſouder, ſuder,* to ariſe. Kelham.
[o] due.                                    [p] reward.

avons donnes a noz chivalers, efquiers, et autres noz fervitours
en gueredon⁹ des fervices q'ils nous ont fait et des travalx
q'ils ont eu entour nous, n're entiere et darriene volunte eſt
q' les dictes annuytees eſtoiſent', et q' touz ceux afquelx nous
les avons donnes en foient bien et loialement ferviz et paiez,
folonc le purport de n're doun et de noz letres quels eu ont
de noz. Et chargeoms n're filz Richard fur n're benefon
de tenir et confermer a chefcun quant nous lour avons enfi
donnez; et fi avant come Dieu nous a donnes pour* fur n're
dit filz nous lui donnons n're malifon fil empefche ou foeffre"
eſtre empefches en quantq' en il eſt n're dit doun. Et de
ceſt n're teſtament lequel nous volons eſtre tenuz et perfourmez
pur n're darreine volunte, fefons et ordenons noz executors
n're tres cher et tres ame frere d'Efpaigne* duc de Lancaſtre,
les reverenz peres en Dieu William⁹ evefq' de Wynceſtre
Johan* evefq' de Bath, William* evefq' de Saint Afaph, n're
t'fch' en Dieu S. Rob't de Walfham n're confeffour, Hugh
de Segrave fenefcal de noz terres, Aleyn de Stokes, et Johan
de Fordham lefquelx nous prioms, requerons, et chargeoms
de executer et accomplir loialment toutez les chofes fuf-

⁹ *guerdon*, reward.
' *eſtoier*, to ſtand to, to abide. Kelham.
* power. ' or *malichon*, malediction. " ſuffer.
* *d'Efpaigne*. John of Gaunt, third brother of the Black Prince, married in 1372, Conſtance eldeſt daughter of Peter king of Caſtile and
Leon, in whofe right he claimed the kingdom of Spain, in re-eſtabliſhing
Peter on which throne two years before the Black Prince contracted the
ſickneſs of which he died, 1376. Sandf. p. 250, 251.
⁹ William Wyckham, died 1405.
* John Harewell, chancellor of Gafcoigne, chaplain to the Black Prince,
died 1386.
* William de Spridlington advanced to the fee from the deanry this year.

dites.

dites. En tefmoignance de toutez et chefcuns les chofes
fufdites nous avons fait mettre a ceft n're teftament et
darreine volunte noz prive et fecree fealz, et avons auxi
commandez notre notair deffous efcript de mettre n're
dite darreine volunte & teftament en forme publiq', et
de foy fouz efcriere et le figner et marcher ᵇ de fon figne
acuftumez en tefmoignance de toutes et chefcuns les
chofes deffiuz dites.

Et ego Joh'nes de Ormefheved cl'icus Karliolen' dioc'
publicus autoritate ap'lica notarius, p'miffis omnib' et fingulis dum fic ut premittittur fub anno D'ni Mill'imo ccc
feptuagefimo fexto, Indictione quarta decima, pontificatus
fanctiffimi in Xp'o p'ris et d'ni n'ri d'ni Gregorii divina
providentia pape x1ᵐⁱ anno fexto, menfe, die et loco predictis
predictum metuendiffimum d'num meum principem agentur
et fierent, p'fentib' reverendo in X'po p're domino Johanne
Hereforden' ep'o, d'nis Lodewico de Clifford, Nich'o Bonde
et Nich'o de Scharnesfeld militib', et d'no Will'mo de
Walfham cl'ico, ac aliis pluribus militib', cl'icis, & fcutiferis,
unacum ipfis prefens fui, eaque fic fieri vidi et audivi, & de
mandato dicti d'ni mei principis fcripfi, et in hanc publicam
formam redegi, fignoq' meis et nomine confuetis fignavi
rogatus in fidem et teftimonium omnium premifforum, con-
ftat michi notario pred'co de interlinear' harum dictionum
*iout eft* per me fact' fup'ius approbando.

ᵇ *marquer.*

Probatio

Probatio dicti Testamenti coram Simone Cant' Archiep',
    4 Idus Junii, 1376, in camera infra scepta domus
    fratrum prædicatorum conventus London. Nostre
    Translationis anno secundo.

Regist. Sudbury, fol. 90. b. 91. a. b. in the Archiepiscopal
    Registry at Lambeth.

Edward Prince of Wales, commonly called the Black
Prince, died in the Royal Palace at Westminster, on
Trinity Sunday, July 8, A. D. 1376; and was buried in
Canterbury Cathedral. His monument is engraven in
Sandford's Genealogical History, p. 187; in Dart's Antiqui-
ties of Canterbury; and by Vertue, in Rapin's History of
England.

# JOAN PRINCESS OF WALES,

IN nomine Sancte et individue Trinitatis, Patris et Filii et Spiritus Sancti. Anno ab incarnacione D'ni secundum cursum et computac'oem ecclesie Anglic. mill'mo CCCLXXXV, Regni vero cariffimi filii mei Ricardi Regis Anglie et Francie nono, menfis Augufti die feptimo in caftro meo Walyngford Sar' dioc', Ego Johanna principiffa Wallie, duciffa Cornub', comitiffa Ceftr', et d'na Wake, habens integram fanitatem mentis mee, et fidem catholicam firmiter proficiendo, facio, ordino et conftituo teftamentum meum five ultimam voluntatem meam in hunc modum qui fequitur. Inprimis ego Johanna principiffa lego animam meam omnipotenti Deo falvatori meo, et beatiffime Virgini Marie fue genetrici, et omnibus fanctis ejus ; Corpufq' meum ad fepeliend' in capella mea apud Stanford puxta monumentum ven' D'ni noftri et mariti comitis Kanjc' defuncti[a]. Item volo et ordino quod debita mea omnia et fingula celeri modo quo fieri potuerint perfolvantur. Item lego precariffimo filio meo regi fupradicto lectum meum de velvet rubrum novum operat' in broderia cum pennis oftric' argent' et cum capit' leopardor, de auro' cum ramis et foliis argenteis procedentibus ex utraque parte quolibet ore ipfor' cum apparatu prout eft in cuftodia cuftodis garderobe mee London'. Item lego predilecto filio meo Thome comiti Kancie unum lectum

[a] He died Dec. 28, 34 E. III. Dugd. Bar. II. 74.

de

de camaca pallata in camaca rub' et radiata de auro cum apparatu, videlicet, cum dorfor' ciel integro, uno quilt quolibet operat' in broderia de v hachements in compafs, III curtins de Tarteren rub' verberat' I tranfverfiam de fyndone, I materat'ᵇ de fyndone rub', II fuftian', I canevas de carde rub', XVIII capet' de tapifteria, II quiffin' long de camaca rub' I coopertor'ᶜ de fcarlet furr' de meum purat'ᵈ. Item lego filio meo cariffimo Johanni de Holand'ᵉ unum lectum de camaca rub' pulverizat' cum paniers, cum apparatu, videlicet, I dorfor', I ciel integr', I quilt quolibet operat' in broderia de v compafs, III curtin de fyndone rub' plan', I materat'ᵇ de fyndone ex utraque parte, XII quiffin', II fuftian", XXIIII capit' de tapifteria, I cannevas de carde blod. Item unum coopertorium de fcarlet furr' cum Meum purat' I coverchief de camaca five furrura. Refiduum vero omnium bonor' meor' p'fencium et futuror' ubicumq' exiftencium, ac omnes et fingulos fructus, redditus et provent', necnon jura et dominia quecumq' quos et que cariffimus filius meus Ricardus Rex Anglie et Francie michi et executoribus meis conceffit et dedit, poft mortem meam per unum annum habend' prout litteris fuis inde confectis plenius continetur, do, lego, et concedo, meis executoribus fubfcriptis, viis et modis quibus de jure melius poffum ad folvendum primitus de eifdem bonis et catallis meis debita mea fupradicta, & deinde ad remunerandum fervientes meos fecundum qualitatem et merita perfonarum michi ferviencium, et ad difponendum pro ani-

ᵇ mattras.      ᶜ coverlet.

ᵈ *Furra de Meum* is a particular fort of furr, not explained by the glofsaries. It may be alfo read *furratum de* or *cum Meum.* Du Cange explains *puratus* for *purpuratus*, and applies it to a Byzantine coin.

ᵉ Her third fon by the earl of Kent, beheaded by the mob at Plefhy, where he was buried I Henry IV.

ma mea ficut eifdem executoribus meis utilius, fanius et fa-
lubrius videbitur expedire. Quibus executoribus meis do
et concedo poteftatem generalem et mandatum fpeciale teftamentum meum et ultimam voluntatem meam hujufmodi
exequendi et plenarie adimplendi fecundum modum et formam fuperius expreffat'. Ad quod quidem teftamentum
meum five ultimam voluntatem hujufmodi bene, fideliter et
plenarie exequend' et adimplend' facio' ordino, conftituo executores meos generales et fpeciales venerabiles in Chrifto
patres et amicos meos cariffimos D'nos Rob'tum' confanguineum meum Dei gr'a London', et Will'mᵉ ead'm gr'a
Wynton' ep'os, ac providos et circumfpectos viros michi
predelictos Dn'm Joh'nem Dn'm de Cobham, Dn'm
Will'm de Beauchamp, Dn'm Will'm de Nevyll, Dn'm
Simonem de Burlee, Dn'm Lodowycum Clyfford, Dn'm
Ricardum Abberbury, Dn'm Joh'm Clanvowe, Dn'm
Ricardum Stury, Dn'm Joh'nem de Worthe fenefcallum
terrarum mearum et Dn'm Joh'em le Vache milites, ac
cariffimos clericos meos d'nos Will'm de Fulburn' et
Joh'nem de Yernemouth, et dilectos armigeros meos, Will'm
Harpele & Henr' de Norton, ipfofque omnes et fingulos
exécutores meos rogo & per vifcera Jefus Chrifti firmiter
obfecro et requiro quatinus premiffa omnia et fingula fecundum Deum et juftam confcienciam fideliter adimpleant,
adimplerive faciant et procurent pro poffe eorundem, et
ficut ante tribunal' eterni judicis in fuo terribili judicio voluerint et debeant rendere preterea omnibus premiffis fecundum

f Robert Braybroke.          g William Wykeham.

pro-

propofitum, vim et effectum prefentis mei teftamenti five ultime mee voluntatis fideliter et plenarie ad bonam deliberacionem et confcientiam predictor' executor' meor' complet' omnia et fingula bona mea infuper remanencia committo in poteftatem et difpoficoem predilicti filii mei Thome comit' Kancie et dictorum venerabil' in X'po patrum epifcopor' London' et Wynton.' In quorum omnium teftimonium, ac teftamenti mei et ultime voluntatis mee hujus fidem pleniorem, prefentes literas meas teftimoniales et ultimam voluntatem huj' continentes figilli mei appofic'one fignavi et feci communiri. Dat. anno, menfe, die, et loco fupradictis. Hiis teftib'. Priore Walyngfordie, et Joh'ne James.

Probatio dicti teftamenti coram Will'm Cantuar' archiep' in capella privata manerii n'ri de Lamhith, 9 die menfis Decemb' anno D'ni 1385, et n're tranflationis 5to.

Regift. Courteney, fol. 215. b. 214. a. b. in the Archiepifcopal Regiftry at Lambeth.

This princefs (called the Fair Maid of Kent) was the only daughter of Edmond of Woodftock earl of Kent, fon of king Edward I. She was married firft to Thomas Montacute, earl of Salifbury, from whom the pope divorced her[g], and gave her to her gallant Sir Thomas Holland, knight of the garter, who was created in her right earl of Kent, and lord Wake of Lidell, and died 34 E. III. She

[g] Dugd. Bar. I. 648, II. 75, 94. Sandford 184.

M

was

was thirdly married the year after to Edward the Black Prince, whom she outlived, and died at Wallingford castle, July 8, 1385, of grief for the king her son's just resentment to her son John Holland, for killing lord Stafford in a fray, and was buried in the church of the Friars minors at Stamford, which has long since been demolished[h].

[h] See in Peck's Annals of Stamford, book XII, p. 11, 12, an account of her death. Mr. Peck imagined a female bust set in the western outwall of the inclosure there, which he has engraved, belonged to her monument.

HENRY

# HENRY DUKE OF LANCASTER.

EN le noun del Piere, del Fitz, et del Seint Efpirit.
Nous Henry, Duc de Lancaſtre, Counte de Derby,
de Nichol[a] et de Leiceſtr, Senefchal d'Engletere, Seigneur
de Bruggerak[b], et de Beufort, le xv jour del mois de Marz
l'an de grace mill ccc. et lx. a n're chaſtel de Leic' deviſons et feſons n're teſtament en manere qe ſ'enſuit.
Enprimes nous recommaundons et deviſons n're alme a
Dieu, et deviſons n're corps a eſtre enſevellitz en l'egliſe
collegiale[c] del annunciation n're Dame de Leiceſtr' dau-
trepart[d] le autiere ou le corps n're ſeign'r et piere qe dieu
aſſoile eſt enterrez. Et voloms q' n're corps ne demeorge
deſenterrez outre trois ſymaynes apres le departir del alme.
Et volons q' ſi nous devions[e] a Leic' que n're corps ſoit
porte a l'egliſe parochiele le tiers jour devant l'enterrement,
et q' illoeq's ſoient faites les divines ſervices, tiels come
appartient, ove xxiii torches, et qe les douze torches demoergent a l'egliſe et deux draps d'or ; les cureez de la dite
egliſe aient n're melior chivall ou les pris en noun de

[a] Lincoln.
[b] Brigerak is a ſtrong town in Gaſcoigne, which he reduced with many
more in king Edward's French wars, 18 E. III. Froiſſart and Walſingham.
In Dugd. Bar. I. 785.
[c] Founded by his father, Henry earl of Lancaſter, 4 E. III.
[d] On the other ſide.
[e] *devier*, or *devoyer*, to die.

prin-

principal[f], et q' n're corps foit porteez d'illeoqes tanqe a l'eglife collegial de n're Dame avant dite, et illoqes enterrez come defus eft dit ; iffint[g] q'il ny ait chofe voine[h] ne de bobaunce[i], come des homes armeez, ne des chivals couvertz., ny autres chofes veines, mes une herce ove cynk cierges, chefcune cierge de centz lb, et IIII grauntz mortiers[k], et c torches entour les corps. Et qe cynqainte poures foient veftus, vint et cynk de blank et xxv de blew, portant les ditz torches. Et volons q' n're Seign'r le Roy et ma Dame le Reyne foient garniz de n're ent're-ment[l], et Mons'r le Prince, et mes feign'rs fes freres, et madame Dame Ifabell[m], et nos feors[n] et nos freres lo'r feigneurs, et les autres grauntz de n're faunk[o]. Et devifons cynqaunt linges[p] por departir as poures bofoignoufes en temps environ n're enterement en manere come nous avons charge de bouche les unz de nos executors, fi tauntz des poures y foeint. Et ne volons unc[q] q' nulles coftages foeint faitz le jour de n're enterrement pour peftre les gentz del pais nes les cões[r] de la ville, et volons q' religioufes foient bien regardez. Et volons q' fi nous devions

[f] The curates of that church to have our beft horfe, or his value, in the name of the principal. Dugdale.

[g] *ainfi*, fo.          [h] vain.

[i] *bobans, bobanitè*, fumptuofite. Laccombe. extravagant.

[k] lamps.

[l] be warned or invited to the funeral.

[m] his wife.

[n] There were fix of them ; all married except the fourth, who was abbefs of Ambrefbury. Dugd. ubi fup. p. 783.

[o] great people of our blood or lineage.

[p] Quære, *fheets*.        [q] *oncques*, by no means.

[r] To amufe the country folks nor the common people. Les communes de la ville.

aillors

aillors qu'a Leic' q' n're corps foit menez al eglife de n're
dame collegial avauntdite et illeoqes enfterrez en manere
come defus eft dit. Et volons et devifons q' toute la cire
et touz les drapes d'or demoergent a la dite eglife collegial, et devifons a la dite eglife entierement n're chapele ove
touz les aournementz[a] et touz nos reliqes. Et devifons touz
nos biens, veffell d'argent, et touz lez autres moebles a
aquiter noz dettes et guerdoner[b] noz poures fervauntz, qe
ne fount mie ungore[c] guerdone, chefcun folom lour deffert,
et folom lour eftat, a la difpoficion de nos executors, et
a perfaire[d] la dite eglife collegial[e] et touz les autres maifons
devifez et ordeignez entour la dite eglife. Et volons qe fi
nos executours puiffent eftre enfourmes en verite qe nous
tenoins terre qe fuift d'autruy, et qe nous ne avoins tiel
eftat qe nos heires puiffent de bone foi le tenir, q'il per-
fuent a nos heires de rendre les terres a ceux ou a cely
a queux ou a qy eles devient ou doit eftre de droit. Et
auxint qe fi nos executours puiffent eftre enforme qe nous
eions ewz d'autri a tort, q'ils facent gree en defcharge de
n're alme. E a toutes ceftes chofes pleniement perfaire et
acumplir folom n're volunte et devys fufditz, nous ordeig-
nouns et fefons nos executors le rev'rent piere en Dieu
John[f] evefq' de Nichol, le honorable home de feinte reli-

---

[a] *ornemens.*     [b] to reward.     [c] *encore.*     [d] finifh.

[e] The church and buildings were not compleated until long after this
time. The fubfequent dukes of Lancafter granted an annual fum towards carrying on and finifhing the fame for feveral ages after the death of
this Duke.

[f] John Gynwell, or Geneville, bifhop of Lincoln, 1351—1363.

    gion

gion William[a] abbe de Leic', n're trefchiere foer la Dame
Wak[b], n're tres chiere cofyne de Walkynton, Monfieur
Rob't la Mare, Monf' John de Bokelonde, Sire John de
Charnele, Sire Waut' Power, Sinkyn Simeon, et John de
Neumarche; donaunt pleine poer a eux et a chefcun
de eux toutes les chofes fufdites pleinement perfaire et
acomplir en la manere fufdite. Et en cas qe nulle chofe
foit endoubte et nemye defclare en le dit teftament, cient
nos ditz executors pleine poer totes chofes en mefme le
teftament defclarer folom ceo qils fenterent qe foit plus a
pleifance de Dieu, al profit de n're alme, accordaunt a n're
volunte et a refoun. Item nous devifons touz noz biens qe
remenent outre noz dettes et outre ceo qe ferra donez pur
reward a noz fervauntz, et a perfaire n're dite eglife collegial
de Leic' et en eide de performir et accomplir les maifons
qe nous avoins ordeignez illoeqes, d'eftre mys al profit de
n're alme par l'avis et affent denoz ditz executors. En tef-
moigne de queles chofes nous avions a ceft n're teftament
mys n're feal enfemblement ove n're fignet; efcript le jour,
lu, et an fufditz.

Probatio dicti Teftamenti 3 Kal. April. A. D. 1361. in
caftro Leyceftr' coram Johanne Lincoln Ep'o.

Alia probatio dict' Teftamenti coram D'n'm Will'mum
de Witlefeye, Official' Cur' Cant'. Dat' London
7 Idus Maii, A. D. 1361.

[a] William Knight was dean of the duke's college, and refigned 1322.
Quære if he was chofen abbot of Leicefter abbey afterwards.
[b] Blanche, his fecond fifter, married to Thomas lord Wake.

Regift'

Regiſt' Iſlip. fol. 172. a. b. in the Archiepiſcopal Regiſtry
at Lambeth.

This Henry, ſurnamed Griſmond, from the place of
his birth, being Griſmond-caſtle, or Caſtrum de Groſſo
Monte, in Monmouthſhire, and called alſo Tort-Col,
or Wry Neck, was the only ſon of Henry earl of
Lancaſter, the ſecond ſon of king Henry the Third. He
was created earl of Derby in his father's life, 11 E. III. earl
of Lincoln, 23 E. III. and duke of Lancaſter, 25 E. III.
and married Iſabel, daughter of Henry lord Beaumont, by
whom he had iſſue two daughters, of whom Blanche, the
younger, being married to John of Gaunt, brought him the
eſtate and title of Lancaſter. Henry died at Leiceſter of the
plague, 35 Edw. III. 1360, and was buried in the
collegiate church of Our Lady, at Leiceſter, where Leland [c] ſaw his monument, on the S. ſide of the altar, and
at his head that of his wife. But theſe, with the church
itſelf, were completely demoliſhed at the diſſolution; but
the hoſpital of the ſame foundation ſtill ſubſiſts in part.
See his ſeal in Sandford, p. 102.

[c] Itin. I. 17.

LIONEL

# LIONEL DUKE OF CLARENCE.

IN Dei nomine, Amen. Ego Leonellus, Dux Clarencie, fanus mente licet eger corpore, volenfque debitum mortis prevenire, teftamentum meum condo in hunc modum. In primis lego animam meam Deo et beate Marie et omnibus fanctis, et corpus meum ad fepeliend' in eccl'ia fratrum Auguftinenfium de Clare in choro ante magnum altare. It'm lego eccl'ie eorundem fratrum nigrum veftimentum meum cum toto apparatu. It'm lego eid'm eccl'ie pannum meum nigrum brondatum[a]. It'm Violente uxori mee rubeum veftimentum meum cum coronis aureis cum toto apparatu. It'm eidem uxori mee omnia jocalia mea exceptis fubfcriptis. It'm d'no Joh'i de Bromwych militi unum dextrarium qui vocatur Gerfacon'[b]. It'm lego d'no Ric'o Mufard militi unam zonam de auro cum uno dextrario qui vocat' Maungeneleyn. It'm lego Barthe'o Pycot duas zonas de argento & deaurat'. It'm lego D'no Joh'i de Capell capellano meo unam zonam de auro ad faciend' unum calicem in memoriam anime mee. It'm eidem D'no Joh'i melius portiforium meum notatum[c]. It'm eidem Joh'i unum par veftimentorum pauleatum[d] cum

[a] embroidered.
[b] A courfer named Gerfalcon. Another named Maungeneleyn.
[c] My beft portiforium, with mufical notes.
[d] paled.

albo

albo & rubeo. It'm lego mag'ro Nich'o de Haddeleye unum parvum portiforium non notatum. It'm lego D'no Joh'i Wayte capellano unum portiforium notatum. It'm lego Thomæ Waleys unum circulum aureum, quo circulo frater meus et dominus creabatur in principem". It'm Edmundo Mone lego illum circulum quo in ducem fui creatus. It'm lego mag'ro Nich'o de Haddeley fupra-dicto duo monilia de auro, blodio & viridi colore anamalat' ʳ. It'm lego Nich'o Bekennesfeld unum monile de auro cum duabus manibus inclufis. Item lego eidem Nich'o decem marcas annui redditus in manerio de Bremmesfeld ˢ ad totam vitam fuam percipiend'. Et lego Rob'to Bardulf unum monile de auro ad modum cordis factum. It'm volo' quod omnes annuli diftribuantur inter valetos camere mee fecundum difpoficionem executor' meor'. It'm volo & execu-toribus meis injungo q'd nulla fiat bonorum meorum feu terrarum mearum faltim quas vendere feu donare poffum aliquibus deliberacio feu diffipacio ʰ exceptis legatis fupra-dictis, quoufque debita mea fecundum quod facultates mee ad hoc fuppetunt plene perfolvantur, et fi quod refi-duum fuerit, volo quod fit in difpofic'one, executorum meorum. Hos vero conftituo & facio hujus teftamenti mei feu ultime voluntatis mee extcutores, videlicet Violentam uxorem meam, Barth'm Pycot et D'n'm

---

* Edward the Black Prince.
ʳ enamelled with red and green. *blodius*, color fanguineus. Du C.
ˢ Brimsfield c. Gloc.
  This word is not in the gloffaries.'ᵇ

Joh'm

Joh'm de Capell' capellanum, quibus adjungo D'n'm Joh'em de Bromwyche militem coadjutorem non tanquam executorem. Acta sunt hec anno ab incarnacione D'ni millesimo tricentesimo sexagesimo octavo, indictione septima, mensis Octobr' die tercia, pont' sanctissimi in Xp'o patris ac d'ni n'ri d'ni Urbani divina providencia pape quinti anno sexto, in camera ip'ius d'ni ducis, infra muros civitatis Albanen' situat'; presentibus Nich'o de Bekennesfeld, Rob'to Bradwaye, Joh'e Bray, et aliis..

Et ego Nich'us de Haddeleye, clericus Miden'[i] dioc' publicus auctoritate apostolica notarius premissis omnibus et singulis supradictis dum sic ut premittit' agerent' et fierent una cum prenominat' testibus presens interfui, eaq' omnia et singula sic fieri vidi et audivi, scripsi, publicavi, et in hanc publicam formam redegi, signoq' meo consueto signavi rogat' in fidem et testimonium premissor'.

Probatio dicti Testamenti coram Will'mo Cant' Archiep' 6to Idus Junii 1369, apud Lambeth.

Regist' Witlesey, fol. 100. a. b. in the Archiepiscopal Registry at Lambeth.

Lionell duke of Clarence was third son of Edward III. born 12 E. III. married first Elizabeth de Burgh, and secondly, 42 E. III. Violenta, daughter of Galeas, prince of Milan, within five months after which second marriage

i Meath.

4                                    he

he died, not without fufpicion of poifon, in her father's houfe, at Alba Pompeia, called alfo Longueville, in the marquifite of Montferrat, in Piemont, on the 17th of October, A. D. 1368, having made this will but a fortnight before. He was firft buried in the city of Pavia, but was afterwards brought to England, and interred at Clare in Suffolk.

Dugd. Bar. II. 167. Weever 742. Sandford, p. 222. in which laft fee the ceremonial of the marriage, which probably coft the Duke his life by high living.

Dugdale has given partial abftracts of thefe two laft wills.

JOHN

# JOHN EARL OF PEMBROKE.

EN noun de Pier, de Fitz, et de feint Efpirit, Amen.
Jeo John de Haftynges, Counte de Penbrok, de
feine memoire, face mon teftament en manere qe fenfuit.
Adeprimes je devife ma alme a Dieu et a n're Dame, et
mon corps a fevelier[a] en l'eglife de Seint Paul de Loundres;
ou une tombe a faire en la partie devers le north a travers
del fouverain autre de mefmes le eglife, quele tombe jeo
voel qe foit acordaunt come affiert[b] a tombe Elizabeth de
Burugh qe gift a la menoreffe en Loundre hors de
Algate. Et auffint je devife pur la fefur de mefme le
tombe cxl li. fi meftre eft ou plus folon l'avis de mes
executours. Item je devife pur couftages a ma fepulture
et diftribucion a faire as poures ccc li. ou plus par l'a-
vis mes executours avauntdit, et auxint jevife et fu de
confentement qe Anne ma chere compaigne apres mes dettes
perpaiez aiet de mes biens et chateux queconqe tut qe a luy
purra appertenir refonablement folonc lei et ufage d'Engleterre fauns afcun contredit. Item je devife pur couftages
a fundacioun des freres deins la ville de Co..eneb'[c]
cccc li. a difpender illoeqe par mes executours fi

---

[a] enfevelir.   [b] as like as it can be made.
[c] Original MS. fcarce legible. It was probably fome foundation that
never took place.

freres

freres y vuillent enhabiter, et fi les ne voillent illeoqe
enhabiter, ou qe aucun autre arreft a foit purquoi il ne poet
eftre fait, adonq' je vuil qe les avant dites cccc li. et
autres cc li. foient difpenduz par avis de mes avantditz exccutours, ceftaffavoir damortier⁴, deux chapelleynes chauntantz
en l'eglife de Seint Paul fufdite pur les almes de ceaux qe
j'ai nomes a une de mes executours, et qe le democrant⁴ du
dite fomme foit fait a la eglife de Chartchous en Loundres
hors de Newgate, pur les almes avantdites enfemblement en
alouance de deniers qe nous avons pitea⁴ grante a dite mefon
en acomplicement del avowe par nous autre foitz fait en
Gyen. Et fi deftourbance ifoit⁴ qe la dite perpetuite des
chapelleines ne puit eftre fait come avant eft dit, je voel qe
les avantditz vɪ c li. foient defpenduz autrement en rele-
vacion de mefon de Chartchous fufdit, et des autres poures
meifons de religion en Engleterre et en Gales folonc l'avis
de mes executours. Auxint je devife qe touz mez dettes
foient paies par meins de mes executours et par meins dez
feffez de mes manoirs. Auxint je devife qe touz les deniers
avant nomes et qe ferent nomes en ceft teftament foient levez
et paies de les iffues provenant des manoirs et feignouries qe
les feffez depar moi tenount de mon doun. Auxint je devife
a les freres de les quatre ordres a prier pur m'alme c li.
par difpoficion de mes executours. Item je devife a departir
entre les fervants de mon hoftel qe de lour travaile ne

⁴ amortize. ⁴ remainder.
ᶠ Quære plie, i. e. partie grante, in part granted. ᶻ fhould be.
fount

fount pas regardez a temps de ma mort c li. par mes executours fufdits, confidere la porcion du temps de checuny
demoure vers nous et a bone fervice qu'il m'a fait. Auxint
je devife a partier entre mes povres naifs[h] de mes manoirs
cc li. par meins mes executours. Auxint je devife a
defpendre pur m'alme et les almes avantnomes, en meffes et
almoign a la mefons de Chartehous & autres povres mefons par avis mes auantditz executours c li. Auxint je
voel qe chefcun de mes executours qe travaillera pur l'execucion de iceft teftament pregne ces coftages refonablement et
çftre ce[i] pur fon travail x li. Le refidue de touz mes biens je
devife a difpendre par avis de mes executours pur m'alme et
l'almes avantnomes en melior manere come leur femblera
qe foit a fere pur profit de les almes avantditz. De ceft
teftament je face mes executours le Reverent Pier en Dieu
[k] William evefqe de Wynceftre, Meff' Henr' Seign'r de
Percy, S'r Waut' Amyas, S'r John de Barowe, clerk,
Rauf' de Walfham et Thomelyn Crickelade. Eferit en
Loundres v jour de May l'an mil. ccc. lxxii. Item jeo
devife qe la fomme en quoi je ou tenuz a ma tres puifante
Dame et Mier[l] qe Dieu affoible, qe ce foit fait et diftribuyt
pur l'alme a n're avandite miere en le melour manere qe
fera avys a mes dits executours, et a plus profit de fa alme.

[h] fervants born on my eftate.
[i] eftre ceo, befides this. Kelham.    [k] William of Wykeham.
[l] Agnes, daughter of Roger Mortimer, earl of March, remarried to
John de Hakelut, died 42 E. III. By her will 1367, fhe orders her burial
in the church of the Minoreffes without Aldgate. Dugd. I. 577.

Probatio

Probatio dicti Teftamenti xvi Kal. Augufti Anno
   D'ni 1376, infra cepta fratrum predicatorum conventus London. coram Archiep' Cantuar'.

Regift. Sudbury, fol. 91. b. 92. a. in the Archiepifcopal
   Regiftry at Lambeth.

---

Aliud Teftamentum predicti JOHANNIS COMITIS
   PENBROK'.

IN Dei Nomine Amen. Ego Johannes de Haftynges,
   Comes Penbrok', fana mente propria voluntate, condo
teftamentum meum in hunc modum. In primis lego animam meam Deo, et beate Marie, et omnibus fanctis ; et
corpus meum ad fepeliendum in Anglia in monafterio fratrum predicatorum Hereford', in choro coram magno
altari. Item volo et ordino quod de bonis meis hic et
alibi exiftentibus fervitores mei bene refpiciantur, et remunerentur unufquifque fecundum gradum fuum, et fpecialius
illi qui in regnis Caftell' et Francie multos labores et
anguftias racione mei fuftinuerunt, ad quod faciendum
diftriccius quo potero confciencias executorum meorum
onero per prefentes. Item volo et ordino quod executores mei diftribuant de bonis meis pro anima mea fecundum facultatem eorundem, fecundum quod viderent melius
                                          expe-

expedire, et fecundum quod bona caritas exigit et requirit,
et hoc cicius quo bono modo fieri poterit, ficut volunt
refpondere coram fummo judice. Executores meos conftituo tales, videlicet, Dominum Walterum Amyas, Radul-
phum de Walfham et ceteros fecundum quod continetur in
teftamento meo facto in Anglia ante receffum meum ultimum de eadem. Scriptum in prefencia mea coram hiis
teftibus in Dominica in ramis palmis, videlicet, Domino
Mauricio Wych, Fratre Alexandro Bache confeffori meo,
Thoma More, Waltero Atte Watere, Johanne Guybon,
Stephano Hamme, et ceteris qui tunc adherant, Anno
Domini millefimo ccc feptuagefimo quarto, fecundum
computacionem ecclefie Anglicane. In quorum omnium
teftimonium figillum meum manu mea propria prefentibus
duxi apponendum.

Probatio dicti Teftamenti coram Simon Archiep', Cant'
16 Kal. Nov. 1376, apud Lambeth. Regiftr.
Sudbury, fol. 92. b.

John Haftyngs, earl of Pembroke, was fon of Laurence,
born 21 E. III. and having obtained a divorce from
Margaret, daughter of E. III. in 42 E. III. married Anne
daughter and heir of Sir Walter Manney, founder of the
Charterhoufe, which occafions the earl's bequefts to that
houfe. He was an active commander in the French
wars, being made lieutenant of Aquitaine; but in
attempting

attempting to relieve Rochelle by fea, his fleet was burnt by the Spaniards, and himfelf carried prifoner into Spain, where he fuffered four years rigorous confinement. After his releafe he went to Paris, where he foon fell fick, as fuppofed, of poifon, and died on the road to Calais, April 16, 50 E. III. He was buried firft in the choir of the Friars Preachers at Hereford, but removed to the Grey-friars, near Newgate, London. Dugd. Bar. I. 576, 577.

O

## PHILIPPA COUNTESS OF MARCH.

EN noun de Dieu, Amen. Jeo Philipe de Mortemer, Counteffe de la Marche, efteant en bone et faine memorie le vynt primer jour de Novembre l'an du grace mil troifcentz, feptant et octantifme, face et ordeygne mon teftament et ma derreine voluntee en cefte manere. En primes jeo devife m'alme a Dieu et mon corps en enfevelir en l'eglife conventuel de la Seint Trinitee en le priorie de Buftelefham Mountagu[a]. It'm jeo devife pur les coftages faire et pur doner en almoigne as poures pur m'alme et autres defpenfez le jour de ma fepulture, ove la vefture de cent homes de chefcun manere degree, et a tenir le xxx jour de mon obit, et la demeore[b] de ma meigne[c] tanqe al temps qe mon corps foit enterre cent feffant livres, le quel enterrement foit fait en manere defouth efcript. C'eft affavoir qe v groffes cierges qarrez et iiii mortiers de cire foient mys entour mon corps et .... en dite manere, et qe xxi torches foient au dirige, et xxviii torches lendemayn a la meffe, les queux xlix torches foient devifez afcuns a remcindre a la dite efglife de Buftelefham et les

[a] Bifham abbey, founded by William Montacute earl of Salifbury, her father, 1338, for Auftin canons. Dugd. Bar. 1. 647. Tanner's Not. Mon. p. 16.
[b] *demorance, demoree, demoerge,* delay. .
[c] houfhold. Kelham.

autres as diverſes eſgliſes ſolom la diſcrecion de mes executours, et qe barrez [d] ſoient faitz entour mon corps co-
vertz de drap bleu ſanz autre herce, et les draps d'or qe
j'ai ſolont mys ſour mon corps, les queux apres l'enterement remeyndrount a la dite eſgliſe de Buſteleſhame, et
le drap bleu ſuſdit ſoit donee entre poures.

It'm jeo deviſe pur ma toumbe faire quarrant livres.

It'm jeo deviſe al priour de Buſteleſham a prier pur
m'alme x marcs,

It'm al ſouth priour [e] illeoq' LX ſ.

It'm a cheſcun chanoignon illeoq' XL ſ.

It'm al overaigne de meſme l'egliſe deux centz livres a
tiel entent qe les priour et covent de la dite maiſon tiegnront
ſolempnement le jour de mon anniverſarie as touz jours.

It'm jeo deviſe a la dite eſgliſe de Buſteleſham tote ma
chapele entiere ove touz lours appurtenance c'eſt aſſavoir
veſtiments, livres, chalices, cruets, chaundeliers d'argent,
tabletz depeyntz et enbroudez, a ſervir al altier de Seint
Anne, devant le quel altier mon corps ſurra enterre en la
ſecounde arche encountre mon treſhonoure Seignur mon
piere [f] qe Dieux aſſoille ; hors pris mes meillours veſtiments ove III capes de ſuyte queux jeo deviſe a l'abbeye de
Wyggemore [g], et mes blanches veſtimentz queux jeo deviſe
a la maiſon de Lyngbrok' [h].

[d] barrs.　　　　　　　　　[e] ſub-prior.
[f] William de Montacute, earl of Saliſbury.
[g] Wigmore priory, founded by Ralph de Mortimer 1100, refounded by
his ſon Hugh 1197.
[h] A priory of Auſtin nuns on the river Lug, in Herefordſhire, founded
by ſome of the Mortimers, t. R. I.

It'm

It'm jeo devife a mefme l'autier de Seint Anne un tablet le meillour d'or qe j'ay achate de John Paulyn.

It'm jeo devife a fervir a mefme l'autier de Seint Anne deux bacyns d'argent ove les armes de Mortimer et Mountagu en lez fountz ennamaylez.

It'm jeo devife Efmon [i] mon fitz un lit de bleu taffata enbroudez des afnes merchez en l'efpaule ove une rofe, c'eft affavoir, une celure entiere, III curtyns de taffata, un quilt enbroudez de mefme la feute, IIII tapets de tapiterrie, VI tapets pendantz de worftede, un canvaffe, un matrafs, II fuftians, un quilt poynt blank, un paire de lyncheux [k] du drap de Reyns, un coverlet de worftede, pur mefme le lit, un covertour de bleu demy puree, un keverchief de menyver de drap de camaka plonket [l], un coupe et un ewer de berill garnicee d'or.

It'm un anel d'or ov un rubie la verge ennamaylez de ruffet.

It'm a dit Efmon mon fitz un anel d'or ove un piece de la vraie croyce ove le fcripture, *In nomine Patris et Filii et Spiritus Sancti*, Amen.

It'm a dit Efmon un firmayl [m] bleu ove deux mayns tenantz un dyamond.

It'm un pair des anees [n] les gaudes [o] des croices rouges enamaylez ; le dit anel ove la vraye croice, firmail, et anees devoir garder four ma benifon.

---

[i] Edmund her younger fon, who fucceeded his father, and whofe will follows.

[k] fheets.     [l]     [m] chain.

[n]     [o]

It'm a dit Esmon un hanap' d'argent ove l'escochon fait de deviz de armes de Mortimer ovesqe le coveracle. It'm a mesme Esmon un hanap' susorre ove le covercle countrefait d'une rosse[p]. Et pur oster toute manere matier de dissencons et debatz qe pourront suroere entre mon dit trescher fits Esmon et mes executours pur toutes maneres accions et demandes qe mon dit trescher fitz Esmon purroit per qeconqe voie demaunder, chalanger, ou clamer des mes biens apres mon decees, jeo lui devise cynk centz livres, a prender de la dette qe surra a moi due le jour qe jeo moi lerra morir[q], deinz mes seignouries, les queux D centz livres et toutes les autres choses desuisnomez sont a mon dit trescher fitz Esmon devisez sour tiel condicion q'il ne clayme ne demande d'avoir nulles maneres, principaltes, ne autres choses en lieu d'icell, ne nulle autre rien de mes biens ne dettes, ne nule manere destourbance face a mes executours, et q'il soit eident[r], et doigne pleyne poair a mes executours et a lour assignes du lever primerement tote le remenant de ma dit dette q'adonqes a moy surra due en toutes mes seignouries a perfourmir cest mon testament et ma darreyne voluntee. Qe vous resquier trescher, filz, pur la grande affiance qe j'ai en vous et doi de reson avoir, qe vous sur ma benison ne vull' de voz destourbez mes executours, de ceo q'ils dussent avoir de reson a perfournir cest mon testament et ma darreyne voluntee come desuis est dist. Et pur l'affiance qe

[p] rose. [q] *lerra morir*, shall die. Kelham. [r] aiding.

j'ay

j'ay de loyalte en Sir W. de Afton & Sir W. Wynter
deux de mes executours, jeo voil qe mon veffel d'argent
entierement nient[t] par moi devifee, c'eft affavoir pottz,
piecez, coillers[f], hanapers, bacyns, ewiers, plates pur efpi-
cerie, chargeours, efqueles, fauciers, qe furront les mefnez[s]
le jour qe jeo moi lerra morir, auxi bien le veffel blank
come d'or, et fuiforre ou ennamaylez, foient livre as ditz
Sir William et Sir William a perfaire entout ma entente come
ils fout pleynement enfourmes de ma darreyne voluntee,
fauns amenufer[x] afcun parcel du dit veffel four peril de lour
almes, et come ils voudront refpoundre de ceo al jour de
juggement. Et comment qe j'ai devifez diverfez chofes de
mes biens en mon teftament come defuis eft dit, as fingu-
leres perfones, jeo voil et charge mes executours qe nulle
parcell d'icelle foit dilivere a nully tanqe mon corps foit en-
fevelee et mes dettez parpaiez. Et le refidu de mes biens
jeo voil q'il foit entierement al ordinance de mes executours,
primerement mes dettes acquitez. Et a faire due execution
de ceft mon teftament jeo face et ordeigne mes executours
les perfones defouthefcript, c'eftaffavoir Sir William de Afton,
Sir William Wynter, Ph' Holgot et Rob't Wyk, pur faire
enfuit qe purra eftre pleifance a Dieu, et falvacion de
m'alme. Et fur la graunde affiance qe j'ai en le Reverent
Piere en Dieu evefq' de Wyncefter, c'eft affavoir Sir William Wykham, et en mon trefcher et bien amee en Dieu
Monf'r John de Bromwych, jeo les requer efpecialment

---

[t] not.    [f] fpoons. K.    [s] q. remaining.    [x] diminifhing.

en

en oevre de charite, q'ils foient eidants par toutes les bones voies q'ils purront a mes executours qe ceft ma derreine voluntee purra eftre accompliz.    Donee a Plomeftede³ le jour et l'an fuifditz.

Probatio dicti Teftamenti coram Will' Courteney, Archiep' Cantuar', apud Lambeth, 9 die menfis Februar' A. D. 1381.

Regifter Courteney, fol. 189. b. 190. a. in the Archie-pifcopal Regiftry at Lambeth.

Philippa, daughter of William de Montacute, was married to Roger de Mortimer, earl of March, who died 34 E. III. in Burgundy, where he commanded the Englifh army, and was buried in Wigmore priory.  She had by him two fons, Roger, who died in his father's life-time, and Edmund who fucceeded him.  She died 5 R. II. 1381, and was buried at Bifham abbey, among her own relations, of whofe tombs, nor of the place, no remains appear at prefent.  Dugd. Bar. I. 148.

Probabl Plumftead in Kent.

E D-

# EDMUND EARL OF MARCH.

EN le noun de Piere, de Filz et de Seint Efpirit, Amen. Nous Efmon de Mortimer, Counte de la Marche et d'Ulveftier, Seign'r de Wyggemore, en feine et bone memoire le primer jour de moys de May, l'an du grace mill troys cent octantifme, ordenons et faceons n're teftament en cefte manere. Primerement nous devifons n're alme a Dieu tout puiffant qi la crea, et mon corps a enfeveller et le corps de ma feme qe Dieu affoile enfemble en la efglife del abbeye de Wyggemore al feneftre del haut autier, et chargeons fermement nos executours de cefte n're teftament q'ils ne facent couftages groffes ne outrageoufes a n're entierement, et q'il n'y eit entour n're corps plus qe cynk cierges ardantz tan coms le fervice foit enfaifant; mais nos volons et devifons qe cent torches de cire covenables foient ordenez pur n're dit entierement, les queles nous volons q' apres le fervice fait foient diftribuez a les efglifes parochieles environ le dit abbeye pur l'ordenance de noz executours pur fervir a feint facrement.

Item nous volons qe de nos biens foient primerement paiez a Roger filz John de Mortemer, D li. pur queux nous fumes obliges par eftatut merchant[a] en cas qe nous ou nos

exe-

---

[a] A *ftatute merchant* is a bond of record, acknowledged before the *clerk of the ftatutes merchant* and lord mayor of the city of London, or two merchants affigned for that purpofe; and before the mayors of other cities

executours ne lui faceons performir les covenantz comprifes
en certeines endentures faites entre nous et lui fur mefme
l'obligacion.

Item q' profcheinement [b] apres touz nous autres debtes
dues par qeconq' voie foient duement paiez et acquitez de
mefmes nos biens, et primerement ceux debtes pur queux
nous ou afcun autre pur nous fumes obliges parfait.

Item nous devifons al ovraigne del efglife de l'abbeye de
Wyggemore mill. livres a emploier en mefmes l'ovraigne
pur l'ordenance de ma tres honourez dame et meere, et de
mes executours, et par la fervewe [c] del evefq' de Hereford
q'adonqe ferra, et de Sire John de Byfhopefton, Monf'r
Piers de la Mars, Sire William Ford, Sire Waut' de
Colmpton, et Hugh de Borafton.

Item nous devifons a mefme l'abbeye de Wyggemore
n're meillour chapelle entiere, c'eft affavoir, un celure, deux
curtyns batuz [d], trois aubes, trois amytes, deus eftoles, trois
fanons, trois ceyntres, deux tonicles, trois chapes, deux
frounteles, un towaille ov' un frontell' de drap d'or, un cas
ove un corporas, un long towall pur l'autier et cordes pur
le dit chapelle, un graunt croys d'or affize de perie [e] ove re-
liqe de la croys notre feignur et un piler d'or ove une piece

cities and towns, or the bailiff of any borough, &c. purfuant to the
ftatute 13 E. I. *de mercatoribus*; the recognizance to be inrolled and kept
by the clerk, and a counterpart by the mayor, as alfo an obligation figned
and fealed by the debtor, and its counterpart. *Jacob's* Law Dictionary.

[b] *next*, from profchain.          [c] fupervifaunce.

[d]          [e] fet with ftones.

du piler n're feign'r ove ix perles et un faphir en le fommet,
et l'os[f] Seint Richard Confeffour, evefq' de Ciceftr', &
le doy[g] de Seint Thomas de Cantelowe[h], evefq' de Hereford,
et les reliqes de Seint Thomas ercevefq' de Cantirbirs, et
tous nos autres meindres reliqes, forfqe ceux qe ferront devifes enapres[i], et un miter d'or ov perrie[k] & l'anel[l] ove le
faphir q'eft en la garde de n're treforie illeqe, un graunt
croys d'argent fuforrez ove une large pie efteant fuz lions
et les ymages de Marie & John, deux chandelers d'argent
enamaillez, un groffe chalys d'argent fuforrez, le pie enamaillez, ove une patene et deux foiles et un feyn[m] d'argent
fuforrez, un table pur pees d'argent et enamaillez, un
cenfer d'argent fuforrez, un ftop'[n] ove un dafsher[o] d'argent
fuforrez, et deux bacyns pur l'autier d'argent fuforrez;
toutes les queles chofes avantdites nous ordenons et volons qeles y demorent a la dite efglife perpetuelment fanz eftre alloignez pur nulle caufe ficome plus
pleinement eft contenuz en nos autres lettres eut a eux
faites.

[f] A bone of St. Richard de la Wich, who was bifhop of Chichefter
from 1245 to 1253, and was canonized. Godwin de præf. 505.
[g] *doigt*, finger.
[h] Cantelupe bifhop of Hereford, from 1275 to 1282, chancellor of
Oxford, and lord chancellor, and canonized.
[i] hereafter.       [k] ftones.       [l] the ring.
[m] *feynt*, girt or band, or *ceint*, a bell. K.
[n] a holy water *ftoup* or veffel.
[o] with a fprinkler.

It'm

It'm nous devisons al abbeye de Lysnes[p] un piece de piler n'rc Seign'r entitlez ove une bille AL ABBEYE DE LYSNES.

It'm nous devisons a la priorie de Walsyngham une chapelle blanche[q], cest assavoir, deuz curtynes, trois aubes, trois amytes, deux estoles, trois fanons, un chesible, deux tonicles, trois chapes, deux fronteles, un towaill ove un frountell, un longe towaill pur l'autier, un cas pur un corporas ove le corporas acordant a la chapele, toute d'une seute.

It'm nous devisons al abbeye de Tynterne une chapelle de rouge entier, c'est assavoir deux curtynes, trois aubes, trois amytes, deux estoles, trois fanons, trois ceyntres, un chesible, deux tonicles, trois chapes, deux fronteles, un towaill ove un frontell, un cas ove un corporas, tout d'une seute.

It'm nous devisons a la priorie de l'Anthoneny[r] (al l'Anthoney le premier en Gales) une chapelle entiere de drap d'or palorz[s] rouge et bleu, c'est assavoir deux curteyns de taffata rouge et bleu palee, trois aubes, trois amytes, deux estoles, trois fanons, trois ceyntres, un chesible, deux tonicles, trois chapes, deux fronteles, un

[p] Lesnes abbey, in Erith parish, Kent, founded 1178, by Richard Lucy, chief justice of England.

[q] The furniture of this chapel was all *white*, as the following were of other colours.

[r] Lantony, Llanhodeni, or Lantonia prima, in Monmouthshire, founded by Hugh de Lacy, about 1108, removed in part to Gloucester suburbs, 1136. Tanner's N. M. 328.

[s] paled.

 towaille

towaille ove un frontell, un longe towaille et un cas ove
un corporas, tout d'une feute.

It'm nous devifons a la priorie d'Ufqe[s] une chapelle
entiere blanche poudres de rofes rouges, c'eft affavoir deux
curtyns, trois amytes, deux eftoles, trois fanons, trois
ceyntres, un chefible, deux tonicles, trois chapes, deux
frounteles, un towaille ove un frontell, un cas ove le
corporas ove la meyndre chalys d'argent fuforrez ove le
patene, deux cruetes et un tablet pur pees et un feyne toutz
d'argent fuforrez.

It'm nous devifons a la priorie de Chirbury[t] un coffre
d'argent fuforrez et enamaillez ove quartre griffons en le pie
pur fervir corps notre feigneur, a demurer perpetuelment
en le dit priorie, et quarrant mares d'argent pur eftre
enploiez en veftimentz par la furvewe del evefq' de Hereford qi pur le temps ferra, a demureres perpetuelment en la
dit efglife et priorie.

It'm nous devifons a notre chanterie en l'abbeye de
Wyggemore notre meyndre croys d'argent fuforrez ove les
ymages Marie et John, et l'ymage de Seint Efmon d'argent
fuforrez, le porthors gemelez[u] et le greindre[x] miffal, et le
chapele de bleu ove les rais d'or, c'eft affavoir, deux frountels,
un towaille ove un frountell, deux curtyns, et un veftiment entiere pur un preftre de mefme la feute, un corporas

---

[s] Ufk, or Cairufk, a fmall priory in Monmouthfhire.
[t] A priory of Black canons firft founded at Snede, by Robert de
Boulers, t. H. III.   Tanner's Notitia, 453.
[u] double, or pair of.                    [x] largeft.

ove la caas, et le chalys d'argent fuforrez ove deux fioles ove
un table pur pees, et un feyne d'argent qe font toutdys ʸ ove la
dite chapell, et un veftiment noir tout entier pur un preftre,
ove deux fronteles, un towaille ove un frontell, un cas pur
un corporas ove le corporas; & toutes ceftes chofes avantdites volons q'eles demoergent perpetuelment a mefine notre
chanterie fans eftre efloignez par nulle voie.

It'm nous devifons a les abbeyes & covents de chefcun
des maifons de religioufes defouz efcritz quarrant livres;
iffint qe l'abbeye & covent de chefcun des ditz maifons
veullent ᶻ emprendre et faire feurtee a noz executours de
faire chanter en lour efglifes chefcun jour durrant un an
profchein apres qe paiement des avantditz XL li. lour ferra
faite un meffe de requiem privee pur les almes de nous et
de trefchiere compaigne et les almes de touz chriftenes par
un chapellein feculer ou regulier, le quel dirra chefcun jour
avant q'il chantera placebo & dirige pur nous et touz
chriftenes fans note, et q'un jour en chefcun fymaigne
durront le dit an ferra dit pur nous & tous chriftienes en
lour queer de tout le covent qi ferront prefent placebo &
dirige ove note folempne, ove une meffe de requiem a note
lendemain, ceft affavoir a les abbeyes & covents de Wyggemore, Lyfnes, & Tynterne.

It'm nous devifons a les abbeys, priories, meftres,
gardeins & covents de chefcune maifon de religioun de
fouz efcriptz, quarrante marcs en mefne la fourme et

fouz

souz mesmes les condicions, cest assavoir a les abbeys & covent de Lanternan[a], Comhir[b], & Tilteye[c], et a les priories & covent de Walsyngham, l'Anthoneny le primer en Gales, Bustelesham, Chirbury, Goleclyve[d], Stokes[e], Anglefeye[f], et croys Roys[g], et a les maitres & covent de les hospitales de Seint John de Brugwater[h] & de Lodelowe[i], et a les gardeins & covents des freres menours de Walsyngham, Babbewell[k], Brugwatier, Gloucestr[l] & Salop[m], et a les priories et covents des freres Augustyns de Clare, Lodelowe & Wodehous[n].

It'm nous devisons as priories & coventz de chescun des maisons desouz escritz, vynt marcs, issint qe chescun de eux veulle emprindre et faire surtes a noz executours a trover un chapelleyn de eux mesmes ou autre qi dirra chescun jour en lour esglise placebo & dirige sanz note, un

---

[a] Llantarnan in Monmouthshire, a Cistertian abbey.  Tanner, p. 331.

[b] Cumhyre, a Cistertian abbey in Radnorshire, founded 113 Ib. p. 731.

[c] An abbey of White monks in Essex.  Ib. 119.

[d] Goldcliff in Monmouthshire.  Ib. p. 328.

[e] There were three religious houses of this name.  Stoke Cursey c. Devon. Ib. 99.  Another c. Somersetshire, p. 476, and the college in Suffolk, p. 114.

[f] Anglesey, c. Cambridge, a house of Black canons, founded by H. I. Ib. 42.

[g] The Austin priory at Royston, or De cruce Roesiæ, c. Herts.

[h] Bridgewater, founded by one William Bruce, before 15 John. Ib. 473.

[i] Of very antient foundation.  Ib. 445.

[k] A house of Grey-friars, just without the N. gate of St. Edmund's Bury, founded 1263.  Ib. p. 527.

[l] Near Clebury Mortimer, c. Salop, founded on the first coming of the order into England, about 1250.

collecte

collecte efpecial pur noz almes et les almes de touz chriftenes pur tout un an profchein apres q'ils averont receux le dit paiement; ceft affavoir a les priour et covent de Sandelford joufte Neubury[m], Clifford[o] en Gales & Suellefhales[o] joufte Whaddon.

It'm nous devifons a les religioufes dames la prioreffe & covent de Lyngbroke vynt livres en manere et condicion efpecifiez prefcheinement devant.

It'm nous devifons a les religioufes dames l'abbeffe et covent de Brufyerd[p] quarrant marcs, iffint qe les dites dames durrant un an profchein apres q'eles averont receux le dit paiement difent chefcun jour en loure quere placebo et dirige pur nos almes et de touz chriftenes, et q'an lour chapellein qi chantera en la dite maifon die chefcun un collecte efpecial pur nous en fa meffe durrant le dit an et qe mefmes les dames dient un jour en chefcune fymaigue durrant le dit an placebo et dirige ove note en lour dit quere, ove meffe folempne & requiem lendemain pur les almes de nous et de touz chriftenes.

It'm nous devifons a les religioufes dames la prioreffe & covent d'Ulture[q] quarrant marcs fur mefmes condicon et forme.

[m] Sandleford *juxta* Newbury c. Berks, founded for Auftin canons before 1205. Ib. p. 19.

[n] A Cluniac priory in Herefordfhire, founded t. H. I, Ib. p. 174.

[o] Snellefhall in Whaddon parifh, a fmall priory of Black monks, founded t. H. III. Ib. p. 30.

[p] Brufyard, c. Suffolk, granted to the nuns minoreffes of St. Clare, 40 E. III. Ib. p. 531.

[q] Quære *Ulfter.*

It'm

It'm nous volons et devisons qe si ascune des maisons susdites refuse notre devys susdite a cause de la charge
monstre[a] come est dit, q'adonqe la some devisez a la maison
ensi refusante, soit liveres par noz executours a autre maison,
possession[b] ou mendinant qe le voedra acceptier ove le charge
avantdite.

It'm nous devisons a treshonoure dame & meere un
hanaper de berill garniz d'argent suforrez.

Item nous devisons a Roger notre fitz et heir le hanaper
d'or ove le covercle nomes Benesonne et notre espeie[c] garni-
sez d'or qi fut a bon Roy Edward, le grand corn' d'or
ove le bensoun de Dieu et le notre; issint q' apres le decees
n're dit filz l'avantditz hanaper ove le covercle, dit espeye
et le grand' corn d'or remeigne a son proschein heir, et
issint de heir en heir perpetuelment; et auxi notre grante lit
de noir satyn embroudez des blankes lions ove les rosers
d'or ove les escuchons des armes de Mortimer et d'Ulvestrier,
ove la chambre[d] toute entiere, et auxint une coupe d'argent
suforrez et enamaillez ove joeux des enfantz[e] et un saler[f]
d'argent suforrez en manere d'une cheon[g]. It'm des meillours bacyns d'argent deux suforrez, deux des meillours
bacyns blanks d'argent, deux ewers d'argent, un poot d'argent dim' galon', deux pootz d'argent chescun de dim' gal-
loun, vi peces d'argent plattes, deux douszeins des coellers[h]

---

[a] q. for monstree, set forth, or minitee, amounting.
[b] q. profession.          [c] epee.
[d] the furniture of the chamber.          [e] jeux des enfans.
[f] saltseller.          [g] in the shape of a dog.          [h] spoons.

                                                  d'argent,

d'argent, deux coellers d'or ove les teftes de dames, un
plate d'argent fuforrez, quartre chargeours et deux doufzeins
des efquelles, et deux doufzeins des faucers d'argent. It'm
notre meindre corn' d'or ove le baudrik[b]. Et en cas qe
notre dit fitz devie[c] avant q'il foit de pleine age fanz heire
de fon corps engendrez, volons qe toutes les chofes avantdites demoergent a notre filz Efmon[d] fur mefme la forme.

Item nous devifons a notre dit filz Efmon trois cents
marches[e] de terre come pluis pleinement furra declarrez en
autr' efcript a lui et fes heirs de fon corps a engendres, la
reverfion a nous et a nos heirs, et auxi deux doufzeins des
efquelles et deux doufzeins de faucers d'argent, deux
bacyns, et deux ewers d'argent, un faler en la manere
d'une lyoun ove le pee d'argent fuforrez, deux coellers d'or,
& deux doufzeins des coellers d'argent, un de noz grantz
plates pur efpices d'argent fuforrez, un grand coupe ove un
ewer de mefine la feute d'argent fuforrez en manere d'une
rofe, vi peces plattes d'argent, deux pootz d'argent chefcun
de dim' galoun & qartre cent marcs d'argent, et un lit
blank de fandale poudres des rofes rouges ove le chambre
entiere.

---

[b] belt.                    [c] die.

[d] Edmund, his younger fon, born at Ludlow, 15 Id. Nov. 1374, fuffered
a defeat from Owen Glendwr, on a mountain called Brynglafe, near Knighton in Melenith or Radnorfhire, 4 H. IV. 1407. Dugd. Bar. I. 150. Hift.
Wigmore in Monaft. Ang. vol. II. 228. Pennant's Wales, I, 327. & aut.
ibi cit. Some Hiftorians pretend that he married a daughter of Owen Glen-
dour, by whom he had divers children. Some fay his nephew the E. of March
and his brother were taken with him; but Dugd. Bar. I. 151. fays they
were taken the year before.

[e] *de terre* or *marche*, is land valued at one mark.

Q                                    Item

Item nous devifons a n're fille Elizabeth[f] un faler en manere d'un chien, & un hanaper d'or, ove un chaplet des rofes
de rouge cler tout entour & deux centz graunds perles.

Item nous devifons a n're fille Philippe[g] un coronal d'or
ove perie[h] & deuz cents graunds perles, & auxi un fercle ove
rofes, emeraudes & rubies d'alifaundre[i] en les rofes, et le
rouge lit ove les parkes[k] ove les rouges tapites pur la chambre entiere, et un hanaper, et un ewer d'or ove deux faphirs
en le fommet, & mill' livres d'argent en cas qele ne foit pas
notre heir.

Item nous devifons a Symond Suddebury, ercevefq' de
Canterbirs, une coupe ove le covercle et ove une tripere[l]
ovefqe deux lions d'argent fuforrez et enamaillez.

Item nous devifons a William Courteney, evefq' de
Loundres, une coupe de berill ove un long pie d'argent
fuforrez & ennamaillez pur le corps notre Seigneur.

Item nous devifons a friere John Gilbert, evefq' de Hereford, un plate d'argent pour efpices & ennamaillez ove les
armes de Mortimer en la founce[m], et un anel ove quatre
rubies & un diamant en mylieu.

Item nous devifons a notre trefchier friere Monf'r Henri
Counte de Northumbr'[n] un hanaper de tortelez[o] ove une
eftelle[p] en le founce & un nouche ovefq' un ource.

[f] wife of Henry Hotfpur.

[g] Wife of John Haftings, earl of Pembroke, Richard earl of Arundel,
and John lord St. John.

[h] With ftones. Dugdale, not underftanding it, leaves a blank.

[i] of Alexandria.   [k]

[l] tripod.   [m] bottom.

[n] Father of Henry Hotfpur, who married this earl's daughter.

[o] Wreathed work. Dugdale tranflates it *of a tortois.* Bar. I. 150.

[p] *eftoile,* ftar.

3

Item

Item nous devifons a notre fitz Monf'r Henry Percy un petite nouche en manere le corps de cerf & tefte d'egle.

Item nous devifons a Monf'r Richard Lefcrop' un hanap' d'argent fuforiez plat.

Item nous devifons a Monf'r Joh' Lovell un coupe ove le covercle d'un piere d'ynde[?].

Item nous devifons a Sire John de Bifhopefton un anel d'or ove un rubie engravez q'eft fignet, & un bacyn & un ewer d'argent.  Item nous devifons a Thomas notre friere cent livres.

Item nous devifons a Sire William Forde fys efquelles, & fys faucers d'argent, et un tablet d'argent fuforrez et ennamaillez de la gefnie' n're dame.

Item nous devifons a Sire Waut' de Colmpton un bacyn et un ewer d'argent, et vynt marcs.

Nous devifons a Sire John de Briddlewode un hanap d'argent appellez Waffaill[1].

Item nous devifons a Sire John de Kepfton vynt marcs.

Item nous devifons a Sire John Pers vynt marcs.

Item nous devifons a Monf'r Pers de la Mare fys efquelles & fys faucers d'argent.

Item nous devifons a Sire Hugh de Borafton un tablet ove les ymages de Seint John et Seynt Kateryne par dehors, et dys livres.

___

' blue.

' *gefine* is l'etat d'une femme en couche; *geffine*, le ceremonie et le feftin des relevailles; & *jhazen*, une nouvelle accouchée. Laccombe. Q. the labour or the purification of our Lady.

' Waffel or Grace-cup.  A corrupt pronunciation of *waes hael*, be of health.  See the notes to Dodfley's Old Plays, 1779, vol. VI. p. 437. vol. X. p. 280.

Item

Item nous volons qe nos ancienz fervauntz miegnals[t] de notre hoftell, les queux nous n'avons point reguerdonez[u], eient chefcun d'eaux cent foulez[x], et chefcun vadlet[y] cynk marcs, et chefcun garceoun deux mares.

It'm nous volons qe de touz nous autres biens qe remeindront apres nos dettez acquitez et cefte notre devys perfourmez, qe nos executours eut ordenent en autres oevres de charitee a faires deinz la terre d'Engleterre folonc ceo qe lour femblera meulz affaire. Et a cefte notre teftament executier et perfourmer nous ordenons les tres reverendes piers en Dieu, William Courteney evefq' de Loundres, et friere John Gilbert evefq' de Hereford, Monf'r Henry counte de Northumbr', Monf'r Piers de la Mare, Sire Wautier de Colmpton, Sire John de Briddewode, Sire John de Kepfton, et Sire John Piers nos executours. Prefents notre filz Henry Percy, Meyftr' John de Colton, dean D'evelyn[z], Monf'r Hugh Chene chevalier, Thomas n're friere, Henry de Cornewaill efquires, et Sire William Stutevyle chapellein qi l'efcript. Et volons qe ceft notre devys foit furvewe par notre tres reverend piere en Dieu Symond Sudbury ercevefq' de Cantirbirs, ma tres honourez Dame et Meere, et Monf'r Richard Lefcrop. Efcript a Dynebegh les jour et an fufditz.

Probatio dicti Teftamenti coram Williclmo Courteney, Cant' Archiep', 22 die Januar' 1382.

[t] menial.  [u] rewarded.  [x] folz or fouz, pence.
[y] valet.  [z] Dublin.

Regift.

Regift. Courteney, fol. 188. a. b. fol. 189. a. b. in the Archiepifcopal Regiftry at Lambeth.

Edmund, fon of the preceding lady by Roger de Mortimer, earl of March, was born at Langenith, 1351,
25 E. III. and fucceeded on his father's death to his titles
and eftate.   He was lord lieutenant of Ireland three
years, and died [a] at Cork, 1381, in his 29th year, and was
buried with his wife at Wigmore abbey, to which he had
been a great benefactor, and had procured for it the privilege of the mitre.   He married Philippa, daughter of
Lionel duke of Clarence by Elizabeth, daughter and heir
of William de Burgh, earl of Ulfter, by whom he had
two fons, Roger born at Ufk, 1361, and Edmund born
1374 [b], and two daughters, Elizabeth born at Ludlow
1375, married to Henry Percy, furnamed Hotfpur, and
Philippa, born at Ludlow 1376, wife of John Haftings,
earl of Pembroke [c]; Richard earl of Arundel, and John
lord St. John.   Dugd. I. 148. 150.   Dugdale gives him
only one brother Roger who died in his father's life-
time; but by this will, p. 115. he fhould feem to have
had another, *Thomas*.

[a] *vertitur in non effe*, fays the Hiftory of Wigmore abbey, in Mon.
Ang. II. 227.
[b] See note *d*, in p. 113.
[c] This firft marriage not mentioned in the Hiftory of Wigmore.

THOMAS,

# THOMAS EARL OF KENT.

IN the name of God, Amen. In the day of the re-
furrection of our Lord J'hu Crift, the yer of hym a
thoufand thre hondred four fcore and feventene. I Thomas of Holand, erl of Kent and lord Wake, beyng in
hol memorie, ordeyne and make my teftament in this
wife. Firft, I yeve and bytake my foule to our Lord
J'hu Crift, and to hys mercy, and to the help and grace
of our Lady, his blisfol moder, and the help of alle
feyntes of hevene, and my body to be buried as fone as
hit goodlich may, in the abbeye of Brune[a]. And I yeve
and devyfe to [b] Alys my wif, and Thomas my fone, al
my catayl and godes moebles, praying my wyf for al the
love and truft that hath ben bytwyn us, and alfo
praying and chargying my fone, upon my bleffying,
that they by good love and on affent governe hem in
fwych wyfe, that at hur power my dettes mowe be
quyted, and my old fervantes iholpe yn defcharge of
me. And to execute my will and devys aforefayd,
I ordeyne and make my wyf and fone aforefayd myn
executours.

[a] Brune or Bourn in Lincolnfhire.
[b] Alys his wife was daughter of Richard Fitz Alan earl of Arundel,
whom he married 38 E. III. Sandford, p. 216, Dugdale, Bar. I. 75.

Pro-

Probatio dicti Teftamenti coram Thom' Arundell',
Cantuar' archiep', 10 die Maij, Anno Domini 1397,
apud Lambeth.

Regifter Arundell, pars prima fol. 157. a. in the Archiepifcopal Regiftry at Lambeth.

Thomas, fon of Thomas Holand earl of Kent and Lord
Wake of Lydel, and Joan who afterwards married the
Black Prince, was born 1350, being 10 years old at his
father's death 1360. He was marfhal of England,
3 R. II. which office was taken from him fix years after,
and he was appointed Conftable of the Tower of London,
and governor of Carifbrook-caftle, 4 Julii, 20 R. II. He
died in the year 1397, leaving Thomas his eldeft fon,
Edmund, and five daughters. Sandford, p. 216. Dugdale, Bar. I. 75.

RICHARD

# RICHARD EARL OF ARUNDEL.

EN noun du Piere, du Fitz., et de Seint Efpirit, Amen. Jeo Richard counte d'Arundel et de Surr', le quart jour de Mars, l'an del incarnation noftre Seignour J'hu Crift mill. ccc quartre vintz et doufze, et l'an du regne le Roy Richard Seconde fefzime, en moun chaftel Philipp en bone et feine memorie face mon teftament en la manere q'enfuyt, ceft affavoir.

Primerement jeo devife m'alme a lui tou puiffant Trinite, moun corps d'eftre enterres en la priorie de Lewes en un lieu derere haute autier, la quele j'ai monftre a mes trefchiers en dieux Danz Johan Chierlieu[a] priour illoeqes et frere Thomas Affhebourne mon confeffour. Et en cas qe ma trefchiere compaigne E[b], qe Dieux affoile, ne foit en ma[c] enterrez et fevelez en le lieu par moy ency monftrez jeo veule et charge mes executours qe toft apres mon deces ma dite compaigne foit remoeve hors de la fepulture ou q'ele eft a prefent tanq' le dit lieu et ceo foit fait devant ma fepulture en toutes maneres, et veule et charge mes executours qe ma hèrce foit fait maes[d] de cynk cierges bien grandes ove les mortiers en manere come fuift entour le corps de mon trefhonure Seignour et piere, qi Dieux affoile, auxi pres come home purra refembler cel herce jeo vuile et ordeigne qe ce foit fait. Et auxi je charge mes execu-

---

[a] John de Cariloco who occurs prior, 1364 and 1377. Willis.
[b] Eleanor, daughter of Henry duke of Lancafter, his fecond wife.
[c] Sic Orig.
[d] mail, pas, excepté, plus, dès que. Lacombe. but, only.

tours

tours q'en quel lieu d'Engleterre qe je trefpace de ceft
fecle, qe tantoft apres mon corps foit fi privement menez
come home purra tanq' a la dite priorie : Et ne vuile en
nulle manere qe nulles genz armez, chivalx, herce, n'autre
qe je n'ay devife pardevant, ne nul autre bobaunce [b], foient
faitz entour moy, forfq' foulement come avant eft dit.
Et fi enfy foit qe je trefpace de ceft fiecle en terre eftrange
hors d'Engletere, jeo vuile, fi mon corps ne purra refonablement eftre cariez au dit priorie, q'adonqes je foy enterres
ou qe mes executours ou ceux qi font entour moy au jour
de ma moriant en terre eftrange de jent [c] qe foit melx [d] al
honour de Dieux et efportable [e] pur m'alme, en lieu covenable et a pluis pres qe home purra a la place qe jeo tref-
pafferay.   Item jeo devife pur les defpenfes affaire entour mon enterrement atant [f] d'argent come mes executours
verront qe foit pluis a l'onour de Dieux et profit pur moy
et m'alme, fique qe nul voie ceo ne paffe mye mill mares,
ove la monoie qe ferra donez pur m'alme jour de mon dit
enterrement, et ove le herce, et toutes autres defpenfes et
coftages qe forrount faitz illoeqes pur moy au dit jour.
Item je devife et ordeine touz mes laynes [g] et touz mes
autres chateux et eftoor [h] vif et mort, et touz mes veffele-
ments et apparailles d'or, d'argent, et ennorez [i], forfprifez
les ornementz pur la chapel queux j'ai done et deliverez a la

[b] extravagance, fee before, p. 84.
[c] de gent eftrange, of ftrange people.          [d] mieux,
[e] q. efploitable, profitable, as p. 126.          [f] autant, fo much,
[g] q. wool.                    [h] chattels and flore.
[i] gilded ; as furzorrez in preceding wills.

R                    college

college d'Arundell en ma vie, et auxi devife come piert [k]
par mon teftament a demorer en la dite college perpetuelment, d'eftre venduz par mes executours attantz [l] come
ent befoigne pur acquiter tout le dette qe je doy a mon
trefhonure feignur et piere qi Dieux affoille; primerement
ceo qe ne foit mye parfournez de foun devys per le teftament en efpecial: et auxi de faire paiementz de mes propres dettes a tous yceux qe mes ditz executours purront
avoir verray conufaunce qe je fuy par afcune voie en dette,
et ceo fi toft come ils purront apres mon deces en defcharge
de l'alme mon dit trefhonure feignour et piere et de la
meen et de ma confcience e . . . . . celuy qe je fuy fi grandement tenuz.   Item coment qe mon dit trefhonure feignour et piere en fa vie ordeina en la chapel deinz la chaftel
d'Arundell un chaunterie de fiz chapelleyns et trois clerez
a fupport certein charge, quele chaunterie devant fa moriant ne fuft mye par luy emplyz, perount [m] en fa vie il
moy chargea efpecialment par foun dit teftament, a pluiftoft
qe je purroi del parfaire perpetuelment a durer, du quele
ordenaunce depuis vewe et avys par difcrecioun des fages
pur diverfes objeccions et periles par l'ordinaunce du dite
chaunterie en la dite chapelle qe purroient avenu en
areriffement [n] d'icell, perount [m] il ne la purroit feurrement eftre
eftablez, et furceo confiderez la defolacie de l'efglife parochiele d'Arundel de divine fervice qe par cynk moygnes

[k] appears.      [l] for as much.        [m] wherefore. K. whereby.
[n] backwarding, hinderance.

aliens

aliens soloit estre serviz, et retrettz [o] a cause de le guerre, siq' mesme l'esglise esteroit come desolacie et anyntiz [p], et l'almoigne qe l'ay fuist de divine service relever, pur encres de devocioun de le people, honour a seinte esglise, et merit pur les almes pur queux ceo serroit foundez, et nomement a l'alme de mon treshonure seignur et piere, principal cause de celle fundacion du college; Jeo ordeigna les avantditz siz chapelleinz en la dite esglise, et addy a ycell autres cynk chappeleinz seculers en lieu de cynk moygnes qe la soloient estre, et enoutre de devocioun deux autres chapelleins de perfourmer la noumbre de tresze, ou troiz deknes, troiz subdeknes, deux accolitz, sept quoristers, et deux sacristes, ove troiz vadletz, et deux garceons pur eux servir, ensy destier illoqes sur la fondacioun et la volunte mon dit treshonure seignur & piere un perpetuel college de tresze chapelleins, dount un nome est meistre, et quinze clercz come dit est fundiz en l'onur del tout puissant Trinite, et pur l'alme mon dit treshonure seignour & piere, de support soun charge, et prier pur l'alme de ma treshonure dame et miere, pur moy, ma treschiere compaigne, qe Dieux assoile, noz enfantz, allies, successours, et autres limitez en lour fundacioun et ordinaunces, pur touz jours; le quele college j'ay en partie endowe de possessiouns espirituelx et temporelx. Et de le remanaunt de pleyne endowement du dit college sur mes ordennances et charges en ycelles doune [q], le meistre et chapelleins ne soient seurs jour de ma mo-

[o] withdrawn. [p] *aneantie.* [q] *donnez.*

riant, jeo vuile qe mefme le meiftre et chapelleins et lour
fucceffours, preignent la fumme annuelment de mes ma-
nours de Angermyng[r], Wepham[s], Warnecamp[t], Soucſloke[v],
Tottyngton[x], Upmerdon[y] & Pyperyng[z], del annuel rente qe
je lour ay donç en les ditz manoirs par licence noſtre
Seignur le Roy, tanq' per mes heirs ou executours terres
ou efglifes nient charges foient donez et appropiez a eux
et a lour fucceffours a touz jours, a plein et cler value de
la quantite du dit endowement aderere[a]. Item coment qe
mon dit trefhonure feignure et piere, qi Dieux affoille, devifa
a moy par foun teftament certains veffelmentz, joialx, et
livres a demurrer la greindre partie perpetuelment en la
chapel deinz le chaftel d'Arundell, pur la chaunterie illeoqes
par luy purpofe, la quele depuis qe ele eſt chaunge en
l'efglife parochiele, par certeins caufes avant declarez, pur
le meulx perpetuelment adurer, pur greindre meryt a
l'alme mon dit trefhonure feignur et piere, qi Dieux affoille;
Jeo vuille et ordeigne qe mefmes les veffelmentz, joialx,
livres, et autres ornamentz pur la chapel, queux j'ai deliverez au dit college en ma vie, foient appurtenantz et de-
murrantz au dit college pur tous jours, fi bien come ceux qe

[r] Angmeryng E. for which he obtained a weekly market and fair from
R. II. Dugd. I. 318.
[s] Wepham in Arundel rape, as the foregoing.
[t] quære, *Warnham* in Bramber rape.
[v] q. Southwick in the fame rape.
[x] Tottington. There is a place of this name both in Arundel and Bramber rape.
[y] Upper Merden in Chichefter rape.
[z] Peppering in Arundel rape.
[a] *aderè*, tout du fuite, Lacombe; *in arrear.*

j'ai

j'ai ordeine et devife par ceft mon teftament et volunte,
lefqueux je vuile q'ils foient deliverez bientoft apres ma
moriant au dit college, illocqes a demurrer perpetuelement.
Et outre par efpecial je vuile qe le dit college eit deliverance
des autres draps et veftimentz pur la chapel, de drap blanc,
de foy embroudez et batuz ove [b]M. d'or, fi bien la meyndre
veftement come-le greindre, ove tout l'apparail d'içell', les
queux j'avoie de doun ma miere de Norff[c]. Et auxi pur
ceo qe ma trefamee compaigne moy dona a noftre marriage
un veftiment de rouge drap d'or ove l'autier et tout l'apparail icell, laquele je vuile qe ma dite compaigne eit le
dit veftiment quel ele moy enfi dona a terme de fa vie, fi

[b] Sic Orig.

[c] This expreffion (which at firft view feems irreconcileable with what
Dugdale, I. 320. and Vincent, p. 26, fay, that this earl's mother was
Eleanor daughter of Henry Plantagenet earl of Lancafter) is fatisfactorily
cleared up by the following obfervations of a judicious friend :

"It is yet a cuftom in the North for parents, whofe children intermarry
to call brothers and fifters; Richard earl of Arundel, upon this principle,
calling Elizabeth lady Mowbray his fifter, of courfe Margaret dutchefs of
Norfolk would be his mother, and he might have the vanity to call her fo,
as being a woman of high rank and fortune. See the following pedigree.

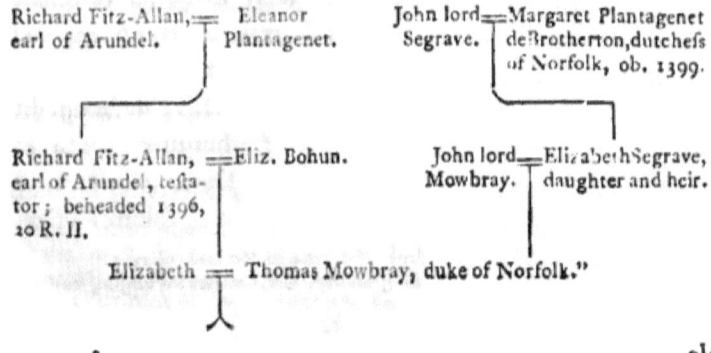

Richard Fitz-Allan, == Eleanor          John lord == Margaret Plantagenet
earl of Arundel.        Plantagenet.     Segrave.    de Brotherton, dutchefs
                                                     of Norfolk, ob. 1399.

Richard Fitz-Allan, == Eliz. Bohun.      John lord == Elizabeth Segrave,
earl of Arundel, tefta-                  Mowbray.    daughter and heir.
tor; beheaded 1396,
20 R. II.

                Elizabeth == Thomas Mowbray, duke of Norfolk."

ele

ele defire grandement de l'avoir, ele empriaunt [c] qe ele vor-
roit la leffer a dit college, en remembrance de ele, fi bien
come de moy, quant ele verra temps, et ove l'eide noftre
feignour tout puiffant, tout foit il jammes fait uncore ne
ferra le dit college qe bien poy le pluis povre.   Item je
vuile et charge fermement mes ditz executours, q'en nulle
manere ils ne ferrount livere a nully de la dette, en partie
ne en tout, ne de nulle autre chofe qe je doy a mon dit
trefhonure piere, qi Dieux affoile; maes qe mes ditz executours parfacent la volunte mon dit trefhonure Seignur et
piere ovefq' fes executours, folonq le purport de fon teftament, de ceo qe ent ferra aderere jour de ma moriaunt
nient parfourmez, come en un remembraunce qe j'ai leffe
enclofe deinz ceft mon teftament appiert; et qe celles
chofes foient mys en execucioun et parfaitz auxi en hafte
come home purra et favera apres mon deces, et come temps
refonable le dorra [d] apres qe je foy a Dieu comaundez.
Item jeo devife et ordeine quatre centz marcs d'eftre par
mes ditz executours emploiez en un parpetuelle memorial
ordeignez en ma meafoun de Lewes, come ils verroient
meulx affaire folom lour bone difcrecioun, come en eide
et encres del chanfure [e] pur les moignes, et en amendament
de lour maunger et boire jours d'anniverfairs de mon dit
trefhonure feignour et piere, ma trefhonuree dame et
miere, et ma trefchiere compaigne, qe Dieux affoill; c'eft
affavoir, chefcun des ditz jours une quantite folom l'affair-

<hr>

[c] praying or requefting her to leave the fame to the faid colleges.
[d] fhall give.          [e] q. fong-money, or allowance for finging maffes.

ment

ment f qe la dite fumme vorra a ces annuelment extendre,
pur prier pur les almes avantditz, pur moy, et mes enfauntz.
Et qè le priour illoeqes qi ferra pur le temps, et fes fuccef-
fours priours du dite meafoun, a lour primere entree parentre g lour autres charges, foient primement jurez a garder t
faire cel charge folom mon dit devys, et pur difper r la
dite fume annuelment par tiele mannere come je l'ai
avaunt devifez: fi mes ditz executours veround qe cefte ordinance ne purra eftre parfournez, adonqes je vuile bien qe la
dite fomme foit difpofe folom l'ordinaunce de mes ditz
executours, iffynt qe toutes maneres de la dite fome foit
exploitez en encres et enefpecial a perpetuelment aprier
pur les almes pur queux je fuy tenuz a prier, pur moy et
touz criftienz.    Item je donne et devife cent livres a
l'efglife cathedral de Ciceftre, d'eftre difpofez apres mon
deces par mes ditz executours folonc lour diferecioun come
ils verrount pluis honourable a Dieux, et efploitable  a
mefme l'efglife en remembraunce de moy; et a l'abbey de
Hamound i, par mefme la manere cent marcs, iffint q'il foit
veu par mes ditz executours qe les ditz fomes foient exploitez k en afcune chofe come foit en l'onour de Dieux et
amendement des ditz meifouns: fy ceo ne poet ftre parpetuel, qar l je averoie meulx qe ceo ferroit parpetuelment
adurer, qe autrement fy ceo purra bien eftre coment qe ceo
ferroit bien poy m de tielx fommes.    Item jeo charge mes

f proportion, or what it will make.          g q. among.
h profitable, from *efploiter*, profiter. **L.**
i Haghmon abbey in Shropfhire, founded for Auftin canons, 1110, by
William Fitz Alan of Clun, anceftor of the teftator.
k expended.          l *car*, for. **L.**          m very near. **K.**

4                                          executours

executours q'ils facent gree et fatisfaccion as touz yceux
qi foy veulent compleindre d'afcun grief ou mefprifon q'a
lour ay pluis ou meyns fait, dount ils purrount avoir evident
prove ou verraie conufaunce, folom ceo qe mes biens vuillent
a ceo extendre en defcharge de m'alme, fitoft come y purra
eftre fait apres mon deces.  Et nomement al abbe et covent
de Fyfcamp pur le purchace del manoir de Bury [n], par tiele
manere qe foit refonablement greable a eux, en defcharge
de l'alme mon trefhonure feignour et piere, qi Deux affoile,
et de la mien, fi jeo ne le face en ma vie.  Item je devife a
ma trefchiere compaigne Philippe le lit bleu de l'overaigne
de tapiterye de mes armes, et de les armes ma dite compaigne departiz en ycelle.  Item un lit rouge et bleu pale,
q'eftoit pur la nief.  Item un lit noir de foy, ov tout l'apparaille de les trois lits avantditz, enfemblement ove touz
les autres litz q'ele avoit de fes propres quant ele fuift
mariez a moy.  Item le grand fale [o] q'eftoit darreynement [p]
fait a Loundres del overaigne de tapeterye blew, ove rofes
rouges en ycell, et mes armes et les armes des mes fitz, le
Counte Marfchal, le Seignure de Charletoun, et Monf'r
William Beauchamp [o].  Item jeo devife qe ma dite compaigne Philippe eit pur fa chapel tout l'apparail pur la
chapel q'eftoit truffe [r] ove moy, et la meindre petit autier

[n]  Bury in Arundel rape, Suffex.
[o]  furniture or hangings of the hall.                        [p] lately.
[q]  Thomas lord Moubray was the fecond hufband of his eldeft daughter
Elizabeth.  John Charleton lord Powis married Alice his youngeft, and
William Beauchamp lord Bergavenny, Joan his fecond daughter.
[r]  found.  K. fed q.

dc

de drap de foy noir, ove l'apparail d'icel. Item je devife
qe ma dite compaigne Philippe eit pur le botellerye et
celer deux pottes d'argent, chefcun contenaunt un potel,
11 hanappes d'argent enorrez, outre fa propre hanap
appelle Bealchier, un dozen de peces d'argent, un dozein
de quilers d'argent, les deux falers d'argent enorrez, queux
ma dite compaigne moy dona a moun aun doun[1] a chaftel
Philipp, et deux autrez meindres falers d'argent, l'un ove
coverture et l'autre fans coverer. Item deux chaundelers
d'argent pur foper[t] en yverne[u], ove haut pees, et mees efcho-
chouns pendantz ove trois quartres fur mefmes les chandelers et les fuages[x] enbataillez et enorrez. Item pur
l'ewerye un paire bafyns d'argent ennorrez de mes armes,
deux baffyns, deux ewers fengles d'argent, et un paire
baffyns, defquex ele eft acuftume a laver devant maunge
et foper. Item pur la cufyne trois dozeins des efquelx,
deux dozeins des faucers, et quatre chargeours tout d'argent. Item jeo devife qe l'apparail pur le tefte des dames,
fibien de perlees come d'autre attyre, quele j'ai liveree a ma
trefame compaigne en ma vie, qele l'eit en fa volunte
durant fi vie, et apres la deces de le, qe le dit attyre foit
preftement departiz entre mes fitz Richard et Thomas[y], a

[1] my new year's gift.
[t] for fupper; this word is not in the gloffaries.
[u] in winter.          [x] q. *fervages*, fervices. L.
[y] Richard died young in his father's life without iffue: Thomas fucceeded
his father; and 6 Hen. IV. married Beatrix natural daughter of the king of
Portugal. Dugd. Bar. I. 320. Richard feems to have been *eldeft* fon,
though not noticed as fuch by Dugdale or Vincent. He is always named
firft in this will, and in p. 131. is called his *heir*, by way of eminence.

S                                      caufe

caufe q'ils fount femblables d'avoir femmes, fi Dieu lour
graunte la vie, s'ils ne foient mariez devant mon deces;
et auxi qe ma file de Charletoun en eit fa part owelment [z]
departiz entre mes ditz deux fitz et ele, fans afcune autre
departefoun affaire du dit attyre, fynoun en manere come
avant eft dit; affiauntz pleynement en ma dite compaigne,
qi fi ele foy feute [y] d'avoir autre marry, q'ele vuille et ordeyn
par tiel manere et fy feurement, qe la ditte attyre ne foit
ouftez [z] de mes avantditz enfantz. Item je vuile et ordeine
qe fa ma dite compaigne eit tiel iffue par moy come
avaunt eft dit, et q'ele parfourne les condicions fibien de
ele come dez ditz enfantz foit il mal ou femmel, q'adonques
touz les devifez et ordinaunces faitz adevant fibien a ele
come a lez ditz enfantz foient tenuz et parfournez.   Et fi
ma dite compaigne ait tiel confeil, ou ne voet parfournir les
ditz condiciouns, qe touz les chofes a ele et au dit enfant
foit il mal ou femall paramont devifez foient reftreintz, et
qe ele, ne le dit enfaunt, n'eit nulle chofe de moun dit
devys, finoun la chapel qe je avoie ovefq' ele, enfemblement
ove lez litz, excepte la chapel, lit, et fale que je avoie de
doun ma honure miere de Norfolk al marriage de ma dite
compaigne quele j'ai devife en autre lieu.   Item je devife a
mon fitz Richard moun chapel ove tout apparail de drap
velwet rouge ove angeles et archanngeles de enbroudez
fur ycell, et auxi un veftment fengle de drap rouge de foy
ove blancs rofes fur ycell.   Item je devife a mon dit fitz

[z] equally.
[y] q. feure, fure; or perhaps fente, if fhe fhould be inclined to marry again.
[z] eftes, taken from.

mon grand lit ove l'entier apparaille pur la chambre blanc
et blew, et auxi un rouge lit eftandard[c] appelle Clove, et
auxi le lit de foy ove demy ceel, enbroudez ove les armes
d'Aroundell et Garreine, ove touz les apparall des ditz litz.
Item a mon dit fitz la grand fale des armes d'Arundell et
Garreine quartelez, et un dorcer de arras. Item dorcer
d'arras qu'eft acuftume d'eftre pur la chambre pane a
Arondell. Item je devife a mon dit fitz Richard de vef-
felment, fibien en la chapel, except ceo qe j'ai ordeine pur
le college d'Arundell, en chefcun office pur l'hoftel[d], come et
folom ceo qe mes executours verrount qe mes biens foy
extenderount en paiement de les dettes de mon trefhonure
feignur et piere qi Dieux affoill, fibien come de ma dette
propre; et a caufe qil eft mon heir, je vuile q'il ait pluis de
dit veffel qe acun de mes fitz ou files, les condicions avantdites exceptes. Item je vuile qe mon trefchier fitz Thomas
eit del jour de ma moriaunt enavant c li. annuelment de
mes ditz executours en eide de fa fuftenaunce, tanque les
manoirs de Begenever[e], Sullyngton[f] et Schapewyk[g] a luy
foient donez et efcheiez[h] par ceux qe les ount en demefne,
et en reverfioun a luy et a fes heirs malles de fon corps
engendriez, et pur defaute de tiel iffue malle la remeindre
d'icel a mes droitz heirs feignures d'Arundell as touz jours.
Purvew totefoitz quant afcun des ditz manoirs luy foit donez

[c] q. a *ftanding* bed, or one whofe tefter refted on pillars.
[d] houfe.      [e] q. *Bignor*, in Arundel rape.
[f] q. Sulton in Arundel rape.      [g] q. Shapwick, co. Somerfet.
[h] *efchus*, efcheated.

ou

ou efcheiez en manere avantdit, iffint qe mon dit fitz Thomas purra prendre les profitz qe a cel temps luy foit rebatuz[i] de fon dit paiement annuel de cent livres ataunt come le dit manoir ency a luy done foit refonablement de value. Et quant il eit en mains des ditz manoirs a la fomme de centz livres annuelz avantditz, q'adonqes l'entier paiement de mefme la fomme par mes executours foit outrement defcharge pur touz jours; et en defaute qe les ditz manoirs ne vaillent tanqe a la dite fomme, je vuile qe mes executours et feoffez le perfournent a la dite fomme de c liv' come avant eft dit. Et outre vuile qe fi mon chatell fon voet extendre outre les dettes mon feignure et piere, qi Dieux affoile, fibien come mes dettes, qe mon dit fitz Thomas ait deux centz livres de monoie d'eftre difpofe par mez ditz executours a fon meillour oeps.  Item je devife a mon fitz Thomas un veftiment fengle de foy diaprez de blanc, qe feuft fait a mefme le temps qe le darrein autier de rofes eftoit fait. Item mon lit blew de foy eftandard enbroudez ove griffons, ove entier feele[k], et auxi le lit rouge et blew de fatyn de dymy feele ove touz les apparailles d'icell.  Item a mon dit fitz un petit dofer de arras enbroudez dor en certeins lieux d'icell, quele Monfieur William Brian moy donna. Item un grande fale blanc et rouge enbroudez ove babewynes[l] ove mes armes en myelieu de les bordures et en les bittiz[m] qu'eftoit acuftume d'eftre a Reygate; et de veffel

---

[i] abated.                [k] whole tefter diftinguifhed from half tefter.
[l] Lacombe explains *babeines, levres* de certains animaux.   q. faces or heads.

d'argent

d'argent de chefcun office pour l'ouftell[n] folom ceo qe femble
a mes executours, toufdiz eiantz confideracioun a mes dettes et devifes fuifdits.    Item je devife a ma trefchiere file
de Charleton un petit tablet d'or enamaillez de deux foilles,
ove un ymage de la incarnacioun [o] de notre dame dedeins.
Item je devife a ma file Elizabeth un nouche ove de lyouns
et corouns qe moy fuift done par mon trefchier fitz foun
marry, et a ma file une nouche a foer[p] de rofe ove perleef.
Item je devife qe ma file de Charleton ait mon lit de foy
rouge ov entier feele, qu'eft acuftume d'eftre a Reigate, ove
tout l'apparaill d'icell.    Item je devife a ma file Marefchal[q]
mon lit de arras, ove touts les tapits qe j'avoie a la fefaunce[r]
d'iceftes fait en mefme la pais[s], except les trois doffers de
arras qe j'ay devife en autre lieu.    Item je devife a ma file
Margarete moun lit blew qu'eftoit acuftume d'eftre a Loundres, ove tout l'apparaill d'icell.    Item je vuille et devife qe
ma trefchiere file Margarete eit annuelment de mes executours pur fa fuftenaunce centz marcs, tanq' ele foit refonablement mariee[t], en eide de fa quele marriage jeo luy
donne et devife mille marcs en efpecial, d'eftre auxi paiez
par mes executours en meilloure manere qils purrount ou
faverount, fy ma dite file ne foit mariez en ma vie.    Et vuile
outre qe mes ditz executours en ceo q'ils averount de quoy

[n] Maifon.  L. houfhold.
[o] A picture of the incarnation of the Virgin Mary.   [p] al foer, like.  K.
[q] Elizabeth, firft married to William earl of Salifbury; fecondly to
Thomas lord Mowbray earl Marfhal.   Dugdale I. 318.
[r] q. at the making of thefe.
[s] q. in Flanders where the arras was made.
[t] She was afterwards married to Sir Rowland Lenthall, knt.

outre

outre mes charges et dettes, encreffent la dite fomme pur
fa mariage a un refonable quantite, s'ils le veient profitable
a faire pur avauncement de l'eftat de ma dite file, folom
lour bone defcretioun, fiq' la fomme entier ne paffe mye
en nulle mannere mille et cynk centz marcs a pluis haut.
Item je devife a mon trefchiere et honure frere l'ercevefque
d'Everwyk" mon coupe enorrez et enamaillez ove le cerf fur
le covercle, en remembrnetwork de moy & de m'alme.   Item
je devife a ma trefchiere foer de Hereford * mon coupe ove
coers', et a ma trefchiere foer de Kent' mon coupe de
troisfoilles, c'eft affavoir, fi mes dits foers foient naturelx *
et tielx come ils deveroient de reafon en eide et parfourniffement de ceft mon teftament, et autrement ils
n'eient nient de moun devys avauntdit.   Item je devife a
ma miere de Norffolk un crois d'or en un cas rouge de
quyre b, et auxi a ma dite miere, un Agnus Dei d'or enamaille
et en un cofte fa coronacioun c et l'autre feint Frаunceys ove
XVII perles, en remembrnetwork de moy et de m'alme.   Item
je devife et ordeine a ma honure dame et niece de Glouceftre d en remembrnetwork de moy, et qe ele vuile eftre bien-
voillant a mes ditz executours, un petit tablet d'or de
troisfoilles, ove un crucifix dedeins, et la coronacioun c en la

* Thomas Arundel, bifhop of Ely 1374, tranflated to York 1388, to
Canterbury 1396, Chancellor of England, died 1414.  Godwin.
    x Joan, wife of Humphrey de Bohun, earl of Hereford.
    y hearts.  K.  Dugdale tranflates it cover.
    u Alice, eldeft fifter, married to Thomas Holland earl of Kent.
    a kind.        b cuir, leather.  K.                        c
    d Eleanor daughter of his fifter Joan countefs of Hereford, and married
to Thomas of Woodftock duke of Glocefter.

                                                    fummite,

fumuite, et enamaillez dehors. Item je devife a la meafoun de Robertefbrugge ᵉ en eide de fupportacioun de lour wallyng encountre le mer ᶠ xx li.   Item je devife et ordeine qe les meafouns des freres religeous, efpecialment Aroundell, et auxi Lewes, Ciceftre, Wyncefter, Canterbirs, Guldeford, et Loundres, foient regardez par l'avys de mes executours come ils foient tenuz de prier pur les almes mon tres honure feignure et piere, ma tres honure dame et miere, ma tres chiere compaigne qi Dieux pur fa grande mercie et paffioun q'il fuffrit pur eux et pur tous criftiens, eit mercy de eux trois, et de nous touz quant nous trefpaffoms hors de ceft fiecle; Amen.  Item je devife les condicions fufdites a plein parfourner a la meafoun d'Ely ᵍ en eide de la fefure de la novelle haute autier illoeqes xvi li. xiii s. iiii d.   Item, en mefme la condicioun, a la meafoun de Weftmonftre des moignes xl li.   Item en femblable manere je vuille et ordeine qe chefcun des meafouns, de Cantirbirs ʰ pur Seint Thomas, Seint Edmundefbury, Seint Johan de Beverley, ait xl li.  Item je vuile et charge mes executors qe chefcun fervant qi m'a ferviz foit regarde pur foun travaille folom le fervice qe m'a fait, et le temps q'il m'a ferviz, toutditz confiderez les grandes feez ⁱ q'afcuns ount de moy et autres avantages.   Et je charge auxi mes

---

ᵉ Robertfbridge a Ciftertian abbey in Suffex, founded 1176.

ᶠ Their fea walls.

ᵍ The Benedictine priory at Ely.

ʰ This is to be read with a comma after *meafouns*, meaning three feveral religious houfes; at Canterbury, St. Edmundfbury, and Beverley.  The firft dedicated to St. Thomas, and the laft to St. John.

ⁱ fees, wages..

executours.

executours fi avaunt[k] come je puiffe, et come ils vuillent refpoundre devaunt Dieux, q'ils ordeynent par tiel manere pur
mes ditz fervantz qe tote manere bone confcience foit garde,
eiauntz confideracioun a les devifes et voluntees de mon dit
tres honure feigneur et piere, qi Dieux affoile, nient parfour-
niz, lefqueux je charge fermement mes ditz executours
bien et duement garder et parfournir en touz pointz. Item
je devife et ordeigne pur mes ditz executours bien et duement garder et parfournir en touz pointz. Item je devife
et ordeyne pur mes fervantz en manere come eft fpecifiez
pluis au plein en l'article prochein precedent. Item je vuile
et charge mes executours, come ils vuillent refpounder devant
Dieu, qi s'ils veient qe mes biens ne vuillent extendre de
parfourner mes voluntees fuifditz, q'adonqes q'ils facent mon
enterrement auxi leger[l] come ils purrount refonablement.
Item je vuille et ordeyne qe les meafouns de religioufes en
le counte de Salop[m] foient par tiele manere regardez q'ils
foient tenuz a prier pur les almes mon treshonure feignure
et piere, ma treshonure dame et miere, ma trefchiere compaigne, qe Dieux pur fa grande pite eit mercy de lour almes,
et pur moy, mes heirs, et pur touz criftiens. Item jeo
vuile et ordeyne qe les ordres queux j'ai de mon grande
conuffaunce et autres meafouns foient regardez folom la
bone et fage difcrecioun de mes executours; et qe mes
biens foy vuillent extendre, toutdiz eiaunts confideracioun

---

[k] fo far as.      [l] as flightly.
[m] The Fitz Alan family founded in Shropfhire Haghmon abbey and
Wombridge priory. Tan. Nat. Mon. 448. 449.

2                                  a mes

a mes excepciouns fuſdites. Item je donne et deviſe a
frere Thomas Afshebourne mon confeſſour, d'avoir m'alme
en remembraunce ſicome je m'offre en ſa perſone, cent
marcs. Item je vuille qe l'avoweſoun de Yvele <sup>m</sup> ſoit venduz
auxi toſt come home purra apres mon deces reſonablement,
et les deniers d'icell loialment emploiez par mes ditz executours en meilloure mannere q'ils ſaveront en parfourniſſe-
ment du teſtament et voluntee mon ſeigneur et piere, qi
Dieux aſſoille. Mes ſi cas aveigne qe meſme l'eſgliſe voide
devaunt qe l'avoweſoun enſy purra eſtre venduz, et qe
aſcun de mes fitz vuille eſtre home de ſeinte eſgliſe
ſoit able de l'accepter et occupier, q'adonques je vuille et
prie mes feoffez de ycell de luy preſenter a ycell. Et autrement mon clerc Robert Pobelowe s'il ſoit en vie et la
vorroie avoir. Et ſi le dit Robert ne la vorroie avoir, ou ne
ſoit en vie a temps de l'avoidaunce, q'adonqes je vuille qe
meſme l'eſgliſe ſoit done a monn chapellain ſire Johan
Gamil. Et ſi le dit ſire Johan ne la vorroie avoir, ou ne
ſoit en vie a tiel temps come eſt dit, q'adonques ſoit pre-
ſente a ycelle aſcun ſufficeaunt perſone de ma prochien
linage qi pluis ſoit able a ycelle, par diſcrecioun de mes
executours. Et en cas qe nul de ma prochein linage ne
voet accepter la dite eſgliſe, ou qe ne ſoit able a ycelle,
q'adonques je vuille qe mes ditz executours ordeynent qe

<sup>m</sup> q. *Ewell* vicarage, Surry, which Ecton ſays was appropriated to
Newark priory, or Chertſey abbey. Yeovil in Somerſetſhire (written *Yevil*
and *Evill* in Ecton) was appropriated to Sion abbey. There is alſo an *Ewell*
in Kent, which likewiſe belonged to a religious houſe.

T

ſoit

foit prefente a ycelle un fufficiaunt perfone tiel come lour
femble par lour bon avys et difcrecioun pur le meulx, tout
diz d'avoir pur recomender une tiele perfone qe moy ad
longement ferviz. Item je vuille, en cas qe mes biens
et chateux avantdiz ne vuillent fuffire d'acquiter mes dettes,
devifez, et charges de ceft mon teftament en nulle manere,
ou q'ils ne porrount eftre acquites pur nulle autre voie
qe j'ay ordeyne, q'adonques mon hauftel de Pultene's[n] en
foit venduz, et ove les deneirs d'icell la duytee[o] de monn
dit teftament ferviz. Et fy befoigne ne foit, ne caufe ne-
ceffaire la donne de la vent dycell, q'adonques je vuille
et pre mes feoffez d'icell de doner mon dit houftel a mes
droitz heirs feignures d'Arundell pur touz jours en la pluis
feure manere q'ils le faverout ordeyner et devifer. Item
fy enfi foit qe mes biens et chateux ne vuillent fuffire pur
faire fatisfaccioun et reftitution a mon dit trefhonure feig-

[n] The capital meffuage called the Cold harbor, in the parifh of All Saints,
*ad fœnum*, in Dowgate-ward, being purchafed by Sir John Poulteney, who
was four times mayor, and dwelt in it, took the name of *Poultney's Inn*.
He gave the whole, with the wharf adjoining, to Humphrey de Bohun earl
of Hereford and Effex, and died 1349. It is not improbable our earl of
Arundel had this houfe in right of his wife, neice to this Humphrey. In
1397, 21 R. II. the year after his execution, John Holland earl of Huntingdon was lodged there, and Richard his brother dined with him. It
was then counted a right fair and ftately houfe. In the next year Edmund
earl of Cambridge was there lodged; and it retained the name of Poultney's Inn, 26 H. VI. It belonged, 1472, to Henry Holland duke of Exeter.
Richard III. granted it to the Heralds 1485, and in the reign of Henry VIII.
the bifhop of Durham's houfe being taken into the king's hands, bp. Tonftal
lodged here, fince which it came to the earls of Shrewfbury, of whom the
laft in Stowe's time took it down, and built on the feite a number of fmall
tenements let out for great rents. Stowe's Survey, p. 252. fol.

[o] *duitz*, K. duty, obligation.

2                                    nur

nur et peire, qi Dieux affoile, fibien come pur parfourniffement de ceft mon teftament et ma entente; adonques
je vuile et charge mes ditz executours q'ils parfacent bien et
duement fi en hafte come ils le bonement purrount, et q'ils
eient de quoy apres moun decees en manere come j'ay
ordeyne et declare ma entention defouz mon feal a mes
executours et autres perfones de m'affiaunce[a], queux je
prie et charge fur peril de lour almes q'ils le mettent et
fuffrent eftre mys en bon et loialle execucioun, pur acompliffement de ceft mon teftament, et ma entiere voluntee,
attaunt come y befoigne, et en null autre oeps, et outre ent
ordeynent folonc ma voluntee et limitatioun fanz tariaunce,
delay, ou contrariouftetee[b] qeconqe, coment ils vuillent
refpoundre devaunt lui tout puiffaunt Seignur al jour de
juggement: purvew totfoitz en execucion de cefte ma voluntee, qe les devifees et ordinaunces pur mon dit trefhonure feignur et piere, qe Dieux affoile, foient primerement
ferviz, et depuiz mes devifees propres, folom ceo qe femble
a mes ditz executours qe pluis foit honurable a Dieux, et
profitable a ma alme. Item je ordeine et devife qe les
coroune[c], bible en deux volumes, et un paire decretalx en
fraunceis, et un grand paire de pater noftres d'or, ove un
grand fermaille d'or, ovefq' certeines autres joalx et reliqes,
contenuz deinz un petit forcell[d] de blanc liez d'argent, ove
des liouns maffez[e] enorrez, queux mon dit trefhonure feig-

---

[a] my confidence.    [b] contradiction.    [c] coronet.
[d] q. ftrong box. *Forceret*, or *forchiere*, is explained by Lacombe *petit
coffre*.
[e] q. *mafles*, male; or rather maffive.

nùr et piere, qi Dieux affoile, devifa a moy et a mes heirs
apres mon deces, a demorer perpetuelment de heir en heir
feignures d'Arundell en remembraunce de luy et de s'alme;
et en cas qe mon dit heir foit deins age, qe mefmes les
coroune, bible, decretalx, et touz les ditz joialx et reliqes,
toftpres mon deces foient falvement par mes ditz executours menetz et mifez en feure lieu a garder tanq' au plein
age de moun dit heir, et adonqes de luy eftre deliverez par
charge come il vorra refpoundre devaunt Dieu, mon dit
trefhonure feignure et piere, qi Dieux affoille, et moy, au
jour del juggement; Et pureeo qe jeo entendy bien qe mon
dit fitz et heir n'eftoit mye a la fefaunce d'iceftes d'age de
fy plenerement entendre fi grand charge, fi ne leffay jeo en
parole ne en grand dit a luy, maes en fait et en cefte moun
teftament je luy charge fi avant come je purra, et come il
vorra refpoundre al jour de juggement, come defuis eft dit,
quant il viendra a refonable age de entendre ceo qe a
homme appertiendra, et fanz afcune fubtilite fefaunt en
ycelle, eiaunt confideracioun qe coment je m'ay grandement doubtez de n'en offendre encountre le charge qe
j'avoie en cefte article de moun dit trefhonure feignure et
piere, qi Dieux affoile, par refoun moun dit fitz foy deve-
roit doubtier d'affez pluis qe je n'avoie caufe, car meindre
caufe avoy jeo de moy doubter qe n'avoie qe le foule charge
mon dit feignur q'il n'ad s'il ne face les voluntees fibien
de mon dit feignur come de moy, par quoy foit moun dit
fitz bien avys fi bien de fa alme, come pur la bone gover-

naille

naille de fa perfone, come en temps q'il ferra en le mounde
a plefaunce de Dieu, q'en la parfourniffement fi bien de ceft
article come d'autres qe j'ay devifez en ceft mon teftament,
et de mes autres darreins voluntees qe a luy apperteignount
d'acompler, qu'il foit preft et toutdiz de bone voluntee et
fans feintyfe, ou en afcune manere double, en afforfaunt* et
aidant mes executours, et nomement ceux qi prendront
l'adminiftracioun de mon teftament et voluntee fufditz, en
acompliffement et parfourniffement de mes voluntees avant
declarez. Item on cas qe par chaungeabletee du fiecle, for-
tunes, ou autres empefchementz qe purrount avenir en
apres, afcuns de ceftes devifes ne purrount eftre executez
en manere come il eft fpecifiez en yceftes, ou autrement, qe
mes executours verrount per autre voie et par bone et fage
difcrecioun qe mes devifees propres purrount eftre faitz
en meilloure manere qe je n'ay devifez, Jeo vuille et donne
poar a mes ditz executours q'en les materes* fur queles
afcun tiel cas aviendra en enpefchement fur moun teftament et voluntee, q'ils le ferrount par bon avifement re-
dreffer en mannere come il ferra pluis profitable, meritorie,
et expedient a m'alme; mes per nulle voie qe afcune chofe
foit chaunges du teftament mon trefhonure feignure et
piere, qi Dieux affoile, eins q'il foit parfourny fi pres come
refonablement ceo purra faire per afcune voie, folom le
purport et effect d'icell, fi noun qi je vuille qe l'ordynaunce
del college foit fait en manere come eft fpecifie en ceft
mon teftament. Et furceo je charge mes heirs fur ma
beniceoun, et come ils vuillent autrefoitz refpoundre devaunt

* ftrengthening. K.      * matters.

le

le tout puiffant trinite, et moy, pric et charge touz mes autres
fucceffours fi avant come je puiffe, fur peril de lour almes,
et come ils vuillent refpoundre de la charge al jour de
juggement, q'ils ne nul de eux mettent ne mette impedi-
ment, deftourbaunce, objeccioun, n'autre contrarioufetee
qeconqe, de cefte jour en avant encountre cefte ma entente,
ne encountre nulle ordinaunce qe j'ay fait et ferra, pur
affuretee d'icell, en arreriffement de monn purpos, et qu'ils
y foient bones feignures et patrons, aidaunts pur fuftenaunce de la dite college come ils fount et toutdiz ferrount, attaunt come il dure en perpetuelle memorie et
priere illoeques pur merit de lour almes.   Item je donne
et devife a mon trefchier fitz de Charletoun un coupe ove
une ewer covenable, Monf. Johan Cobham un coupe ove
un ewer, Monf. Richard le Scrop un coupe ove un
ewer, Frere Thomas Afshebourn un mafer[y] covere et
frettez d'or, Monf. Payn Tiptot un hanap d'argent enorrez,
et deux de les meilloures chivalx, Monf. William Percy
un hanap d'argent coverez, et a Johan Cokkyng, Thomas
Younge, et Thomas Harlyng, a chefcun de eux un hanap d'argent en remembraunce de moy.   Et a parfournir
et mettre en executioun ceft ma voluntee et touz mes

---

[y] Lacombe explains *mazer*, the material of which were made drinking
veffels, thence called *mazelins*, *mazefins*, or *mazetins*; and Kelham explains
*mazer (hanap de)* a bowl made of mazer.  Du Cange fays, *mazer*, *mazerinus*, *mazarum*, *mazdrinium*, are the name of *pretious cups*; of what material
he does not determine, but inclines to think them the *pocula murrhina* of
the antients, called in later writers *hanaps de madre*; and then they will
be made of precious ftones, which, from the many inftances of them being
mounted in filver, recited by Dugdale, is much more probable than that
they were of *maple wood* as Somner thought.  Here, and in fome other
inftances, the material is put for the veffel.

divifees avantditz.; Jeo face et ordeine mes executours le tres reverent piere en Dieu mon trefchier et honure frere d'Everwyk, mon trefchier fitz de Charltoun, mes trefchiers amys Monf. Johan de Cobham, Monf. Richard Lefcrop, Monf. Payn Tiptot, Frere Thomas Afshebourne, Sire Robert Pobelowe, Sir Johan Gamul appelle Ruffell, John Cockyng, Thomas Yonge, et Thomas Harlyng, les queux je pri d'entier coer, fur le graund affiaunce qe j'ay en eux, et en chefcun de eux, qu'ils vuillent prendre l'adminiftracioun de mes biens, et les mettre en loial execution, fytoft come ils purrount apres moun deces, folom cefte ma voluntee come y poet pluis eftre pur l'onour de Dieu, et profit a ma alme. En teftmoignaunce du quele chofe a yceftes mes darreines voluntees j'ay mys moun feal; done jour, lieu et an fuifditz.

[N. B. A blank is left in the Regifter Book for the Probat.]

Regifter Arundell pars prima, fol. 183. b. 184. a. b. 185. a. b. 186. a. b. in the archiepifcopal regiftry at Lambeth.

Richard Fitz Alan, fourth earl of Arundel, fon of Richard the third earl, and Eleanor his fecond wife, daughter of Henry earl of Lancafter, ferved king Richard II. in his different wars, and as admiral of his fleet. He was in the commiffion that fenteneed Michael de la Pole the king's favourite, and joined the lords againft the duke of Ireland. The king attempted to furprize him in his caftle at Ryegate, but

but foon after reftored him to his commands by fea and land. 12 R. II. he purchafed a licence to marry for his fecond wife Philippa daughter of Edmund Mortimer earl of March, and widow of John Haftings earl of Pembroke. The fame year he was in parliament divefted of all his employments, and eight years after received fentence of death, and was beheaded in Cheapfide, the king himfelf being a fpectator; Thomas Mowbray earl Marfhal, who had married his daughter, being the executioner that bound up his eyes, and the earl of Kent his nephew guarding him. He was buried in the Auftin Friars church in London. By his firft wife Elizabeth[a], daughter of William de Bohun earl of Northampton, he had three fons[a]; Thomas his fucceffor, Richard and William who died young: and four daughters; Elizabeth firft married to William de Montacute eldeft fon to William earl of Salifbury; fecondly, to Thomas lord Mowbray earl Marfhal and of Nottingham; thirdly, to Sir Gerard Uflete knt. and fourthly to Sir Robert Goulhill knt[b]. Joane wife of William de Beauchamp lord Bergavenny. Margaret wife of Sir Rowland Lenthal, knt. and Alice married to John Charleton Lord Powis. Dugd. Bar. I. 320.

[a] Her portrait and her hufband's were formerly in the windows of Arundel church. He kneeling in armour with a coronet, and on his tabard *Albeny* quartering *Warren*. She had the fame arms on her mantle, and on her kirtle *Bohun*.

[a] See Note in p. 129.

[b] With whom fhe was buried at Hoveringham, co. Nottingham, where in the S. aile is a fine monument with their effigies, fhe on the right hand in robes, her coronet on her head, her right hand in his; he in armour, his left hand on his fword.

JOHN

## JOHN OF GAUNT.

EN noun de Dieu le pier, du filtz, & de feint efpirit, Amen. Jeo Johan fitz du Roy d'Engleterre, Duc de Lancaftr', en bone memoire le tierz jour de feverer, l'an du grace mil trois centz quatre vingtz dis & fept, ay fait mon teftament par maner qu'enfuyt. En primes jeo devife m'alme a Dieu & fa trefdouce miere Seinte Marie & a le joy du ciel, & mon corps a eftre enfevelez en l'efglife cathedrale de Seint Poule de Londres, près de l'autier principale de mefme l'efglife, juxte ma trefchere jadys compaigne Blanch illeoq's enterre. It'm je devife parochiell* ou qe jeo moerge tout ceo q' mes executours y voillent donner en noun de mon principall, quelle par le ley y doit eftre donnez pur mortuair ; et ce cas que jeo moerge hors de Loundres jeo voille & devife qe la prim' nuyt qe mon dit corps ferra apportez a Londres qe foit portez tut droit as frers Carmes en Fletftrete pur ycelle nuyt, y avoir les exequies, & lendemain la haut mefle de requiem, apres quelle mefle jeo voille foit mon corps removez & portez tut droit a la fuifdit efglife de Seint Poule, pur y avoir ycelle nuyt les exequies, & lendemain la haute mefle de requiem & la fepultur' ; & en quelle lieu qe jeo moerg

* to the parifh.

U                                    jeo

jeo voille & devife que apres mon trefpaffement mon corps
demoerge defur la terre nemy enterez qe quarant jours,
& doune en charge ᵇ a mes executours qe dedeinz yceulx
quarant jours nulle encerement ᶜ de mon corps ne foit fait,
ne faynez privement n'en appert. Item jeo voille & devife
qe chefcun jour des fuifditz quarant jours foient pur
m'alme donnez ad pov's gentz de pays cynquant marcs
d'argent, & la veille de ma fepulture trois centz marcs
d'argent, et la jour de ma fepulture cynk centz marcs
d'argent, s'il femble a mes executours qe ceo purra eftre fait,
confidere la quantite de mes biens & auftres mes ordinaunces & devys, les ditz fomes ne purront de tout eftre
donnez as pov's com defuis, adonques mes executours
a leur difcrecion facent donner as pov's chefcune des ditz
quarant jours autielles fommes com faire purront, le quantite de mes biens & mes aultres ordinaunces & devys
confidere. Item jeo devife entier pur ardre entour mon
corps le jour de ma fepulture primerement dis groffez
ciergez en noun des dis comandementz de n're feignour
Dieu, countre les queux j'ay trop malement trefpaffez, fuppliant a mefme n're feignour Dieux que cefte ma devocion me p'miſt' remedier de tuit cella q' encontre les
ditz comandements ay multz fovent & trop malement
fait, & ferfait, et qe defuis yceulx dis foient mys fept
cierges groffes en memoir des feptz oevres ᵈ de charite es
queux j'ay efte negligent, et pur les feptz mortielx pecches,

ᵇ I give in charge.
ᶜ no *cering* (or embalming) of my body be made or pretended, within
the forty days, privately or publicly.
ᵈ *oeuvres.*

I                                                        &

& defuis yceulx fept jeo voille qe foient mys cink cierges
groffes en l'onur des cink plaies principalx n're feignour
Jefu, et pur mes cynk fcens ᵉ lefquelx j'ay multz negli-
gentment defpendie, dounte je prie a Dieu de mercy ; et
tout amont yceulx cierges jeo voille qe foient trois cierges
en l'onur de la benoit trinite a la quele jeo me rende de
touts les malx qe fait ay, enfuppliant de pardon & de
mercy pur la mercy & pite q' de fa benigne grace il a fait
pur la falvacion de moy & d'autres peccheours.   Et voille
bien qe de parentre les fuifditz cierges foient mys entour
mon corps morters de cier, tieulx & atantz come a mes
ditz executours plerra de y mettre.   Item jeo voille qe
mes executours facent prier mes cofyns & amys d'eftre
a ma fepulture pur prier pur m'alme, fan ce faire de mon
devys autre folempnitie ne fefte, fi ceo ne foit as pov's
gentz a prier Dieux pur m'alme.   Item jeo voille, ordeigne,
& devife qe de leftoutes mes biens & chateulx mes executors apres ma mort devant leftoutes mes aultres ordinances & devys facent paier leftoutes mes dettes qe le
jour de mon trefpaffement ferront duz, favant qe fi nulle
dettes lors ferra demande la quelle pur negligence, nounchalure ᶠ, poverte au temps, male talent ᵍ, ou autre defaut foit
aderier noun paie come reafon demaunde, & purra par
evidence ou par bon' confcience eftre trovee qe foit due, a
demandant, qe mes executours la facent paier fi avant s'ils
averont de quoi de mes biens & chateulx, except toutz
voiez qe jeo ne voille par nulle voie q'ils paient afcune

---

ᵉ *fens*, fenfes.          ᶠ indifference.          ᵍ refentment.

dettes

dettes pur l'arme [h] en voiage qe mon trefame frere le Duc de
Everwyk [i] devant ore fift en Portugole, dount jeo me teigne
de tut quites devant Dieu & tout la mounde, mes des toutes
autres dettes jeo voille que refonable gree foit fait, et auffi
voille & ordenne & devife q' fi a afcune temps de ma
vie j'ay chu [k] aucuns terres, ten'tz [l], rentz, fervices, ou or ou
argent, ou autres biens moebles d'acune autre perfone fanz
jufte & due title, ou a autre ay fait tort ou injurie, combien
qe de prefent ne cognoiffe nulle en efpeciale meintenaines [m],
fi en temps avenir il puiffe eftre duement preuvez, mes
executors facent plain reftitucion & amends, fi avant ils
averont de quoy de mes biens & chateulx, des quelx facent
ils auffi couftage convenables pur ma fepultur & entour mon corps del jour de mon trefpaffement, jufques
au temps qe mon enterment ferra acompliz, & auxi paient
a mes fervitours lours regardes per mon ordenns [n], & outre
ceo q' mes executours pregnent de mes biens en leurs
mains un tiel fome convenable, de quelle ils purront faire
& acompler toutz les chanteries & obitz en cefte mon teftament ordennes pur m'alme et pur les almes de mes trefcheris
jadis compaignes Blanche & Conftance qe Dieux affoille. Et

[h] the army.

[i] Edmund Plantagenet Duke of York, fifth fon of Edward III. was fent,
1381, with an army into Portugal, to fupport his brother John of Gaunt
in his claim of the crowns of Caftile and Leon, in right of his wife Conftance daughter of Peter the Cruel. They defeated his antagonift John
King of Caftile with great flaughter; but the king of Portugal granting
him peace, the Englifh were conducted home with no fmall mortification.
Sandford, 375. Rapin, IV. 383. 398.

[k] eu, had.                                    [l] tenements.

[m] though at prefent I know of none in fpecial maintenance.

[n] their rewards, fees, falaries, according to my commands.

depuis

depuis facent mes ditz executours acomplir mes devys defoubz expreffes fi averount com de mes biens & chateulx
ils averont, de quoy iffuit toutz voies q' fi apres les couftages affaire entour mon corps apres ma mort & ma fepulture & enterement plainement acompliz, & apres qe
treſtouts [o] mes dettes ferront paiez & reftitucion faitz des
torts & injuries com defous, & les regardes par moy or-
dennez de tout paies a mes ferviteurs, & pris & refervez
es mains des executours la fomme pur les chanteries &
obits fuifditz, mes biens & chateux lors remainantz es
mains de mes executours ne fuffifent my pur en acomplir
mes devifes defoubz expreffez, qe de mes dites devys &
de chefcune de yceulx foit rebatement [p] fait folom la defcrecion de mes executours, exceptz toutz voiez les chofes
defobz limitez a mon tres fovereigne feignour le roy, les
queulx jeo voille qe luy foient livrez come chofe a luy donne
en ma vie. Item jeo devife a la fuifdit aultier du Seynt
Poule mon graunt lyt de drap d'ore, le champ piers [q] poudres
des rofes d'or myfes fur pipes [r] d'or, et en chefcun pipe
deux plums d'oftrich blankes [s], les curteines de taffeta piers
batuz de fembleable ovrage, XIII capits de tapiterie texes [t]
de la fuite, & a mefme l'autier mon veftement [u] de fatyn blank
enbroudez d'ore, donc l'ovrage eft un raille [x] paffant parmy

---

[o] all; in the fulleft fenfe of the word; all and every.    [p] abatement.
[q] q. partly, parcel.
[r] q. pipes or tuns, or ftaves: for Lacombe gives both fenfes.
[s] Over againſt the duke's tomb at St. Paul's, in the border of a fouth
window, was painted, among many other arms of the firſt houfe of Lancaſter,
his device, being in a field S. 3 oftrich feathers Ermine, the quills and fcrolls
Or, to diftinguifh them from his elder brother prince Edward.  Sandford,
p. 249. n.
[t] woven. K.          [u] here it means furniture.          [x]

corons.

corons d'or le quelle jeo achatay de Courtenay, broudier
de Londres[y], & contient le veſtement deux frontiers per l'autier, & un cheſcun frontiers trois groſſes tabernacles d'ore
& groſſes ymages d'or enbroudez en ycelle, un cheſible,
deux tunicles, III aubes, II eſtoles, III fanons, III copes, &
un covertur pur le letton[z], un corpora, II courtins, II tou-
ailles pur l'autier l'une aiant petit front enſemble, & mon
entiere veſtment de camaca[a] noir fait a deſerver pur meſſes
de requiem enbroudez d'une crucifix d'or oveſq' les trois corporax & autres pieces a ycelle veſtiment appurtenantz. Et
voille toutz voiz qe treſtouts ceſtes choſes a le ſuiſdit autier
principall de Seint Pouls deviſez ovecq' treſtouts leurs appurtenances demoergent a meſme l'autier a toutz jours pur
ycelle autier a honuer, & entoure ma ſepultur' ſanz eſtre
a nule autre oeps convertez, ne d'illoeſques eſloignez par
nule voie. Et voille qe mes executours de mes biens facent
purchacer en Londres, ou dehors la ou pluis profitablement
ceo faire purront, atant de terre, ou de rent, appropriacion des
eſgliſes, ou aultres poſſeſſions donc ils me purront faire avoire
pur m'alme & l'alme de ma dit nadgairs compaigne Blanch
pur toutz jours en la ſuiſdit eſgliſe de Saint Poule deux
obitz, ceſt aſſavoir, pur m'alme un obit ſolempnement a
celebrer cheſcune an le jour de mon treſpaſſement, & pur
l'alme de ma dite nadgaires compaigne Blanch un obit
ſolempnement a celebrer cheſcun an le XII jour de ſep-

[y] of Courtenay, embroiderer at London.
[z] q. lettron, as hereafter, p. 152.
[a] *Camoca, camuca, camucum, camaca, pannus de camoca, velvel camocas,*
ſo often mentioned in antient wills, is explained by Du Cange as a kind of rich
ſtuff or ſilk.

temb'

temb' a toutz jours, & auſſi voille jeo, ordenne, & deviſe
que de mes biens & chateux mes executoures facent or-
deignier & eſtabler en l'avant dite eſgliſe de Seint Poule,
un chanterie des deux chapelleins a celebrer divines ſervices
en ycells a toutz jours pur m'alme & l'alme de ma dite
nadgairs compaigne Blanch, et que a ce ſuſtenir perpetuelement ſoient donnez & amortizez certeinz terres & tenementz en Londres des queux la reverſion eſt purchacez a
mon oeps, reddant ent par an vint marcs a dame Katerine
del Staple a terme de ſa vie. Et voille que durant ſa vie el
en ſoit paie del iſſues de manoir de Bernolſwyk [b] en counte
d'Everwyk, des queux iſſues ſoit auxi ſuſtenuz la dit chanterie durant la vie de dit Katerine. Item pur eſtrem devocion
q' j'ay a la monſtier de ſeint Eſmon de Bury en counte
Suff' jeo deviſe au dit monſtier mon rych veſtment de
perill [c] ceſt aſſavoir, un cheſible ovecq' les parures d'une aube
& d'un amitte, un eſtole, & un fanon de rouge velvet enbroudez d'un frett d'or & en cheſcune un maſcle de la
frette un augnell de perill [d], & en cheſcune autre maſcle
un eſcochon de perill faite des armes de Seint George,
& a cella un touaill ovecq' un petit frontier pur l'autier
de velvet vert enbroude de perill, l'ovrage [e] teſtes des XII
apoſtres enſemble, & l'une des deux pieces de drap pur un
autier enbroudez d'or, queulx j'a achatey a Dameux [f] faiz [g]

[b] Barnoldſweek in Stancliffe hundred, in the Weſt Riding of Yorkſhire.
[c] q. *perle*.        [d] ring, or perhaps angel, of pearl.
[e] the work or pattern.
[f] q. ad Amieux, as hereafter.        [g] made, i. e. workt, with

de n're feignour Dieu & de fa trefdouce miere Seint Marie[h]
& des dufz apoftres, & treftoutes mes draps d'armes texes
d'or pur parcelles q' font faiz de Dieu & de n're dame, except ceulx qui fount ailliours en mon teftament devifez, &
mon veftment rouge de drap d'or donc la champ fatyn
& l'ovrage angils d'or, ovecq' treftoutz parcelles & pieces
qe a cele veftment appartiegnent enparavant a l'abbe & covent
de ycelle monftier, q'ils pur ceftes chofes me facent avoir
en ycelle monftier de Seint Efmond un obit perpetuele a
tenir chefcune an le jour de mon trefpaffement. Item jeo
devife al monftier de n're dame de Nicol[i] ma tierce chalice
d'or fait a Burdeus q'ad un crucifix grave defuis la pie &
en la patens[k] un verŋicle[l] grave, ma table d'or en ma chapell, la quell table jeo appelle Domefday achatez a Amien[m]
& mes plus grantez chandeleurs d'or faitz pur ma chapell,
& mon novell veftment de drap d'or la champe rouge
ovez des faucons d'or contenant dieux frontiers, & II tou-
ailles pur l'autier, un chefible, deux tunicles, trois aubes,
trois amyttes, II eftoiles, III fanons, III copes, & un drap
pur le lettron[n] & II curteins pur l'autier raiez de foi, &
l'un piece pur un autier enbroudez d'or lequel ie achatay
a Amienx[m] faitz de n're feignour Dieu & de fa trefdouce
miere Marie & des XII apoftres.   Item jeo devife a le

[h] Lincoln minfter, or cathedral, dedicated to the Virgin Mary.
[i] See a chalice, with a crucifix engraved on the foot, taken out of the
graves of one of the archbifhops, and kept in the veftry at York.   Drake's
Ebor. 479, 480.
[k] the paten.                              [l] q. a Veronica.
[n] q. Amiens as before.              [n] q. lettrin, catafalque.   L.

novell[o] esglise collegialle de n're dame de Leycestre mon rouge vestment de velvet enbroudez de solailes d'or ovecq' trestout l'appareille a ycelle vestment appurtenante & a celle trestouts mes messalx[p] & autres livres de ma chapell qe sont del use & ordinale de la esglise cathedrale de Sarum, & qe sont ne serront aillours en ma vie devisez. Item jeo devise a l'autier principale des frers Carmes en Londre mon veille vestment blank de drap d'ore apelle Rakamas, ovecq' tout ceo qe a ycelle vestment appurtient; a celle xv marcs d'argent en l'onur des xv joyes de n're dame. Item jeo devise as trois autres ordres des frers en Londres, com as Prechcours, Minours & Augustins, a chescun ordre x marcs, dont les v marcs en l'onur des v plaiez principalx de n're seignour J'hu, et les autres v marcs en l'onur des v joyes de n're dame. Item jeo devise a covent de Minoresses pres la tour de Londres cent livres d'argent d'estre paie entre eux. Item jeo devise a chescun pov'e heremite & recluse aiant maison en Londres ou dedeins v lieues environ, en quel il demoert, trois nobles, en l'onur de la benoit trinite. Item jeo devise a chescun des noneignes[q] deins Londres & en les suburbs v marcs, en l'onur des v joies de n're dame & a les noneignes de Clerkenwell vint livres d'argent. Item jeo devise a chescun maison de lepres deins v leues entour Loun-

[o] Then newly founded by his wife Blanch's father Henry duke of Lancaster, whose will see before.

[p] missals.

[q] nuns.

X dres

dres charges de v malades, v nobles, en l'onur de v
plaiz principalx de n're feignor J'hu, & a ceulx qe font
meniz charges troice nobles, en l'onur de la benoit trinite.
Item jeo devife a chefcun maifon de Charthous en Engletere vint li'. Item jeo devife as prifones de Newgate
& Ludgate en Loundres cent marcs, pur eftre departe par
entre eulx par mialty' manire come multz' leur purra profiter folom la defcrecion de mes executours. Item jeo devife a ma trefcheer compaigne Katerin deux meillor nouches
qe j'ay apres le nouch qe j'ay devife a mon trefredoute feignour & nevu le Roy, & mon pluis grant hanap d'or lequelle
le counte de Wyltes donna a Roy mon feignour, & il le
donna a moy a mon alee en Guyen darreinement devant la
date du ceftes, enfemble ove toutz les hanaps d'or q'ele
mefme m'a donne devant ore, lefqueulx ferront les meins le
jour de mon trefpaffement, & enfemble ovecq' treftoutz les
ferniculs', anelx', diamandes, rubies, & autres chofes qe ferront trovez en un petit cofre de cypres" qe j'ay, donc jeo
porte le clief mon mefmes; & auffi q' apres ma mort ferront trovez en ma bource, le quel port mon mefmes defuz
moy enfemble', & mon veftment entier de drap d'or, la lite*
& la fale de fa fuyt, ovefq' treftoutz les copes, tapites pur
le chambre, cuiffins, clofet oreillers, drap enbroudes pur

---

' mialtz, micultz, multz, beft.      ' fermilet, clafp, buckle.      ' rings.
" Cyprefs wood.                      * which I wear myfelf about me,
7 lit.

la

la fepulcre [z] & toutes autres pieces de la fuyt, de qel condicion en entaille qe foient, quels je achatay de ma trefchere
coufyn la Duchefle de Northfolk [a] auffi entierement fang
riens ent enbefciller [b] com jeo les avoy de ele, dont le
champ rouge frette d'un noir traille [c] & en chefcun place
ou qe le frette fe joynte un rofe d'or, en chefcun un mafcle
de la frette un tielle letre m noir, en chefcun aultre mafcle un leopard noir, & a cella jeo devife mon grant lit de
noir velvet enbroude d'un compafle [d] de ferures, & gartiers,
& un turturell en mylieu de les compafles avecq' treftout
les tapites & tapicerie & cuiffins a ycelle lit ov chambres
appurtenantes & a cella jeo le devife treftouts mes autres
lits faitz pur mon corps, appelles en Engleterre trufsyng
beddes, ove les tapites & autres appurtenances, & mon
meillour cerf ov le bonne rubie, & mon meillour coler [f]
ovecq' touts les diamandes enfemble, & mon fecond covertur d'ermyn, & deux mes meillors mantils d'ermyn ovecq'
les robes de la fuyt; et a cella jeo devife a ma dit compaigne treftoutes les biens & chateulx de quelconq' natur
ou condicion qe foient, les queles ele avoit devant les efpoufailles entre moy & ele celebrees, ovecq' treftoutz les aultres biens & joialx le queulx jeo luy ay donne depuis les

[z] The fepulchre of our Lord, which was on the N. fide of the altar in
many churches. See a curious defcription of it at Northwold in Norfolk.
Blomef. I. 517, who refers to others in the churches of Hurftmonceaux,
c. Suffex, and Stepney. See alfo Ib. p. 487.
[a] Margaret Bretherton, created Dutchefs of Norfolk for her life.
21 R. II. Dugdale I. p. 399. Vincent, p. 344.
[b] q. embezzle. Not in any Dictionary.
[c] q. black lattice work.      [d] circle.
[e] fetter-locks, the badge of this houfe.      [f] collar.

X 2            efpoufailles

efpoufailles fuifditz., & le quelx biens & joialx font en la
garde de ma dit compaigne nient expreffez en l'inven-
taire de mes biens. Item jeo devife a ma trefredoute feigneur
& neveu le roy le meilliour nouche qe j'avois le jour de mon
trefpaffement, & le mein meillour hanap d'or coverez, le
quel moy donna ma trefchere compaigne Katerin le jour de
l'an renoef darrein paffez[g], & mon faler d'or ovecq' le
gartir, le color overez, entour le faler un turturell affis defuis
le covercle, & a cella XII draps d'or donc la champ rouge
fatyn raye d'or, les quelx draps j'avoye ordenuz d'en faire
un lit, lequel n'eft uncore comencez, & un covertur d'ermyn le meillour qe j'ay ovecq' la coverchiefs de la fuyte
enfembler, & la piece d'arras, la quelle le Duc de Burgoyn
me donna a darrein qe jeo eftoie a Calays devant la date du
ceftes. Item, jeo devife a ma trefcher frere Duc d'Everwyk
un hanap' d'or coverez. Item, jeo devife a mon trefchere
filtz Henry Duc de Herford, Counte de Derby[h], deux les
meillours peces drap d'arras que j'ay outre ceulx q'en efpecial j'ay en ceft mon teftament, dount l'un me donna mon
trefredoute feigneur & neveu le Roy & mon trefame frere
le Duc de Glouceft' qui Dieux affoille, l'autre au temps qe
je retourna darreinement d'Efpaine devant la date du ceftes,
& mon grant lit de camaca efchette[i] blank & rouge, enbroude d'un arbre d'or & un turturell affis defuis l'arbre,
ovecq' XIIII tapitz de tapiterie, & a cella mon grant lit

g renuef, renouef, renouvelle. L. The laft paft, or the laft new year.
h afterwards king Henry IV.
i q. efcheque, chequered.

de

de drap d'or, le champ piers overez[k] des arbres d'or, & juxte chefcun arbre un alant[l] blank liez a mefme l'arbre, ovecq' la veftment de la fuyt & toutes les tapitez de tapiterie faitz a ycell, & en outre jeo lui devife toutz les armures, efpies, & dages, qe ferront miens le jour de mon trefpaffement[l] except ceulx q' aillos[m] fount devifez ou donnez; & plus outre jeo lui devife IIII chargeors, deux duzein de efcuilles, & fis faucers d'argent, & a cela jeo lui devife un fermaile d'or del veile manere, & efcriptz les nons de Dieu en chefcun part d'ycelle fermaile, la quele ma trefhonour dame & mier la reigne qe Dieu affoille me donna, en comandant qe jeo le gardaffe ovecq' fa benifon, & voille q'il la garde ovecq' la benifon de Dieu & la mien. Item, jeo devife a ma trefchere fille Phylypp' Roigne du Portugale mon fecond meillour cerf d'or & un hanap d'or coverez. Item, jeo devife a ma trefchere fille Katerine Roigne de Chaftill & de Lyon un hanap d'or coverez. Item, jeo devife a ma tres chere fille Elizabeth Ducheffe d'Exceftre mon blank lit de foi overez des egles bloyes difplaies, les curteins de taffeta blank batuz de la fuyte, XIIII tapitz de tapiterie, & mon meillour nouch qe j' y apres ceulx qe font devifez. Item, jeo devife a mon trefcher filtz John Beaufort Marquis de Dorfet deux douzein de efcuilles, & un douzein faucers, deux pottes demy d'argent, pur le vin, un hanap d'argent endorrez, II & II eauers d'argent. Item, jeo devife a reverent

[k] the field partly wrought.
[l] alan, a dog. L.
[m] ailleurs, otherwise.

L

Dieu & mon trefame fitz l'evefq' de Nicol [n] un douzein des
efcuilles, & douzein faucers deux pottes d'argent de galons
pur le vin, un hanap d'argent endorrez, ovecq' un bacyn,
& 1 eauer d'argent, & mon entier veftment de velvet
jane ovefq' les chofes appurtenante au cell veftment, &
a cella mon meffale & mon portheus qe furent a mon
feignour mon frere Prince de Gales qe Dieux affoille. Item,
jeo devife a mon tres chere filtz Thomas Beaufort leur frere [o]
un douzein des efcuilles, & un douzein faucers, deux pottes
d'argent demy galons pur le vin, & fis taffes d'argent.
Item, jeo devife a ma tres chere fille leur feure Counteffe
de Weftmorland & dame de Nevyll un lit de foy & un
hanap d'or decovrez [p] ovecq' un eauer. Item, jeo devife
a mon tres chere Henry, fitz ayzn [q] de mon tres chere filtz
le Duc de Herford, un hanap d'or. Et a mon trefame filtz
John [r], frere du dit Henry, filtz de mon dit filtz, un hanap
d'or. Item, jeo voille & devife qe fi apres coftages affairs
entour mon corps apres ma mort & entour ma fepultur,
& entierement plainement accomplez, & apres qe treftoutes
mes dettes ferront paiez & pleinere reftitucion fait des tortes
& injuries par moy & mes miniftres a mon oeps faitz, &
lez couftages de mes executours en faifant execution du ceft
mon teftament, & auxi mez fervitors regardes & liveretz

---

[n] Cardinal Beaufort. He held the See of Lincoln but fix years, being
tranflated to Winchefter 1404, where he fat 43 years, and died 1447,
having been a bifhop 50 years, the longeft inftance in England, fays Godwin,
except abp. Bourchier in Henry VIth's time.
   [o] his youngeft fon by Catharine Swinford.    [p] uncovered with an ewer.
  [q] aifne, eldeft, afterwards king Henry V.
  [r] Afterwards Duke of Bedford and Regent of France.

regardes a eaulx paiez, & la fome gardee es mains des executours pur la fundacion des dites chanteries & obitz com
defuis, adonques de les dettes qe lore[a] me ferront duz
quant ils purront eftre levez, foient par mes executurs
paiez a la fuifdit monftier de Bury mil livres, et a ma fuifdit compaigne Katerine deux mil livres, a mon dit filtz le
Duc de Hereford mil livres, a mon dit filtz le Marquis[b]
mil livres, a mon dit filtz Thomas Beaufort mil marcs,
a mon tres chere bachelier Monf'r Thomas Swynneford
cent marcs, a Monf'r Waut' Blount, Monf'r Chamblayn
cent marcs, a Monf'r Hugh Shireley cent marcs, a Monf'r
Ric' Aburbury le fils cynquant marcs, a Monf'r Wyllyam
Par cynquant marcs de mon devys, iffint touz voiez que
fe atant ne puiffe lors eftre leues des dictes dettes refidues,
adonques de ceft mon devys foit rebatement a chefcun
perfon de l'afferant[c] par ordinances & defcrecion de mes
executours. Item, jeo voille, ordenne, & devife qe de mes
biens & chateulx mes executours facent ordenner & efta-
bler en la novel efglife de n're Dame de Leyceftre un
chanterie de deux chapelleins a celebrer divines fervices en
ycell a toutz jours pur moy & m'alme & l'alme de ma
nadgaires trefame compaigne Dame Conftances illeouques

[a] *lors*, then.

[b] John Beaufort, earl of Somerfet, his eldeft fon by Cath. Swinford,
before-mentioned, created Marquis Dorfet, 21 R. II. But as this creation
was by that king, who had alfo firft granted the title of Marquis to his
favourite Robert de Vere; Henry IV. abolifhed it; and notwithftanding the
petition of the commons in parliament, the earl himfelf gave it up.
Sandford, p. 324.

[c] every one according to what he can afford.

enterres,

enterres, & pur tenir & faire tenir en la difte efglife un
obit pur l'alme de ma dite nadgairs compaigne le xxiiii jour
de Mars annuelement as toutz jours.    Et qe a ceo fair &
fuftenir perpetuclement mes ditz executours par l'avys de
gents de loy de mes biens facent fufficeantment endower
la fufdite efglife pur le fuftentacion de les chanterries &
obitz fuifditz.    Item, com einfi foit qe de l'annuite ou
penfion annuel de quarant mil frankes en la quell m'efte
tenuz mon trefame filtz le Roy de Chaftiell & de Lion
certens fummes font oncore a derier nient paiez, non efpecial ordenuz d'eftre paiez a moy, ne a mes procures a mon
oeps, fi voille & devife qe de toutz ces tiells fommes par
mon dit filtz enfi a moy duez nient paiez, ne uncore
ordenuz par efpeciale d'eftre paiez a mon oeps, mon
tres fovereigne le Roy au le tierce denier de ceo qe per
fon fovereigne aide en ferra recoverez par mes exécutours,
& clerement reftez ouftre les couftages & expenfez. Item,
jeo devife, voille, & ordeigne Imprimerement & principalement de treftouts mes biens & chateulx foient treftoutz
mes dettes pleinement acquites, & les extorcions, tortz, &
injuriez par moy & mes miniftres a mon oeps faitz re-
ftorez & amendez folom la defcretion de mes executours,
& les couftages refonables entour mon corps del jour de
mon trefpaffement jufques au temps que ma fepulture
& les couftages de mon entierement ferront acomplez,
depuis de la refidue de mes biens foient mes fervitours
regardez folom le difcretion de mes executours, et les
fuifdits

suisdits mes legats acomplez & parformez par les dits
mes executours, si avant com ils averont de quoy de mes
biens & chateux, & la residue de mes biens & chateulx
si nulle y serra demorez, Jeo voille que par mes executours soit dispose pur m'alme le plus profitablement q'ils
en saveront deviser. Item, com de la somme des francqs
del annuele pension des quarant mille francqs [x] a moy & de
clere [y] memoir la suisdite Constance quant il viveit ma compaigne, fille & heir de clere [y] memoir Petre jadys Roy de
Castill & de Leon, a terme de vie & de la vie de la dicte
Constance lors ma compagne, & de l'autre de nous survi-
vant, grantes, constitue, & solempnement promys par le

[x] The duke gave up his claim to the crown of Castile in consideration of
ten thousand pounds (libre) yearly pension to him, and the same to his
dutchess Constance (Walsingham, p. 342) and 200,000 nobles in hand.
Sandford, p. 252. Rapin (IV. 420) says, the king of Castile bound himself to pay down 600,000 livres, with a yearly pension of 40,000 during the
lives of the duke and dutchess. Carte (II. 575) says, the duke of Lancaster was to be paid 200,000 crowns towards the charges of his expedition, and to receive 100,000 florens annually, and his wife Constance as
much, for their respective lives. Of the contemporary historians quoted by
the latter, Walsingham says nothing of the money in hand, but that the duke
had from the king summam multam minis. The life of Richard II. printed
by Hearne leaves a blank for the sum. Froissart III. c. 138. p. 328. says,
that on the marriage of the duke's eldest daughter with the king's son, the
king gave him much land and territory in Castile, and a great number of
florins, about 200,000 nobles. One of the duke's followers told Knighton
that the second payment was sent by the king of Spain in chests of gold,
on forty-seven mules. He did not enquire about the first; but adds, that
hostages were given for an annual payment of 16000 marks for the duke's
life, and 12000 per annum to the dutchess if she survived. p. 2677. The
Abrégé Chron. de l'Hist. d'Espagne, p. 548. says, the king paid the expences of the war, and a considerable pension to the dutchess. Such is
the variation of historians, or the value of money in different nations. The
instrument in Rymer, VII. 603. is only an order from the king to receive the sixty hostages for the payment. Dated Westminster, 26 Aug. 1388.
[y] of famous memory.

puissant

puiſſant Priince Johan jadys Roy de Caſtill & de Lyon
& de Portugale par occaſion danemys[z] accordez, tranſac-
cion & amicable compoſicion ſur les drois de roialmes
de Caſtill & de Leon, Tolete, Galicie, Sicilie, Cordube,
Murcy, Gienn, d'Algarve, & Algiozire, & de les ſeignouriez
de Lace, Biſcay & Molyne faitz parentre le dit Johan jadys
Roy de Caſtill & de Leon & du Portugale & moy &
Conſtance lors ma compaigne ſuiſdite, ſi com pluis au
plaine eſt contenuz en lettres & inſtrumentz obligatorys
ſur les traitties, compoſicions, & tranſaccions ent[a] faitez,
les queulx letres & inſtruments jeo voille icy avoir pur
inſerteez, pluſours ſommes des franqs a moy nottairement
ſoient duz & remaignent nient paiez, Jeo voille, ordenne,
& deviſe qe mes executours deſoubz eſcriptz que les conq'z
ſommes des francs pur quelſconqz ans, termes & temps aderier eſtieantz, en toutz lieus & en quelconcq'z lieu qe ce
ſoit, demandent, exigent, & levent de quelconq'z perſones
& perſon de les queles les ditz ſommes des francqs doient
eſtre demandez, exiges ou leves, par toutes voies, manere
& forme meilliours qe purront yceulx mes executours, &
leur ſerra avys qe ſerra pluis expedient de faire, ſolom tout
force, fourme, & effect de les letres & inſtrumentz obli-
gacions des quelx mencion eſt fait deſuis; & de ceſt mon
teſtament & darrein volunte, a l'execucion d'ycelles bien
& loialement faire jeo face, ordeine & conſtitue les reverents piers en Dieu Richard [b] Eveſq' de Saresbure, Johan

---

[z] ç. d'amitiez.      [a] thereon.      [b] Richard Metford, 1395—1407.

Evefq' de ' Wyrceftr', mes tres chere & trefames coufyn &
compaignons Thomas Count de Wyrceftre, fenefchale del
houftell de mon trefredoute Seigneur le Roy, & Wyllyam
Count de Wyltes treforer d' Engleterre, mon trefame filtz [d]
Rauf Count de Weftmerland, Monf'r Waltier Blownt, Monf'r
Johan Dabruggecourt, Monf'r Wyllyam Par, Monf'r Hugh
War'ton, Monf'r Thomas Skelton, & Johan Cokeyn,
chief fenefchall de mes terres & poffeffions, Sir Rob't
Qwytby mon attornee generall, Piers Melburn, Willyam
Keteryng, Robert Haytfield, countrerollour de mon hof-
tiell, Sir Johan Legburn mon receviour generall, &
Thomas Longley clerk, mes executours, donant a eux
& a chefcun d'eulx plein pouar & auctorite de treftoutz
mes biens & chateulx adminiftrer & de toute ceo faire
executier qe as bons executours par quelconqe voie refonable
& juftifiable il appartient, premierement & en efpeciale par
maniere com jeo lour a devyfe defuis, & en autre com lour
tres fage defcrecion & bone confcience leyr purra fembler
qe micultz foit pur moy affaire & pur la fervice de Dieu
& de fa trefdouce miere Marie, ayantz mes ditz execu-

[c] This was John Green whom the monks chofe bifhop 1394, on the death
of Wakefield, and whom Walfingham (p. 389.) mifcalls *Robert Tideman*,
confounding him with Tideman de Wincheomb, whom the Pope, at the
defire of R. II. to whom he was phyfician, obliged the convent to accept.
This will therefore fettle the lift of Worcefter bifhops, among whom John
does not appear, though the king confirmed his election 4 Maii, 2 Pat.
18 R. II. m. 18. and he actually fat till the Pope tranflated Tideman, who
had not the temporalities till July 21. 1 Pat. 19 R. II. m. 20; Godwin,
ed. Richardfon, p. 465.
[d] fon-in-law, as p. 171.

tours

tours de mes biens lour couftages refonables droit come
par loure fait ils voillent refpondre devant Dieu le haut
jour de juftice.  Item, pur ceo qe afcun foiz un des executours deputez al teftatour qi mort eft nient fachant,
les autres executours, mes de tout ignorantz, pur fon finguler profit recevant des grantez fommes dues a fon teftatour certein pur certie, & afcun foiz la meindre partie apliant
& convertant a fon propre oeps, ad remys la refidue d'icelles
fommes fraudeloufment & contre bone confcience & graunt
prejudice del teftatour & de fes executours & en graunt peril
d'alme de tiel fraudelens, & de mal enfample des plufours,
pur ceo pur efchuir tiel fraude, voille jeo ordenne &
defpone, & auffi charge mes dits executours, qe nulle d'eux
fans confaile, voulente, confent auxi & affent exprefle del
greindre partie des ditz executours de & fur grandes &
groffes fommes de monnoys, ne face acquitances generalles
ne particulers a nuly, ne aucun acquite de l'une ou abfolve:
mes qe mes ditz executours ne facent le contraire; je
a doune & referve toutes & quelconq' povoir en celle partie.
Et pur furvoier & faire veir q'ils enfi ferront jufques al
complifement de ces mes darrens voulontes jeo prie & a
mon tres redoute feignour tres humblement jeo fupplie
come a mon Roy & fovereigne feignour terrien ᵉ en qui devant touts autres jeo me pluis affiee ᶠ, qu'il de fa incompa-
rable bontes & en acompliffement de fes gracioufez promeffes
les qels de fa noble feignorie il m'a fait, en ceo cafe luy

ᵉ carthly.                    ᶠ confide.

pleafe

pleafe me eftre bon feigneur, & du ceft mon teftament
foverein furveoire & comandoir, que foit leffe ne changec c.o
que jeo paramont ay devife; & apres luy, fon trefhonour-
able eftat & honoure tout jour fauvez, jeo face furveoirs [g]
de mefme le fait mon trefcher & trefentierement bien afme
frere Efmon Duc d'Everwyk, mon trefcher & trefentierement bien ame neveu Edward Duc d'Aumarle [h], les tres reve-
rentz piers en Dieu Rog' erchevefque de Cantirbure, Ric' [k]
erchevefque d'Everwyk, & le reverent pier en Dieu l'evefq'
de Nicole [l] mon trefame filtz; en priant a mes fufditz frere
naturel & neveu, qui de reafon & de nature me deuffient
eftre pluis procheins amys, & as ditz tres reverents piers
en Dieu & mon trefame filtz, com a mes peres efpiri-
tuels qi de refon & d'efpiritue'te me deuffent eftre efpirituelx amys, q'ils, ovefq' mon tres redoute feignur le Roy
fufdit, fon honur toutzdis fauvez, me voillent eftre bons
furveoirs de mon dit teftament, &, s'il enbufoigne [m] pur le
meilliour de moy en comfort de mes executours fufdits,
comandent & ordenent coadjutors, que pur necgligence,

[g] fupervifor.

[h] Edward Plantagenet duke of York, eldeft fon of Edmund de Langley,
the teftator's fifth brother. He was created duke of Albemarle 21 R. II. of
which title he was deprived 1 H. IV. He was flain at Agincourt, and
buried at Fotheringay. Sandford, 380.

[l] This muft be a miftake, for *Thomas* Arundel was archbifhop of Canterbury from 1396 to 1414.

[k] Richard Scrope from 1397 to 1404, when he was beheaded for attempting to reftore R. II. He had the temporalities of this fee, Jan. 21, 1397.
Godwin.

[l] Hen. Beaufort.          [m] be neceffary.

nonchalur

nonchalur, male talent, n'autre defaute, ceftes mes dits
volentes, ordennances, & darreins devys ne foient par voie
de monde leffez ", ne en autre manere que par defous eft
efcript changies, ne tournes, come ils voillent refpondre
devant luy qu'eft Roy des toutz roys, & ad le feurveue de
toutz terriens faits & penfez ° pur quelx il rendra guerdon
a chefcun folom fon defert. En foy & tefmoignance de
treftouts ceftes chofes pur deffus efcripts com a cefte mon
teftament j'ay fait mettre mon feale de mes armes, de quelle
cele pur greindre coniffanz & affirmance de mon propre
fait j'ay mefme mys en le dorce mon fignett quele je porte
toutes jours mon mefmes, le jour & an fuifditz, & les gents
defoub efcripts en ay requis de les tefmoigner; c'eft affavoir,
meiftre Johan Kynyngham, doctour en theologie, Sire
Johan Neuton, parfon de l'efglife de Burbach, Sire Wautier Piers, perfon de l'efglife de Wymondham, Wyllyam
Harpeden, & Robert Symeon, efcuiers.

Subfcripcio. Et ego Johannes de Bynbrok, prefbyter, Lincoln' dioc' publicus apoftolica & imperiale auctoritate notarius,
una cum reverendis & difcretis viris fratre Johanne Kynyngham in theologia profeffore, D'no Johanne Newton rectore ecclefie paroch' de Burbach, & Waltero Piers rectore ecclefie paroch' de Wymondham, ac Willo Harpeden, & Roberto Simeon armigeris, Norwyc', Lincoln' & Exon' dioc', Anno Do-

" omitted.
° and has the overfight of all earthly deeds and thoughts, for which he
will render a reward to every one according to his deferts.

mini,

mini, menfe, & die fupradict', indiccione feptima pontificis
fanctiffimi in X'po patris & domini noftri domini Bonifacii
divina providencia pape noni anno decimo, prefens interfui
ubi & quando illuftriffimus princeps & dominus Johannes
filius Regis Anglie, Lancaftr' Dux fupradict. in camera
infra caftrum fuum Leyceftr' fituat' dict. Lincoln' dioc' perfonaliter exiftens in manibus fuis tenuit prefentem fcripturam fuperfcriptam, & ipfam in teftim' fuperius defcrip-
tos ad hec fpecialiter vocatos & rogatos, ac mei prefencia
palam & publice fatebatur & expreffe dixit fuum effe teftamentum, ac fuum protunc ultimam continere voluntatem,
quam quidem fcripturam five teftamentum una cum quo-
dam codicello eidem fcripture tunc inferius annexo voluit
& vult juxta ipforum tenorem & effectum fieri & com-
pleri, eaque ficut premittitur fieri vidi & audivi, ac de
mandato ejufdem principis ac ducis hic me fubfcribendo ac
fignum meum hic apponendo confuetum, in hanc publicam
formam redegi rogatus & requifitus in fidem & teftimonium
omnium premifforum interlinear' illius diccionis *autres*
fuper undecimam lineam, ac rafuras illius dictionis *ordre* in
tricefima quarta linea & illarum dictionum (*et les couftages*
*refonables entour men corps del jour de mon trefpaffement*
*jufques au temps qe ma fepulture*) in fexagefima quarta
linea, prefentis teftamenti approbo, ego Johannes notarius
antedictus.

CODICIL--

## C O D I C I L L U S.

IT'M, la ou jeo Johan filtz du roy d'Engleterre, Duc
de Lancaftre, ay purchacez & fait purchacer a mon oeps diverfez feignouries, manoirs, terrez, tenemens, rentes, fervices,
poffeffions, & advoefons des benefices de feint efglife, ove
lours appurtenances, des quelx devant les efpofailles d'entre
moy & ma trefame compaigne Katerine celebrees, jeo
luy a fait doner aucunes parcelles a avoir a terme de fa vie,
& d'aucunes parcelles j'ay fait enfeffer mon trefame filtz
Johan Beaufort Marquis de Dorfet a avoir a lui & a fes
heirs de fon corps iffiantz, folom la contenue des feffements
fur cco faitz, & d'aucunes autres parcelles font de ma ordinance diverfez perfonez enfeffez, au fyne q'ilz doient as autres
feoffement ou feoffements faire a ma volente, ordinance, &
devys, quant ils ferront achetez, & a cco de part moy requis,
fi ay jco fait faire cefte cedule annexe a ycefte mon teftament contenante ma darreine & entier volente toucheant les
fuifditz feignouries, manoirs, terres, tenementz, rentes, fervices, poffeffions, reverfions, & advoefons, ove lours appurtenances, laquele ma volunte jeo voille que foit a toutz
convee & effectuelement acomplee en toutes pointz, des
quelx jeo ne ferra autre ordenance en ma vie. Et eft
tiel ma ordenance & devys: Primierement jeo voille que
toutz les feignoires, manoirs, terres, tenementz, rentes,
fervices, poffeffions, reverfions, & advoefons, ove lours appurtenances, per manere que defuis purchafes & com defus
donnes

donnes & grantez a ma dite compaigne a avoir a terme
de fa vie, remaignent a ele tuit entierement folonque
l'effecte & purpous des douns & graunts a ele faitz, la
reverfion d'ycelles que de ma ordenance funt taillez per
fyn ou autrement, toutzfoiz remaignent a celuy ou a ceulx
a qui ou as quelx ils font taillez. Et que la reverfion de
toutes autres feignouries, manoirs, terres, tenementz, rentz,
fervices, poffeffions, reverfions, & avoefons, ove lours
appurtenances, es quelx ma dite compaigne a eftate a
terme de fa vie, & lefquells ne font de ma ordeignance
taillez, foit donnez a mon trecher filtz Thomas Beaufort
frere du devant dit Johan, enfemble & avecque la reverfion
de toutz les feignouries, manoirs, terres, tenementz, rentz,
fervices, poffeffions, reverfions, & avoefons, ove leurs appurtenances, que furent a Edward de Kendale, laquele reverfion
j'ay fait purchacer de Dame Elizabeth Croifer, & les feignoires, manoirs, terres, tenementz, rentz, fervices, poffeffions,
reverfions, & avoefons, ove lours appurtenances qe, Dame
Elizabeth Barry tient a terme de fa vie, a avoir au dit
Thomas & a fes heirs de fon corps iffants; & pur defaut
d'iffue du dit Thomas, la remeindre au dit Johan & a fes
heirs de fon corps iffants; & pur defaut d'iffue de dit
Johan la remeinder a ma trefame fille Johane leur feur
conteffe de Weftm'land & a fes heirs de fon corps iffant;
et pur defaut d'iffue de dit Johane la remeindre a mes
drois heirs q'ils ferront heirs de heritage de Lancaftre.
Item, jeo voille que l'avant dit Johan Beaufort mon filtz

Z                                    ait

ait a luy & a ſes heirs de ſon corps iſſants toutes les ſeig-
nouries, manoirs, terres, tenementz, rentz, ſervices, poſſeſſions, reverſions, & avoeſons, ove lours appurtenances,
que de ma purchace & de ma ordinance luy ſount donnez
ſolom l'effect & purpoys de doun & grant a luy ent faiz.
Item, jeo voille que les certeines terres & tenementz en la
cyte de Londres a mon oeps nadgairs purchacez d'une
Dame Katerine del Staple en rendant a ele vint marcs per
an a terme de ſa vie ſoient per le coungie<sup>r</sup> de n're treſ-
ſovereigne ſeignour le Roy donnez a un chanterie a eſtre
fundie des deux chapelleins, a celebrer devines ſervices
en l'eſgliſe cathedrale de Seint Poule du Londres, pur les
almes de moy & de ma treſcheer nadgairs compaigne
Blaunch, que Dieux aſſoille, quelle chanterie jeo voille que
mes executours facent founder en meilliour manere des
biens que ſerront les miens le jour de mon treſpaſſement
ſi jeo ne face fonder & ordenier en ma vie.   Item jeo
voille que mon treſcher bachelier Monſ'r Robert Nevill,
Wyllyam Gaſcoigne, mes treſchers eſquiers Thomas de
Radclyf and Wyllyam Kat'yng, & mon treſcher clerk
Thomas de Langley, qui de ma ordenance ſunt enfeffez
en manoir de Bernolſwyk en counte d'Ewerwyk, facent
annuelement paier a mes executours pur outre a l'avant dit
Dame Katerine del Staple les ſuiſdites vint marcs per an a
terme de ſa vie; & outre ce facent les ditz enfeffez paier
des iſſues ſuiſditz a mes ditz executours autres vint marcs

<sup>r</sup> *conge*, leave.

per

per an a eftre per eulx outre paiez as deux chapelleins
celebrantz divines fervices en la dit efglife cathedrale de
Seint Poule pur m'alme & l'alme de ma dite jadis compaigne Blanch a un aultre jouft ⁹ le leu de n're fepulture,
tanq' a temps que ferra illeoucq' fondue & endowe un
chanterie perpetuele de deux chapelleins a celebrer divines
fervices pur les almes de moy & de ma dite nadgairs compaigne Blanch. Et outre ceo paient les dits enfeffez as
dits executours autielle fomme per an de laquele fomme
ils purront faire annuelement eftre celebrees deux obitz
en la dit efglife de Seint Poule, c'eft affavoir un obit pur
moy le jour de mon trefpaffement & un autre obit pur ma
dit nadgairs compaigne Blaunch le douzifme jour de Sep-
tembre d'an en an, tanque au temps que terres, tenementz,
rentz, ou autre fuffifant poffeffions, foit donne & amortize
pur la perpetuelement fuftentacion des ditz obitz. Et voille
que la refidue des ditz iffues foit paie a mes ditz executours
pur outre paies en partie de paiement de la fuftenance de
deux chapelleins celebrantz fervices divines en la novell
efglife collegiate de n're Dame de Leyceftre, pur m'alme &
l'alme de ma trefchiere nadgairs compaigne Dame Conftance
illeouques entierree, & pur un obit a celebrier illeouques pur
l'alme de ma dite nadgairs compaigne Conftance le vint &
quart jour de Mars d'an en an, tanque au temps que en la
fuifdit novell efglife collegialle ferront fufficientement fon-
duz un chanterie perpetuele de deux chapelleins a celebreer

⁹ *juxta*, near.

Z 2                                        divines

divines ſervices pur l'alme de moy & de ma dit nadgairs
compaigne Conſtance illeouques enterree, & auſi un obit
pur l'alme de le ' a celebrer perpetuelement le jour de Mars
ſuiſdit. Adonques ſoit eſtate faite du dit manoir a mon
treſame filtz aizne Henry Duc de Herford, & a ſes heirs
de ſon corps, & pur defaute d'iſſue de dite Henry la remeindre a mes droiz heirs. Item, touchant les Wapentakes
de Hangeſt, Hangweſt & Halykeld en Rychmondſchir,
les queulx j'ay devaunt ore faite grantier a mon treſame filtz
en ley Raufe Counte de Weſtmerlande & a ma treſame fille
Johane ſa compaigne, a avoir a terme de leurs vies, jeo
voille q'ils les aient a eulx & a leurs heirs malz de lour
corps iſſantz, & pur defaut d'iſſue de heir male de lour
corps la remeindre a l'avant dite Johan mon filz & a ſes
heirs de ſon corps iſſants, & pur defaut d'iſſue de dite
Johan la remeindre a dit Thomas & a ſes heirs de ſon
corps iſſants, & pur defaut d'iſſue de dit Thomas la remeindre
au dit Johane & a ſes heirs de ſon corps iſſants, & pur
defaut d'iſſu de dit Johane la remaindre a mes droiz heirs
de Lancaſtre. Item, jeo voille que toutz aultres ſeignories,
manoirs, terres, tenementz, rentz, ſervices, poſſeſſions, reverſions, & avoeſons, ove leurs appurtenances, a mon oeps
purchaces & remaignants uncore es mains des effeffez ' pur
moy a ceo ordennes, ſoient apres ma mort, ſi jeo ne face
autre ordenance en ma vie, donnez a l'avant dit Thomas mon
filtz, a avoire a luy & a ſes heirs de ſon corps iſſants, & pur

' ſoul of him.　　　' feoffees.

4　　　　　　　　　　defaute

defaute d'iffue de fon corps iffants la remaindre a l'avant
dit Johan fon frere & a fes heirs de fon corps iffants, & pur
defaute d'iffue de dit Johan la remaindre a la fuifdite
Johane leur feur & a fes heirs de fon corps iffants, & pur
defaute d'iffue de la dite Johane la remaindre a mes drois
heirs que ferront heirs del heretage de Lancaftre; voillantz
toutz voies que toutes yceftes mes voluntees, ordinaunces &
devys en cefte cedule comprys foient toutz accompliez per
ceulx que averont l' eftate & povor, et per l'avys, orde-
nances, & confeille de gentz de ley en le pluis fur manere
que en ceo purra ordenner.

Regift. Hen. Beaufort. fol. 13. b. to fol. 18. a. incluf.
In the epifcopal regiftry at Lincoln.

Edward III. by his wife Philippa, had iffue this JOHN
their fourth fon, born at Gaunt [Ghent] 1340. In two
years after his birth he was created earl of Richmond, and in
1361 duke of Lancafter. In 1359 he married Blanch younger
daughter and coheir of Henry duke of Lancafter, who
dying ten years after [1369] dutchefs of Lancafter, was
buried in St. Paul's cathedral; and in her right her hufband obtained the three earldoms of Derby, Lincoln, and
Leicefter. Peter the Cruel, King of Caftile and Leon
(whom Edward Prince of Wales had invefted in his
kingdoms) left at his death, 1367, two daughters, who,
to avoid the ufurper their uncle, had taken refuge in
Gafcoigne. The duke caufed them to be brought to Bourdeaux,

deaux, and there married Conftance the elder 1372[t], af-
fumed the title of King of Caftile and Leon, and fupported his claim by force of arms, but without fuccefs.
On the death of the Prince of Wales, he was appointed
Regent of the kingdom, in the declining age of his
father, and during the minority of his nephew Richard II.
by whom he was created duke of Aquitaine in 1389; and
fix years after he fet up in parliament his claim to the
fucceffion of the crown of England[u], which his fon
(afterwards Henry IV.) obtained, and fo brought the great
duchy of Lancafter to the crown. He took to his third
wife Catharine daughter of Sir Payne Roet, and widow
of Sir Otes Swynford, who had been his miftrefs in the
life of Conftance, and who furvived him four years,
and dying 1403, was buried in Lincoln Minfter, where
her monument, robbed of its braffes, remains on the Weft
fide of the altar, while thofe of his former wives were
deftroyed at the diffolution and by the fire of London.
The duke departed this life at the bifhop of Ely's palace
in Holborn, about the Feaft of the Purification of our
Lady, A. D. 1399, and was buried with his firft wife
in St. Paul's cathedral. See their monument in Sandford,
p. 256.

---

[t] She died 1394, and was buried in the collegiate church at Leicefter,
where Leland faw her monument of marble before the high altar, with her
image of brafs like a queen on it. It. I. 17.

[u] Sandford, p. 252.

By

By his firſt wife Blanch he had iſſue,

1. Henry, duke of Hereford and Lancaſter, and earl of Derby, afterwards king of England.

2. Philippa, married to John I. king of Portugal 1386, died 1415; buried with her huſband at the abbey of Batalha, where Mr. Twiſſe (Travels, p. 43.) deſcribes the monument with their effigies cumbent [1].

3. Elizabeth, married firſt to John Holland earl of Exeter, beheaded at Cirenceſter 1 H. IV. and ſecondly, to Sir John Cornwall lord Fanhop: ſhe died 142$\frac{1}{6}$, and was buried at Burford in Shropſhire. Her portrait, and that of her ſecond huſband were in a window at Ampthill church, engraved by Sandford, p. 259.

By Conſtance he had one only daughter Catherine, married to Henry prince of Aſturias, ſon and heir to Henry count of Traſtamare, baſe brother and ſucceſſor to Peter king of Caſtile and Leon, to whoſe kingdom her huſband ſucceeded by the name of Henry III. 1390, and their deſcendants were kings of Spain till Charles II. who died 1700.

By Catharine Swynford he had, 1. John Beaufort, created earl of Somerſet 20 R. II. and next year marquis of Dorſet; he married Margaret Holland daughter of Thomas earl of Kent; and dying 1410, was buried at Canterbury, where in St. Michael's chapel in the South tranſept is a moſt beautiful monument for him, his lady, and her ſecond huſband

---

[1] After ſeven kings of their iſſue had governed Portugal, it was invaded by Philip King of Spain 1580, and united to that crown till 1640.

Thomas

Thomas duke of Clarence. 2. Henry, cardinal of St.
Eufebius, bifhop of Lincoln 1398, and of Winchefter from
1404 to 1447, where he was buried behind the high
altar, having been twice chancellor of England, and once
at Jerufalem. 3. Thomas Beaufort duke of Exeter, admiral of England, earl of Dorfet; he married Mary daughter
of Sir Thomas Nevil, died at Eaft Greenwich 1426, and
was buried at St Edmundfbury, where his corps was difcovered 1772. (See Phil. Tranf. Vol. LXII. art. 33. and
Archaeol. vol. III. p. 311.) 4. Joan Beaufort married firft
to Robert Ferrers, fecondly to Ralph Nevill firft earl of
Weftmorland, by whom fhe was grandmother to the
famous Earl of Warwick the kingmaker, and dying 1440,
was buried at Lincoln by her mother, where her brafs-
lefs monument ftill remains.

ELEANOR

# ELEANOR BOHUN, DUCHESS OF GLOUCESTER.

IN dei nomine Amen. Jeo Alianore Ducheſſe de Glouceſtre, Counteſſe d'Eſſex, &c. eſteant en bon & ſain
memorie, en moun chaſtell de Pleſſy, le IX jour d'Augſt
l'an de noſtre ſeignour mil trois centz nonance & neof
ſelonc le cours de l'egliſe d'Engleterre, entendant & con-
ſiderant les mauveizeces & nouncertaineteez de ceſt va-
riable & tranſitore monde, ordeigne & deviſe ma darrein
voluntee & teſtament com enſuit. Enprimes je comande
m'alme entirement a la graunt & innumerable mercy de
noſtre tout puiſſant & tres merciable ſeignour J'hu Criſt,
requerant l'aide de ſa benoite miere la tres humble virgine
noſtre tres douce dame Seint Marie, de mon Seignour John le
Baptiſt, et de tout la celeſtiel compaigne. Item, jeo deviſe
pur ma ſepultur mon cors d'eſtre enſevelees en l'eſgliſe de
l'Abbeie de Weſtmonſtre, eins la chapell de Seint Edmond
le Roy & de Seint Thomas de Cantirbirs, juxte le corps
de mon ſeignour & mari Thomas Duc de Glouceſtr, &
cet'[a] fitz au Roy Edward la tierce, & tout ſoit qe le corps
de mon dit ſeignour & mari ſoit en temps avenir remue,
ſi veule qe mon corps repoſe & demure en l'avant dit

---

[a] f. Sept. for ſeptieſme, he being 7th ſon of Edward III.

chapelle

chapelle & lieu. Et fi devife & ordeigne qe la jour de ma
fepulture qe mes executours facent ordeigner qe mon
corps foit covere de un tapite noir, ove un crois blank
& un efcuchon de mes armes en mylieu du dicte crois,
& iiii cierges toutes roundez, & viii plain mort:ers
efteantz a les iiii covere[b]. Et xv homes & en efpecial
choiftre[c] pur loiaux & doutant[d] dieux coment qe foit de
lour age ou autre poveretie felonc le difcreffion de mes
executours, tenant chefcun des dites povres homes un
torch, ceft affavoir, cynk au tefte & cynk au checun
coftce, & foit checun des ditz povres homes veftuz en un
gowne, un large chaperon, un pares des chaufes de bon
fort drap blu de profound colour, & foient les dites gounes
& chaperons doubles ove blanket; auffi foit done a checun
de eux un pare de folers[e], & un pare des drapes linges & xx d.
d'efterlinges[f], a prier pur m'alme & pur l'alme de mon
feignour & mary avantdite, & pur touz les vifs & morts en
efpecial a queux jay efte tenus & pur touz criftiens. Item
touchant les avantdites cierges, mortiers ne torches ne
foient en nul maner enlumynes entour mon dite cheitif
corps, fi non foulement en le temps de la fervice dyvine,
& ceo fait le meindre du dites cierges, mortiers, & torches
foient leffes a la fervice du dite chapelle qe je fui eins
enterres. Item, jeo devife a le covent des moignes du dite

[b] q. corners. See before.
[c] q. of efpecial choice or fucceffion from *choite* or *efchoite*.
[d] q. *redoutanz*, fearing.
[e] *fouliers*, fhoes.
[f] Dugdale (Bar. II. 172) tranflates this *a fhirt* and 20 pounds.

abbeye

abbeye de Weſtm' le jour de ma ſepultur x li. de monoye
pur lour pitance. Item, jeo deviſe d'eſtre diſtribuit entre
les povres per l'avys de mes executours meſme le jour c s.
Item, jeo deviſe a l'abbeſſe & covent des ſoers menureſſes
juxte Londres dehors la porte de Algate meſme le jour
pur lour pitance vi li. xiii s. iiii d. & un tonell de bon
vine. Item, jeo deviſe a le priour & covent de Lanthone
juxta Glouceſtr' xiii li. viii s. vi d. Et a. Sire William
Shuldon, chanoign de dit lieu, c s. Item je deviſe a l'eſgliſe
& abbeye de Walden ou mon ſeignour & piere eſt enterre
Hunfrey de Bohun, darreine Counte de Herford d'Eſſex &
de Northampton, Coneſtable d'Engleterre, un veſtement,
le champ de baukyn ᵍ blue diapres des autres colours, ove
cerfs d'or de Cipre ʰ, ceſtaſſavoir deux tablementz, un
frountell, un cheſible, ii tunicles, un cape, iii aubes, iii
amyts ove les parurs qe a eux apertient, & ſi eſt l'orfreis
du dit veſtiment tout de fyn drap d'ore de Cipre ʰ le champ
rouge. Item, jeo ordigne & deviſe qe mes executours
facent celebrer, deinz auſſi brief temps apres ma mort
come ils puiſſent, mille miſſes pur m'alme; xx de l'aſſump-
cion noſtre dame, cl de requiem, l. de mon ſeignour Seint
John le Baptiſtre, l. de Seint John l'Evangeliſtre, xxx. de
Seint Leonard, xxx. de touz Seints, l. for the ſoule of Thomas ſum tyme Duc of Glouceſtre, xx. de nativite noſtre
ſeignour, xx. de reſurrection, xx. de l'aſſencion, l. de Seint

---

ᵍ *Baldekynis*, pannus omnium ditiſſimus, of ſilk and gold thread. Du C.
ʰ gold of Cyprus means of Cyprus work. So Du Cange; *Aurifrygia
opere Cyprenſi nobiliſſimo.*

Michell

Michell archangle, xx; et qe a tous ceuz dites messes, devant qe le prestre comence *Et ne nos*, qe le dit prestre die
en haut tournant vers le poeple, "For the soule of *Thomas*
sum tyme Duc of *Gloucestre* and *Alianore his wyf*, and all
cristeyn soles, for charitee *pater noster*;" & turnier vers l'autier & dire un pater noster en secree, & comencier la messe,
& en toutes les ditz messes soit dit le oreison de " Deus-
" qui es summa nostre redemptionis spes, qui in terra
" promissionis, &c." ove le secretum & post com.[i] & les
nouns de mon dit seignour & moy nomes la eins Thomas
& Alianore. Item, jeo devise a madame & mere la Coun-
tesse d'Erford, un paire de pater nostres de corall de
cynqaunt graunts[k] ove v gaudes[l] d'or en manere des lon-
gets, swages[m] & ponsonez[n], requerant a ele checun jour de sa
benoison entirement a ma poverouse alme. Et en cas qe
ma dite dame desvye[o] devant moy dounc devise jeo les
dites pater nostres a l'abbesse de l'eiglise des soers menures-
ses avantdit quele soit a y demurrer eins le dit abbey de
lors enavant pur un memorial de moy. Item, jeo devise a
mon fitz Humfrey[p], un lit de noir drap de damask. Item.

---

[i] post communionem.          [k] q. large beads.
[l] trinkets, gawdies.
[m] q. wild vine-branches. *Langes* les courfons de la vigne L.
[n] pinkt.          [o] deceafe.
[p] Her only son by the duke of Gloucester, earl of Buckingham, whom,
after the murder of his father (the kingdom being then in distraction)
Richard II. took with him into Ireland; and when he heard that Henry
duke of Lancaster was landed at Ravenspur, caused him, with the said
Duke's son, to be imprisoned in Trim castle, where he continued till the
duke obtained the crown, and then being sent for over to England, was
shipwreckt, or as Walsingham, p. 401. died there, or at Chester, of the
plague. Weever says he was buried with his ancestors at Walden. Dugd.
Bar. II. 173.

un lit de foy de baudekyn le champ blu, ove overaignes de blanc ove entier celures, tefters, coverlitz, curtyns, & tapitz, qe a eux apperticnt. Item, deux pare lincheauz de Reyns, l'un pare de III foill², & l'autre pare de IIII. Item III pare des lincheaux de autre drap lienge des meillour. Item, un pare des fuftiens, II pare blankett, II materas des meillours, outre tout fon array & eftuf qe feuft deliveres a fes fervants a fon departir de Londres vers Ireland.    Item un hanappe de beril gravez de long taille, & affis en un pee d'or, ove un large bordur paramont, & un covercle tout d'or ove I longe faphir fur le pomel du dit covercle.    Item un Cronike de Fraunce en Frauncois, ove deux clafpes d'argent, enamayles ove les armes de Duc de Burgoign. Item I livre de Giles " de regimine principum" ⁿ. Item un livre de vices & vertues, & un autre rimeie˙ del " hiftorie de chivaler a cigne" ˙ tous en Francois. Item un pfauter bien & richement enlumines ove les clafpes d'or enamailes, ove cignes˙ blank & les armes de mon feignour & piere enamailes fur les clafpes, & autres barres d'or fur les tiffues en maner des molets ⁿ, quel pfautier me fuift leffes de re- meindre a mes heirs & ainfy de heir en heir avauntdit. Item un habergeon ˣ ove un crois de laton merchie fur le pis encontre le cuer, quele feuft a mon feignour fon piere. Item un crois d'or pendant par un cheyne ove une ymage

ⁿ q. breadth, from *feuille*.                         ˙
ˡ The fwan was the cognizance of Bohun.              ⁿ mullets.
ˣ A coat of mail with a crofs of laten markt or wrought on the fpot oppofite to the heart (of the wearer).

du

du crucifix & IIII perles entour, ove ma benoifon, come chofe du myen qe jay mieux amee. Item jeo devife a ma file Anne un efpiner [y] de linge drap, bordures les coftees de Accuby [z] vermaill & enbroudes & tout entour par anal [a] fans enbrodure. Item un livre beal [b] & bien enluminee de legenda aurea, en Frauncois. Item le meilour palfrey qe jay a .......
Item un pare de pater noftres d'ore cont' xxx ariez [c], & IIII gaudes de get [d] qe fuerent a mon feignour & mari fon piere ove ma beneifon. Item je devife a ma fille Johanne un lit de foye de baudekyn noir le meilour. Item un lit de drap d'or de Cipre ove cignes, & letres de Y ove entiere celour. Item un lit petit pur un clofet de blanc tertaryn [e] batus ove lyouns & cignes ove entire celour, & de ceux ditz litz qe failent courtyn ove tapittis veule qe foit achatez covenablement a eux par l'avys de mes executours. Item II pare lincheux de reyn, l'un paire de III foiall, & l'autre de IIII. Item IIII pare de lincheaux d'autre drap linge de les meillours. Item deux materas, un pare fuftiens, III pare blanketts, outre touz les joialx ove apparaille ad eftre a fa propre oeps, devant lefcriv ... de ceftes. Item XII efqueles & XII faufers d'argent, merchez [f] ove mes armes. Item un hanap d'argent enorres coveres ponfouez ove refones de averill [g] & efteant fur un pee. Item un bacyn flat & un eawer d'argent ove mes armes en la flounce [h] du dite bacyn enamaillez & les fwages enorrez. Item VI peces d'argent novels & II potts quartes d'argent, et XII

---

[y]               [z]       [b]         [c]
[d] trinkets of jet.            [e] Tartarian.   Du Cange in voc.
[f] marques, marked.             [g]        [h] rim.

quillers

quillers d'argent. Item un livre ove le pfautier, primer, & autres devocions, ove deux clafpes d'or, enamaillez ove mes armes, quele libre jay pluis ufee, ove ma benoifon. Item jeo devife a ma fille Ifabella foer de les avantditz menureffes un lit de drap d'or de Cipre palez noir & rouge, ove entier celure, teftre, coverlit, courtins & tapittys. Item un bible de Frauncois en deux volumes, ove deux clafpes d'or enamaillez ove les armes de Fraunce. Item un livre de decretales en Francois. Item un livre de meiftre hiftoires. Item un livre "de vitis patrum," & les paftorelx Seint Gregoire. Item pfautier veil tanqe a la nocturn de "Exultate" glofez, autre livre novel du pfautier glofes de la primer, "Domine exaudi" tanqe a "omnis fpiritus laudet dominum," & fount les dites livres de Francois. Item xl li. de monoie. Item un feinture de quire noir ove un bocle & pendant & xII roundes & plaines barres d'or quel feuft a mon feignour & mari fon piere le quele il ufa mefmes meint avis[i] & apres q'il feuft on fon darrein defaife[k], ove ma beneifon. Item je ordeigne & devife mes dettes bien & loialment paies & ma voluntee perfourme, qe tout la refidue de mes biens moebles & nient moebles remeignont a mes executours & executriee de aucun difpofer entre mes povres fervants, & de faire & ordeigner pur l'alme de mon dit feignour & mari & du mien & pur toutz les vifs & mortz, as queux nous avions efte tenuz felonc la difcrecion & difpoficion de mes executours &

[i]

[k] quære, difeafe, illnefs. Or is this a cautious way of expreffing his tragical death?

executrice

executrice par l'affent de mes furveours. Item jeo defende a touz mez enfantz & a checun de eux, entant come je puiffe, q'ils en nul manere foient difturbant a mes executours de diftributier aucun manere de mes dites biens apres ma defir & voluntie & lour difcrecion. Item je ordeigne & devife qe fi en enfi foit qe aucun de mes dites enfantz defviont devant moy, ou devant q'ils foient de la age an apres ma trefpaffement, qe touz lez biens qe les ay devifez demure a l'ordenance de mes executours come mes autres biens propres, de faire pur eux & pur moy apres lour bon avys & difcrecion, fi noun lez xl lib. et feinture qe jay devife a ma file Ifabelle, veule qe remeigne a l'abbeffe & efglife de foers menureffes devant dites, coment qe aviegne a ma dite fille Ifabelle. A ceft ma darrein voluntee, ordeignance, & teftament, je ordeigne, face, & eftabliffe cefts mes executours & executrice Monf'r Jerard Braybrok le fit ', Sibille Beauchamp, John de Boys, fenefchall de mon hoftell, Sir Nicoll Milx, parfon de Depden ¹, Sir Hugh Peintour, chapelicin de ma franc chapell deinx le chaftell de Pleffy, Sire William Underwoode, parfon de Dedifham ᵐ, William Newbole; & mes furveours, Sire Robert Exceftre, priour de Crichurch en Loundres, mon trefchier coufin Monf'r Thomas Percy, Counte de Wirceftre, mon fiable amy Sir Thomas Stanley, clerc de Rolles. En teftmoignance de quele ceft ma darrein voluntee, ordeig-

¹ Nicholas Miles, rector of Debden, to which he was prefented 18 July, 1387, by the Duke of Gloucefter, in right of his wife, Newcourt II. 208.
ᵐ q. Dedham, in Effex.

nance,

nance, devys, & teſtament, ay eſcripts meſmes ceſtes preſents & mis mon ſcal l'an, jour, & lieu ſuſdits.

Alianore, &c. +

N. B.    A blank left for the probat.

Regiſter Arundell pars prima, fol. 163. a. b. 164. a.
in the archiepiſcopal regiſtry at Lambeth.

Eleanor was the eldeſt daughter of Humphrey de Bohun
earl of Hereford, Eſſex, and Northampton, and conſtable of
England. She was married to Thomas of Woodſtock, ſeventh
ſon of Edward III. and duke of Glouceſter.    After his unfortunate exit, ſhe lived retired in his caſtle of Pleſſy in
Eſſex ; Richard II. having given her all her own wearing
apparel, and two chariots, with ſome other ſmall articles,
which had been ſeized by the mayor of London, and
valued at 19l. 4s. 4d. (Pat. 21 R. II. p. 2. m. 10.) Having
lived to ſee that king depoſed, ſhe died October 3, 1399,
and was buried agreeable to her will in St. Edward's chapel
at Weſtminſter, where her portrait in braſs in a cloſe
gown and mantle remains entire, by the ſide of her huſband's ſlab long ſince robbed of its braſs. . See it engraved
in Sandford, p. 232.  By the duke of Glouceſter ſhe had one
ſon Humphrey, of whom ſee p. 180, and four daughters ;
1. Anne, married to Thomas earl of Stafford, and after his
death, 14 R. II. the marriage not having been conſummated,
to his brother Edmund, ſlain at the battle of Shrewſbury,

B b                         4 H. IV.

4 H. IV. (Vincent on Brooke, p. 490. Dugd. Bar. I. 163. II. 172.) and again to William Bourchier earl of Effex, buried 8 Hen. V. at Lantoni, c. Gloucefter. 2. Joan, married to Gilbert fon of Richard Talbot of Irchenfield, but died unmarried 4 H. IV. 3. Ifabel, 16 years old, 1 H. IV. and a nun among the minoreffes at London. (Dugd. I. 172). 4. Philippa died young and unmarried. Sandford, p. 242.

EDMUND

# EDMUND DUKE OF YORK.

EN noun du pier, du fitz & du feint efpirit, Amen. Sachient touz gentz prefentz & a venir qe je Efmon Duc d'Everwyk, Counte de Cantebrugge, & Seignur de Tyndale, le xxv jour de Novembr' l'an du grace mill & cccc, et du regne n're tres redotes Sr. le Roy Henry quart appres le conqueft fecounde, efteant en mon bon fens & pleine memorie, eyant regard q'il n'eft in ceft mounde chofe fi certeine come la mort moundeyne quant Dieu plerra, jeo face & ordeyne moun teftament & ma darreine volunte en la fourme q'enfuit. Primerement qe eftre * & devife m'alme a Dieu qi la fourma, & a la benoite vierge Marie & a touz les feints & feintes de paradis. Et moun corps a gifer a Langelee pres de ma trefame Ifabele jadys ma compaigne, qe Dieux affoille. Item, je vuëil & devife qe touz les debtees qe pourront eftre trovez & coneux qe jeo doie de tout le temps de ma vie foient primerement paiez & agreez. Item je veill & devife qe deux preftres foient ordeignez par mes executours foubz efcriptz pur faire le divine fervice pur m'alme & pur les almes de toute moun linage perpetuelment. Item je vueill & devife qe pur les couftages de moun enterrement, & pur touz mes ditz debtes paier & agreer, tout ma veffell

* f, jeo eftre, I will.

d'argent

d'argent enfemblement ove touz mes joeaux, biens, & chateux qe unqes ferrount trovez & contenuz en le inventary de toutz mes ditz biens & hors, du dit inventary a moun paffement du fiecle foient venduz & ordeynez par mes ditz executours. Item, je vueill & devife qe toutz mes debtes & les coftages de moun enterrement paicz & agreez, & deux preftres ordeignez pur m'almé com dit eft, fi afcune chofe des mes ditz biens y demourre qe de celuy refidue foit fait regard a mes fervantz & officers qi me de long temps bien & loialment avront fervi, come a mes executours ferra advis de faire en difcharge de m'alme. Et fi de celuy refidu aucune chofe remaint, je vueill q'il foit ordeyne pur m'alme par mes ditz executours, & pur perfourmir cefte ma darreine volunte come deffus eft dit et declaro. Jeo fupplie a mon tres redotes feigneur le roy q'il luy pleafe de fa graciofe feignurie fourveour mes ditz executours. Et pri & requier a trefreverent piere en dieu l'ercevefque de Cantirbirs[b], l'evefque de Wynceftr.[c], l'evefque de Durham[d], q'il lour pleafe de lour bonne volunte tant travailler qe cefte ma darreine volunte puiffe eftre duement accomplie. Et pur accomplier cefte ma dite darreine volunte je face & ordeyne mes executours de ceft moun darrein teftament ceft affavoir moun trefame fitz de Rotteland & mes trefamez Piers de Mawan, fenefchal de moun hoftell; Sire Thomas Gerberge, fenefchal de mes terres, Meiftre Thomas Wrofton moun chanceller, Henry Bracy moun treforer, Sire William Galandre & Richard Alcham mon

---

[b] Thomas Arundell.    [c] William Wykeham.    [d] Walter Skirlawe.

reycevour;

reycevour; et outre ceo jeo veuil & ordeyne, qe toutes billes qe ferrount trovez & comiz al jour de moun dit paffement touchant acun doun ou devis come parcelle de moun dit teftament enfeellez de moun fignet foient pleynement acompliez, per mes ditz executours come ma darreine volunte.

Probatio dicti teftamenti coram Thoma Cantuar' archiep<sup>o</sup> apud Lambeth, 6<sup>to</sup> die menfis Octob' anno Domini 1402, et tranflacionis noftre anno. 7°.

Regifter Arundell pars prima, fol. 194. b. in the archie-pifcopal regiftry at Lambeth.

Edmund, Duke of York, was the fifth fon of King Edward the Third, born at Langley in Hertfordfhire, 1341, 15 E. III. created earl of Cambridge 36 E. III. diftinguifhed himfelf with his brother John of Gaunt againft the Caftilians, after which he was created the firft duke of York fince the time of R. I. Having in vain oppofed the defigns of his nephew Henry on the crown, and feen England's fcepter in three different hands, he died at Langley Auguft 1, 1402. His monument (in the chancel of the Friars Preachers there, now the parifh church) is engraved by Gaywood in Sandford's Genealogical Hift. p. 359. He mar-ried firft, 1372, Ifabel daughter of Pedro king of Caftile (his brother John of Gaunt having married her fifter Conftance), and by her left iffue Edward earl of Rut-land, afterwards duke of York, killed at the battle of
Agincourt;

Agincourt; 2. Richard de Coningſburgh duke of York, father of Edward, ſlain at the battle of Wakefield, 1460. 3. Conſtance married to Thomas Deſpenſer earl of Glouceſter, and Richard Beauchamp earl of Warwick; ſhe died 1394, and was buried at Langley; ſecondly, Joan, daughter of Thomas earl of Kent, who ſurviving him was remarried to William lord Willoughby of Ereſby, but died without iſſue 12 H. VI. Dugd. Bar. II. 154 & ſeq. Sandford, 375 & ſeq.

RICHARD

# R I C H A R D  II.

IN nomine fumme & individue trinitatis, patris & filii & fpiritus fancti, beatiffime Dei genitricis & virginis Marie, fanctorum Johannis Baptifte & Edwardi gloriofiffimi Confefforis, necnon & tocius celeftis curie, Amen. Inevitabilis mortis fentencia nulli omnino deferens, ymo[1], nobilitatem, potenciam, ftrenuitatem, genus, etatem, & fexum equali lance concludens, creature racionali nimis redderetur amara nifi poft curfum hujus vite fluctuantis continue vita beacior in patria fperaretur: Et proinde humane providencie fagacitas, fciens nature legibus diffinitum quod cercius nil morte incercius nil hora mortis, folebat horam diffolucionis hujufmodi nedum[2] operibus virtuofis, & meritoriis, fed eciam bonorum fuorum difpenfacione provida prevenire; ut fic hora ipfa inopinata fagaci ordinacione preventa queat fecurius expectari; quod nos Ricardus, Dei gratia qui farcine regiminis regni Anglorum jam ab etate[3] tenera per nonnulla tempora ex regis fupremi clemencia colla fubmifimus in regalis difcrecionis examine revolventes[4] ad teftamentum noftrum[5] condendum & voluntatem noftram ultimam regaliter[6] declarandam dum adhuc recenti & fana gaudemus

VARIOUS READINGS in the Copy printed in RYMER's FOED. vol. VIII. p. 75.

[1] fummo ymo parcens   [2] nondum   [3] etate ab   [4] ponderantes
[5] deeft.   [6] regalem

I

memoria,

memoria, procedere decrevimus in hunc modum. In primis fiquidem, in puritate & finceritate fidei catholice exiftentes, omnipotenti Deo creatori noftro animam noftram[7] quam fuo[8] preciofo cruore redemit legamus, & eam fibi intenfiori devocione qua poffumus cum omni mentis defiderio commendamus. Pro corpore vero noftro, quocunque locorum nos ab hac luce migrare contingat, in ecclefia fancti Petri Weftmonafterii inter clare memorie progenitores noftros reges Anglie regalem eligimus fepulturam; illudque in monumento quod ad noftram & inclite recordacionis Anne dudum regine Anglie confortis noftre, cujus anime propicietur altiffimus, erigi fecimus memoriam, volumus tumulari, cujus quidem fepulture feu funeris noftri exequias more regio volumus celebrari, ita videlicet ut pro dictis[9] exequiis quatuor herfie excellencie convenientes regali pro eodem funere noftro honeftius exequendo in locis fubfcriptis per executores noftros congrue prepararentur. Quarum[10] fiquidem due quinque luminaribus eximiis[11] & venuftis, regalibus exequiis condecentibus, in duabus ecclefiis principalioribus per quas corpus noftrum vehi contigerit[12], tercia vero cum totidem luminaribus pari forma in ecclefia Sancti Pauli London' honefte ftatuetur; quarta major[13], principalior, & honorificencior, luminaribus infignibus & regali celfitudini congruentibus copiofe referta[14] & magnifice[15] ornata apud Weftm' ad difpoficionem & difcrecionem eorundem executorum noftrorum debite colloce-

---

[7] meam  [8] fuam  [9] quod pro predictis  [10] quorum  [11] deeft.
[12] .contingit,  [13] major et  [14] refecta  [15] honorifice

tur,

tur. Item volumus & ordinamus quod corpus noſtrum
cum de loco ubi nos ab hac luce migrare contigerit verſus
Weſtm' deferri debeat per quatuordecim, quindecim, vel
ſexdecim miliaria in die ſecundum [16] quod hoſpicia congrue inveniri poterunt deferatur. Et [17] per totum iter viginti
quatuor torchie [18] circa funus noſtrum continue deferantur
ardentes uſque ad locum quo funus noſtrum hujuſmodi ſecundum diſpoſicionem executorum noſtrorum quieſcere de
nocte contigerit, ubi ſingulis occurrentibus veſperis, ſtatim
poſt funus illatum, exequias mortuorum ſolemniter decan-
tari volumus cum miſſa in craſtino antequam funus ab illo
loco transferatur viginti quatuor torchiis tam in exequiis
quam miſſa hujuſmodi [19] circa funus ſemper & continue ar-
dentibus ; et quod ad viginti quatuor torchias hujuſmodi
addantur centum torchie ardentes [20], cum dictum funus
noſtrum per civitatem London' debeat deportari. Sic
tamen quod ſi infra ſexdecim, quindecim, decem, vel quinque miliaria imo ubicunque eciam extra palacium noſtrum
Weſtm' nos decedere contigerit, volumus quod in [21] quatuor locis inſignioribus intermediis, & ſi nulli ſint hujuſmodi loci [22] intermedii, in aliis locis competentibus, juxta
executorum noſtrorum diſcrecionem, hujuſmodi herſie per
quatuor dies continuos cum premiſſis ſolemnitatibus ordinentur. Quod ſi infra palacium noſtrum Weſtm' nos decedere contigerit, volumus quod per quatuor dies fiant

[16] in die eodem     [17] deeſt.     [18] torgie, and ſo throughout.
[19] deeſt.     [20] deeſt.     [21] deeſt.     [22] loca

C c                                          ſolemnitates,

folemnitates, una exiftente herfia folemniffima, fed [23] ultimæ
die fiant honorificenciores exequie. [24] Volumus infuper quod
fi adverfante fortuna, quod Deus ex fua mifericordia avertat,
per maris turbines aut tempeftates feu quovis alio modo
corpus noftrum ab hominum afpectibus rapiatur, nec poterit reperiri, feu in talibus partibus et regionibus nature
folvamus debitum, quod corpus noftrum ad regnum noftrum Anglie propter evidencia obftacula deferri non valeat,
quod omnes folemnitates premiffe que circa noftrum corpus in prefenti teftamento fieri funt difpofite, & prefertim in monumento, ymaginibus, & omni alio apparatu pro
nobis & bone memorie Anna jamdudum regina Anglie &
Francie conforte noftra per fuos ordinaturis, ac eciam
cum ceteris obfequiis funeralibus & omnibus aliis plenarie
obfervandis nullatinus immutentur. Item volumus & ordinamus quod corpus noftrum in velveto vel fathino
blanco [25], more regio, veftiatur, & eciam interretur, una
cum corona & fceptro regiis deauratis* abfque tamen quibufcunque lapidibus, quodque fuper digitum noftrum, more
regio, anulus cum lapide preciofo [26] valoris viginti marcarum
monete noftre Anglie ponatur. Item volumus & ordinamus
quod quilibet rex catholicus unam habeat cupam five
eiphum aureum precii five valoris quadraginta quinque
librarum monete noftre Anglicane. Et quod omnia corone [27],

---

[23] fcilicet      [24] *Rymer omits the* 13 *lines following to* Item.
[25] fathane blanio,      [26] precii five      [27] corone auree, ciphi,

\* thofe in Edward the Firft's tomb were *filvered*.

cupe,

cupe, ciphi, adaquaria[b] & vafa aurea, & alia jocalia de auro
quecumque, ac eciam omnia veftimenta cum toto apparatu
ad capellam hofpicii noftri pertinencia, necnon lecti qui-
cumque, & omnes veftes de aras[c], noftro remaneant fuc-
ceffori, dumtamen idem fucceffor nofter ultimam noftram
voluntatem plenarie confirmet, & executores noftros & [18]
hujufmodi noftram voluntatem in qualibet fui parte
integre ac libere exequi permittat. Quodque omnes an-
nuitates & feoda familiaribus qui circa nos & noftram
perfonam jugiter laborarunt, qui ex noftra licencia propter
caufas neceffarias, utpote infirmitatem vel feneftutem a
prefencia noftra recefferunt, & hiis eciam qui poftmodum
nobis, prefertim circa perfonam noftram, fervierunt &
ferviunt per nos conceffas, juxta tamen dicti fuccefforis
noftri [19] & executorum noftrorum liberam difcrecionem
ratificet & confirmet. Item volumus & ordinamus quod
de omnibus jocalibus noftris refiduis, videlicet cercliis [20],
nowchis [11], & aliis jocalibus quibufcunque, perficiatur nova
fabrica navis ecclefie Sancti Petri Weftm' per nos in-
cepta[d] & refiduum, fi quod fuerit, remaneat executoribus
noftris juxta noftram hanc voluntatem ultimam difponendum. Infuper volumus & ordinamus quod fex milia

[18] *deeft.*      [19] *deeft.*      [20] circulis,      [11] nochiis,

[b] ewers.          [c] Sic Orig. Q. garments of arras.
[d] Richard II. built the North porch of Weftminfter abbey, where are
his arms fupported by two angels, and under them this device, a white
hart couchant under a tree gorged with a gold chain and coronet, bor-
rowed from his mother Joan, and painted on the wall of the South crofs.
Sandford, p. 191.

C c 2                                            marcarum

marcarum auri pro fumptibus fepulture noftre & corporis noftri delacione a loco ubi ab hac luce nos migrare contigerit ufque [32] Weftm' fpecialiter referventur. Item *iolumus* quod terre, redditus, & tenementa tot & tanta que ad quindecim leproforum & unius capellani pro nobis in ecclefia Sancti Petri Weftm' celebraturi fuftentacionem congruam fufficere poterunt impetrentur [e]; ad que facienda ordinamus & legamus fummam mille marcarum. Volumus eciam quod fervitores noftri qui hactenus per nos remunerati non extiterant [33] nec promoti, fi qui tales fuerint, de bonis noftris ufque ad fummam decem milium marcarum fecundum executorum noftrorum [34] difcrecionem inter eofdem diftribuendarum precipue remunerentur. Item legamus dilecto nepoti noftro Thome duci Surr [f] decem milia marcar' [35], & dilecto fratri noftro [36] Edwardo duci Albimarlie [37] duo milia marcarum; & dilecto fratri noftro Johanni [38] duci Exonie tria milia marcarum; & dilecto [39]

---

| [32] verfus | [33] exifterant | [34] meorum | [35] librarum, |
|---|---|---|---|
| [36] dilecto noftro confanguineo | | [37] d'Aumerlie | [38] [39] *defunt*. |

[e] The fucceeding revolutions prevented this bequeft from taking place.
[f] Thomas Holland earl of Kent and lord Wake, fon of Thomas Holland earl of Kent, and half brother to Richard II. was, after the attainder of Richard Fitz Alan earl of Arundel and Surrey, created duke of Surrey, and marfhal of England, 21 R. II. of which honors he was deprived 1 H. IV. and confpiring againft H. IV. was betrayed; and flying to Cirencefter, taken and beheaded by the town's people, who rofe upon him and the reft of the confpirators 1400. Vincent on Brooke, 528. He left no iffue by his wife Joan daughter of Hugh earl of Stafford, who furvived him, and died 21 H. VI. Vincent on Brooke, 528. He was appointed lieutenant of Ireland 22 R. II. and founded the Carthufian priory of Mountgrace in Yorkfhire, to which his corps was removed from Cirencefter. Dugd. Bar. II. 76, 77.

fideli

fideli noſtro Will'mo Scrope[g] comiti Wyltſchir' duo milia
marcar'. Ac reſervatis executoribus noſtris quinque vel ſex
milibus marcarum, quas pro liberiori ſuſtentacione leproſo-
rum ac capellanor' coram eis celebrator' per nos apud Weſtm'
& Bermudeſey ordinator', volumus per dictos executores noſtros expendi [40]. Item volumus & ordinamus [41] quod auri
noſtri [42] reſiduum, ſolutis tamen noſtrorum hoſpicii, camere,
& garderobe veris debitis, ad que perſolvenda legamus viginti milia librarum [43], noſtro remaneat ſucceſſori, dumtamen
omnia & ſingula ſtatuta, ordinaciones, ſtabilimenta, & judicia
in parliamento noſtro decimo ſeptimo [44] die menſis Septembr', anno regni noſtri viceſimo primo apud Weſtm' in-
choato, & in eodem parliamento uſque Salopiam continuato,
& ibidem tento, facta, lata, & reddita, necnon omnia [45]
ordinaciones & judicia [46] ac ſtabilimenta decimo ſexto die
menſis Septembr' anno regni noſtri viceſimo ſecundo apud
Coventr', ac poſtmodum apud Weſtm' decimo octavo die
Marcii anno predicto, auctoritate ejuſdem parliamenti facta,
habita, & reddita [h], ac eciam omnia alia ordinaciones & ju-

---

[40] *This whole ſentence comes in at* 43.　　[41] [42] *deſunt.*　　[43] See [40]
[44] 17.　　[45] omnes　　[46] *Rymer omits the* 5 *lines following to* que auctoritate.

[g] William Scrope was created earl of Wiltſhire 21 R. II. and the next
year made lord high treaſurer and knight of the garter, but H. IV.
beheaded him at Briſtol 1399. Vincent on Brooke, 594. Dugd. Bar. I. 661.

[h] The proceedings of all theſe ſeſſions were of the moſt extraordinary
kind. The parliament ſtrove to carry the prerogative royal to a higher
pitch than any king of England had ever pretended to ſtretch it, and
eſtabliſhed ſuch laws and cuſtoms, as were deſtructive of the Conſtitution
and Liberties of the people. Rapin IV. 433. The anonymous writer of
Richard the Second's Life, publiſhed by Hearne, p. 145. calls it *that great*
parliament. The writer before cited and Dugdale (Warw. I. 142.) mention the preparations for the duel at Coventry between the dukes of Hereford and Norfolk at this time, but ſay nothing of the ſeſſion there.

dicia que auctoritate ejufdem parliamenti in futurum contigerit fieri, approbet, ratificet, & confirmet, teneat, & teneri faciat, ac firmiter obfervari: alioquin fi predictus fucceffor nofter premifía facere noluerit vel recufaverit, quod non credimus, volumus quod Thomas, Edwardus, Johannes, & Willielmus, duces & comes [47] fupradicti, folutis prius debitis noftroruin hofpicii, camere, & garderobe, ac refervatis quinque vel fex milibus marcar' ut fupra pro hujufmodi ftatutorum, ftabilimentorum, ordinacionum, & judiciorum fuftentacione & defenfione, fecundum eorum poffe, eciam ufque ad mortem fi oporteat, refiduum habeant & teneant memoratum, fuper quibus [48] & fingulis eorum confciencias prout in die judicii refpondere voluerint, oneramus; pro premiffis vero omnibus & fingulis adimplendis fummam nonaginta unius milium marcar' ordinamus & deputamus, de quibus fexaginta quinque milia marcar' funt in cuftodia domini Johannis Ikelyngton, et viginti quatuor milia marcarum in manibus & cuftodia dilecti nepotis noftri Thome ducis Surr', de qua fumma volumus quod idem nepos nofter de decem milibus marcar' fibi fuperius per nos legatis folvatur. Et duo milia marcar' de preftito pro expenfis hofpicii noftri tempore quo reverendus pater Rogerus[1] archiepifcopus Cantuar' nofter extiterat thefaurarius per nos factus nobis ad prefens debent'. Item volumus quod omnia jocalia que nobis pervenerunt cum cariffima con-

[47] & comes *defunt.*     [48] quibus omnibus & fingulis fummam nonaginta, &c. *omitting above two lines.*

[1] Quære, if right, there was no fuch bifhop.

forte

forte noftra Ifabella regina Anglie & Francie[49], eidem, fi
nobis fupervixerit, integre remaneant; quod fi ei fupervixe-
rimus, tunc volumus quod dicta jocalia nobis & executoribus [50] noftris integre remaneant pro execucione hujufmodi noftre ultime voluntatis.   Item volumus quod
omnia indumenta ac robe corporis noftri, exceptis perlis
& lapidibus preciofis, remaneant clericis, valettis, & gro-
mis qui circa noftram perfonam jugiter laborarunt & labo-
rant, juxta difcrecionem executorum noftrorum inter eos
diftribuenda.  Hujus fiquidem teftamenti noftri regii
executores nominamus, facimus, & deputamus venerabiles
in Chrifto patres Ricardum[k] Sarr', Edmundum[l] Exon',
Tidomannum[m] Wygorn', Thomam Karliolen'[n], & Guido-
nem[o] Meneven' epifcopos; dilectum fratrem [51] noftrum
Edwardum[p] ducem Albimarlie, Thomam ducem Surr' nepotem noftrum, Johannem ducem Exonie[q] fratrem noftrum,
& Will'm comitem Wyltfchir', quorum cuilibet unum
ciphum aureum valoris viginti librarum legamus, ac dilectos

---

[49] & Francie *defunt*.          [50] fuccefforibus          [51] confanguineum

[k] Richard Metford was bifhop of Salifbury from 1395 to 1407.
[l] Edmund Stafford lord chancellor, 1395—1419.
[m] Tideman de Winchcomb, 1395—1401. *Tadmanum*, Rymer.
[n] Thomas Merks 1397, deprived 1399, for his fidelity to his depofed
mafter, H. IV. prefented him to the vicarage of Thurminfter Marfhall,
Dorfet, 1403; he was alfo rector of Todenham, c. Glouc. 1404, and died
1409. Hutchins' Hift. of Dorfet, II. 133.
[o] Guy de Mona, lord chancellor, 1398—1409.
[p] He was *firft coufin* to R. II. being fon of his uncle Edmund de Langley,
and Rymer has *confanguineum* here and before, p. 196.
[q] John Holand duke of Exeter, fecond fon of Joan by Thomas Holand
earl of Kent, brother of Thomas Holand, created by R. II. chamberlain
of England 17 a. r. earl of Huntingdon 11. a. r. duke of Exeter 21 a. r.
beheaded and buried at Pleftry 1400. Dugd. Bar. II. 79.

6                                                  clericos

clericos & fideles noftros magiftros [52] Ricardum Clifford noftri privati figilli cuftodem, Ricardum Maudeleyn, Will'm Fereby, & Johannem Ikelyngton, clericos [53], ac Johannem Lufwyk, & Will'm Serle, laicos, quorum cuilibet expenfas & fumptus neceffarios dum circa execucionem prefentis noftre ultime voluntatis eos aut eorum aliquem vacare contigerit, juxta tamen [54] difcrecionem dictorum fuorum coexecutorum volumus perfolvi. Quos omnes & fingulos oneravimus & oneramus ut hanc voluntatem noftram ultimam debite exequi & quantum in eis eft adimpleri faciant, ficuti coram Deo voluerint refpondere [55]. Supervifores autem hujus noftri teftamenti creamus, ordinamus, deputamus & facimus reverendos in Chrifto patres Rogerum [r] Cant', & Ricardum [s] Ebor', archiepifcopos, Will'm [t] Wynton' epifcopum ac Will'm [u] abbatem mon' Weftm', Edmundum [x] ducem Ebor' avunculum noftrum, & Henricum [y] comitem Northumbr' confanguineum noftrum. Quos omnes & fingulos quantum ad nos attinet in Domino requirimus & rogamus quatenus in hanc ultimam voluntatem & difpoficionem noftram debite & folicite quatenus opus fuerit fupervideant, ipfamque execucionem debite demandari faciant; refiftentes

[52] clericos noftros magiftros [53] [54] *defunt.* [55] Rymer's copy ends here.

[s] Richard Scrope, 1396, 1397, beheaded for attempting to reftore Richard. He was brother to the earl of Wiltfhire, mentioned in note [t].

[t] William of Wickham, 1366—1405.

[u] William de Colchefter elected abbot of Weftminfter 1386, died the year before the depofition of Richard. Dart II. xxxii.

[x] Edmund de Langley duke of York before-mentioned.

[y] Father of Hotfpur. He joined H. IV, on his landing, and afterwards rifing againft him, was defeated and beheaded at Bramham Moor. Dugd. Bar. I. 278.

vero feu contradicentes prelati ecclefiaftica cenfura percellant & prout eorum officium exigit debite coherceant & compefcant, ficuti eorum Deo red dere voluerint racionem; cuilibet vero fuperviforum noftrorum hujufmodi unum ciphum aureum & unum adaquarium valoris quadraginta marcarum legamus ac eciam affignamus. In quorum omnium & fingulorum teftimonium atque fidem prefentem paginam five prefens teftamentum voluntatem noftram ultimam continens fuprafcriptam in fcripto redigi ac figillo noftro privato & figneto fignari, noftrique figilli magni appenfione, & proprie manus noftre fubfcripcione fecimus roborari. Datum, fcriptum, & ordinatum fuit prefens tefamentum in palacio noftro apud Weftm' fub anno domini mill'mo ccc ᵐ² nonageffimo nono, indiccione feptima, menf' Aprilis die fexta decima, anno regni noftri vicefimo fecundo; prefentibus reverendo patre Roberto ᵃ ep'o Lon don', ac nobilibus & ftrenuis viris Johanne Dorf' marchione ᵃ Thome ᵇ comite Wygorn', & aliis.

For an exact copy of this will (from the original in the Chapter-houfe, Weftminfter) the editor is happy thus publicly to return thanks to George Rofe, efq. It is printed very incorrectly in Rymer, vol. VIII. p. 75.

[z] Robert Braybrook, 1381—1404.
[a] John Beaufort, created marquis of Dorfet 21 R. II.   See before, p. 175.
[b] Thomas Percy, brother to Henry Percy earl of Northumberland, note ˣ, created earl of Worcefter, and lord high admiral of England 1397, taken at the battle of Shrewsbury, and beheaded 1403.   Vincent on Brook, p. 609.

D d.                                                          Richard

Richard II. was the youngeſt ſon of the Black Prince,
born at Bourdeaux 1366; ſucceeded his grandfather
Edward III. 1377, when he was only eleven years old;
and, after an inglorious reign of twenty-two years, in
which ſome few traits of a good diſpoſition ſhewed themſelves through the diſſipation, effeminacy, and favoritiſm
of the age, was depoſed and ſucceeded by his couſin Henry
duke of Lancaſter, Sept. 29, 1399, and on the February
following made away. He was firſt buried in the church
of the Friars preachers at Abbots Langley in Hertfordſhire, but removed thence by Henry V. to Weſtminſter, where a ſplendid monument of braſs, with the
figures of him and his firſt wife is ſtill remaining. Engraven
in Sandford, p. 203. and Dart.

He married firſt, 1382, Anne daughter of the emperor
Charles, and ſiſter to Wenceſlaus king of Bohemia; ſhe
died without iſſue at Shene, 1394, to the great grief of
her huſband, and was buried in Weſtminſter abbey. 2dly,
1396, Iſabel eldeſt daughter of Charles VII. of France
who was only ſeven or eight years old, and, ſurviving
him, was ſent home with all the wealth ſhe had brought
to Richard, but no dower[c], and married to Charles duke
of Orleans. She died 1409[d].

[c] Montf. Mon. de la Mon. Franc. III. 126.
[d] Hen ult.

HENRY

# HENRY THE FOURTH.

IN the name of God, Fadir, and Son, and Holy Goſt, thre perſons and on God. I Henry, ſinful wretch, be the grace of God Kyng of England, and of Fraunce, and Lord of Irland, being in myne hole mynd, mak my teſtament in manere and forme that ſuyth : Firſt, I bequeth to Almyghty God my ſinful ſoul, the whiche had never be worthy to be man but through hys mercy and hys graſe; whiche lyffe I have miſpendyd, whereof I put me whollily in his graſe and his mercy, with all myn herte. And what tym hit liketh him of hys mercy for to tak me to hym, the body for to be beryed in the chirch at Caunterbury, aftyr the deſcrecion of my couſin the Archbyſhcopp of Caunterbury·. And alſo I thank all my lordis and trew peple for the trewe ſerviſe that they have done to me, and y aſk hem forgivenes if I have miſſentreted hem in any wyſe. And als far as they have offendyd me in wordis, or in dedis in any wyſe, I prey God forgeve hem hit, and y do. Alſo y devys and ordeyn that ther be a chauntre perpetuall of twey preeſtis, for to ſing and prey for my ſoul in the aforſeyd chirch of Caunterbury, in ſoch a plaſe and aftyr ſoch ordinaunce as it ſeemeth beſt to my aforſeyd couſin of Canterbury. Alſo y ordeyne and

---

· Thomas Arundel, who crowned him.

deviſe

devife that of my gooddis reftitution be made to all hem that y have wrongfully grevyd, or any good had of theirs without juft tytle. Alfo I will and ordeyne that of my goodis all my debtes be paied in all haft poffible, and that my fervants be rewardyd aftyr their nede and defert of fervice, and in efpecyal Wilkin, John Warren, and William Thorpe, gromes of my chambre. Alfo y will that all thofe that in eny wyfe be bond in any debt that y owe in eny wyfe, or have undertake to any man for eny debt that y owe, or that they can dewlye fhewe hit, that all foche perfons be kept harmlyffe. Alfo I will that all fees and wages that ar not paied be paied, and in efpeciall to my fervaunts of my houfhold, befor eny oder. And alfo, that all myn annuityes, fees, and donacions, granted by me befor this tym be my lettres patents, be kept and paid aftyr the effect of the forfeyd letters patents; and yn efpeciall to all hem that have bene trewe fervaunts to me and toward me alway. Alfo y will and preym y fon that he have recomendyd Thomas de la Crois, that hath well and trewly fervyd me, and alfo in the fame wyfe Jacob Rayfh and Halley. Alfo I will that the Quene be endowyd of the Duche of Lancaftre. Alfo I will that all my officers both of houfhold and other, the which nedeth to have pardon of eny thing that touch here offices both of loffe and oder thing, they have pardon therof in fembable manere as I of my grafe have be wont to do befor this tym. And for to execut this teftament well

and

and trulich, for grete tryſt that I have on my ſon the Prince, y ordeyne and mak him my executor of my teſtament foreſeyd, kalling to him ſoche as him thinkyth in his diſcrecion that can and will labor to the ſonneſt ſpede of my will, comprehended in this myn teſtament. And to fufill trewly all things foreſaid, y charge my foreſaid ſon upon my bleſſyng. Wetneſſyng my wel-belovyd couſins Thomas erchbyſhop of Caunterbury foreſeyde, and Edward duke of Yorke[b], Thomas biſhchop of Dureſme[c], Richard the Lord Grey[d] my chamberlayne, John Tiptoft[e] myn treaſuror of Englond, John Prophete wardeine of my privie ſeale; Thomas Erpingham, John Norbery, Robert Waterton, and many oder being preſent. In witneſſyng whereof, my privy ſeele be my commandement is ſet to this my teſtament. Iyeve at my manere of Grenwich, the xxi dey of the moneth of Janver, in the yere of our Lord MCCCCVIII and of our reigne the tenth.

[b] Son of Edmund de Langley before-mentioned. He was reſtored to his hereditary dignity of Duke of York, in parliament, 7 H. IV. 1405, and ſmothered to death in the crowd at the battle of Agincourt. (Dugd. II. 156, 157).

[c] Thomas Langley, who had been dean of York and lord chancellor, advanced to the ſee of Durham 1406, and cardinal 1411; died 1437, buried in his cathedral. Godwin.

[d] Richard lord Grey of Codnor, was much employed by H. IV. and died 5 H. V. buried at Aylesford in Kent. Dugd. Bar. I. 711.

[e] Sir John Tiptoft was treaſurer of the houſhold, 9 H. IV. preſident of the exchequer, and treaſurer of Normandy, and chief ſteward of the king's lordſhips and caſtles in Wales, and the marches; lord Tiptoft and Powis; died 21 H. VI. (Dugd. II. 40). Where buried does not appear, but his wife Joyce, daughter and coheir to Edward Charlton lord Powis, has a monument in Enfield church.

Printed

This will is printed by Weever in his Funeral Monuments, p. 208. from a copy given him by Sir Simon d'Ewes, examined with the original under the privy seal.

Henry IV, only son of John of Gaunt, was born at Bolingbroke in Lincolnshire, 1366, created earl of Derby 9 R. II. earl of Hereford and Northampton in right of his first wife, created duke of Hereford 1397, 21 R. II. landed July 1399, at Ravenspur to claim the crown of England, which was set on his head at Westminster October that year by Thomas Arundel archbishop of Canterbury. The greatest part of his reign was a series of rebellion, war, and bloodshed, which he weakly hoped to expiate by a crusade, but died of an apoplexy in the midst of his preparations in the Jerusalem Chamber, in the abbot's house at Westminster, March 20, 1412, having reigned thirteen years and a half. He was buried at Canterbury, where his monument, with the figures of himself and second wife, in alabaster, remains opposite to that of the Black Prince. (See it in Sandford, p. 274. and Dart's Ant. of Canterbury, p. 85.).

Henry married Mary, younger daughter and coheir to Humphrey de Bohun, earl of Hereford, Essex, and Northampton, and sister to Eleanor duchess of Gloucester before-mentioned; she died 1394, five years before her husband came to the crown, and was buried in the new college at Leicester[f], where Leland thus de-

[f] Itin. I. 17. Knighton, vol. II. p. 2741.

scribes

icribes her tomb: " There is a tumbe of marble in the
" body of the quire. They told me that a countefs of
" Darby lay biried in it, and they make her, I wot not
how, wife of John of Gaunt, or Henry IV." Indeed
Henry IV. wile John of Gaunt lived, was called erle of
Darby." By her he had 1. Henry, afterwards king of
England; 2. Thomas duke of Clarence, flain in battle at
Baugé in France 1412, buried in St. Michael's chapel in
the S. tranfcept at Canterbury, as before obferved, p. 175.
3. John duke of Bedford regent of France under H. VI.
died 1435, buried in the cathedral at Rouen. 4. Humphrey duke of Gloucefter died fuddenly at St. Edmund's
Bury, not without fufpicion of being ftrangled, 1446;
buried at St. Alban's, where his monument ftill remains,
and his corps was found entire about fifty years ago.
5. Blanch, married 1402 to Lewis, afterwards duke of
Bavaria. 2dly, to     king of Arragon. 3dly, to the duke
of Bar. 6. Philippa, married to John king of Denmark.

Henry's fecond wife was Joan de Navarre, daughter of Charles II. king of Navarre, grandfon of John king
of France, widow of John earl of Montfort duke of Bre-
tagne, whom he married 1403, at Winchefter; fhe furvived him many years; and dying July 10, 1437, at
Havering Bower, was buried with him at Canterbury.
Sandford, p. 270. Dart, p. 85.

JOHN

## JOHN BEAUFORT EARL OF SOMERSET.

IN Dei nomine, Amen. Anno ab incarnacione Domini
secundum curfum & computacionem eccl'ie Anglicane
mill'mo cccc nono, menfis Marcii die decimo fexto, quafi
videlicet hora prima, infra hofpitale beate Katerine virginis
juxta turrim London. languens in extremis & prope
mortem, fanus tamen mente & compos fenfuum, clare
memorie Johannes nuper comes Somerfetie, cammerarius
Anglie &' capitaneus Calefie, teftamentum fuum nuncu-
pativum fecit in hunc modum. In primis, legavit animam fuam Deo, beate Marie, & omnibus fanctis ejus. Item,
legavit, voluit, & mandavit, quod debita fua quecumque
fideliter folverentur, & quod fervientes fui remunerati
forent de bonis fuis, quilibet juxta propria merita & con-
gruenciam ftatus fui. Refiduum vero omnium bonorum
fuorum ac execucionis premifforum pofuit folum & in foli-
dum in difpoficione reverendi in Chrifto patris & domini
domini Henrici Dei gracia Wynton' epifcopi, fratris fui,
quem conftituit ipfius ultime voluntatis fue executorem
unicum, ac dominam Magaretam uxorem fuam fuperviden-
tem; teftibus Ric'o Gardinew hoftiario camere teftatoris
predicti, Johanne Boys domicello, Thoma Herdi, Johanne
Foreft, Johanne Firay, & aliis multis.

Quinto

Quinto die Aprilis, A. D. 1410, in eccl' London' examinati fuerunt Ric'us Gardinew hoftiarius camere fuprafcripti teftatoris, ac Thomas Hille cuftos garderob' ejufdem,
& dictus Walterus Baxceter capellanus, confrater domus
fancte Katerine juxta turrim London', in forma juris, &
predicti ex parte executoris fuprafcripti, & probacione
teftamenti nuncupativi fuprafcripti; qui de dicto teftamento
nuncupativo an fuit verum teftamentum ejufdem, fingillatim examinati, dixerunt quod fit, & quod prefentes fuerunt, & alii plures, quando teftator fecit hujufmodi teftamentum, ubi & quando audiverunt eum dicere quod voluit
quod fuprafcriptus Dominus Wynton' frater fuus, ac hujufmodi teftamenti fui & ultime voluntatis principalis &
plenus executor, & uxor fua fuprafcripta fupervidens ; &
quod voluntas fua fuit quod debita ftipendarior' Calef' de
tempore fuo, & eciam alia debita fua ubique integre
abfque defalcacione folverentur, & deinde familiares fui
quidam ad fummam centum librar', quidam e marc',
quidam XL li. quidam XL marc. quidam XX li. quidam
viginti li. quidam XX marc. juxta eorum gradus, merita, &
obfequia, remunerentur, & de refiduo faceret dictus executor fuus ficut cuperet quod idem teftator faceret pro eo
in confimili cafu.  Requifiti ulterius dicti teftes fi audiverunt tunc dictum teftatorem revocare aliquod teftamentum
prius conditum, vel executores prius ordinatos, dixerunt
fingillatim, ut prius examinati, quod idem teftator nec
hujufmodi teftamentum prius conditum, nec executores

tunc revocavit, nec aliquid pro tunc locutum fuit de
teftamenti materia.

Probatio dicti teftamenti nuncupativi 5 die April'
A. D. 1410, in eccl' cathedral' Sti Pauli, London', auc-
toritate Thome (Arundel) Cant' Archiep'i, coram Mag'
Philippo Morgan utriufque juris doctore & curie audientie
Archiep'i auditore.

Regiftr. Arundel pars 2, fol. 48, a. b. in the archiepifcopal regiftry at Lambeth.

John Beaufort, eldeft fon of John of Gaunt by his laft
wife Catherine Swinford, was legitimated and created
earl of Somerfet 20 R. II. and next year marquis of
Somerfet and Dorfet; but the title of marquis being
obnoxious, as before obferved, he gave it up 1 H. IV.
and was appointed chamberlain of England, and captain
of Calais. The earl died April 21, 1410, and was buried
in St. Michael's chapel in the S. tranfept of Canterbury
cathedral, where his countefs erected to him, her fecond
hufband, and herfelf, a beautiful monument, with their three
effigies in alabafter engraved in Sandford, p. 310; Dart, p. 68.
He married Margaret third daughter of Thomas earl of
Kent, who was remarried to Thomas duke of Clarence,
fecond fon of Henry IV. and died December 30, 1440.
Her figure on the tomb between thofe of her two
hufbands, her firft on her left hand, and her fecond
on her right. Her iffue were, 1. Henry born 1401,

died

died 1418, unmarried. 2. John created duke of Somerset 21 H. VI. buried at Winborn Minster with his wife Margaret under a beautiful monument with their effigies, miserably engraved in Sandford, p. 328. Their grandson was Henry VII. 3. Edmund earl of Morton, who, on his brother's death without issue male, was created duke of Somerset, marquis of Dorset, slain in the first battle at St. Alban's 1455, and buried in the abbey there. 4. Thomas, not noticed by Dugdale nor Sandford. 5 Joan married to James I. king of Scotland, and after his death to James Stuart son to lord Lorn. She died 1446, and was buried at Perth near the king. 6. Margaret married to Thomas Courtney earl of Devon, beheaded 1461. Sandford, 322—326. Dugd. Bar. I. 121—124. Vincent on Brooke 476—478.

ELIZABETH

# ELIZABETH DE JULIERS, COUNTESS OF KENT.

IN Dei nomine, Amen. Cum humane condicionis fit
ut cinis in cinerem revertatur, & ubi fumpfit originem
ibi finem forciatur, hinc eft quod ego Elizabeth Julers
comitifl' Kanc' bone memorie, fane mentis, car ... tradi-
tur autem non abfque infirmitate, videns et confiderans
mortis periculum & hujus vite finem approprinquare,
condo teftamentum meum in hunc modum. In primis lego animam meam fumme & individue Trinitati,
fanctiffime Marie ac omnium celeftium fuperiorum[a] con-
fortio. Item lego corpus meum ad fepeliendum in ecclefia
fratrum minor' in civitate Wynton', in tumulo Johannis
nuper comitis Kancie nuper mariti mei, ibidem abfque qua-
cunque folemnitate feculari faciend'. Item lego & ordino
quod fiant v ceree quarum quelibet fiat pond' v libr.
ad comburend' circa corpus meum in obfequiis meis.
Item lego, ordino, ac conftituo, ad diftribuend' inter pauperes per difcrecionem executorum meorum fubfcriptorum
in diverfis locis xx li. monete. Item ad fabricam ecclefie
fancti Swythini Wynton', vi s. viii d. Item lego fabrice
ecclefie de Ledhampton fuftentand' per difcrecionem
paroch' difponend' XL s. Item lego conventui fancti Swy-

[a] Quære fpirituum.

thyni

thyni pro eorum pitantia die fepulture mee, xl. s. Item
conventui de Hyde pro confimili xl. s. Item conventui
monialium beate Marie Wynton' xl s. Item cuilibet collegio juxta Wynton', videlicet novo collegio beate Marie,
collegio fancte Crucis, & collegio fancte Elizabethe xx s.
Item lego cuilibet domui fratrum mendicant' de civitate
Wynton', Ciceftr' & Southampton' xl. s. Item lego xiii
fratribus Sancte Crucis xiii s. Item lego fratribus &
fororibus hofpitalis fancte Marie Magdalen' Wynton' xiii s.
iiii d. Item lego cuilibet capellano feculari in eadem
civitate Wynton' & cuilibet forori in hofpitali fancti Swy-
thyni de Hyda xii d. Item lego conventui beate Marie de
Buchefeld xl s. Item lego conventui beate Marie de
Southwyk xl s. Item lego conventui de Notley xl s.
Item conventui de Waverley xl s. Item lego vicar'
coll' fancti Ricardi Ciceftr' xl s. Item lego anachorit' in
dicto collegio vi s. viii d. Item lego cuilibet capellano in
eadem civitate xii d. Item lego cuilibet capellano de vill.
de Hanoute [a], Warblyngton [b], Bourne, Charlton [c], Blendeworth [c], Clanfeld [d], Katryngton [e], Wynnyng [f], & Farlyngton [g],
xii d. Item lego fratribus minoribus Wynton' unum veftimentum nigrum, videlicet, chefible, iii awbes, & ii
tunicles, cum i cap' nigr' de pann' aur'. Item lego eifdem

[a]
[b] Warbleton.
[c] There are two places of this name in Suffex, in the rapes of Bramber
and Chichefter.
[d] in Hampfhire.
[e] Katherington. Ibid. [f]
[g] q. Farringdon, c. Hants.

fratribus

fratribus xviii li. monete, ut orent & celebrent pro animabus Johannis mariti mei & omnium fidelium defunctorum. Item lego duobus capellanis honeftis ad celebrand' in villa Oxon' pro anima mea per unum annum integrum x li. Item lego cariffime forori mee Alicie comitiffe Kanc'[h] unum magnum portiforium notat' ut ipfa dictum librum poft deceffum fuum difponat in ufus pios tam pro anima fua quam pro anima mea. Item lego Johanne comitiffe Kanc'[i] unum parvum miffale & unum magnum legend'. Item lego prioriffe de Noreton[k] cartam meam cum toto apparatu ad eadem pertinent'. Item lego inter tenentes meos de Bedhampton[l] decem quarteria frumenti & x quarteria ordei, & hoc cuilibet eorum marit'[m] neceffitatem pacientem. Item lego inter famulos hofbandre[n] manerii de Bedhampton quinque quarteria ordei & mixt'. Refiduum vero omnium bonorum meorum que habeo vel habere potero do & lego pure, fpontanee, executor' meor' fubfcript' ut ipfi habeant & difponant prout eis viderint melius expedire. Hujus autem teftamenti mei ordino, facio, & conftituo executores meos

---

[h] Alice, daughter of Richard Fitz Alan earl of Arundel, aunt to the earl of Arundel, whofe will is given p. 120. wife of Thomas Holland half brother to R. II. who fucceeded his father as earl of Kent, 1360.  Vincent on Brooke, p. 283.

[i] Joan, widow of the Black Prince, and mother of Richard II. was firft married to Thomas Holland earl of Kent, who died 1360. Vincent on Brooke, p. 282.                              [k]

[l] in Hants, of which fhe had an affignment in dower, 37 E. III.  Clauf. 379. 3. m. 25. & 14.

[m] q. *maritimam*; fufferers by the breaking-in of the fea.

[n] of hufbandry.

Henricum

Henricum Beche, Johannem Merfedon capellanum, Gilbertum Bammebu,y, & Johannem Gyles. In cujus rei teftimonium prefentibus figillum meum in manibus meis prefentibus appofui. Hiis prefentibus, priore de Southwyke, Johanne Uvedale, Bernardo Lucas, Thoma Coke rectore ecclefie de Bedhampton, Thoma Pulter rectore eccl' de Wykeham, ac multis aliis. Dat' apud Bedhampton die Lun' xx^m' die menfis Aprilis, Anno Domini mill'mo cccc^mo undecimo, et anno regni regis Henrici quarti poft conqu.ftum duodecimo.

Probatio dicti teftamenti penultimo die menfis Junii, A. D. 1411. in eccl' Lincoln' coram domino Cant. archiep'o. Reg. Arundel pars 2. fol. 154. b. 155. a. In the archiepifcopal regiftry at Lambeth.

Elizabeth daughter of the Marquis of Juliers was married to John earl of Kent, fecond fon of Edmund of Woodftock earl of Kent, and fon of King Edward I. Her hufband dying 26 E. III. fhe was folemnly veiled a nun at Waverley abbey by William Edendon bifhop of Winchefter; but afterwards, quitting her profeffion, was privately married without licence to Sir Euftace Dabricefcourt knt. in a certain chapel of the manfion houfe of Robert de Brome, canon of the collegiate church of Wingham in Kent, by Sir John Ireland prieft, on Michaelmas day 1360, 34 E. III. For this the archbifhop of Canterbury enjoined them the following penance, that they fhould

find

find a prieft to celebrate daily fervice in our Lady's chapel in Wingham church, and another prieft to do the fame in their own houfe; that fhe fhould repeat certain pfalms, &c. daily; and that the faid Sir Euftace, the next day after any carnal copulation had between them, fhould abftain from whatever difh of flefh or fifh whereof they moft defired to eat, and relieve competently fix poor people; and that fhe fhould go once a year to vifit Becket's fhrine, and one a week eat only bread and a mefs of pottage, wearing no fmock, and efpecially in the abfence of her hufband.  She died June 6, 1411, 12 H. IV.  Dugd. Bar. II. 94, 95. ex Reg. Iflip. Sandford 216.

E D W A R D

# EDWARD DUKE OF YORK.

EN noun de Dieu tout puiſſant & filz & ſaint eſpirit &
la benoite Trinitie & la glorieuſe Vierge noſtre dame
ſainte Marie & de ſaint Thomas le glorieux martir &
de ſaint Edward le benoite confeſſour & de touz ſaints &
ſaintes de Paradys : Je Edward Duc de York, de touz
pecheurs le plus meſchant & coupable, eſteant en ſaine
memorie, le xxii jour d'Auſt, l'an de grace mill cccc &
quinſze & du reigne Monſeig'r le Roy Henry quint puis le
conqueſt tierz, face & deviſe mon teſtament & darreine
voluntee en la manere qi enſuyt. En primes je deviſe
mon alme a la grace & la mercy noſtre ſeignour Jeſhu
Criſt qui la crea, & fourma de nient, come celuy qui ſoy-
et le plus coupable, & diſnaturele creature que unques
il fourma, conſiderere es les grante courtoiſes & ſufferance
leſqueux de ſa haute mercy il m'a de jour en autre mon-
ſtres, non obſtant ma fole vie, & la vilte de mes peches.
Item, je deviſe mon corps eſtre enſevele en l'eſgliſe parochiele deins mon collegge de Fodrynghay, en mye le quer[a]
ſoubz une plat pere[b] de marble, c'eſt aſſavoir ad gradum
chori. Item je deviſe & ordeigne qe mes dettes & reſti-
tucions ſi aucuns y ſoient dehuement premiez[c] ſoient
paiez a pluſtoſt qe fair ce poura apres ma mort, devant
toutes autres choſes, en devant qe aucuns ſolempnites

[a] In the middle of the choir.
[b] piere.
[c] q. proviez.

**F f**

ſoient

ſoient faitez entour mon enterrement, les queux ſolempnites apres qe mes dettes ſoient paiez je veuille qe ils
ne extendent outre cent livres en l'ordenance de mes executoures deſqueux je veuille que cynqante marcs ſoient
diſtributz par demy gros[d] entre les plus povres qe y vien-
dront les jours de mes exequies. Item qe mill meſſes
des plus povres religieuſes qe on pourra trouverer ſoient
a pluſtoſt qe faire ce pourra apres ma mort celebrez pour
m'alme, deſqueux je veuille qe le prior & convent de
Wytham en Selwode[e] ſoient paiez pour cent meſſes, pour
cheſcun meſſe 11d. & ſemblalement le priour & convent
de Beauvale en Shirwode[f] pour L. meſſes, cheſcun des orde-
res des mendinantz en Londres & en ma vyle de Stamford pour L. meſſes, en meſme la manere come deſſuis, &
le ſurplus de mill meſſes ſuſditz es povres religieux come
deſuis, & en ſpecial as convents de Charthous[g] de Londres,
Coventre, & Heenton[h] jouſt Bathe, ſolonc la diſcrecioun
de mes executours. Item s'il aviegne qe par la voluntee
de Dieu je trepaſſe hors de ceſt ſicle in quel lieu qu'il ſoit
forſpris a Fodrynghay pour y eſtre enſevely, & en ce cariant illoeques[i], qe nulles ſolempnitees ſoient faites par la
chemyn a mes coſtages, except qe je veuille qe les chepel-
leins & clercs eſteant a mon dirige & meſſes cheſcun jour

[d] half groats.

[e] A Carthuſian monaſtery in Somerſetſhire, the firſt of the order in
England, founded by Henry II. Tan. N. M. 476.

[f] Another houſe of Carthuſians founded by Nich. de Cantilupe, 17 E. III.
Ib. 411.

[g] Charter-houſe, or Carthuſians.

[h] Henton; a foundation for Carthuſians by Ela counteſs of Saliſbury,
1232. Ib. 474.     [i] carrying thither.

entre

entre eux departez xiiis. iiiid. la ou mon corps repofera
chefcun noet, & xxs. chefcun jour & nuyt departiez entre
les povres par denirs, & je vuille avoir fys torches ardantz
entour mon corps chefcun jour a meffe & dirige, & chefcun nuyt cynk tapiers, le quel coft je veuille qe foit enfy
gouverne qe né paffe vis. viiid. le jour & nuyt, iffint qe
le coft chefcun jour ne paffe xls. et je veuille qe fis de
mes efcuiers, & fys de mes vadlets, & deux chapellens m'ac-
compaignent tout le chymyn, donc avera chefcun efquier
& chefcun chapellein ii s. jour, & chefcun vadlet xiid.
le jour pour coftages par xv jours fans autres defpenfes
faire. Item, je devife a mon feignour le Roy le meillour efpee & le meillour dager qe j'ay. Item, je devife
a ma trefamee compaignee Philippe mon lit de plumes
& leopars ove l'apparaill, mes tapitz blanks & rouges au
gartiers, lokers & faucons [k], mon lit de vert embroude ove
une compas [l], mes deux grands pots d'argent endorrez, les
bafains couverts queux ele ad au prefent, ove les lokers &
faucons [k] en mye lieu fur bloy [m] champ. Item je veuille qe
touz mes fervants meignalx [n] queux feurent demorrantz en
mon hoftel par un an entier devant mon aler vers Har-
flowe en la compaigne mon fouverain feignour le Roy
foient paiez par mes executours lour ftipendies pour le
terme prochein enfuant apres mon trepaffement d'iceft
ficle, ceft affavoir a un efcuier ls. a un vadlet xxs. a un

---

[k] garters, fetterlocks and falcons; the badges of the houfe of York.
[l] blue.        [n] menial.

           garceon

garceon [o] s. & a un page VI s. VIII d. Item je veuile qe touz mes hopolandrs [p] huykes [q] nient furrez [r] soient partiz entour [s] mes serviteurs de ma chambre & garderobe par la discrecion de mes executours. Item qe mes selles & hernoys soient egalment partiz entre mes henxmen [t], except qe je veuille qe Rokell ait le meillour. Item je veuille qe en touz messes & autres priers qe on ferra dire pour moy qe Mons' Seignour le Roy Richard, Mons' Seignour le Roy Henry quart, Mons' Seignour mon piere Edmund Duc de York, madame ma miere Isabelle sa compaigne, & touz autres trespassez de cest sicle as queux Dieux pardoint, pour queux je suy tenuz en ma conscience a faire prier, soient compris aussi avant come moy mesmes, qe Dieux de sa haute mercy eit mercy de eux & de moy le meyns digne de touz. Item, je veuille qe touz mes vestiments, crucifixes, ymages, tabernacles, bassins, ewers, sensures [u], sconses, & autres joialx, & apparaillements unqore esteantz en mon chapelle, exceptes les biens & joialx queux j'ay mys en gage pour mon aler en cest veiage vers France en la compaigne de mon tres soverain seignour le Roy soient apres mon deces deliverez a le maistre, & ses compaignes de mon dit collegge pour estre perpetuelment gardez en ycell par eux & lour successours illoeqes a l'onneure de Dieu & sa glorieuse miere, de saint Thomas

[o] Sic Orig. Quære xs.
[p] *hopulandes*, *houpelands*, long cloaks. L.
[q] q. if not *huque*, a huke, or Dutch mantle. Cotgrave. [r] not furred.
[s] *entre*, among. [t] henchmen. [u] censers.

le

le glorieux martir, faint Edward le Confeffour & touz faintz. Item, je devife a Thomas Pleiftede xxl. en memoire pour la natureffe[x] qu'il me monftra quant je fuy a Pevenfey en garde. Item je devife a Philipp Beauchamp le haberjon[y] qu'il foloit porter qui le Count Huntyngdon qui Dieux pardoint me donna, & outre ce l'efpee qu'il port des miens, & dys livers en monoye. Item, je devife a Thomas Beauchamp mes brigaudiers[z] coverrez de rouge velvet chequete noire & blank, & dys livres en monoye. Item, je devife a Johan Popham mes nouvelles brigandiers[z] de rouge velvet queux Grove me fift, mon baffinet[a] qe je port, & mon meillour chival except ce defluis. Item je devife a Diprant ma petite cote de maille, le piece de plate qe Monf. feignour le prince ma donna apelle Breft-plate, le pance[b], qe fuift a mon feignour mon piere, qe Dieu affoill, mon houfell[c], & mon chaperon de fere[d]. Item, je veuille qe la refidue de mes biens & chateux, par ceft mon teftament nient devifez, foient emploiez, difpofez, & diftributz, pour l'alme de moy, mes parentes, bein faifours & touz criftiens par difcrecion de mes executours. Et de ceft mon teftament accomplir je face & ordeigne mes executours mes chiers fervants, approvez de loialte envers moy, Robert Wyntryngham clerc, Piers Manan efcuier,

[x] kindnefs.  [y] *habergeon,* coat of mail.
[z] *Brigandine,* a fafhion of ancient armor, confifting of many jointed and fcale-like plates, pliant unto and eafy for the body. Cotgrave.
[a] bafnet, helmet.
[b] q. belly-piece, from *pance,* gros ventre. L. *pancr,* a great-bellied doublet. Cotgrave.
[c] *beuces,* houfings.
[d] my iron fcull cap or morion.

Johan

Johan Mufton vicaer de Carefbrok, & Johan London chapellein, pour ent fair execution folonc le pourport d'ycell
de quelle execution je veuille & ordeigne qe. Thomas
l'evefque de Durham, Roger Flore, Johan Ruffell, &
Laurence, cient la furvieu.

Probatio dicti teftamenti coram Hen' Chichele Cant.
archiep' ultimo die menfis Novemb' Anno Domini 1415,
apud Lambeth.

Regifter Chichele pars prima, fol. 284. b. 285. a. b.
in the archiepifcopal regiftry at Lambeth.

Edward Plantagenet, fon and heir of Edmund de
Langley before-mentioned, p. 189, was created earl
of Rutland and Cork 13 R. II.  Of this dukedom he
was deprived by Henry IV. and in revenge confpired
againft him, but the confpiracy being difcovered by his
father, he made his peace.  He fucceeded his father as
duke of York and lord of Tyndale.  He founded at Fotheringay a magnificent college[f], for which he was obliged
to mortgage great part of his eftate.  He left England
Aug. 13, 1414; was at the fiege of Harfleur Aug. 16,
and next day made his will.  Having defired to have the lead
at the battle of Agincourt, October 25, he loft his life in
the heat and crowd, being a very fat man, and fmothered
to death.  His body was brought to England, and buried

[e] Thomas Langley.
[f] See the contract for building it, Mon. Ang. III. pt. II. p. 162.

in

in the choir of his collegiate church under a marble
flab, with his figure in brafs.   After the diffolution, the
choir being pulled down by the duke of Northumberland,
to whom Edward VI. had granted it, the ftone was taken
up, and the corps expofed to view.   Queen Elizabeth
ordered it to be re-interred in the church, with the
grave-ftone over it, and a monument of free-ftone ftill
remaining was erected for him on the South fide of the
altar, with his arms, name, and date of his death.
Dugd. Bar. II. 15.  Vincent on Brooke, p. 620.  Peck's
Annals of Stamford, B. XIII. § 7. 9. 12. p. 4. 8. 10, 11, 12.

He married Philippa daughter of John lord Mohun,
who was re-married to Robert Fitzwalter, and dying
10 H. IV. was buried in St. Nicholas's chapel at Weftminfter, where her monument remains, with her arms
impaled by Fitz Walter, &c.  Sandford, p. 382.  Her will
follows.

PHILIPPA

# PHILIPPA DE MOHUN DUCHESS OF YORK.

IN le nom de Dieu le piere, & de fitz, & de feint efpirit,
& de noftre dame feinte Marie, Jeo Phelip, ducheffe
de York, & dame de l'yfle de Wyght, le jour de feint
Gregorie, l'an du grace MCCCXXX, a le chaftell de Carefbroke
en l'ifle de Wyght, veullant tant come jeo fuy puiffant du
corps & de memorie ordeiner ce que l'on ferra de moy &
de mes biens apres mon deceffe, face mon teftament en
la maner que s'enfuit. Primes, je recommand humblement
ma alme a Dieu, fa benoite mere, & toutz les feintes, recreant ᵃ mercy de toutes mes pecchies. Et quelle part
que ma leffe ᵇ morir jeo eflife fepulture de feinte efglife
pur mon corps en l'efglife conventuell de Weftminfter.
Auxint jeo voiel, que la ou jeo meorne ᶜ que la dirigie foit
dicte a vefpre, & la meffe de requiem foit dite la matin
apres en mefme lieu, & que chefcun preftre efteant a les
dites fervices eit XIId. Item, jeo voille que mon corps
foit carie tanque a Weftminfter, repofant fur le voie a
certeins lieues, jeo vole que exequies foient faitz, come
dirigie a foir, & a metyn devant mon departir une meffe
de requiem, & que mefme devoir ᵈ foit done & diftribue

ᵃ craving.
ᵇ Kelham has *fcerramourir* fhall die.
ᶜ Q. *meorge*, die.          ᵈ duty, ceremony.

tanque

tanque a ma veine a Weſtminſter, come en meſſes, almoig-
nes, & altres coſtages xx marcs, ou pleus, ou meinez
come beſoigne i ſoit al diſcrecion de mes executours.
Item jeo voille que aveine ᵉ Weſtminſter xiii povres
homes ſoient veſtus, cheſcun home une hopelond ᶠ &
une chaperon de noir, portant cheſcun deux un torche
al dirige & al meſſe de requiem a matyn. Item, jeo
voille que ſoit donne a cheſcun de les avaunditz homes
xxd. de money. Item, jeo voille que le herce ſoit
coveree de drap noir tout entour. Item, que une tres
bele herce de cire de la mene ᵍ aſſiſe ſoit ſur la herce
avandit. Item jeo voille que ſoit diſtribue le jour de
enterement perentre M povres homes & femes vi marcs,
xL d. come a cheſcun d'eux id. Item, jeo voille & ordeigne
pur avoir M dirigies en un jour, & lendemain apres ſoient
dites M meſſes, & a cheſcun preſtre iiiid. apres ma mort
en tout la haſt que bonement purroit eſtre pur ma alme
& toux criſtiens. Item, jeo voille que xiiis. iiiid. ſoient
paiez a deux homes pur lur traveyl portant les deniers
entour les dirigies & les meſſes. Item, jeo deviſe al abbot
de Weſtminſter xiiis. iiiid. & al priour de dit lieu le jour
del dirigie & lendemain pur les ſervices vis. viiid. Item
a cheſcun moyne iiis. iiiid. Item jeo deviſe a cheſcun

---

ᵉ *venue*, coming.
ᶠ See before, n. ᵖ. p. 220.
ᵍ A curious hearſe of wax in a ſmall proportion placed upon it. Dugd. II.
158.

preſtre

preftre venant a ma enterement pur dirige & chanter meſſes
xiid. Item, jeo deviſe xxli. pur chater[h] draps de ruſſet pur
veſture de cent poures homes & femmes, cheſcun de
eaux une hopelond & une chaperon. Item jeo deviſe a
deux honeſtes preſtres pur chanter meſſes & pur dir le
Trenthall del Gregory par un an entier pur ma alme &
toutz criſtiens xx marcs. Item, jeo deviſe a quatre vincz
povres homes & femmes bedredyn[i] xiiil. vis. viiid.
Item, jeo deviſe & ordeine pur les diſpences & coſtages
entour ma enterement xxl. & pluis ſi beſoigne i ſoit per
diſcrecion de mes executours. Item, jeo voille & ordeigne
xx li. pur draps noire achater pur toutz ma meigne encouvertre[k] le jour de ma enterement. Item, jeo voille &
ordeigne un chalis d'argent & un veſtement al autre de
ſeint Nicholas a quel mon corps giſt. Item, jeo voille
& ordeigne al priour de Crichurche & ſon covent de
Cantirbury pur prier pur ma alme v marcs. Item, je
voille & ordeigne al abbot de Charteſey & ſon covent
pur prier pur ma alme xls. Item, je voille & ordeigne
al abbeſſe de Berkyng pur prier pur ma alme vis. viiid.
& al prioreſſe & le covent xxvis. viiid. Item, al
prioreſſe de Stratford[l] pur prier pur ma alme vs. & al
covent xxs. Item, jeo voille & ordeigne al abbeſſe de

---

[h] *acheter*, to *buy*.          [i] bedridden.
[k] to cover (clothe) my whole houſhold.
[l] Stratford at Bow, a Benedictine nunnery, as old as the Conqueſt. Tan.
298.

Burnham

Burnham [m] xxs. & a la covent xxs. Item, jeo voille &
ordeigne a la prioreffe de Goryng [n] & fa covent xxs. Item,
jeo voille & ordeigne al college de Fodryngheye pur prier
pur ma alme xLs. Item, jeo voille & ordeigne a chefcun
mefon & fon covent de freres dedeinz de [o] Londres de les
IIII ordres pur venir a Weftminfter a la dirige & le meffe
le matyn de mon enterement, a chefcun covent de dictes
freres xx s. Item, jeo voille & ordeigne a mon filtz
Wauter, feignour filtz Waulter [p], pur aider & de perfourmer
la voluntee de mon teftament, une hanap dore coveres del
faffion de une eftrille [q] chafez [r] une anell dore ove une rubye,
& un fautier. Item, jeo voille & ordeigne a le Sieur Tiftot
pur eftre mon ferveieur [s] & pur eider & de perfourmer
la voluntee de mon teftament le meillour potte de les
deux pottes graundes d'argent endorres. Item, jeo voille
& ordeigne a Sire Johan Cornewall chevaler, pur eider
& de perfourmer la voluntee de mon teftament deux pottes
d'argent endorrez paleez & pounfonnez [t] ove lilies fur le
covercle. Item, pur mefmes caufes avanteres [u] cent marcs.
Item, je voille & ordeigne a Johan Appilton efquier cent
marcs. Auxiint je voille & ordeigne a Alifon Seint Paule

[m] Burnham, or Nun Burnham, a fmall Benedictine nunnery in Yorkfhire,
founded in the reign of H. III. Tan. 683.

[n] A fmall Auftin priory of nuns in Oxfordfhire, founded t. H. II. Ibid.
427.

[o] dedans de, within.

[p] Her fon by her feeond hufband Sir Walter Fitzwalter.

[q] eftrille or etrille is a currycomb: but how can a cup be of this fhape.

[r] chafed.   [s] fupervifor.   [t] ftriped and fpotted, or fprinkled.

diz

diz marcs. Item, je voille & ordeigne a Richard Wene
& Anneyes Wene sa compaigne cent marcs, pur achatre
a eulx une corrodie durant ses vies. Item, jeo devise &
ordeigne le residuez de toutz meis biens nient devant devisez que sont distribuez en quatre parties, cest assavoir
comme en messes dictes, prisoneres releveez, povres sustines,
& male vies amendes, par bon advys & discrecion de mes
executours. Item, jeo voille & ordeigne mes executours
Sir John Cornwall, Thomas Chauser, John Hore, &
Sire John Grasvell chapeleyn, & pur mesme le cause pur
eider & de perfurmer la voluntee de mon testament, jeo
voille & ordonne a Thomas Chaweser cent marcs, a Johan
Hore & Sir John Cornewaall, a chescun de eux xxli.
Don desubz notre seal de nos armez, jour, lieu, & an de
notre seigneur avantditz.


Probatio dicti testamenti coram domino Henrico (Chichele) in manerio suo de Lamehith, 13 die Novembris,
A. D. 1431.


Reg. Chichele, pars prima, fol. 428, a. b. in the archiepiscopal registry at Lambeth.

Philippa,

Philippa, fecond daughter and coheir of John lord Mohun of Dunfter, was married firft to Edward duke of York, whofe will precedes this; and after his death to Sir Walter Fitz Walter, knt. by whom fhe had one fon, Walter Fitz Walter, who died 10 H. VI. She died 1433, and was buried in St. Nicholas' chapel in Weft-minfter abbey, where her monument and effigy ftill remain, with the arms of Mohun and Fitzwalter, engraved in Sandford, 382. and Dart. Dugd. II. 157.

THOMAS

# THOMAS DUKE OF CLARENCE.

IN Dei nomine, Amen. Decima die menfis Julii, Anno
Domini millefimo cccc^mo^ decimo feptimo, nos Thomas
filius regis, Dux Clarencie, Comes Albemarle, & Senefcal-
lus Anglie, fana mente, condimus teftamentum noftrum in
hunc modum. In primis, legamus animam noftram Deo
omnipotenti, & beatiffime Marie matri fue. Item, legamus
corpus noftrum ad fepeliend' in ecclefia Chrifti Cantuar' ad
pedes alte memorie domini & patris noftri, cujus anime
propitietur Deus. Item legamus & ordinamus quod, debitis noftris plene perfolutis, executores noftri emant, feu
quoquo modo impetrent, jus patronatus alicujus ecclefie
valoris XL li. per ann. & illam ecclefiam appropriare &
unire faciant & procurent priori & conventui dicte ecclefie
Chrifti Cantuar' fumptibus & expenfis noftris recuperand' & levand' de fummis nobis per dominum noftrum
Regem, ac Duces Burie, Aurelian, Burbon, & Alancon [a],
debitis, pro IIII^or^ capellanis ydoneis fecularibus inibi pro
animabus prefati domini & patris noftri, ac matris noftre,
& anima noftra, & Margarete confortis noftre, & animabus
omnium progenitorum noftri Thome, & omnium fidelium
defunctorum perpetuo celebraturis & divina officia facturis
adminiftraturis annuatim percipiendis pro omni fuo fervicio,

[a] Berry, Orleans, Bourbon, and Alençon; fee p. 115.

quilibet

quilibet dictorum capellanorum decem marcas fterlingo-
rum per manus prioris dicti conventus qui pro tempore
fuerit, ita quod dicti prior & conventus faciant & inveniant fufficientem fecuritatem prefatis executoribus &
heredibus noftris de dictos capellanos perpetuo, ut prefertur,
fuftinendos, & inibi inveniendos, ac de femel in anno fpecialiter faciend' in dicta ecclefia per conventum predictum
anniverfarium noftrum, ut moris eft, pro aliis principibus
fieri folempniter pro perpetuo duratur'. Item, volumus &
ordinamus quod iidem executores noftri emant, feu quoquo
modo impetrent, patronatum alterius ecclefie valoris
xl marc' per annum, & eandem ecclefiam appropriandam
decano, canonicis, & vicariis, ecclefie collegiate de Newerk
apud Leyceftre, ad inveniend' duos ydoneos capellanos
divina ibidem pro animabus predictis imperpetuum celebraturis modo & forma prenotatis. Item legamus duo
milia librarum fterlingor' de dictis fummis levand' &
recuperand' in forma predicta, debitis noftris plenarie
perfolutis, ad diftribuend' & erogand' per manus executorum noftrorum, inter fervitores noftros fecundum ftatum
& continuacionem in noftro officio per ipfos facto, in re-
muneracionem laborum fuorum nobis per ipfos impen-
forum. Refiduum vero omnium bonorum noftrorum
fuperius non legatorum damus & legamus Margarete
precariffime conforti noftre, ad difponend' & ordinand'
de ipfis pro fe & falute anime noftre prout fibi melius
videbitur expedire. Et ipfam Margaretam confortem
H h noftram,

noftram, Dominum Johannem Pelham, Dominum Henricum Merfton clericum, Dominum Johannem Colvyle militem, & Willielmum Alyngton armigerum, noftros facimus, ordinamus, & creamus hujus teftamenti noftri executores, ut ipfi illud exequantur in forma fuprafcripta, prout prefate Margarete conforti noftre per avifamentum predictorum Johannis, Henrici, Johannis, & Willielmi, melius videtur faciend' pro falute anime noftre. In cujus rei teftimonium prefentibus figillum noftrum duximus apponendum die & anno predictis.

Hec eft pura libera & ultima voluntas noftri Thome filii Regis, Ducis Clarencie, Comitis Albemarl' & Senefchalli Anglie, ex noftra mera & fpontanea voluntate, ac deliberacione & certa noftra fciencia facta, decima die Julii, anno regni Henrici quinti poft conqueftum quinto :

Premierment nous volons & ordonnons a l'onnour Dieu & pour la falvacion de noftre alme, que immediate apres noftre mort toutes les revenues & proffitz provenantz de noz chafteaux, manoirs, fervices, terres, tenementz, o toutz lours appurtenances, en Holderneffe en le counte de Uerwyk [b], & aillours, fi bien deins le reaume d'Angleterre come aillours, foient levez & receuz par Margarite noftre trefchiere compaigne, & nos aultres feffes & executours, d'an en an, aux termes deuz pour faire plain paiement de noz dettes : Et ency [c] a durer tant qe la fomme de toutz nos dettes a noz creditours dues foyent plainement

[b] York.                    [c] ainfi.

levez.

levez. Et en outre, en plain declaracion de noſtre volonte, nous volons & ordonnons que ſi les ſommes a nous dues par noſtre ſoverain ſeignour le Roy,  et les Ducs de Berry, Orleans, Burbon, & Alancon, ſoient paiez apres noſtre mort, nous volons qe le ſomme levee en la vie de noſtre dit compaigne pour paier noz dettes de noz dits chaſteaux, manoirs, ſervices, terres ou tenements, ſoient repayes a noſtre treſchier compaigne, pour ce qe nous volons qe elle eit les chaſteaux & ſervices ſuiſditz pour terme de ſa vie de don & grant de nos feffees. Item nous volons & ordinons, qe touts les revenues & proffitz, provenantz de la garde de touz lours terres & tenements, ſi bien de noſtre treſchier fils Henri counte de Somerſet, come de Thomas filz & heir a Monſ'r Morice Ruſſel chevalier, enſemblement ovec les mariages d'icell, ſoient diſpoſez & diſpenduz en ayde du payement de noz dettes ſuiſditz. Et ſi le dit Henri conte ou le dit Thomas Ruſſell devie[d] deins aige, lours heirs deins age eſteantz, adonques nous volons & ordonnons qe les gardes & marriages de lours heirs, terres, & tenements ſuiſditz, de heir en heir, ſoient diſpoſez & deſpendus de noz dettes ſuiſdites, de & pour accomplir noſtre teſtament & derraine volunte. Pourveu toutefoiz que les profits & les revenues de la garde des terres & tenements ſuiſditz, de noſtre dit filz, par deux ans entiers prochains devant le plain age du dit Henri noſtre filz, ſoient deliveres al oeps & profit du meſme noſtre filz le Counte pour mieulx ſon eſtat

[d] deceaſe.

H h 2                                   ſuſtenir.

fuftenir. Item, nous volons & ordonnons que tantoft apres que noz dettes & noftre derraine volunte foient payes & acomplies, que noz feffes de noz chafteaux, manoirs, fervices, terres, & tenements fuifditz, facent eftate a Margarite noftre trefchiere compaigne en les ditz chateaux, manoirs, fervices, terres, & tenements, o ᵉtouts lours appurtenances fuifdits, pour terme de fa vie; le remaindre, fi nous devions fans heir de noftre corps, des dits chateaux, manoirs, fervices, terres, & tenements, o ᵉlours appurtenances, a Henri noftre dit filz conte de Somerfet, et a fes heirs mafles de fon corps engendres : Et s'il aviegne que noftre dit filz devie fanz heir mafle de fon corps engendres, nous volons & ordonnons que la reverfion des ditz chateaux, manoirs, fervices, terres, & tenements, ovec touts lours appurtenances, remaigne a noftre foverain feignour Henri le Roy d'Angleterre le quint, et a fes heirs roys d'Angleterre, pour tous jours. En tefmoignance de la quel chofe a ycefte noftre derraine volunte enclofe nous avons fait mettre noftre feal. Donne comme deffus.

Probatio dicti teftamenti apud Lambeth coram Henrico Chichele Cant' archiep', die menfis xxiii° Novembris anno Domini 1423.

Regifter Chichele pars prima, fol. 376. b. 377. a. b. in the Archiepifcopal regiftry at Lambeth.

ᶜ f. *ove*, with.

Thomas

Thomas of Lancaſter, ſecond ſon of Henry IV. was created earl of Albemarle and duke of Clarence 1412, conſtable and lieutenant-general of the army in France and Normandy, loſt his life on Eaſter-eve 1421, by incautiouſly encountering the French and Scots at Baugé, where he was borne down by a Scots lance, and with him fell ſeveral gallant officers, and 2000 private ſoldiers, beſides many of both ranks made priſoners. His corps was brought over and buried at Canterbury in St. Michael's chapel in the South tranſept; but as his will directs that it be laid at the feet of his father, we muſt ſuppoſe the tomb whereon his image lies at Canterbury, was, with reſpect to him, only an honorary cenotaph. See it in Sandford, p. 310. and Dart. He married Margaret Holland widow of John Beaufort earl of Somerſet, whoſe eldeſt ſon Henry he ſeems to have adopted, having no legitimate children of his own, Dugd. Bar. II. 196. Sandford, p. 309.

HENRY

# H E N R Y  V.

IN ye worſhip of ye bleſſed Trinite, of oure laide Saint
Marie, and of alle ye bleſſed company of Heven : I
Henry, by ye grace of God Kyng of Yngland and of
France, lord of Irland, atte makyng of yes preſentes
lettres, y ordeynet and diſpoſet to paſſe in to ye parties
of France, to recover by help of God, my rightes yere to
me longyng, have do write my wille and entente in
manere aftir foloyng.  For as much as before yis tyme I
have enfeffed ſymplich and without condicion Henry [a]
erchibiſhop of Cant'bury, Henry [b] biſshop of Wyncheſtre,
Thomas [c] biſhop of Dureſme, Richard [d] biſhop of North-
wich, Edward duc of York, Thomas erl of Aroundell,
Thomas erl of Dorſet, Rauf erl of Weſtm'land, Henry
lord filz Hugh, Roger Leche, Wautier Hung'ford, and
Johan Phelip, knyghtes, Hugh Mortymer, Johan Wodehous, and Johan Leventhorp, eſcuiers, in ye caſtil and
lordſhip of Hegham Ferrers [e], and in other lordſhips, ma-

[a] Chicheley.          [b] Beaufort.          [c] Langley.
[d] Courtney died at the ſiege of Harfleur, 1414.
[e] This eſtate was granted on the attainder of Robert earl of Ferrers,
50 H. III. to Edmund the king's younger ſon, created earl of Lancaſter,
and after his attainder reſtored 17 E. II. to his brother Henry, by whoſe
grand-daughter Blanche it devolved to John of Gaunt, and ſo paſt to his
ſon and grandſon Henry IV and V.  The latter ſettled it as above recited :
E. IV. and ſucceeding kings, granted it to different perſons, and it now
belongs to the honourable Thomas Wentworth, eſq.  See Bridges's Northamptonſhire, II. 171—173.

noirs,

noirs, landes, tenementz, and othir poffeffions, to me
defcended as to foon and heir aftir my lord my fadir
Henry of Lancaftre, laft before me Kyng of Yngland and
of France, Lord of Irland, ye whiche God affoille, as it is
more fpecialy writen in my lettres patentes yerof maad:
And alfo atte fame tyme by myn othir Lettres patentes I
enfeffed ye forfaid feffez in ye caftils and manoirs of
Halton[f] and Clyderhow[g], and in othir lordfhips, manoirs,
landes, tenementz, rentes, fervices, and othir poffeffions,
to me defcended in manere aforefaid, als to foon and heir
aftir ye forfaid my lord my fadir; and alfo in othir
landes, tenementz, and poffeffions purchaffet, as it is
fully contenet in ye faid myn othir lettres patentes: Alle
ye whiche caftils, lordfhips, manoirs, landes, tenementz,
rentes, fervices, and othir poffeffions, been of ye value of
$\frac{m^l}{v^j}$li. yerely, whenne yai be defcharged of fiez and annuytes with ye whiche yai be now charged: And now
it is fo, yat of ye forfaid feffez Richard yat was bifshop
of Norwich, Edward yat was duc of York, Thomas yat
was erl of Aroundell, Roger Leche and Johan Phelip,
knyghtes, and Hugh Mortymer, efcuier, be deed: Wher-
fore I wol and pray de forfaid Erchibifshop, bifshops of
Wyncheftre and Durefme, Thomas now duc of Exceftre
and erl of Dorfet, Rauf erl of Weftm'land, Henry lord
filz Hugh, Wautier Hung'ford knyght, Johan Wodehous,
and Johan Leventhorp, efcuiers, now beyng on lyve,

---

[f] in Chefhire.                    [g] Clithero in Lancafhire.

yat thogh yai with othir before nemet been fymplich
and without condicion enfeffed in alle ye forfaid caftils,
lordfhips, manoirs, landes, tenementz, rentes, fervices,
and othir poffeffions; nethiryelees yat of all ye faid
caftils, lordfhips, manoirs, landes, tenementz, rentes,
fervices, and othir poffeffions, yai wil do fulfille my
wille and entent aftir writen; but if it fo befalle yat or I
paffe out of yis world, I change yis wille: And in yat
cas I wol and pray ye forfaid feffez, yat yai do fulfille
my latter wille, ye whiche yai may be certifiet of be
my lettre fubfcribed with myn owen hand, and enfeelet
with my feel: Firft, I wol and pray ye forfaid feffez, yat
at what tyme in my lyve I do afk hem yai refeffe me
agayn, or do make feffements to othir perfonne or perfonnes at my nominacion, in alle ye forfaid caftils, lordfhips, manoirs, landes, tenementz, rentes, fervices, and
othir poffeffions, in bothe my forfaid lettres patentes
efpecifiet, in fuche forme and manere as it fchal like me
defire for ye tyme: And if before fuche refeffement or
feffements it happeth yat I paffe out of yis world, yenne
it is my wille, and I pray ye forfaid feffez, yat yai enformet
by hem yat ar or fhal be nemet executors of my teftament, how fer my godes moeble may fuffice to ye paiement of my dettes, and fulfillyng of my laft wille; and
if it fo be yat ye forfaid feffez may conceyve yat ye faid
executors with my godes moeble may noght paie my
dettes, and do playn execucion of my laft wille; Thanne
it is my wille, yat of ye iffues, profitz, and revenues, of

                                                    alle

alle ye forfaid caftils, lordſhips, manoirs, landes, tenementz, rentes, ſervices, and othir poſſeſſions, yat ſhal
be receyvet by the forſaid feffez, or by any of hem,
foms fufficientz and neceſſaries by hem be paiet from
tyme to tyme to my forſaid excecutours yerof, to paie my
dettes, and do playn and entier execucion of my laſt
wille : And I wol yat alle ye forſaid caftils, lordſhips,
manoirs, landes, tenementz, rentes, ſervices, and othir
poſſeſſions, ye forſaid feffez hold in hir owen poſſeſſion
til my dettes be playnly paiet, and my laſt wille entierely
execut : And yat doen and performet, thanne I wol and
pray ye forſaid feffez, yat if yer be at yat tyme on lyve
any heir of my body goten, yai wil do enfeffe my ſame
heir in alle ye forſaid caftils, lordſhips, manoirs, landes,
tenementz, rentes, ſervices, and othir poſſeſſions, in bothe
my forſaid lettres patentes eſpecifiet, to have and to hold
to my ſaid heir in fuche eſtat as I had in ye ſame caftils,
lordſhips, manoirs, landes, tenementz, rentes, ſervices,
and othir poſſeſſions, or I yerof mane any enfeffement
in manere aforefaid: And if fo befalle yat without heir of
my body comyng I paſſe out of yis world, or I afk any
fuche refeffement or feffements as is beforefaid, thanne I
wol and pray ye forſaid feffez . . ye forſaid caftil and lordſhip of Hegham Ferrers, and in alle othir lordſhips, manoirs, landes, tenementz, rentes, ſervices, and poſſeſſions,
in my forſaid lettres patentes, with ye forſaid caftil and
lordſhip of Hegham Ferrers eſpecifiet, Yat, ſeen firſt and
underſtanden ye chartiers, muniments and evidences, by
force of whiche ye ſame caftil and lordſhip of Hegham

Ferrers,

Ferrers, and othir lordfhips, manoirs, landes, tenementz, rentes, fervices and poffeffions expreffet in ye fame my lettres patentes defcendit to me in heritage, ye faid feffez do enfeffe my right heirs in the fame caftil, lordfhips, manoirs, landes, tenementz, rentes, fervices, and othir poffeffions, to have in fuche and like eftat as I had yereinne before my feffement aforefaid; forthermore I wol and pray ye forfaid feffez, yat firft my dettes paiet, and plain and entiere execucion of my laft wille doen, ye forfaid feffez in ye forfaid caftils and manoirs of Halton and Cliderhow, and in alle othir lordfhips, manoirs, landes, tenementz, rentes, fervices, and othir poffeffions, in my forfaid lettres patentes, with ye forfaid caftils of Halton and Clyderhow efpecifiet, do departe as evenly as yay may in two parties egales ye fame caftils and lordfhips, manoirs, landes, tenementz, rentes, fervices, and othir poffeffions, with ye faid caftils of Halton and Cliderhow, expreffet in ye fame my lettres patentes : And in as much as yai may godely, ye forfaid feffez do affigne in ye toon of ye faid two parties, caftils, lordfhips, manoirs, landes, tenementz, rentes, fervices, and othir poffeffions, in ye South coftees ; and in ye tothir of ye faid two parties, ye faid feffez do affigne caftils, lordfhips, manoirs, landes, tenementz, rentes, fervices, and othir poffeffions in ye North coftees of Yngland; and fuche departifon maad by ye faid feffez, I wol and pray hem yat in alle ye faid caftils, manoirs, landes, tenementz, rentes, fervices, and othir poffeffions, with alle yaire appurtenances yat fhal in ye forme before faid be affignet in faid North coftees of

I                                              Yngland,

Yngland, ye faid feffez do enfeffe my brothir Johan duc
of Bedford to have and to hold to hym and to his heirs
mals of his body comyng: And if it fo befall yat my
forfaid brothir Johan without heir mal of his body
comyng departe out of yis world, thanne I wol yat alle
fame caftils, lordfhips, manoirs, landes, tenementz, rentes,
fervices, and othir poffeffions, fo geven to my faid brothir Johan after his deceffe, noon heir male of his body
yenne beyng on lyve, remaigne to myn heirs kynges of
Yngland, and be annexet to the corone of Yngland for
evermore, in ye beft forme yat ye forfaid feffez, by avys
of confeil of lawe, kan ordeigne or devyfe: And alffo I
wol and pray ye forfaid feffez, yat in alle ye forfaid
caftils, lordfhips, manoirs, landes, tenementz, rentes,
fervices, and othir poffeffions, with alle yair appurtenances yat fhal in ye forme aforefaid be affignet in ye
faid South coftees of Yngland, ye faid feffez do enfeffe my
brothir Umfray duc of Glouceftre to have and to hold
to hym and to his heirs mals of his body comyng: And
if it fo befalle yat my forfaid brothir Umfrey without
heir mal of his body comyng departe out of yis world,
thanne I wol yat alle ye fame caftils, lordfhips, manoirs,
landes, tenementz, rentes, fervices, and othir poffeffions
fo geven to my faid brothir Umfray after his deceffe, noon
heir mal of his body yenne beyng on lyve, remaigne to
myn heirs kynges of Yngland, and be annexet to ye Corone
of Yngland for evermore, in ye beft forme yat ye forfaid
feffez, by avys of confeil of lawe, kan ordeigne or devife:
And if it fo befalle yat or my dettes be fully paiet, and

H h 6                                          my

my laft wille playnly execut, ye forfaid feffez dyee alle
fave thre, two, or oon, thanne I wol and pray the thre,
two, or oon, yat yai in alle ye forfaid caftils, lordfhips,
manoirs, landes, tenementz, rentes, fervices, and othir
poffeffions, in bothe my forfaid lettres patentes expreffet
yai do enfeffe two of the xii perfonnes of ye which ye
names been hereaftir writen, Robert[h] bifshop of Salefbury,
Johan[i] bifshop of Coventre and Lichefeld, Edward Courteney, Gilbert Talbot, Johan Neville, knyghtes, Robert
lord of Wylughby[k], Edward Holand, Gilbert Umfraville,
Johan Rodenhale, and Robert Babthorp, knyghtes, Roger
Flore, and Johan Wilcotes, efcuiers; and yat yenne in
alle ye forfaid caftils, lordfhips, manoirs, landes, tenementz, rentes, fervices, and othir poffeffions, ye forfaid
two do refeffe yaire feffours or feffour, and ye remaig-
nant of ye faid xii perfonnes yat yenne fhal happen to be
on lyve, for to fulfille and execut all yat at yat tyme
happeth to be unparformet of all my wille before writen.
And in witneffe yat this is my full wille and entente, I
have fet herto my grete feel, and my feel yat I ufe in
ye governance of myn heritage of Lancaftre: And I have
fubfcribed with myn owen hand yes prefentes lettres
endentet and inpartit, and do clofe hem undir my prive
feel, ye xxi day of Juyl, ye yere of our Lord a thowfand
foure hundred and feventene, and of my regne fift. This
is my ful wille God knoweth.

[h] Robert Hallam, 1408—1417.
[i] John Keterich, 1415; tranflated to Exeter 1419.
[k] Robert lord Willoughby of Erefby, a gallant commander in this king's
and his fon's French wars; died 30 H. VI. Dugd. Bar. II. 85.

Voluntas

Voluntas metuendiſſimi domini noſtri regis intimanda feoffatis ſuis in c'tis dominiis hereditatis Lancaſtr'.

For a tranſcript of this will (from the original in the
Chapter-houſe at Weſtminſter) I am indebted to my worthy friend Abraham Farley, eſq. deputy chamberlain of the
receipt of his Majeſty's Exchequer.

Henry V. the Conqueror of France, was born 1388;
and, after a ſhort but glorious reign of 9 years, 5 months,
and 14 days, died in the 34th year of his age of a fever
and flux, at Bois de Vincennes in France, Aug. 29, 1422;
and was buried in the Confeſſor's chapel at Weſtminſter,
in a little chapel, enlarged and beautified by Henry VII.
and now kept lockt, where his monument and effigy; a
headleſs defaced trunk of oak, remains.   See Sandford,
289, 290.

See in Rymer, X. 506, a writ from Henry VI. to make
good the payment of the legacy of £.200. to the clerks of
Henry V's chapel, out of the lands and caſtles in the hands
of the archbiſhop, &c. to be by them made over to the
other executors, Walker Lord Hungerford, William Porter, Robert Babthorp, and John Leventhorp.   Dated at
Weſtm. May 12, 1432.   10 Henry VI. Rot. Parl. IV.
p. 393.   A writ 3 Henry VI. 1425. in Rymer, X. 346.
(tranſcribed in the Appendix to this volume, p. 407.) ſpe-
cifies veſtments left by Henry V. to nine churches in
France, which do not appear here.

I i                    KATHE-

# KATHERINE, QUEEN OF HENRY V.

THIS Princefs, youngeft daughter of Charles VI. king of France, born Oct. 27, 1400, was married June 3, 1420, to Henry V. by whom fhe had one fon, afterwards king Henry VI. In 1428, fhe took to her fecond hufband Owen Tudor, a Welfh gentleman of little fortune, though of illuftrious birth, by whom fhe had three fons: 1. Edmund, created earl of Richmond, married to Margaret daughter of John Beaufort duke of Somerfet, by whom he had king Henry VII. and dying 1456, was buried at St. David's, where his monument remains in the middle of the choir. 2. Jafper, created by H. VI. earl of Pembroke, which title he was twice deprived of by E. IV. but reftored by Henry VII. and alfo created duke of Bedford. He married Catherine Rivers, and died 11 H. VII. and was buried in Keynfham abbey, Oxfordfhire; his natural daughter Helen was mother of bifhop Gardener. 3. Owen, a monk at Weftminfter.

She died at Bermondfea Jan. 2, 1437, and was buried at Weftminfter by her firft hufband. Her corps, being taken up when her grandfon Henry VII. laid the foundation of his new chapel, remained above ground till it was pulled to pieces by the fpectators and Weftminfter fcholars; and what remains, being fome maffes of flefh dried as if tanned, is kept in a box within her hufband's chapel.

It

It being notified to king Henry VI, in parliament, that his mother had made him executor of her will; the king appointed Robert Rolleston clerk, keeper of the great wardrobe, John Merston and Richard Alrede esquires, to execute the said queen's will, under the direction of Henry Beaufort bishop of Winchester, the duke of Gloucester, and the bishop of Lincoln, or any two of them, to whom they should account. The original will is not now to be found; but the commission for executing it is as follows:

REX, omnibus ad quos, &c. Salutem. Sciatis, quod cum recolende memorie domina Katerina nuper regina Anglie, mater nostra precarissima, nos in testamento suo solum executorem suum ejusdem testamenti nominaverit; ac nos considerantes, qualiter propter ardua & urgentia negotia, nos, statum & utilitatem regni nostri intime concernentia, taliter in presenti occupati & prepediti sumus, quod circa ea que pro debita & celeri expeditione executionis testamenti predicti pertinent faciend' & explend' commode & effectualiter intendere non possumus, ut vellemus; Volentes igitur, pro cura & administratione in hac parte fiend', ne executio ejusdem testamenti in defectu nostri ex causis predictis aliqualiter retardetur, ordinare & in quantum possumus, ut tenemur, providere; de assensu dominorum spiritualium & temporalium, ac consensu communitatis regni nostri Anglie, in presenti parliamento nostro existen', auctoritate ejusdem parliamenti, ordinavimus & deputavimus, dilectos & fideles nostros, Robertum

Rolleston

Rollefton clericum cuftodem magne garderobe noftre,
Johannem Merfton armigerum, & Ricardum Alred armigerum, ad omnia & fingula jocalia, bona, catalla, &
denariorum fummas, ac debita, compota & arreragia firmarum, ac aliorum debitorum quorumcumque, que fuerunt predicte matris noftre, vel fibi quomodolibet fpec-
tantia five pertinentia, infra regnum noftrum Anglie &
extra, die confectionis teftamenti predicti feu poftea, de
omnibus officiariis & miniftris ipfius matris noftre, ac aliis
perfonis quibufcumque, per indenturas inde inter ipfos
Robertum, Johannem, & Ricardum, & predictos officia-
rios, miniftros, feu perfonas debite conficiend'; necnon omnium fummarum debitorum debita per quafcumque perfonas, & a quibufcumque debita, que fuerunt prefate matris
noftre, aut de jure legis noftre Anglicane eidem matri
noftre qualitercumque effe aut accidere debuerunt, recipiend' & levand'.   Volumus etiam, & auctoritate predicta
ordinamus, quod predicti officiarii & miniftri prefate matris
noftre, ac alie perfone predicte, omnia & fingula jocalia,
bona & catalla predicta, eifdem Roberto, Johanni, & Ricardo, per hujufmodi indenturas omnino reddere & liberare teneantur: quibufcumque adquifitionibus & proprietatis mutationibus, que de prefata matre noftra, poft pri-
mum diem Januarii ultimo preteritum, ad inftantiam
fervientum feu familiarium fuorum vel alicujus eorum,
ipfa in extremis languente, fieri pretenduntur, penitus
caffatis & irritatis. Et quod predicti Robertus, Johan-

nes,

nes, & Ricardus, omnes & fingulas denariorum fummas,
per ipfos, vel eorum aliquem recipiend', feu levand', pro
victualibus hofpitii prefate matris noftre in vita fua, ac
pro victualibus eorum qui idem hofpitium fuo nomine
poft mortem fuam continuarunt, & per tempus quod
duxerimus limitand' continuabunt; necnon pro vadiis,
feodis, & annuitatibus, pro expenfis camere & garderobe
predicte matris noftre, ac moneta pre .... & aliis quibufcumque debitis fuis, & pro expenfis circa exequias fuas,
necnon pro aliis pietatis operibus, juxta piam intentionem
& ultimam voluntatem dicte matris noftre perimplend',
per avifamentum, fupervifum & contrarotulationem venerabilis patris Henrici cardinalis Anglie, & Humfridi ducis
Glouceftre, avunculorum noftrorum cariffimorum, necnon
venerabilis patris Willielmi [a] epifcopi Lincoln', vel duo-
rum eorum, feu deputatorum fuorum in hac parte, expendant, applicent, convertant & fideliter adminiftrent;
& cum fuper hoc debite requifiti fuerint, fidelem compotum inde prefatis cardinali, duci & epifcopo, aut duobus
eorum, feu eorum deputatis, infra duos annos prox' poft dat'
prefentium ad ultimum jufte reddant; rationabilibus expenfis
& regardis [b] eis, pro eorum laboribus, per fupervifores predictos,
vel duos eorum, feu dictos deputatos fuos, debite allocand';
quodque compoto illo finito, deinceps ab ulteriori compoto
five ratiocinio inde reddendo penitus exonerentur, ac adeo liberi fint & illefe conditionis tam erga nos, quam erga prefatos
cardinalem, ducem & epifcopum, & quemlibet eorum, ac

[a] William Alnwic, 1435—1450.  [b] rewards.

alios

alios quoſcumque, ſicut ipſi aliquam receptionem, leva-
tionem, occupationem, ſolutionem ſive adminiſtrationem
hujuſmodi jocalium, bonorum, & catallorum, ſummarum
denariorum debitorum, ex preſenti ordinatione & depu-
tatione noſtra, ſuper ſe nuſquam aſſumpſiſſent. Volumus
inſuper, ac de aviſamento, aſſenſu, & auctoritate predictis,
ordinamus, concedimus, & ſtatuimus, quod predicti Robertus, Johannes, & Ricardus, executores teſtamenti predicti nuncupari, ac omnimodas actiones perſonales, per
que bona & catalla aut denariorum ſumme, ſive debita,
prefate matri noſtre qualitercumque ſpectantia ſive pertinentia, de jure recuperari debeant vel deberent, in qui-
buſcumque curiis noſtris, & aliorum quorumcumque, pro
eiſdem bonis & catallis, ac denariorum ſummis, & debitis recuperand', ut executores teſtamenti predicti, pro-
ſequi & in eiſdem actionibus licite valeant & debeant
reſponderi, ac ſi ipſi per prefatam matrem noſtram executores teſtamenti ſui predicti in eodem teſtamento nominati fuiſſent; & quod ipſi auctoritate predicta, de omnibus
placitis & querelis, actionibus & demandis, per creditores
prefate matris noſtre, aut alias ſeu aliam, perſonas vel per-
ſonam, verſus predictos Robertum, Johannem, & Ricardum,
heredes, executores, deputatos, attornatos & ſervientes, ſeu
eorum aliquem, occaſione receptionis, levationis, occupationis, ſolutionis ſive adminiſtrationis predictorum jocalium, bonorum, aut catallorum, ſeu ſummarum denariorum debitorum capiend', proſequend' aut movend', in
futur' quieti & exonerati, ac querentes & implacitantes
                                                        eos,

eos, vel eorum aliquem, de omni actione preclufibiles &
preclufi in hac parte exiftant imperpetuum: Dantes eifdem
Roberto, Johanni, & Ricardo, & eorum cuilibet, plenam
auctoritate predicta poteftatem conficiendi & liberandi
quibufcumque perfonis literas acquietantie, de & fuper
hujufmodi liberatione & receptione jocalium, bonorum,
catallorum, denariorum fummarum, & debitorum, eis aut
eorum alicui exnunc faciend'. Et quod cancellarius Anglie,
vel cuftos magni figilli noftri, vel heredum aut fucceſſorum
noftrorum pro tempore exiftens, auctoritate predicta, fieri
fac' & liberare teneatur predictis Roberto, Johanni, &
Ricardo, & eorum cuilibet, ac heredibus, executoribus,
deputatis, attornatis, & fervientibus fuis, & cuilibet eorum,
tot & talia brevia de fuperfedeas, in quibufcumque placitis
& querelis, verfus ipfos, feu eorum aliquem, contra
formiam & effectum prefentium movend', quot & qualia
eis, aut eorum alicui, in hac parte fuerint neceſſaria feu
quomodolibet oportuna; aliquo ftatuto feu alia caufa quacumque non obftant'. In cujus, &c. Tefte &c.

Qua quidem cedula, in parliamento predicto lecta &
plenius intellecta, de affenfu dominorum predictorum,
ac confenfu communitatis predicte, refpondebatur eidem
in forma fubfequenti:

Fiant litere regis patentes debite in forma predicta. Salvis
venerabili patri Henrico archiepifcopo Cantuar', jure & li-
bertate fuis ecclefiafticis, que fibi in hac parte competunt, feu
compete re poterunt quovis modo.

Rot. Parl. 15 Hen. VI. n. 32. Vol. IV. p. 505.
THOMAS

# THOMAS BEAUFORT, DUKE OF EXETER.

IN nomine fancte & individue trinitatis, patris & filii & fpiritus fancti, Amen. Die dominica xxix die Decembris, A. D millefimo cccc$^{mo}$ xxvi$^{to}$. Ego Thomas Dux Exon, fane mentis & bone memorie exiftens, condo teftamentum meum ultimam voluntatem meam continens in hunc modum. In primis lego animam meam Deo omnipotenti creatori redemptori & falvatori meo, beate Marie femper virgini matri fue, & omnibus fanctis; corpufque meum fepeliend' cum Margareta uxore mea in capella fancte Marie annexa ecclefie fancti Edmundi de Bury, Norwic' dioc'. Item volo quod ftatim poft mortem meam, hoc eft primo die fi fieri potuerit, vel fecundo, vel tercio, abfque ulteriori dilacione celebrentur' mille miffe pro anima mea, animabus honorandi domini & patris mei, venerabilifque domine matris mee ac omnium benefactorum meorum & fidelium defunctorum. Quarum mille miffarum volo quod cc fint de trinitate, alie vero cc de fpiritu fancto, alie de fancta Maria, alie cc de omnibus fanctis c de angelis et cc de officio " requiem eternam;" et cuilibet celebranti tociens lego quatuor denarios in forma pure elemofine quot miffas iftarum celebraverint ut in

fingulares

fingulares perfonas non in communitates ifta legacio fiat.
Item volo quod circa fepulturam meam, five circa meas
exequias principales, non fint nimis fumptuofe feu pom-
pofe expenfe, nec alique nifi fecundum difcrecionem fuperviforum teftamenti mei, executorumque ejufdem, fed tantum quinque ordinentur cerei, ftantes fuper quinque candelabra circa corpus meum, fine ampliori apparatu qui in
talibus ordinari feu fieri confuebat. Item volo quod in die
fepulture, five exequiarum mearum principalium, fint tot
torchei circa corpus meum continue ardentes ad Placebo
et dirige, & in craftino ad miffam, & toto tempore fepulture mee quot annos vixi, miferante Deo, in vita prefenti,
ufque ad tempus illud, & remaneant dicti torchei omnes
& finguli in eadem ecclefia, poft fepulturam meam ubi
corpus meum fepelietur ad illuminand' in elevacione corporis domini Ihefu Chrifti. Et volo quod tot fint pauperes
viri quot erunt torchei qui eofdem torcheos toto pre-
fcripto tempore teneant, & habeat quilibet eorum unam
togam, & unum capicium * de albo panno, & tot denarios
quot annis vixi ut fupradictum eft. Item volo quod tot
eligantur mulieres egene & bone fame & indigentes quot
erunt viri pauperes tenentes torcheos predictos, & habeat
quilibet earum unam togam & unum capicium de albo
panno & tot denarios quot & pauperes prefcripti. Et predicti omnes tam viri quam mulieres onerentur caritatis
intuitu animam meam, animafque Margarete uxoris mee,

---

* *capuche*, hood.

K k                                        parentum,

parentum & progenitorum meorum, benefactorum ac omnium aliorum pro quibus teneor exorare vel exorari facere,
& omnium fidelium defunctorum precibus fuis devotis
Deo & fanctor' patrociniis humiliter commendare. Item
volo quod in die fepulture mee five exequiarum mearum
principalium generalis fiat diftribucio fub hac forma, quod
cuilibet venienti & in forma pauperis elemofinam petenti
unus diftribuatur denarius; & in quolibet anniverfario tam
mei, quam Margarete uxoris mee, volo quod abbas predicti
monafterii fi prefens fuerit habeat vi s. viii d. prior vero fi
prefens fuerit habeat iii s. iiii d. et quilibet ceterorum
monachorum ejufdem monafterii qui in dictis anniverfariis
prefens fuerit habeat xx d. Et pro cuftagiis, fumptibus, &
expenfis dictor' anniverfarior' noftror' lego & affigno pre-
fato monafterio fancti Edmundi cccc marc' ufualis monete
Anglie de bonis meis, & hac fub condicione, fi videlicet
ipfe dominus abbas, cum ceteris monachis monafterii ejufdem, manucapere & fufcipere fuper fe voluerint, infra tempus certum, de confenfu executor' & fuperviforum meorum ipfis limitandum, ipfum monafterium in tantum
dotare ecclefiarum appropriacione, vel terrarum empcione,
earumdemque mortificacione, quod ex earum valore poterint onera predict' anniverfarior' de cetero imperpetuum
infallibiliter fupportare, fideliterq' & effectualiter adimplere.
Quod fi predictus dominus abbas & monachi cum condicione
& modificacione oneris predicti modo quo prefertur, recipere prefat' cccc marc' deliberate recufaverint, tunc volo
quod

quod per avifamentum & difcrecionem fuperviforum &
executorum teftamenti mei predicti, predicte cccc marc'
deliberentur & erogentur in ufum operum mifericordie,
videlicet in fuftentacionem & relevacionem tam monachorum, canonicorum, monialium, quam alior' pauperum ubi
conveniencius ad Dei laudem, & honorem & falutem anime
mee, magis predictis fuperviforibus & executoribus videbitur expedire; & quod hoc fiat cum feftinacione qua commode & racionabiliter poterit adempleri. Item volo &
rogo quod fi predicti dominus abbas & monachi ejufdem
monafterii fuper fe fufcipere voluerint onus predictum in
forma, quod tunc in capitulis anniverfar' predict' prox'
preordinatis fpecialiter recommendentur dicti monafterii
monachorum precibus anima mea, Margarete uxoris mee
& anime parentum noftrorum, ac benefactorum, ac omnium pro quibus tenemur exorare vel exorari facere, ac
omnium fidelium defunctorum. Item lego domui Cartufien' de Monte Gracie ᵇ Eborac' dioc', quolibet anno a
tempore mortis mee xll. et hoc quamdiu dicta domus Cartufien' eft penfionaria vel penfione onerata Domine Johanne
Regine Anglie pro prioratu de Hynkleyᶜ Lincolnien' dioc'
dicte domui conceffo anno regni regis Henrici quinti
tercio. Et volo quod ceffante penfione ceffet & legatum.

ᵇ The Carthufian priory of Mountgrace, c. York, founded 1396, by
Thomas Holland duke of Surry and Kent (mentioned in note ᵉ, p. 196).
Tanner, p. 965.

ᶜ Hinckley was an alien priory of two Benedictine monks, belonging to
Lyra abbey in Normandy, and given for a time to the Carthufian priory of
Mountgrace, by R. H. wholly annexed to it by H. V. and after the diffolution, granted 34 H. VIII. to the dean and chapter of Weftminfter, who
ftill enjoy it. Tanner, p. 241.

Item

Item lego principali altari illius paroch' ecclesie infra cujus parochie limites continget me diem claudere extremum, nomine principalis five mortuarii, fecundum quod confuetudo illius loci expofcit & a morientibus ibidem folvi folebat. Item lego fabrice five ornamentis ejufdem ecclefie cs. Item lego cuilibet facerdoti in eadem parochia mortis mee tempore exiftenti vi s. viii d. Item clerico parochiali ibidem iiii s. iiii d. Item cuilibet domui Cartufien' in Anglia, domo Cartufien' de Monte Gracie folum except', v marc'. Item lego domino Johanni London in ecclefiæ Sancti Petri Weftmonafterii reclufo xl i. Item lego mulieri reclufe infra Bifhopefgate, London, xx s. Item lego domine Johanne reclufe in ecclefia Sancti Clementis extra Temple Barre, xx s. Item lego domine Alicie reclufe apud fanctum Albanum, xx s. Item lego cuilibet infirmo five invalitudinario infirmitatis, debilitatis, feu fenectutis caufa, in hiis quinque hofpitalibus exiftentibus, videlicet hofpitali fancte Marie, hofpitali fancti Bartholomei, hofpitali de Elfyng, hofpitali fancte Thome, et hofpitali fancti Egidii prope London, xii d. Item lego incarceratis hiis quinque carceribus, viz. Ludgate, Newgate, Flecte, Kyngesbenche, and Marchalfie, c li. diftribuend' pro eorum liberacione extra prifonam vel carceres, juxta difcrecionem executorum & fuperviforum meorum. Item lego ordini fratrum minorum in regno Anglie xl li. fecundum difcrecionem miniftri ejufdem ordinis & regni, ac diffinitorum [d] provincialis capituli in comunibus

---

[d] *Diffinitor* or *Definitor*, the vifitor of the order in general chapter. Du Cange.

ejufdem

ejufdem ordinis utilitatibus difponend'. Item lego ordini
fratrum predicatorum ejufdem regni xxli. Item lego ordini fratrum Carmelitarum ejufdem regni xxli. Et volo
quod fecundum difcrecionem provincialium ipforum ordinum ac diffinitorum capituli fuorum provincialium in
communibus ordinum utilitatibus expendantur. Item lego
ad honorem Dei omnipotentis, beate Marie femper virginis
matris fue, fancti Gregorii martiris, & omnium fanctorum ejus, ecclefie collegialis de Wyndefore meam maxi-
mam crucem de argento deaurato cum armis meis fuper
eandem. Item lego eidem ecclefie duas pelves de argento
deaurato cum nativitate domini & annunciacione beate
Marie ᵉ enamillat' in medio. Item lego eidem ecclefie unum
par turribulorum de argento deaurato. Item lego eidem ecclefie unum veftimentum ᶠ integrum rubei coloris melius quod
habeo de panno velveto aureo, id eft, unum cafulam cum
II dalmaticis, III albis, III amictis, II ftolis, III manipulis, II towaillis, cum toto ornamento pro altare & unum
corporas caas ᵍ uno panno pro pulpeto, VI capis, cum omnibus ceteris capis rubeis de panno aureo. Item lego

ᵉ 'This may help to folve the difficulty in note ᵗ p. 115, as it fhews the
Nativity and Annunciation were common fubjects for enamelling.

ᶠ *veftimentum*, a whole fuit of church apparel, comprehending the
*cafula* or cowl; the *dalmatica* or upper robe; the *alba* or albe, a kind of
furplice; the *amictus* or amice, anfwering to the fcarf; the *ftola*, which,
like the amice, went over the neck and hung down before, and was richly
embroidered; the *manipulus* or handkerchief, worn over the left arm; the
towels or napkins for the altar, which had alfo an altar cloth of linen, and
another to hang down in front of the altar, the fontlet and curtains, the
cafe for the pix, the pulpit cloth, and the *capæ* or copes. Du Cange in
vocib.

ᵍ corporax cafe, or cafe for the pix.

eidem

eidem ecclefie meliorem calicem cum patena quem habeo de argento deaurato cum angelis thurificantibus fupra pedem ejufdem cum II melioribus cruettis pro vino & aqua de argento deaurat'. Item quia chriftianiffimus [h] princeps dominus meus Rex convenire intendit, & pro Deo pofuit [i], cum principali & capitali domo cui prioratus de Hincley fupradict' attinebat in Francia, quod de appropriacione quarundam domorum ejufdem religionis [k] ad prioratum de Sion [l] apud Shene per eundem chriftianiffimum principem noviter fundat' & dotat' una & pro appropriacione ejufdem prioratus de Hincley ad prefatam domum Cartufien' de Monte Gracie, quod eadem domus principalis merito & jufte ftarei content' [m] hinc, et pro recompenfa domui principali faciend' pro fepe dicto prioratu de Hyncley, lego & affigno quingent' marc'. Et fi poft concordiam factam inter dominum meum regem, & domum capitalem in fummam in quam convenient pro toto appropriando precio pertinente dicto prioratui de Hynkley, ad plus fe extendit quam ad quingent' marc', tunc volo quod fuppleatur de refiduo bonorum meorum. Item lego ecclefie Cartufien' de Monte Gracie unam crucem de argento deaurato cum lapide vocato berill in pede ad fervan-

[h] This title has been claimed by the kings of France from the beginning of that monarchy, and confirmed by Pope Pius II. to Lewis XI. who leaft of all deferved it : It feems to be given here more as a complimentary epithet to our Henry VI. on account of his piety.

[i] Quære, bound himfelf before God.

[k] of the fame *order*.

[l] This is the priory of *Jefus of Bethlem*, begun by H. V. 1414, for 40 Carthufian monks. Tanner, p. 544.

[m] Sic Orig.

dum

dum corpus Chrifti. Item lego prioratui de Wormyngey[n]
unum veftimentum integrum blodii[o] pouderat' cum ftellis
aureis, id eft, unam cafulam, cum II dalmaticis, III albis,
III amictis, II ftolis, III manipulis, III capis, uno panno
ad ponend' ante altare, uno panno ad ponend' fuper altare,
& uno panno pro pulpeto, II towaillis pro altari cum fron-
tela, ac uno corporas caas, & II ridell[p], de eodem, nec non
II candelabris pro altari de argento, & meo majori Holi-
water ftoppe[q] de argento pro aqua benedicta cum afperforio
de argento. Item lego capelle Beate Marie[r] in ecclefia
fancti Edmundi de Bury in cujus parte boriali difpono
tumulari, unum veftimentum album de panno aureo, id
eft, unam cafulam, unam albam, unam amictam, unam
ftolam, unum manipulum, cum uno panno ad ponend'
ante altare, uno panno ad ponend' fupra altare. Item unum
calicem cum patena de argento deaurato, & II cruettis de
argento deaurato, & eciam II candelabra de argento & unum
miffale. Item lego monafterio monialium de Berkyng
unum veftimentum de nigro & viridi velveto aureo cum

[n] Wormegay, a priory of black canons in Norfolk, founded t. R. I. united
to Pentney, 1468. Tann. p. 354. The duke had a grant of the honor
of Wyrmgay, 9 H. IV. Dugd. II. 125.
[o] blue.
[p] curtains.
[q] veffel for holy-water: this term occurs frequently in Blomefield's Hift.
Norfolk.
[r] The chapel of the Virgin here mentioned appears to have been, not
where fuch chapels ufually were, at the E. end, but on the N. fide of the
choir. As the duke directs his body to be buried on the North fide of the
chapel, it may raife a doubt whether the body found, 1772, on the South
fide could be his. See Archæol. IV. 312. and plan.

orphareis

orphareis[s] de albo, id eſt, unum caſulam cum II dalmaticis, III albis, III amictis, duabus ſtolis, III manipulis, & III capis. Item lego ſorori mee Johanne[t] comitiſſe de Weſt-morland unum librum vocat Triſtram[u]. Item lego fratri meo Thome Swynford[x], unum ciphum cum coopertorio de argento deaurato ſecundum diſcrecionem executorum meorum nominand'. Item lego quaſdam ſummas auri inter armigeros meos, ceteroſque meos ſervientes diſtri-buend' prout patet inferius, videlicet Thome Swynford, L marc'. Matildi Fulſhurſt, x marc'. Georgio Wighton, xx marc'. Johanni Walpoole, xL marc'. Willielmo Fre-nyngham, x marc'. Nicholao Porpoint, x li. Ricardo Togood, x li. Thome Swanton, c s. Johanni Smyth, v marc'. Johanni Kirton, x li. Willielmo Frere, x marc'. Roberto Bedelyngton, x li. Petro Walpole, c s. Johanni Northwode, xx li. Johanni Bermyngham, x li. Will. Bolton, xL li. Thome Sandon, xx marc'. Thome Boſwyle, x li. Johanni Aubrey, c s. Johanni Felix, c s. Johanni Neve, xL s. Thome Parys, c s. Johanni Lucas, xx marc'. Willielmo Burgh, xx marc'. Ricardo de Chaundrey, c s. Johanni Doucheman, x li. Johanni Maxey, c s. Will. Hert, v marc'. Alano Holme, c s. Johanni Gregory, xL s. Simoni Crokehorn, c s. Johanni Sumpterman, x marc'.

[s] Fringes of gold thread. Du Cange in voc. *Aurifrigium. Orfryſ.* Chaucer's Romant of the Roſe.

[t] Joan Beaufort married to her 2d husband Ralph Neville firſt earl of Weſtmorland, and died 1440. See before, p. 176.

[u] A romance of that name.

[x] His mother's ſon by her firſt huſband Sir Otes Swynford.

Roberto

Roberto Norman, xl s. Rogero Brice, xl s. Henrico Haunfon, x li. Chriftoforo Pulford, c s. Ric' Ryxton, v marc' Henrico Porter, xl s. Willielmo de Coquina, xl s. Willielmo Brone, x li. Ignafio Clifton, x li. Radulpho Wadefwyk, xx mark'. Edmunde Thawer, x li. Item lego decano, prefbiteris, clericis & pueris qui mee modo capelle deferviunt, c li. fterling, pro qua fumma c li. habend' & diftribuend', ut prefertur, juxta difcrecionem executorum meorum, volo omnes et fingulos libros mee dicte capelle vendi meliori modo quo fciverint mei predicti executores, quibus libris fic venditis fi quid de predicta fumma c li. defuerit, id fuppleri volo de refiduo bonorum meorum. Item volo & ordino quod a die obitus mei ufque in diem fepulture mee, & eodem die, domus & familia mea in tali modo infra prout effe cognofcitur, pro prefenti, ad cuftus & expenfas meas per vifum & difcrecionem executorum meorum predict' cuftodiatur. Item volo quod executores mei attendant diligenter quod omnes qui tempore mortis mee erunt michi fervientes in familia domus mee, quibus in fpeciale nichil legavi, nec affignavi, racionabiliter remunerentur de robis & equis meis fecundum ftatus & gradus perfonarum, per difcrecionem dictorum executorum meorum. Item quia mutuum preftare pro Deo & nichil temporale inde fperare dinofcitur acceptum, complacitum pariter, & ab eo preceptum, idcirco prefentibus lego & affigno c li. ad deponend' in fecura cifta infra collegium Regine in univerfitate Oxon', ut fcolares indi-

L l

gentes

gentes per modum mutacionis inde releventur. Et volo
quod de predicta pecunia in cista repofita, ut premittitur,
ftatuta & confuetudines aliarum ciftarum in eadem univerfitate inviolabiter obferventur : & rogo quod mutuan-
tes, intuitu caritatis & divini amoris pro quibus ifta facio,
velint pro anima mea, & Margarete uxoris mee, ac pro
animabus parentum & progenitorum meorum, benefactorum, & omnium fidelium defunctorum preces offerre de-
votas Deo. Item fub eifdem forma, modificacione, & modo,
ac tenore verborum, lego & affigno cli. in fecura cifta ac
fecura cuftodia in aula fancte Trinitatis in univerfitate Cantebrigg' deponend'. Item volo quod omnium premifforum legatorum execucio differatur ufque dum omnia mea
propria debita, & ea que mihi incumbunt folvere pro
aliquibus neceffariis ad opus proprium pertinent' foluta
fuerint, except' folucione elemofine prius legate cele-
brantibus mille miffas pro anima mea ut prefertur in prin-
cipio; non defiderando, neque volendo, quod predicta legacio in parte vel in toto differatur propter folucionem
ftipendiorum domini mei regis, que nondum recepi, ymo
cum hujufmodi ftipendia domini mei regis fuerint re-
cept', volo quod cum omni expedicione qua fieri poterit
folvantur & diftribuantur unicuique prout per compotum
fecum racionabiliter fact' de jure debentur. Item lego &
do omnia mea mobilia, ubicumque fuerint inventa, ad
folucionem debitorum meorum, ac ultime hujus voluntatis
mee perfectionem & legal' folucionem. Item rogo & requiro

quiro ex parte Dei omnipotentis feoffatos dominiorum, maneriorum, terrarum, & tenementorum meorum, jam in poffeffione, quod ipfi perimpleant & impleri faciant fine diffimulacione aliqua ultimam meam voluntatem de dominiis, terris, & tenementis meis fupradictis, prout in quadam cedula inde facta & in prefenti teftamento inclufa plenius continetur. Et in forma fupradicta debitis meis folutis, ultimaque voluntate mea hoc prefenti teftamento meo infcripta perimpleta & executa, fi quid de bonis meis fuperfit, illud totum ordino & difpono fecundum difcrecionem executorum meorum, per infpectionem fuperviforum meorum hujus teftamenti mei effe diftribuend' modo quo fequitur, ut viz. quingente marce iftorum bonorum meorum que fic fuperfunt in quinque partes equales dividantur & diftribuantur hoc modo, videlicet, prioratui de Wirmingey[x], abbathie de Weftdereham[y], monafterio monialium de Crabhows[z], monafterio monialium de Thetford[a] in com' Northfolch' & prioratui de fancto Dionifio juxta Southampton[b], monafterio monialium de Marham[c], & monafterio monialium de Blakeberwe[d] in com' Northff' c marc' eifdem diftribuend' equis porcionibus, alie vero c marc' pro miffis

[a] See before, note[n].
[y] Weft Dereham, an abbey of Premonftratenfian canons, founded 1186. Tan. 352.
[z] or Wigenhale. An Auftin nunnery founded 1181. Ib. 350.
[a] Thetford nunnery was founded by Hugh Norwold, and the convent of St. Edmund's Bury. Ib. 349. Martin's Hift. of Thetford, p. 98—110.
[b] A priory of Black Canons, founded by H. 1. about 1124. Tan. 160.
[c] A Ciftertian nunnery, founded 1256. Ib. 361.
[d] Blackborough was made a Benedictine nunnery about 1200. Ib. 351.

pro

pro anima mea & animabus fupradictis celebrand'. Item,
c marce pro liberacione prifonariorum ubi magis neceffe
fuerit, & precipue apud London'. Item c marc' pro lepra
percuffis, & decubantibus in lectis, & c marc' pro factura
& emendacione viarum ubi magis neceffe fuerit in com'
Suff' & Effex. Et quamvis fuperius quibufdam meis fervientibus nominatim quafdam fummas legaverim ut fcriptum eft, nichilominus aliis fervientibus meis lego quafdam
fummas, quibus fervientibus fuperius non legavi ut patet
inferius. Nich'o Cheriton xli. Will'mo Harewode xl s.
Waltero Sarjaunt x marc'. Thome Bouchier x marc'.
Johanni Pyke v marc'. Ricardo Foteman v marc'. Ricardo
Pondeman v marc'. Ricardo Barbour xl s. Thome de
Halle xl s. Thome Chamber al' Lynk xl s. Henrico de
Spicery al' Newerk c s. Thome Lewyn ii marc'. Johanni
Hawflepe x marc'. Johanni Payn xl s. Roberto Hoode
ii marc'. Thomas Bullok xl s. Johanni Elmer ii marc'.
Ric'o Brewer xl s. Et de refiduo bonorum meorum lego
domibus pauperum religioforum, nec non mendicancium,
& pauperibus honeftis puellis maritand' que non habent
amicos ad eafdem maritand' ubi videbitur predictis executoribus meis ac fuperviforibus magis proficere pro falute
anime mee animarumque fupradictarum. Et iftius ultime
voluntatis mee ordino, facio, & conftituo, executores meos
dilectos michi in Chrifto dominum Willielmum Philip
militem, dominum Thomam Walbere rectorem de Hadley,
Willielmum Morley thefaurarium meum, Ricardum Aghton
armigerum, & Johannem Bertram; & lego cuilibet executorum

torum meorum prediɕorum xɪ. li. ſterling, eoſdemque one-
rando, quod ad honorem Dei, ac anime mee ſalutem, pro
hac mea ultima voluntate hoc preſenti teſtamento meo
inſcript' adimplend' ordinent, procurent, diſponant & 
adminiſtrent, prout omnipotenti Deo placere, ac anime mee
ſaluti magis proficere eiſdem videatur, ſicut in extremo
judicii examine ſe poterint excuſare.   Item volo quod una
tumba fabricetur ſupra ſepulturam, tam mei quam uxoris
mee prediɕo loco, pro cujus fabrica lego c li. ſterling ſi
neceſſe fuerit meliori modo quo poterit in hoc opere diſ-
ponend'.  Hujus inſuper teſtamenti mei adminiſtracionis
ſuperviſores ordino, facio, & conſtituo, dileɕos michi in
Chriſto magiſtrum Willielmum Alnewyk[e] epiſcopum Norwicen', magiſtr' Philippum Morgan[f] epiſc' Elien', dominum Ludovicum Robeſſart[g] militem, & dominum Walterum Hungerford[h] militem ; & lego cuilibet eorundem ſuper-

---

[e] 1426, tranſlated to Lincoln, 1436.

[f] tranſlated by bull from Worceſter to Ely, 1426, died 1435.

[g] Lewis Robſert, a native of Hainault, ſtandard-bearer to H. V. knight
of the Bath and Garter, and created lord Bourchier 3 H. VI. in right of
his wife Elizabeth, daughter and heir to Bartholomew lord Bourchier, died
1431, buried in St. Paul's chapel, Weſtminſter-abbey. On his monument,
among many other coats, are the arms of *Roet*, A. 3 wheels O and alſo
Roet's creſt, which ſhews he was related to the teſtator's family, Catherine
Swynford being daughter of Sir Payne Roet.  See Dart's Weſtminſter I. 181.
Dugd. II. 202.

[h] Sir Walter de Hungerford ſucceeded his father Thomas 1412, was one
of Henry the Fifth's executors (ſee before, p.  .) 6 H. VI. is ſtyled lord
of Heyhtſbury and Hemet, died Aug. 9, 1449, buried in Saliſbury cathedral
to which he had been once a great benefaɕor.  Dugd. II. 204.  His
chapel on the N. ſide of the nave ſerved as a pew for the mayor and
archbiſhop to hear the ſermon, till it was lately removed.

viſorum

viforum mei teftamenti unum ciphum cum copertorio de argento deaurato; eofdemque rogando humiliter & fpecialiter
ut hunc laborem, annuente Deo, meritorum in fe fufcipere
non recufent. Volo eciam quod omnium in hoc prefenti
teftamento premifforum & prefcriptorum difpoficio, ordi-
nacio, & adminiftracio, fiat per executores meos, qui bis in
anno prenominatis fuperviforibus meis fidelem compotum facere teneantur. Ac eciam volo quod executores
mei inveniant per duos annos immediate fequentes diem
obitus mei v capellanos feculares ad celebrand' pro anima
mea, & anima uxoris mee, & pro quibus deprecari teneor,
in monafterio Sancti Edmundi de Bury, ubi corpus meum
fepelietur, videlicet, quod unus capellanorum predictorum
celebrabit miffam de Trinitate, fecundus de Sancto Spiritu,
tercius de fancta Maria, quartus de die, & quintus de
requiem eternam. Et finaliter ipfam fanctam & indivi-
duam Trinitatem deprecor pro meis executoribus & eorum
fuperviforibus, ut pro me ac mea ultima voluntate in prefenti teftamento meo content' perimplend' difponant, &
adminiftrent, & adminiftracionem fupervideant, ut potiffime
omnipotenti Deo adminiftracio placeat, & anime mee ad
requiem & vitam eternam proficiat. Quodque Altiffimus
concedat, qui fine fine vivit & regnat, Amen. Dat' apud
manerium meum de Grenewych die & anno fupradictis;
et anno regni metuendiffimi domini mei regis Henrici
fexti poft conqueftum quinto.

Hec

Hec eſt ultima voluntas mei Thome ducis Exonie,
videlicet, quod fcoffati qui ad mei uſum feoffati ſunt in
maneriis de Weſthorpalle Marſhalle in Weſtthorp, Wyverſton Keveles in Wyverſton, Over Rekynghale, Watlesfelde,
Walſham, & Mutford; & advocacionibus eccleſiarum de
Weſthorp, Wyverſton, Rekinhall, & Watelesfelde, cum
omnibus & ſingulis pertinenciis ſuis in com' Suff' ac in
manerio de Crokefeſton [i], cum ſuis pertinen' in comitat'
Southampton, cum advocacionibus eccleſiarum ibidem, ac
in reverſion' omnium meſuagiorum, terrarum, tenementó-
rum, reddit' & ſervic' in civitateNorwic',ac eciam in manerio
de Grenewych, & in omnibus & ſingulis terris, tenement',
reddit', & ſervic', cum ſuis pertinenciis, que nuper adquiſi-
mus in com' Kancie de Ricardo Tyrell & aliis feoffatis,
permittant executores meos immediate poſt diem obitus mei
percipere & recipere omnia exitus & proficua dictorum maneriorum, advocacionum eccleſiarum, reddit', reverſionum,
ſervic', cum omnibus ſuis pertinenciis ſuperius ſpecificatorum & declaratorum, & quod eadem maneria, cum ceteris
predict' cicius quo fieri poterit vendantur ad ſolvend' debita
mea, & ad ultimam meam voluntatem in teſtamento meo
ſpecificatam perimplend' prout meliori modo ſciverint executores mei, per diſcrecionem & aviſamentum ſupervi-
ſorum in teſtamento meo predicto ſpecificatorum & nominatorum. In cujus rei teſtimonium preſentibus ſignetum
meum apponi feci. Dat' apud Grenewych xxix[no] die

[i] Crux Eaſton.

menſis

menfis Decembris, anno regni metuendiffimi domini regis
Henrici fexti poft conqueftum quinto. Hiis Teftibus; ma-
giftro Thoma Morftede, magiftro Johanne Somerfete,
Thoma Hoo, Gilberto Debenham, magiftro Roberto
Wyot, magiftro Willielmo Wode, Willielmo Bolton,
Ignafio Clifton, Willielmo Bourg, Johanne Lucas, Jo-
hanne Aubrey, Chriftoforo Pulford, Johanne Neve,
Johanne Smyth, Thoma Swanton, & Edmundo Tyler.

ITEM ultra teftamentum & voluntatem meam predictam, lego Johanni de Veer [k] comiti Oxonie de vafis meis
argenteis ad valorem XL li. fecundum difcrecionem executorum meorum limitand'. Item lego Ignafio Clifton ultra
decem libras fibi in teftamento meo legat' unum harnefium
armorum [l], cum duobus equis, fecundum difcrecionem
executorum meorum predictorum nominand. Item lego
Thome Hoo armigero camere mee hoftiario unum de
curfariis [m] meis vocat' Dunne. Item volo quod Willielmus
Morley thefaurarius meus habeat, durante tota vita fua,
omnia tenementa mea infra civitatem Norwicen' abfque
impedimento vafti. Et volo ulterius quod fi predictus
Willielmus Morley voluerit emere vel adquirere reverfi-
onem eorundem tenementorum, quod tunc ipfe habeat
eadem tenementa cum pertinenciis minori precio per cen-

[k] The fecond earl of Oxford of the name of *John*, beheaded with his
eldeft fon Aubrey on Tower-hill, 1461. 1 E. IV. and buried in the Auftin
friars church, London. Vincent on Brook, 406.
[l] compleat fuit of armour. [m] courfers.

tum

tum mare' quam aliquis alius qui eadem emere vel adquirere voluerit.   Item lego Ricardo Carbonell militi unum
meum diploidem f longum de velveto defenfinum g.   Item
volo quod Gilbertus Debenham armiger meus ab omni jure
& clameo que ego feu executores mei in ipfo exigere pote-
rimus, liber exiftat & quietus. Item volo quod fupervifores
mei teftamenti, ultra legacionem eis in dicto teftamento
meo affignat', prout aquariis, vel hujufmodi jocalibus
fecundum difcrecionem executorum meorum predictorum
remunerentur. Item lego Willielmo Philip militi unum
ciphum, cum cooportorio de argento deaurato, fecundum
difcrecionem dictorum executorum meorum nominand'.
Item volo quod valetti, garciones, & pagetti, quibus in predicto teftamento meo non eft aliquid in certo legatum, fecundum gradus ipforum, & merita, per difcrecionem dictorum
executorum meorum remunerentur.   Item volo quod in
civitatibus regni Anglie notabilioribus publice proclametur
quod fi quifcumque infra dictum regnum moram trahens
die mortis mee poffit racionabiliter & de jure oftendere
me racione empcionis victualium, marcandifarum, vel aliarum rerum quarumcumque, ad ufum meum vel hofpicii
mei receptarum, & habitarum, fibi quicquam debuiffe vel
debere, dicti quibus quicquam debuero, ex caufis predictis,
ad certa loca mea parte limitand', diebus eciam ad hoc per
avifamentum executorum meorum affignand', veniant debita hujufmodi prout de eifdem racionabiliter & de jure

f doublet.                    g Q. faced with velve ?

M m                              oftendere

oftendere poterint recepturi, & quod eifdem folvantur
debita hujufmodi fideliter per executores meos prout juris
fuerit & racionis.

Probatio dicti teftamenti coram Willielmo Lyndewode
curie Cantuar' officiali, 28 Januarii, Anno Domini 1426.

Regifter Chichele pars prima, fol. 397. a. b. 398. a. b.
399. a. in the archiepifcopal regiftry at Lambeth.

Thomas Beaufort, third fon of John of Gaunt and
Catherine Swinford, was created earl of Perch in Normandy, and made captain of Calais, and admiral of England, Aquitaine, and Ireland, 10 H. IV. chancellor of
England 11 H. IV. earl of Dorfet 13 H. IV. lieutenant of Aquitain 1 H. V. one of the ambaffadors to treat
of the marriage of that prince with Catherine of France,
2 H. V. governor of Harfleur, duke of Exeter for life,
and knight of the garter, 4 H. V. He was taken prifoner
in the battle wherein the duke of Clarence loft his life,
9 H. V. but next year defeated the earl of Armagnac before Melun.   Befides feveral other gallant exploits, he had
the leading of the rearward at the battle of Agincourt,
and was appointed guardian of Henry VI. during his minority.   He married Margaret daughter of Sir Thomas
Neville of Hornby, knt. by whom he had no children ;
and died at his manor of Greenwich in Kent, Dec. 29,
1426, leaving his nephew John earl of Somerfet his heir.
Vincent on Brooke, 104. Dugd. II. 125.

He

He was buried, agreeably to his directions, in the abbey
church of St. Edmundſbury; in the ruins of which, ſome
labourers digging for ſtone in the winter of the year 1772,
diſcovered a body encloſed in lead, and preſerved in pickle.
After it was opened, Mr. Cullum, an eminent ſurgeon in
that town, examined it as minutely as circumſtances would
permit, and his account of it was tranſmitted to the
Royal Society (Phil. Tranſ. LXII. art. 33). He is poſſeſt
of the right hand and the maſk of cere-cloth taken
from the face, whoſe features were remarkably fair. This
body, being preſumed to be that of the duke of Exeter,
was interred in a wooden ſhell ſeven feet deep, at the
foot of the north pillar of the centre tower, where an
epitaph was intended to be affixt over it by Dr. Symonds,
Profeſſor of Modern Hiſtory at Cambridge.

After the probabilities that have been urged by the
learned in ſupport of their aſſignment of this body to
the noble teſtator, it may ſeem preſumption to differ
from them. But the duke's own direction in his will
(which they had not before them) appears to be deciſive
evidence that his body could not have been found on the
*South* ſide, as repreſented in Mr. King's plan, Archæol.
III. pl. 15. p. 313. All concluſions from likeneſs of features ſuppoſed to be retained in the maſk muſt fall to the
ground on a view of the maſk, which by its thickneſs
exhibits the eyes and noſe only *en creux*. Much of the
dark hair of the forehead was torn off with it, and the
haſte of the workmen deſtroyed the lower part. No other
body was found with this as might have been expected.

J O H N

# JOHN MOWBRAY, DUKE OF NORFOLK.

HEC eſt ultima voluntas domini Johannis ducis Norffolcie, comitis Mareſchall' & de Notyngham, Anglie mareſchalli, &c. faċta apud Eppeworth, decimo nono die menſis Octobris, anno regni regis Henrici ſexti undecimo, viz. In primis quod corpus ſuum ſepelietur in eccleſia Carthuſ'[a] infra inſulam de Axeholme in com' Lincoln', & quod omnia debita ſua de bonis & catallis ſuis integris ſolvantur. Item, quod domina Katerina uxor dicti domini ducis habeat omnia vaſa ſua aurea, argentea, ſive deaurata, ac omnia alia ornamenta, aurea, argentea, ſive deaurata, ac omnia alia bona mobilia ſua & catalla, debitis ſuis predictis plene perſolutis, preter quod illud argentum ſive aurum cunatum[b] exiſtens infra manerium de Eppeworth tempore mortis predicti dominis ducis, quod inter ſervientes ejuſdem domini ducis ſecundum diſcretionem dicte domine Katerine, poſt mortem dicti domini ducis participabitur, & preter quod omnes toge dicti domini ducis tempore mortis ſue infra manerium predictum

---

[a] This houſe, called Epworth, was founded 19 R. II. by this earl's father Thomas Mowbray, earl of Nottingham, earl Marſhal, and duke of Norfolk. Tann. 286.

[b] coined.

exiſtent'

exiftent' diftribuantur inter fervientes predictos, fecundum difcrecionem dicte domine Katerine; & quod predicta domina Katerina habeat ad terminum vite fue manerium de Eppeworth in com' predicto cum fuis pertinentiis, ac omnia alia terras, & tenementa, redditus, reverfiones, & fervicia, pafcua, pafturas, aquas, vivaria five pifcaria, chaceas, warennas, cum fuis pertinenciis, ac omnes alias commoditates predicto domino duci, five alio cuicumque nomine dicti domini ducis, five ad opus fuum infra infulam predictam pertinen' five fpectant'. Item, quod dicta domina Katerina habeat ad terminum vite fue omnia maneria dicti domini ducis, ac omnia alia terras & tenementa, redditus, reverfiones, & fervicia, pafcua, pafturas, aquas, vivaria five pifcaria, chaceas, warennas, cum fuis pertinen' ac omnes alias commoditates predicto domino duci five alio cuicumque nomine dicti domini ducis, five ad opus fuum infra comitat' Eborac' pertinent' five fpectant'. Item, quod dicta domina Katerina habeat ad terminum vite fue caftellum, honoris, five dominium de Brembre cum fuis pertinenciis ac omnibus commoditatibus fuis infra comitatem Suffex'. Item, quod dicta domina Katerina habeat ad terminum vite fue omnia caftella five maneria infra terram de Gower, in Wallia, cum fuis pertinenciis, ac dominium de Gower, cum fuis pertinenciis, ac cum omnibus aliis commoditatibus & proficuis fuis. Item, quod Thomas Newmarche habeat ad terminum vite fue officium fenefchalli manerii de Eppeworth cum vadiis antiquis. Et quod Johannes Dantre armiger habeat ad terminum vite fue decem libras

argenti

argenti annuatim percipiend' de manerio de Fornefette[c] in
com' Norff' ad duos anni terminos. Item, quod Johannes
Pecke habeat ad terminum vite fue cuftodiam parci de
Lopham[d] in com' Norff' cum feodis antiquis. Item, quod
Johannes Baffet armiger habeat ad terminum vite fue
quatuor denarios per diem percipiendum *

       & quod Thomas Hide habeat ad ter-
minum vite fue tres denarios per diem percipiendum
*

Item, quod omnes fervientes predicti domini ducis habentes
literas fuas patentes de aliquibus officiis five feodis illis
conceffis habendis ad voluntatem dicti domini ducis habeant, & quilibet eorum habeat eadem officia, five feoda,
ad terminum vite eorundem. Item, quod dicta domina
Katerina exiftat capitalis executrix teftamenti dicti domini
ducis cum omnibus aliis perfonis executoribus in ultimo
teftamento dicti domini ducis nominatis; excepto quod
Edmundus Wynter non fe intromittat de racione executionis dicti ultimi teftamenti. In cujus rei teftimonium
predictus dominus Johannes dux huic prefenti ultime
voluntati fue figillum armorum fuorum appofuit.

Probatio dicti teftamenti apud Lambeth coram Henrico
Chichele Cant' archiepifcopo, 14° Februarii, anno Domini
1432.

    * Blanks left in the original.
    [c] Forncet in Depwade hundred, Norfolk, ftill belongs to the duke of
Norfolk. Blomef. III. 147.
    [d] Lopham in Giltcrofs hundred, Norfolk, is ftill the property of the
duke of Norfolk. Ib. I. 51.

I                                Regifter

Regiſter Chichele pars prima, fol. 435. a. b. in the archiepiſcopal regiſtry at Lambeth.

John Mowbray, born 1389, was reſtored 3 H. VI. to the title of duke of Norfolk, which had been forfeited by his brother Thomas's rebellion againſt Henry IV. He ſucceeded his brother 1406, 8 H. IV. being then 17 years of age; and though prevented from ſharing in the victory at Agincourt by illneſs, yet continuing at the ſiege of Harfleur, he performed ſeveral important ſervices in France. He married Catherine daughter of Ralph Nevil earl of Weſt-morland (remarried to Thomas Strangeways eſq. John viſcount Beaumont, and Sir John Widvile knt. brother to Anthony earl Rivers) and died October 19, 11 H. VI. 1432, leaving iſſue John, afterwards Duke of Norfolk. Dugdale* dates his will May 20, 7 H. VI. which is four years prior to this.

* Bar. I. 130. He adds that he ordained that the bones of his father ſhould be brought from Venice to Epworth.

JOHN

# JOHN DUKE OF BEDFORD, REGENT OF FRANCE.

IN nomine Domini, Amen. Noverint univerſi hoc
preſens publicum inſtrumentum inſpecturi, quod hoc
eſt verum tranſcriptum ſive tranſcriptum quarundam literarum ſigillo venerabilis & circumſpecti viri magiſtri
Alani Kyrketon decretorum doctoris, eccleſiarum Bath'
ſancti Petri Ebor' & ſancti Pauli London' canonici, pre-
bendatus rectoriſque ſeu curati eccleſie parochialis ſancti
Petri de Oundell Lincoln' dioc' & capellani illuſtriſſimi
principis domini Johannis gubernant' & regent' regni
Francie, ducis Bedford' nuper decani, in cera rubea &
tandem duplici ac ipſius ſigno manuali, ſignoque & ſub-
ſcriptione venerabilis viri magiſtri Egidii de Ferreres clerici Ebron' dioc' oriundus publica auctoritate apoſtolica
notarii, ut prima facie approbat' ſigillatar' ſignatar' & robo-
ratur' ſanar' & integrar' non viciatar' non cancellatar' nec
in aliqua ſui parte ſuſpectar' ſed omni prorſus vicio &
ſuſpeccione carencium, nuncque notario publico ſubſcripto
traditar' ad tranſcribend' anno ejuſdem domini milleſimo
cccc° triceſimo quarto, indiccione decima quarta, menſis
Novembris die nona, pontificatus ſanctiſſimi in Chriſto

3                                                          patris

patris & domini noftri domini Eugenii divina providentia
pape quarti anno quinto, quarum quidem literarum tenor
de verbo ad verbum fequit' & eft talis : " Univerfis prefentes literas feu prefens inftrumentum publicum infpecturis
Alanus Kyrketon decretorum doctor ecclefiarum Bath'
fancti Petri Ebor' & fancti Pauli London' canonicus pre-
bendatus, rectorque feu curatus ecclefie parochialis fancti
Petri de Oundell Lincoln' dioc', ac capellanus illuftriffimi
principis domini Johannis gubernant' & regentis regni
Francie ducis Bedfordie decanus, falutem in domino.
Notum facimus quod in noftra notariique publica &
teftium infra fcriptorum prefencia perfonaliter conftitutus
prefatus illuftriffimus princeps dominus regens & guber-
nans, licet eger corpore fanus tamen mente & in bona
per Dei gratiam exiftens memoria, confiderans & attendens
quod breves dies hominis funt, & quod nil eft cercius
morte, nec incercius ejus hora, nolens ab hoc feculo intef-
tatus decedere, ymo tamquam verus catholicus, de bonis
a Deo fibi collatis cupiens, tam pro falute anime fue quam
alias uti melius poffet, difponere, fecit & ordinavit teftamentum fuum, feu ejus ultimam voluntatem in modum
& formam qui fequitur. Primo animam fuam dum ipfa
de corpore fuo exierit devote & humiliter Deo creatori
noftro, & beatiffime virgini Marie ejus matri, totique cetui
curie celeftis commendavit. Item fepulturam fuam eligit
viz. in cafu quo ipfum decedere contigeret in partibus
Normannie in ecclefia beate Marie Rothomagen'. Et fi in

N n                          Picardia

Picardia in ecclefia beate Mariae de Morivele, & in cafu quod
decederet in regno Anglie in abbathia feu monafterio de
Waltham, London dioc'.   Et voluit & ordinavit fervi-
cium, luminare, & alias ordinaciones inhumacionis, exequiarum, & fepulture fuarum, fieri ficut decet pro principe
fui ftatus, juxta bonum avifiamentum, ordinacionem, & difcrecionem fuorum executorum inferius nominatorum, viz.
illorum qui tempore deceffus fui prefentes in Francia
erunt, fi ibidem decedat; & fi in Anglia decedat, ad voluntatem & ordinacionem illorum qui tunc ibidem erunt prefentes.   Item voluit & ordinavit quod debita fua folvantur,
& forisfacta emendentur primitus, & ante omnia.   Item
dedit & legavit illi predictarum ecclefiarum in qua huma-
bitur omnia integraliter ornamenta, & indumenta capelle,
tam in tapis quam alias quae habet, brondata ᵃ, & de radicibus auri ᵇ fuper velvetum rubeum, & unum calicem auri
minutum lapidibus quem fecit fieri in hofpicio fuo de
Turnell ᶜ Parifius per Stephen Allovus ejus aurifabrum.
Item dedit & legavit prefate ecclefie unum par majorum
turribulorum argenteorum & deauratorum que noviter
fabricari fecit Parifius, & unam crucem argenteam deauratam

ᵃ embroidered.        ᵇ autifrize as before, p. 254. n.
  ᶜ The Palais des Tournelles at Paris, originally the Houfe of a chancellor
in 1390, was in 1422 the refidence of the duke of Bedford, who enlarged
and beautified it fo much, that Charles VII. and fucceeding kings of France
preferred it to their palace oppofite to it.   After the unfortunate death of
Henry II. at the tilting match, the lift for which reacht from this palace to
the Baftile along the Rue des Tournelles, Catherine of Medici difliked it fo
much, that fhe perfuaded Charles to pull it down.   It was completely de-
molifhed by Henry IV. who built the place Royal on its fcite.   St. Foix
Effais Hift. fur Paris, I. 41.

cum

cum buretis[d], quas habuit de redemptione Johannis Alcu-
rons. Item dedit & legavit illuſtriſſime principiſſe domine
Jacobe ejus conſorti omnes terras & tenementa, cenſus, pro-
ventus, redditus, & dominia, cum omnibus ſuis juribus &
pertinentiis univerſis, quas & que idem dominus teſtator haberet, poſſidet, ſive ex conqueſtu, ſive ex proprio, tam in Francia
quam in Anglia, eis gaviſus vita ſua durante, ſolum exceptis caſtro, terra, & dominio de Hajaputa[e], que dedit & legavit Ricardo baſtardo de Bedford, ejus filio naturali, cum
omnibus juribus ſuis & pertinent'. tenend' & habend' per
ipſum Ricardum quoad vixerit dumtaxat. Item voluit & ordinavit quod poſt deceſſium dicte domine conſortis ſue ac dicti Ricardi, omnes terre, tenementa, cenſus, redditus, & pro-
ventus, ac dominia predicta, cum ſuis juribus & pertinen'
univerſis, pertineant & remaneant domino noſtro Henrico,
Francie & Anglie regi, quem fecit, nominavit, & ordinavit
heredem ſuum. Item voluit & ordinavit quod executores ſui
habeant ſervitores ſuos ſpecialiter in omnibus recommiſſos[f],
eos in ſingulis favorabiliter & honeſte tractando, ac eis fa-
vores exhibendo, & quod omni modo ſtipendia eis debita fideliter & integraliter cum omni diligencia eis perſolvantur,
quodque dictis ſervitoribus ſuis ſecundum diſcrecionem executorum ſuorum, meritis & qualitatibus perſonarum conſi-
deratis, fiat retribucio & recognicio ſervitiorum ſpecial' ad
partem ; de reſiduis autem bonorum non datorum nec legatorum, poſt debita ſoluta, forisfact' & legat' ſolut' & emen-
dat', voluit idem dominus teſtator quod dicti executores ſui

[d] Du Cange refers from *buretum* to *bruneta*, which he explains a ſpecies
of money uſed in Italy during part of the 12th century.  Sed q. if it has
that ſenſe here.

[e] Harapute. Dugd. Bar. II. 202.

[f] *commendates*, recommended.  Du Cange in voc.

dif-

disponant, & provideant, ad salutem anime sue, juribus autem
quorumcumque in omnibus hujusmodi residen' concernentibus in omnibus semper salvis; pro quibus omnibus exequend'
& adimplend' ordinavit & elegit idem illustrissimus princeps testator executores suos reverendos & reverendum
in Christo patres dominos Henricum Cardinalem ᵍ Anglie,
vulgariter nuncupatum, Lodowicum episcopum Terouen' ʰ
cancellar' Francie ejus avunculum, Johannem ⁱ archiepisco-
pum Ebor' ; Dominum Randulphum Cromwell dominum
de Crombwell ᵏ thesaurarium Anglie; Dominum Johannem Falstolf ˡ magistrum hospicii sui, Dominum Andream
Ogard ᵐ ipsius camerarium, milites; Ricardum Boukeland
the-

ᵍ Henry Beaufort bishop of Winchester, brother of H. IV. appointed
cardinal of St. Eusebius by Pope Martin V. 1426, died 1447. Godwin ed.
Rich. p. 795. He has the style of *Cardinal of England* in the public records
and his own will.

ʰ Lewis bishop of Terouenne (*Turvyne*, Dugd. *Turwin*, Sandford) 1417,
chancellor of France, 1414; archbishop of Rouen, 1436; created by pope
Eugenus IV. 1439, cardinal of the four crowns, and administrator of the see
of Ely, where he was buried, 1448, having died at his palace at Hatfield.
He was uncle to the duke's second wife, who was sister to Lewis de Luxen-
burg earl of St. Pol. Dugd. Bar. II. 202. The History of Charles VI. of
France calls him a very cruel man, who was driven out of Paris with the
partisans of H. VI. when it was reduced by Charles VII. His will may be
seen in Du Chesne's Hist. des Chanceliers de France, p. 446.

ⁱ John Kemp, archbishop of York, 1425; cardinal of St. Balbina 1439,
translated to Canterbury 1452, where he died 1453, and has a magnificent
monument.

ᵏ Ralph Cromwell, lord Cromwell, was constituted treasurer of the king's
exchequer, 11 H. VI. master of the king's mews and falconer in the room of
the duke of Bedford 14 H. VI. He founded Tatshall college, c. Northampton, 17 H.VI. began a fair house at Colyweston in the same county, which as
well as his castle at Tateshall, he ornamented with figures of purses alluding
to his office, and dying 1455, 34 H. VI. was buried in the choir of his collegiate church, where his brass still remains in the beautiful chancel stript
of its fine painted windows, and laid open to the weather. Dugd. Bar. II. 45.

ˡ The famous knight and hero, who died 1459. See Biog. Brit. in his article.

ᵐ H. VI. granted licence to Andrew Ogard and others, to impark the
manor of Rye, called also the island of Rye, in the parish of Stansted Abbots,

7                                                                        c.

thefaurarium de Calefio, & Robertum Whittyngham ejus
receptorem generalem in Anglia, armigeros; quorum quatuor vel tres onus & executionem prefentis teftamenti, dum
modo dictus dominus Cardinalis, vel prefatus dominus cancellarius Francie, five memoratus dominus archiepifcopus
Ebor' de illis quatuor vel tribus exiftat femper unus, poffint perficere & adimplere adeo integre ac fi omnes pre-
nominati executores fimul adeffent; quos executores immediate aut tam cito poft ejus deceffum ficut commode
fieri poterit, voluit feifiri de omnibus bonis fuis, tam mo-
bilibus quam immobilibus, & ipfa bona eis realiter tradi
& liberari ad ufum & complementum premifiorum; &
prefentis teftamenti voluit & ordinavit prefatum dominum
regem effe & fore principium proviforem & principalem
manutentorem; voluitque ac ordinavit quod hujufmodi
teftamentum teneat & valeat fic per modum teftamenti vel
codicelli aut ultime voluntatis melioribus modo & forma
quibus fieri poterit; revocando & adnullando omnia alia
teftamenta feu ordinaciones ultime voluntatis per ipfum
facta temporibus retroactis. Declaravit infuper prefatus
princeps teftator non effe voluntatis aut intencionis fui
quod predicti executores fui, feu aliquis eorum, teneantur
aut teneatur refpondere de majori fumma feu quantitate
bonorum quam hujufmodi bona fua valeant, feu fe pote-

c. Herts; to erect a caftle with battlements and loop-holes; and to have
free warren there, and in the vills of Stanfted, Amwell, Hodefdon, Ware,
and Wideford. [Cart. anno 34 H. VI. m. 6. Chauncey 19:. Salmon's
Hertf. p. 250.] The brick-gate of this manfion ftill fubfifts, known by the
name of the Rye-houfe, and in the fpandrils of the gate are the arms of
Ogard, a mullet, with fupporters and creft.

rint extendere. In quorum premifforum teftimonium &
fidem prefentibus literis feu prefenti publico inftrumento
figillum noftrum & fignum manuale una cum figno &
fubfcriptione dicti notarii appofuimus. Dat' & act' in
caftro Rothomagen' Anno Domini M° cccc. xxxv<sup>to</sup> die
x<sup>mi</sup> menfis Septembris, Indiccione decima tercia, pont'
fanctiffimi, &c Eugenii anno v<sup>to</sup>; prefentibus nobilibus,
ac circumfpectis viris Dominis Gerardo de Monfrant dicti
domini teftatoris camerario, Nicholao Burdet militibus,
M. Petro Yrforde facre theologie profeffore, confeffore,
Roberto Warde elemofinario, magiftro Johanne de Raw-
meris, & magiftro Philiberto Furnein, medicis predicti
domini: Henr' Clyfford, Ricardo Leland thefaurar' domus,
Johanne de Dupater, Reginald de Birfingham hoftiariis
camere, Briano Stapilton, Johanne de Mortimer, chev. de
Burnieby, Thome Dampore armigeris, Johanne Scruby,
Roberto Martyn & aliis.

> Notarius Willielmus Manchon, &c."

Probatio dicti teftamenti coram Henrico Chichele Cant.
archiep'o apud Lambeth vii die menfis Octobr' Anno
Domini M° cccc. xl. primo.

Regiftr. Chichele pars prima, fol. 475. a. b. 476. a.
in the archiepifcopal regiftry at Lambeth.

John of Lancafter, third fon of H. IV. was, by his
father, conftituted conftable of England, a. r. 4. by his
brother H. V. a. r. 2. created earl of Kendal and duke of
Bedford

Bedford for life, which honours were confirmed to him by his nephew H. VI. a. r. 11. for ever.  Henry V. appointed him protector and lieutenant of the kingdom of England, during his abfence in France 1415; and Henry VI. made him Regent of France 1425.  After winning the battle of Verneuil he crowned his nephew king of France at Paris, Sept. 7, 1432, and not long after died there Sept. 14, 1435. He was buried in the cathedral at Rouen, where his monument was defaced by the Hugonots in 1462; but a brafs plate with his epitaph under his arms (torn away) between two oftrich feathers ftill remains affixt to a pillar.  Lewis XI. when folicited to deface the monument of this illuftrious hero, magnanimoufly refufed.

He married, 1. 1423, Anne, daughter of John duke of Burgundy, who died in child-bed and her child with her 1432, and was buried in the Celeftines' church at Paris, where her epitaph remains, and a noble tomb of black marble. 2. Jacquette daughter of the earl of Luxemburgh, by whom he had no iffue, and who remarried Sir Richard Woodvile, afterwards earl Rivers, by whom fhe had Anthony his fucceffor, Elizabeth afterwards wife of Edward IV. and other children.  She died 1472.  Dugd. Bar. II. 200. Sandf. 312.

ANNE

## ANNE COUNTESS OF STAFFORD.

IN Dei nomine, Amen. I Anne counteſſe of Stafford, Bockingh' Herford' and Northampton[a], and lady of Breknoc, of hool and aviſed mynde, ordeyne and make my teſtament in Engliſh tonge, for my moſt profit, redyng, and underſtandyng in yis wiſe. Firſt, I bequethe my ſoule to Almighty God, and my body to be buried in ye churche of L'Anthony byſide Glouceſtre, in ye place wher I have beforn ordeyned, and do mad my tombe. Alſo, I bequethe to the ſame churche a c marcs of money, or ye value thereof, of ſuche of my movable goodys as wole beſt ſeem to ye diſcreciouns of myn executours: and alſo amongſt all my detts, I wol that al my meſnial ſervants be paied furſt of all her fees and wages, or of any other trewe proved dettes to hem dewe; and than all othir vitaillers, merchants, or artificers, that I owe any good, to be payed firſt, whereas moſt nede ys aftir ye good diſpoſicion and demeſnyng of my ſeyd executors: Alſo, I woll that any wronges or extorcions dewly proved byfor my executours, by me and my lyve don, that ye ſame myn executours ſatisfie hem agreablely as yer good diſcrecion wol ſeme beſt to diſcharge; and for the helth of my ſoule; and aftir ye acquietaill of my ſeyd detts, wrongs, and extorcions, I

---

[a] She had theſe titles from her mother's family, and that of Buckingham from her firſt huſband's.

wole

wole yat my feyde executors, havyng tendir confideracion
of fouche of my fervants, as well of women as men, as
have longift don moft trewe and diligent fervife to me
and litil veleuid [a] by me, or nought, yat yey aftir their wel
avifed difcrecions rewarde eche of hem aftir yeire degre
and defertes competently for their help and relyf, as fer-
forth as ye power of my feid executors wole ftretche in
that partie. And alfo, my feyde detts, wrongis, and extorcions, and rewards of my fervants, paid and fatisfied; I
bequethe xxli. yerly, to be paied by the hand of my feid executours for terme of xx yere, to the priftis of certen landis
and tenements, beyng in ye handys of my feoffes, to do
dyvyne fervife dayly for me during ye feide terme in ye
college of Plecy [b], after the forme of my will [c], which
I have before maad and writyn, feeled undir my feal: And
for ye performyng of yis my laft will, bequefts, and ordinances, before reherfid, I make and ordeine my wel beloved fones Thomas byfshop of Worceftre [d], Henry erle of
Eue, Will' Bourghchiers [e], Joh' Bourghchiers [f], Sir Nicol
Wymbufsh clerk, Sir Roger Afton knyght, John Fray,

---

[a] i. e. little rewarded, or not at all.

[b] founded by her father Thomas of Woodftock.

[c] The former will, herein referred to, is not known to be extant.

[d] Thomas Bourchier bifhop of Worcefter 1435, Ely 1443, archbifhop of
Canterbury 1454, which primacy he held 32 years; cardinal of St. Cyriac
1464, died 1486, buried on the north fide of the choir of his cathedral.
See his tomb, Dart p. 263.

[e] her third fon, lord Fitz Warin in right of his firft wife. He died after
12 E. IV. Dugd. Bar. II. 131.

[f] her fourth fon lord Berners, in right of his wife, died 14 E. IV. Ib.
132.

O o                                                    Robard

Robard Frampton, barons of ye Eftcheeur, and Will'
Palmer, myn executors, to execute and put in effect, as
well ye primefles, and to diftribute and difpofe in almette
dede wher yey fhull feme moft niedeful and meritory for
ye helte of my foule, befechyng and requirynge ye ryght
reverent fadir in God Will's byfsop of Lincoln, and my
wel beloved fone Humfrey erle of Stafford, to have tendre
furvieue of ye effect of ys my prefent teftament, duly
and trewly to be performed. In witnefle whereof to yis
my prefent teftament I fet my feal; wretyn the xvi day
of Octobr' ye yeare of ye reigne of kyng Henry the VIth,
after the Conqueft ye xviithe.

A blank left for the probate.

Regifter Chichele pars prima, fol. 479. a. in the archiepifcopal Regiftry at Lambeth.

Anne, eldeft daughter of Thomas of Woodftock duke
of Gloucefter, 20 years old, 1 H. IV. (Dugd. I. 172).
married firft to Thomas Stafford earl of Stafford, but he
dying before confummation, fhe was married to his brother Edmund Stafford fifth earl Stafford, flain at the battle
of Shrewfbury 4 H. IV. (fee before, p. 185.) by whom
fhe had iffue Humfrey his fucceffor, flain at the battle of Northampton 38 H. VI; Philippa, who died young; and Anne,
married firft to Edmund Mortimer earl of March; 2dly to

r William Alnwick bifhop of Lincoln 1436, tranflated from Norwich,
Fed 1449.

John

John Holland earl of Huntingdon and duke of Exeter, buried with him at St. Catharine's by the Tower. (Vincent on Brooke, p. 491. Dugd. Bar. I. 164. And fee p. 290.) She was married fecondly to William Bourchier earl of Ewe in Normandy, who died in France 8 H. V. and was buried at Lantoni by Gloucefter, (Dugd. II. 129.) by whom fhe had Henry earl of Ewe and Effex, killed by a fall from his horfe, 31 H. VIII.; Thomas bifhop of Worcefter, archbifhop of Canterbury, and cardinal of St. Cyriac; William lord Fitz Warin, John lord Berners, and Anne (Eleanor, Dugd. I. 131.) wife of John Mowbray duke of Norfolk, whofe father's will fee before.

She died 17 H. VI. (Dugd. Bar. I. 164.) but where fhe was buried does not appear.

JOHN

# JOHN HOLLAND DUKE OF EXETER.

IN the name of God, Amen. I John duke of Exceftre, being in good heele and in good memory, ordeyne, difpofe, and make my teftament in maner and ordre yat folweth. Firft, y bequeth my foule to ye Fader, Son, and Holy Goft, III perfons in Trinite, and oon ever-laftyng God, he to do yerwith his beft bleffed wille; and my body, whan my foule is paffed out of yis world to God, to be buryed in a chappell witin the chirch of Seynt Katryne befyde the Toure of London, atte north-ende of the high auter, in a tombe yat is ordeyned for me, wit Anne my firft wyff, and wit my fifter Cuftaunce [a], and wit my wyff Anne yat now is, after the ordynance and difpoficion of myn executors, as it femeth hem moft worfhip for myn eftate. Alfo y bequeth to the high auter of ye faid chirch a cuppe of byroll garnifhed wit gold, perles, and precious ftones, to put in the facrament; alfo a chalyce of gold wit al the hoole appareill of my cha-pell, and of the fame ftuffe and appareill y wol yat a chalyce, II bafyns, II candel-ftykkes of fylver, wit II peyre veftementes, a maffe book, a paxbred [b], wit a peire

[a] married firft to Thomas Mowbray duke of Norfolk and earl of Not-tingham, by whom fhe had no iffue; and fecondly to John lord Grey of Ruthyn, by whom fhe had two fons, Edmund created earl of Kent, and Thomas Grey lord of Rugemont. Vincent on Brooke, p. 264.

[b] q. the fame as the corporax cafe before mentioned.

cruettes

cruettes of fylver, be delyvered to the littell chappell where y fhal lye and my wyff, wit my fufter, for the preeftes yat fhall fynge there, and pray for oure foules. Alfo y bequeth to the preeftes and clerks, and other of the hous of Seynt Katryne, for the grete labour and obfervaunce, the day of myne obyte, and the day of myne burryyng quadraginta marc. Alfo y wol yat IIII honeft and cunnyng preefts be ordeyned yerly, perpetually to pray for my foule in the forfaid chappell; and for the foule of Anne my firft wyffe, the foule of my fufter Cuftaunce, and for the foule of Anne my wyffe yat now is, whan fhe paffeth oute of yis worlde, and for al the foules of my progenitours. Alfo y bequeth to the queer in the faid chirch certeyn peces of arras, fufficient and competent to honge the faid queer on both fydes, and there to abyde ftyll, and to be honged every princi-pall feft in the worfhyp of God and Seynt Katryne in remembraunce of my foule. Alfo y bequeth III vefte-ments, to be delyvered after my deth, that is to fay, on to the chirch of Stevynton<sup>c</sup>, another to the chirch of Gaddefden<sup>d</sup>, and another to the chirch of Dertyngton<sup>e</sup>. Item, y bequeth III mill marks, which is dew to me of my cofyn the duk of York<sup>f</sup>, as it appereth by certeyn obliga-cions made betwene us of the fame, to pay my detts well and truly, and in as goodly hafte as myn executours may: and yat my creditours be fo entreted yat my foule be in

---

<sup>c</sup> Q. e. Bedford.          <sup>d</sup> Great Gaddefden, Hertfordfhire.

<sup>e</sup> Q. Dartington, c. Devon.

no perill, as it is conteyned in my laſt wille to this my
teſtament annexed. Alſo y bequeth to Anne my wyłł
yat now is a bed of arras wit the ſcriptur of honnor[r],
wit all the coſters [h] longyng to the ſame; and alſo yat ſhe
have all her hoole ſtuffe lyke as y had wit her, and half
the remanent not bequethen: Alſo y bequeth to my
doughter Anne the white bed wit popynjayes[i], wit all the
coſters longyng to the ſame: and to my ſaid doughter y
bequeth the white bed wit egles embrawded, wit all
the coſters longyng to the ſame; and as wel my litell
white bed of damaſk wit coſters: Alſo y bequeth to my
doughter halff my dyamounds, ſaffyres, rubyes, and
precious ſtones, and halff my peerles: Alſo y bequeth
to my ſon Sir Harry, all the remanent of my ſtuffe of
my warderobe, and of myne arras not bequethed, and
al myn armery and attry[k] hoole: Alſo y bequeth to my
wyff Anne yt now is, a cupp of gold wit a facon, and an
ewer of gold wit a facon taking a pertryche wit a rubye
in his breſt: Alſo y bequeth to my doughter Anne xii white
bolles of ſylver of a ſute, a cuppe of gold wit a George
enameled with a boten[l]; and another cuppe of gold
wit myne armes and firſt wyffs armes thereupon;
ii baſyns, ii ewers, ii ſalt-ſellers gilt, with armes of
Montgomery enameled in the topp: Alſo y bequeth to
my wyff Anne yat now is, xii bolles of gold of a ſute,
and an almeſdiſs the ſhipp[m]; and the grete baſyn of

---

[g] i. e. entitled or called: ſee hereafter.
[h] Q. the ſame as coſtes, p. 70. note [r].
[i] parrots.          [k] artry, p. 288. q. artillery.          [l] a button.
[m] Q. the baſon for alms enameled with a ſhip.

ſylver

fylver y bequeth to my doughter Anne: Alfo y bequeth
xl marks, to be doon in almes the day of my burryyng,
and of my moneth mynde to them yat be femeth moft
pore and nedfull: Alfo y bequeth to my brother duk of
Bukyngham[n] the playne cuppe of gold late made wit
myn armes in the topp; and he to be my fupervifor:
Than my detts paied, and my wille performed, and
myne obite worfhipfully doon, as it longeth to myn
eftate, y wol yat the refidew of all my goodes in this
my teftament not bequeth be delyvered to my fon Sir
Harry. Moreover y wol and charge my feoffeez of my
manoirs of Stevynton, Berford Seynt Martyn[o], and
Mannerbier[p], all thyngs in my teftament and wille performed, to make an eftate to my faid fonn Sir Harry of
the faid manoirs. Provided alway, yat an annuyte of
xl. li. be referved for my ii baftards fones William and
Thomas. Thife y ordeyne and make myn executours,
the reverent fader in God the archbifshopp and cardinal of York[q], my wyff Anne, the bifshopp of Chichefter,
Adam[r], Richard Caudray clerk, Robert Whitingham knight,
Wauter Moyle, and Thomas Mannyng clerk, to execute,
performe, and fulfylle all thife articles and bequeftes
above reherfed in this my teftement conteyned, and all
othir pointes and articles of my laft wille, as it is con-

[n] Humfrey Stafford his wife's brother.
[o] Bereford St. Martin, c. Wilts. Dugd. Bar. II. 81.
[p] c. Pembroke.
[q] John Kemp.
[r] Adam Molins.

teyned

teyned in a cedule to this my teſtament annexed, as they
wol anſwere afore God. In witneſſe of this my teſtement
and wille y have ſett to my ſeall of myn armes and my
ſyne manuell. Thiſe witneſſes, John Warde clerke, Thomas Yarom clerk, Thomas Wychard, Thomas Lovell,
John Gaynesford, and other. Yeven the xvi daye of Julye,
the xxvi yere of kyng Herry the Sixte, the yere of our
Lord m cccc xlvii.

Ultima voluntas domini Johannis ducis Exon.

This is the laſt wille of me John duk of Exceſtre, being
in good heele and hoole mynde bleſſed be God. Fyrſt, y
wol and charge my feoffeez of my manour and lordſhipp
of Moche Gaddeſden, in the countye of Hertford, yat
they make an eſtate of the ſame by licence of the kyng,
after ſuch forme as myn executours and my lerned coun-
cell can beſt devyſe, to be moſt ſuer for a chauntry to
fuſtene iiii honeſt and cunnyng preeſtes in the chappell,
witin the chirch of Seynt Katryne befyde the Tour of
London, where my body ſhal reſt, ſo yat every preeſt
have yerely for his ſallary and manſion xii marks, there
to pray for my ſoule dayly; for the ſoule of my firſt wyff
Anne; for the ſoule of my ſuſter Cuſtaunee; and for
the ſoule of my wyff Anne yat now is, whan ſhe is paſſed
out of this world; and for all my progenitours. And y
wol yat the reſidew of the ſaid manoir and lordſhipp yat
remayneth over the ſallary of the ſaide preeſts be ordeyned

deyned and kept to make myn obite yerly therwith, and to diftribute the fame tyme amongs pore men and women of the hous of Seynte Katryne, in the remembraunce of my foule: Alfo y wol yat my fon Sir Harry and his heires be patrons of the faid chauntry, to prefente the faide preeftes whan any of them lakkyth by deth or by avauncement: provided alway, yat the faide preeftes fynge there in the faide chappell dayly as they be difpofed, and in non other place; and yat they be bounde to the queer in all dowble fefts of the yere. Alfo y wol the manoirs of Stevynton, Berford Seynt Martyn, Mannerbier, and Pennally*, abyde ftill in my feoffeez hands to the tyme yat my detts be paied, and my wille and my teftament be performed; for y wol yat all the yffues and profytes comyng of the feide manoirs be receyved, and my detts therwith paied; and that don, and my wille performed, than y wol and charge my feoffeez to make an eftate to my fon Sir Harry and to his heires for evermore, wit condicion yat he graunt out an eftate of xLli. to my two baftard fones † . . . . . . . . for terme of thaire lyves; yat is to fay, to eche of hem xxli. yerly out of faide manoirs: Alfo y wol yat my wyff Anne yat now is have a bed of arras called Honnour, wit all the cofters longing to the fame: Alfo y wol yat my doughter Anne have the white bed wit popynjayes, wit all the cofters longing to the fame: Alfo y wol yat my faid doughter

* Penally, c. Pembroke.
† See their names before.

P p          Anne

Anne have the white bed wit egylles embrawded, wit
the cofters longing to the fame : Alfo y wol yat my faid
doughter have the littell white bed of damafk, wit yat
that longeth thereto : Alfo as touching my precious
ftones, perles, dyamonds, rubyes, faffyres, and other, y
wol yat my wyff have the on halff, and my doughter the
other halff: Alfo y wol yat there be delyvered the day
of my burryyng to the queer of the chirch of Seynt
Katryne certayn peces of arras nedfull and competent
to hange the queer a both fydes, and to be hanged there
at every dowble or pryncipall feft, in remembraunce of
my foule; and there to abyde ftill for ever to the worf-
chipp of God and Seynt Katryne : Alfo y wol yat my fon
Sir Harry have all the refidew of my warderobe and of
myn arras nat bequethen, and all myn armery, and all
my artry: Alfo y wol yat my wyff Anne have all her
hoole ftuffe like as y had wit her : and halff the remanent
of myn othr ftuffe, except yat is bequeth : Alfo y wol
yat if my fon Sir Harry, or any of his heires, breke, lette
or diftroble, any of the poyntes or articles conteyned in
this my wille, that than he loofe and forgoo fro hym
and fro his heires the faid manoirs of Steventon, Berford
Seynt Martyn, Mannerbier, and Pennally ; and than yat
it be lawfull to my feoffeez, by th' avyfe of my executours, to fille the feide manoirs, and the money thereof
to be difpofed for my foule by myn executours: Alfo y
wol yat my fervauntz yat have don to me continual fer-

vice

vice haive their feez for thaire lyves according to thaire
patentez, yf they abyde upon thayre fervyce: Alfo y
wol yat the $M^l$ $M^l$ $M^l$ mark, yat is dew to me of my
cofyn the duk of York, as it appereth by certayne obli-
gaciouns made betwene us of the fame, be ordeyned to
pay my detts wel and truly, and to my fervaunts to rewarde the which yat hath no feez: Alfo y bequeth and
wol yat my wyff have the xii bolles of gold of a fute,
and an almefdifhe the fhipp'. Dat. the yere of our Lord
mccccxlvii, the xxvi yere of kyng Henry the Sixte, the
xvi day of Juyll.

Probatio dicti teftamenti coram Johanne (Stafford) Cant.
archiep. apud Lamebith, 16 die Feb. A. D. 1447.

Regift. Stafford and Kemp. fol. 160. a. In the archiepifcopal regiftry at Lambeth.

John (fecond fon of John Holland earl of Huntingdon
and duke of Exeter, beheaded and buried at Plefhey,
1 H. IV.) was reftored to his eftate 4 H. V. and was in
feveral expeditions in France both in that and the fucceeding reign, having been taken prifoner when the duke
of Clarence was flain. He was conftituted lord high admiral of England, Ireland, and Aquitain, October 21, 14 H. VI.
and next year conftable of the Tower. He was created duke
of Exeter 21 H. VI. with this fpecial privilege, that he and
his heirs male fhould have the feat in all parliaments and

P p 2　　councils

councils next to the duke of York and his heirs male.
He died Auguſt 5, 26 H. VI. and was buried on the North
fide of the chancel of St. Catherine's church by the Tower,
where his monument with the figures of himſelf and
his firſt wife remain much defaced.

He married firſt, Anne daughter of Edmund earl of
Stafford, by whom he had one ſon Henry, who came to
a violent end at ſea 13 E. IV. and a daughter Anne married firſt, to John lord Nevile, ſon and heir to Ralph
2d earl of Weſtmorland, by whom having no iſſue, ſhe
married his uncle Sir John Nevile knight, and by him
ſhe had Ralph third earl of Weſtmorland. His ſecond wife
was Anne daughter of John Mountague earl of Saliſbury,
who ſurvived him, and died 1457.

Dugdale has given an abſtract of the duke's will and
that of his ſecond wife, Bar. II. 81.

HENRY

# HENRY THE SIXTH.

Copia ultime voluntatis Regis Henrici Sexti, pro Collegiis
fuis Regalibus, viz. pro Collegio B. Marie de Etona, & pro
Collegio B. Marie & S'ti Nicholai de Cantebr' perficiendis.
[See a copy of part of this will in vitâ Gul. Waynfleti
fcriptâ à Budderio.]

IN the name of the bleſſed Trinity, the Father, the
Sonne, and the Holy Ghoſt, Oure Lady St. Marie mother
of Chriſt, and all the holy companie of heaven : I Henry
by the grace of God king of England, and of France, and
Lorde of Ireland, after the conqueſt of England the Sixt,
for diverſe great and notable cauſes moveing me at the
makeing of theiſe preſents, have do* my will and mine intent to be written in manner that followeth:

Forasmuch as I have enfeffed before this time John[b]
Cardinall and archbiſhop of Yorke, John[c] archbiſhop of
Canterbury, Robert[d] biſhop of London, William[e] biſhop of
Lincoln, William[f] biſhop of Sareſbury, and Thomas[g] biſhop
of Bathe and Welles, John Carpenter clarke of the churche
of Worceſter, now biſhop of the ſame, Adam Molyns
clerck now biſhop of Chicheſter, Walter Lyert clerck now

Names of the
feoffee.

* a common phraſe for *have done*, or cauſed.
[b] John Kemp, 1425—1454.    [c] John Stafford, 1443—1452.
[d] Robert Gilbert, 1431—1436, or his predeceſſor Robert Fitzhugh maſter
of King's-hall, and chancellor of Cambridge.
[e] Will. Alnwick, 1435—1450.    [f] Will. Aiſcough, 1438—1450.
[g] Tho. Bekynton, 1443—1465.

6                                    biſhop

bifhop of Norwich, John Langton clerk late bifhop of
St. David, and now to God paffed, John Dulaber clerk
now bifhop of St. David, William earle of Suff', now
marques of Suff', Henry earle of Northumberland, John
vifcount Beaumont, Walter lorde of Hungerford, Rauf
lorde Cromwell, Raufe lorde of Seudely, John Beauchampe knight, now lorde Beauchampe of Powicke, and
James Fenes efq. now lord of Say, John Somerfett, Henry
Sever, Richard Andrew, Walter Sherington, clerks; Edward
Hungerford and Edward Hull knights; John Saintlo
now to God paffed, John Hampton, John Norres, William Trefham, John Vampage, and Richard Aldred,

now to God paffed, efqs. in divers caftells, lordfhips,
mannors, lands, tenements, rents, fervices, and other
poffeffions, parcell of the duchy of Lancafter within England and Wales, as it is more fpecially and at large
conteyned and written, in diverfe my letters patents

hereof made, of which letters the firft beareth date the
laft day fave one of Novembre, the year of my reign 22 ;
the fecond beareth date the 7th day of Julie the fame
yeere ; the third beareth date the 23d of Februari, the
yeere of my reign 23 ; the fourthe beareth date the 29th
of June in the fame yeere ; which caftells, lordfhips, mannors, lands, tenements, rents, fervices, and other poffeffions, be of the yeerlie value of 3395l. 11s. 7d. when
they be difcharged of the fees and annuities with which
they be now charged, which letters patents and all things
conteyned in them by the authority of my parlement

2

Jaft

laſt holden at Weſtminſter, as by an acte of the ſame
parlement plainly it appeareth, were authorized, approved, ratifyed, and confirmed, for to performe and
fulfill my will, of and upon the diſpoſition of ſaid caſtells, lordſhips, mannors, lands, tenements, rents, ſervices, and other poſſeſſions, by me to be made and
ordeyned, and to my ſaid feoffees, in my behalf to be
declared and notifyed. I by theſe my preſent letters declare and notifie unto my ſaid feffees, according to the
ſaid acte, that in theſe my letters is conteyned my ſaid
will, which I deſire to be done and performed by my ſaid
feffees of the caſtells, lordſhips, mannors, lands, tenements, rents, ſervices, and other poſſeſſions above ſayd.

Firſt, foraſmuch as it hath pleaſed our Lorde God for
to ſuffer and grunte me grace for the primer[h] notable
workes purpoſed by me after that I by his bleſſed ſuffe-
raunce tooke unto my ſelf the rule of my ſaid realmes,
for to erect, found, and ſtabliſh unto the honour and
worſhip of his name ſpecially, and of the bleſſed Virgin our ladie St. Marie, encreaſe of virtues and dilatation
of conning[i] and ſtabliſhment of Chriſtian faith, my two
colleges Roiall, one called the College Roiall of our Ladie
of Eton beſide Windeſor, and the other called the
College Roiall of our Ladie and St. Nicholas of Cambridge, the edifications of which colleges, now by me
begoun, adviſed, and appointed, in manner and forme as
hereafter followeth, may not be perfectly accompliſhed

h  Q. aforementioned.         i  knowledge.

without

without great and notable workes affigned and purveied thereunto ; I will, pray, and charge mine own feoffees, that unto the time that the faid edifications and other workes of bridges, conduicts, cloyfters, and others thinges begoun and advifed by me in either of the faid colleges, be fully performed and accomplifhed in notable wife then any of my faid realme of England; they fee that my faid colleges, according to the forme of generall graunts by me unto them made in that behalfe, have and perceive [k] yeerlie of yffues, profits, and revenues, coming of the aforefaid caftells, lordfhips, mannors, lands, tenements, rents, fervices, and other poffeffions, by the hands of the tenants, farmers, occupiers, and receivers of the fame

2000 lib. for the edifications and workes abovefayd ; that is to fay, to the provoft of my faid college of Eton, for the workes there yearlie 1000 lib. and to the provoft of my faid college of Cambridge, for the edifications and workes there yeerely 1000 lib. from the feaft of St. Michael laft paft unto the ende of the terme of twenty yeeres then next following, and fully and compleat; and if it be fo that the edifications of my faid colleges, or either of them, according unto my faid devife and ap-

pointment herein conteyned, fhall not be fully accomplifhed and finifhed within the faid tearme of 20 years, I will then pray my faid feoffees that they do grant unto either of my faid colleges 1000 lib. to be taken yearlie from the ende of the faid tearme of twenty years, finifhed unto

[k] i. e. receive.

the

the time of the edifications of the one of my said colleges
be fully accomplished and performed, of the yssues, profitts, and revenues abovesayd; and that after the finish-
ment of the edifications of one of the said colleges, the
said yearly 2000 lib. [1000] in sembable wise to be
granted to the other of the same colleges whose edifications shall not be then finished, to have and perceive of
the yssues, profits, and revenues abovesayd, unto the time
of the edification of the same college, to be fully finished
and performed; which edifications of my said college I
have fully devised and appointed to be accomplished in
this wise: that is to witt,

## The College of ETON.

I will that the quier of my said college of Eton shall
conteyne in length 103 feet of assize[1], whereof behinde
the high altare shall be 8 feete, and from the said altare
to the quier dore 95 fete. Item, the same quier shall
conteyn in breadth from side to side within the respondes[m]
22 fete. Item, the grounde of wall shall be enhanced
higher then they be now on the utter side, ere it come to
the layinge of the first stone of the clere wall 10 feet of
assize. Item, the wall of the said quier shall conteyn in
height fro the grounde workes unto the battlement 80
feet of assize. Item, in the East ende of the said quier
shall be sat a great gable windowe of 7 bays and two
butteraces, and either side of the said quier 7 windowes,

*Length and wideness of the quier.*

*Height of the said chappell.*

[1] statuteable feet.     [m] q. parallel correspondent walls or sides.

every

every windowe of foure bays and 8 butteraces, conteyning in height from the ground workes unto the overparts of the pinnacles 100 fete of affize. Item, that the faid grounds be fo taken, that the firft ftone lye in the middle of the high altare, which altare fhall conteyne in length 12 fete of affize, and in breadth 5 fete; and that the firft ftone be not removed, touched, nor ftirred, in any wife. Item, the veftry to be fet on the North fide of the fame quier, which fhall conteyne in length 50 fete of affize departed into two houfes, and in breadth 24 fete, and the wall in height 20 fete, with gable windowes, and fide windowes convenient thereto, and the grounde workes to be fette in the height of the grounde of the cloyfter. And I will that the edification of my faid college of Eton proceed in large forme, cleane and fubftantially, well replenifhed with goodly windowes and vaults, laying apart fuperfluities of too great curious workes of entaile and bufy mouldinge. Item, in the faid quier on every fide 32 ftalles and the roode lofte there, I will that they be made in manner and forme like the ftalles and roode loft in the chappell of St. Stephen at Weftminftr, and of the length of 32 feete, and in breadthe clear 12 feet of affize; and as touching the dimenfions of the church of my faid college of Eton, I have devifed and appointed that the body of the fame church between the yles fhall conteyn in breadth within the refponders 32 fete, and in length from the quier dore to the Weft dore of the faid church 104 feete of affize; and fo the faid body of the church

*Veftry.*

*No fuperfluity of curious buildinge.*

church fhall be longer then is the quier, from the rere-
doffe [a] at the high altare unto the quier by 9 feete, which
dimenfions is thought to be a right, good, convenient,
and due proportion.   Item, I have devifed and appointed
that the yle on the otherfide of the body of the church,
fhall conteyn in breadth fro refpond to refpond 15 feete,
and in length 104 feete, according to the faid body of
the church.   Item, in the South fide of the body of the
church a fair large dore with a porch, and the fame for
chrifteninge of children and weddinges.   Item, I have
devifed and appointed fix greces [o] to be before the high
altare, with the grece called Gradus Chori, every of them
conteyning in height 6 ynches, and of convenient breadth,
every of them as due forme fhall require.   Item, in the
breadth of the church-yarde, from the church dore unto
the wall of the church-yarde within the wall of the Weft
ende, which muft be take of the ftreete befide the high
waye, fix foote of affize.   Item, the grounde of the
cloyfter to be enhaunfed higher then the olde grounde
8 feete ere it come to the pavement, fo that it be fett but two
foote lower than the paving of the church, which cloyfter
fhall conteyn in length Eft and Weft 200 feete, and in
breadth North and South 160 feete of affize.   Item, the
faid cloifter fhall clofe unto the church on the North fide
at the Weft end, and at the North fide at the Eaft end of
the church it fhall be clofe unto the college, with a dore
into the faid college.   Item, the faid cloiftre fhall conteyne

The fouth yl-
which is m    t
for the par  h
church.

The church
porch for wed-
dings.

Length and
breadth of the
cloifter.

[a] fcreen at the back of the high altar.
[o] fteps, *greffus*.

in breadth within the walls 15 fete, and in height 20 fete, with clere ſtones round about inward, and vawted and embattled on both ſides. Item, the ſpace between the wall of the church and the wall of the cloiſter ſhall conteyne 38 feete, which is left for to ſett in certaine trees and flowers, behovable and convenient for the ſervice of the ſame church. Item, the cemitory of the ſame church ſhall be lower than the paving of the cloiſter 4 feete of aſſize, with as many greces up into the church dore as ſhall be convenient thereto. Item, in the middle of the Weſt of the ſaid cloiſter a great ſquare tower, with a faire dore into the cloyſter, which tower ſhall containe cleare within the wall 20 feete, and in height with the battlement and the pinnacles 140 feete. Item, from the highway on the South ſide unto the wall of the college a good high wall with towers convenient thereto; and in likewiſe from thence by the water ſide, and about the gardens, and all the precinct of the place round about by the highway, until it come to the cloiſter end on the Weſt ſide again. Item, that the water at Baldwyne bridge be turned over the warf into the river at Thamis, with a ditch of 40 foote of breadth, and the ground between the ſame ditch and the college ariſed of a great height, ſo that it may at all floods be plain and dry ground, where then will be in diſtance from the hall to the water at all times of dry ground 80 feete; and as touching the dimenſions of the houſing of my ſaid college of Eton, I have deviſed and appointed that the South wall of the precincte of the ſaid college,

*(margin notes)*

A ſquare ground for trees and flowers.

The church-yard.

Height and widenerſs of ſteeple.

The water at Baldwyn bridge to be turned.

college, which shall extend from the tenement that Heugh Dyer now holdeth and occupieth, unto the Eſt ende of the gardens after long ᵖ the waters ſide, ſhall containe in length 1440 feete of aſſize, with a large doore in the ſame wall to the water ſide. Item, the Eſt wall of the ſame pre-cinѐe, which ſhall extend fro the waters ſide to the high way at the newe bridge at the Eſt end of the gardens, ſhall containe in length 1200 feete of aſſize. Item, the North wall of the ſaid precinѐ, which ſhall extend fro the Eſt end of the gardens after along the highway unto the North Weſt corner of the ſame precinѐe, ſhall con-taine in length 1040 feete of aſſize, in which wall ſhall be a faier gate out of the utter court into the highway. Item, the weſt wall of the ſame precinѐe, which ſhall extend fro the ſaid weſt corner of the ſame precinѐe unto the ſaid tenement, which the ſaid Hew Dyer now occu-pieth, ſhall containe in length 1010 feete ; and ſo the utter walles of the ſaid precinѐe ſhall containe in length about the ſame precinѐe 4690 feete of aſſize. Item, be-twixt the ſaid north wall of the ſaid precinѐe, and the walls of the college in the utter court of the Eaſt part of the gate and the way into the college, ſhall be edi-fyed diverſe houſes neceſſare for the bake-howſe, brew-howſe, garners, ſtables, hey-howſe, with chambers for the ſteward, auditor, and other learned counſell and miniſ-ters of the ſame college, and other lodgings neceſſarie for ſuch perſons of the ſame college as ſhall happ to be dif-

*South wall 1440 feet.*

*Eaſt wall 1200 feet.*

*North wall 1040 feet.*

*Weſt wall 1010 feet.*

*The whole precinѐ of Eton college 4690 feet.*

*Houſes of officers.*

ᵖ along.

caſed

cafed with infirmities. Item, in the weft part of the fame gate and the way into the college, on the north pane [1], 8 chambers for the poore men, and in the weft pane 6 chambers, and behind the fame a kitchin, buttry, pantry, and a ground for the faid poor men. Item, the north pane of the college fhall containe 155 feete within the walls, in the middle of the which fhall be a faier tower and a gate howfe, with two chambers on either fide, and two chambers above, vauted, containing in length 40 feete, and in breadth 24 feete; and in the Eft fide of the fame gate 4 chambers, 2 beneth and 2 above, every of them in length 35 feete, and in breadth 24 feete; and in the weft fide of the fame gate a fchool-houfe beneath of 70 feete in length, and in breadth 24 feete. Item, the Eaft pane in length within the walls 230 feete, in the middle whereof,

*The library.* directly againft the entering at the cloifter, a library containing in length 52 feete, and in breadth 24 feete, with three chambers above on the one fide, and fower on the other fide, and beneath nine chambers, every of them in length 26 feete, and in breadth 18 feete, with five outer towers and five inner towers. Item, the weft pane of the faid college 230 feete in length, in the which fhall be directly againft the library a doore into the cloifter, and above eight chambers, and beneth other eight chambers, with three outer towers beyond the north fide of the cloiftre, and five inner towers, with a way into the quier for the minifters of the church between the veftry

[1] fide.

                                     and

and the fame quier. Item the fouth pane in length 155 feete, in which fhall ftand the hall, with a vaute underneath for the buttery, a cellour, containing in length 82 feete, and in breadth 32 feete, with two bay windows, one inward and the other outward, with a tower over the hall-doore, and at the Eft end of the hall a pantry, with a chamber beneath, and at the Weft end of the hall the provofts' lodgings above and beneath, containing in length 70 feete, with a corner tower inward, and another without; and on the South fide of the hall a goodly kitchin, and in the middle of the quadrant¹ a goodly conduit within goodly devifed, for the ufe and profit of the faid college. Item, the height fro the ftreete to the enhanfing of the ground of the cemetry feven feete diameter, and the fame wall in height above that five feete diameter, with greeces out of the way into the fame pane, as many as fhall be convenient. Item, that the quadrant within the college, and the utter court be but a foote lower than the cloifter. Item, all the walles of the faid college of the utter court, and of the walles of the precinct about the gardens, and as far as the precinct fhall goe, to be made of the hard ftone of Kent; and the faid gardens to be enhanfed with earth to the heighth of a foote lower then the cemetory of the church.

*The hall, buttry, and cellour.*

*The provoft's lodging, &c.*

¹ quadrangle.

The

## The College of CAMBRIDGE.

And as touching the dimenſions of the church of my ſaid college of our Lady and St. Nicholas, at Cambridge, I have deviſed and appointed that the ſame church ſhall containe 288 feete of aſſiſe in length, without any yles, and all of the wideneſs of 40 feete, and the length of the ſame church from the Weſt end to the altare at the quier doore, ſhall containe 120 feete, and from the provoſt's ſtall unto the greece called Gradus Chori 90 feete, for 36 ſtalles on either ſide of the ſame quier, anſwering to 70 fellowes and ten prieſts, conducts, which muſt be de primâ formâ; and from the ſaid ſtalles unto the eſt end of the ſaid church 72 feete of aſſize: alſo a reredos[r] bearing the roodelofte departing the quier and the body of the church, containing in length 40 feete, and in breadth 14 feete; the walls of the ſame church to be in height 90 feete, imbattled, vawted[s], and chare roffed[t], ſufficiently butteraced, and every butterace fined with finials[u]: and in the eaſt end of the ſaid church ſhall be a windowe of nine bayes[x], and betwixt every butterace a windowe of five bays, and betwixt every of the ſame butterace in the body of the church, on both ſides of the ſame church, a cloſet with an altare therein, containing in length 20 feete, and in breadth 10 feete, vauted and finiſhed under the ſoyle of the yle windowes: and the pavement of the

*Margin notes:*

Length and wideneſs of the chappell.

Stalles.

Height of the walles of the chappel.

The ſide chappels.

---

[r] *Reredos* has here a different application from what it had before, p. 296. But it both places ſignifies a *ſcreen.*    [s] vaulted.    [t]

[u] finiſht. *Finials* are the little ſpires ornamented with flower works that terminate the Gothic buttreſſes and turrets.

[x] Q. *daies,* as in the copy of this will printed in Blomefield's Collect. Cantab. p. 125.

church

church to be enhanced ʸ four feete above the ground without, and height of the pavement of the quier one foote
diameter above the pavement of the church, and the
pavement of the altare three feete above that.  Item, on      The veſtry.
the north ſide of the quier a veſtry, containing in length
50 feete, and in breadth 22 feete, departed into two houſes
beneath and two houſes above, which ſhall contain in
height 22 feete in all, with an entrie for the quier vawted.
Item, at the weſt end of the church a cloiſtre ſquare,         The cloiſtre.
the eaſt pane containing in length 175 feete, and the weſt
pane as much; and the north paine 200 feete, and the
ſouth pane as much ; of the which the deambulatory
13 feete wide, and in height 20 feete to the corbill table,
with cleare ſtories and buttrace, with finialls vawted and
embattled, and the ground thereof four feet lower than
the church ground; and in the middle of the weſt pane of    The ſteeple.
the cloiſtre a ſtrong tower ſquare, containing 24 feete
within the walles, and in height 120 feete to the corbyl,
table, and fower ſmall turrets over that, fined with pinnacles, and a dore into the ſaid cloiſtre inward, and outward none; and as touching the dimenſions of the howſing
of the ſaid college, I have deviſed and appointed in the
ſouth ſide of the ſaid church, a quadrant cloſing to both    The quadrant
ends of the ſame church, the laſt pane whereof ſhall con-    court.
taine 230 feete in length, and in breadth within the walls
22 feete: in the ſame panes middle a tower for a gate-       Gate-houſe.
howſe, containing in length 30 feete, and in breadth 22

ʸ raiſed.

R r                                    feete

feete within the walls, and in height 60 feete, and three
chambers over the gate; every over other; and on either
fide of the fame gate four chambers, every containing in
length 25 feete, and in breadth 22 feete; and over every
of thefe chambers two chambers above, of the fame meafure or more, with two towers outward and two towers
inward. The fouth pane fhall contain in length 238 feete,
and in breadth 22 feete within, in which fhall be feven
chambers, every containing in length 29 feete, and in
breadth 22, with a chamber, parcell of the provoft's lodging, containing in length 35 feete, and with a chamber
in the eaft corner of the fame pane, containing in length
25 feete, and in breadth 22 feete; and over every of all
the fame chambers two chambers, and with five towers
owteward, and three towers inward: the weft pane
fhall contain in length 230 feete, and in breadth within
24 feete; in which at the end toward the church fhall be

The library.

a library, containing in length 110 feete, and in breadth
24 feete, and under it a large howfe for reading and dif-
putations, containing in length 40 feete, and two chambers under the fame library, every containing in length
29 feete, and in breadth 24; and over the faid library an
houfe of the fame largenefs for diverfe ftuffe of the college:

Hall, cellcr,<br/>and buttry.

in the other end of the fame pane an hall containing in
length an 100 feete, upon a vault 12 feete high, ordained
for the celler and buttery, and the breadth of the hall 34
feete, on every fide thereof a bay window, and in the
                                                    nether

nether end of the fame hall, toward the middle of the
pane a pantry and buttry, every of them in length 20
feete, and in breadth 17, and over that two chambers for
officers, and at the nether end of the hall towards the
weft a goodly kitchin : and the fame pane fhall have
inward two towers ordained for the wayes into the hall
and library, and in every corner of the quadrant fhall be
two corner towers, one inward and one outward, more
then the towers above rehearfed ; and at the upper end of
the hall the provoft's lodging; that is to wit, more then
the chambers for him above fpecifyed, a parler on the
ground, containing 34 feete in length, and 22 in breadth,
two chambers above of the fame quantitie, and weftward
clofing thereto a kitchin for him, a larder, houfe, ftable,
and other neceffary houfes and grounds; and weftward
beyond theife howfes, and the faid kitchin ordained for
the hall, a bake-howfe and brew-houfe, and other howfes
of office, between which there is left a ground fquare
of 80 feete in every pane for woode and fuch ftuff; and in
the middle of the faid large quadrant fhall be a conduit
goodly devifed for the eafe of the faid college : And I will
that the edification proceed in large forme of my faid
college cleane and fubftantiall, feting apart fuperfluity of
too great curious workes of entaile and bufy moulding.
And I have devifed and appointed that the precinÇte of
my faid college of our Lady and St. Nicholas, as well
on both fides of the garden from the faid college unto the

*Marginal notes:*
The pantry.
The kitchin.
The provoft's lodging.
Bakehoufe and brewhoufe.
Water conduit.
No fuperfluity of curious works.

water, as in all other places of the fame precinct, be
The college to
be enclofed with
a wall 14
feet high.
enclofed with a fubftantiall wall of the height of 14
feete, with a large tower at the principal entre againft
the middle of the eaft pane out of the High ftreete; and
The Street gate
in the fame tower a large gate, and in the middle of the
weft end of the New bridge; and the faid wall to be
crefted, and embattled, and fortified with towers, as
many as fhall be thought convenient thereto. And I
will that both my faid colleges be edified of the moft
fubftantiall and beft abiding ftuffe of ftone, lead, glaffe,
and yron, that may be had and provided thereto: and
The parifh
church of St.
John to be re-
edified.
that the church of St. John, which muft be taken to
the enlarging of my faid college, be well and fufficiently
made againe in the grounde in which the provoft and
fchollars abovefayd now be lodged or nigh by where it
may be thought moft convenient, to the intent that
Divine fervice fhall mow be done therein worfhipfully to the honour of God, our Bleffed Lady Chrift's
mother, St. John Baptift, and all Saints: And alfo for
the expedition of the workes abovefayd, I will that my
faid college of Cambridge have and receive yearely of the
yffues, profits, and revenues, coming of the faid caftells,
lordfhips, manors, lands, tenements, rents, fervices, and
other poffeffions abovefaid, 117 lib: 6s. 10d. during all
the time of the edification of the faid college, for the
yearly wages and rewards of officers and minifters longing
to the workes there; that is to wit, for the mafter of

2                                                                     the

the workes, 50 lib. for the clerk of the workes, 13 lib. 6 s. 8 d. for the chiefe mafon, 16 lib. 13 s. 4 d. for the chief car- penter 12 lib. 8 d. for the chief fmith 6 lib. 13 s. 4 d.; and for the purveyors, either of them at 6 d. the day, 18 lib. 6 s. 8 d.; and in femblable wife, I will that my faid college of Eton have and receive yearly, during the edification thereof, of the fame yffues, profit, and reve- nues, 124 lib. for the yeerly wages and rewards of the officers and minifters belonging to the workes there; that is to wit, for the mafter of the workes there 50 lib, for the clerk of the workes 13 lib. 6 s. 8 d. for the chief mafon 13 lib. 6 s. 8 d. for the chief carpenter 10 lib. for the chief fmith 6 lib. 13 s. 4 d.; and for two purveyors either of them 6 d. by the day, 18 lib. 5 s. 6 d.: Moreover, for as much as I entirely defire that all the numbers of the per- fons ordeined, devifed, and appointed by me, for to be in both my faid colleges, be fulfilled in as hafty time as they goodly may, and fo the numbers for the accomplif- ment of my devotion to be kept always perfect, and that certain of the liveloods with which I have endowed my faid colleges be yet in reverfion, fo that the faid numbers with other charges may not fufficiently be found and fup- ported, unlefs that the fame college be fuccored, other- wife I will, pray, and charge, my faid feffees, that my faid college have and receive yearly of the yffues, profits, and revenus, coming of the caftells, lordfhips, mannors, lands, tenements, rents, fervices, and other poffeflions

.abovefayd,

abovefayd, over the faid yearly 2000lib. to the fame colleges, in the forme and for the caufe abovefayd affigned,
the fumme of a thoufand markes granted unto my faid
colleges during the lives of certain perfons fpecified in
my letters patents feweth [*], under the feale of my faid
duchy thereupon made, as it is in the faid letters more
clerely conteyned. Furthermore, I will, pray, and charge
my faid feffees for to be delivered to my faid colleges
2000lib. over the faid yearly 2000lib. and yearly 1000
markes unto them, in the formes abovefayd, affigned to
be taken as foon as it goodly may be arreifed and had by
the fame feafts, of the yffues, profits, and revenues, of
the faid caftells, lordfhips, mannors, lands, tenements,
rents, fervices, and other poffeffions; that is to fay unto

Gift of a
treafure in
money to each
college, for a
treafure to re-
main.

my provoft and college roiall of Eton 1000lib. and unto
my provoft and college royall of Cambridge 1000lib. of
fufficient and good gold, and of fufficient weight of my
lawfull coine, which I have given for a treafure for
them, to be kepte within them for diverfe great caufes,
which be more plainly expreft in the ftatutes and ordinaunces of my faid college, by me made in that behalf.
And I will that my faid college of Eton have of the faid
yffues, profits, and revenues, of the faid caftells, lordfhips, mannors, lands, tenements, rents, fervices, and
poffeffions, 200 lib. in money, for to purvey them books
to the pleafure of God and weale of my fame college.
And in femblable wife to my other college of Cambridge

[*] Q. following.

200 lib. for to ſtuff them with jewells for the ſervice of God, in the ſame college. And if it like unto God to call me out of this mortal life, before that my ſaid colleges be accompliſhed, and before they have ſuch as is to them here apointed, then I will and deſire that my will above rehearſed touching the ſame colleges and either of them, be ſpecially and principally accompliſhed, and in all points perfectly performed before all other things: And ſecondarilie, that my ſaid feoffees, informed by them that I ſhall ordain to be mine executors of my teſtament, ſo farr as my goods moveable may ſuffer for the payment of my debts, and fulfilling of my teſtament and laſt will, doe ſuch ſummes of mony ſufficient and neceſſarie in that behalf of the yſſues, profits, and revenus, coming of the lordſhips, caſtles, manors, lands, tenements, rents, ſervices, and other poſſeſſions aboveſayd, over that which is aſſigned to my ſaid college, to be payd from time to time to my foreſaid executors, they thereof for to doe and ſatisfie mine exequies, memorialls, and all things behoveable about my ſepulture in honorable wiſe, and to pay my debts of my howſe of my great wardrobe, and of my chambre, and to do plain and entire execution of my laſt will and teſtament, in the which I will that the debts of my howſehold be ſpecially preferred ; and if it fortune me to deceaſe, after that the edifications, ordinances, and apointments of my ſaid colleges here before by me made, limited, deviſed, and aſſigned, be accompliſhed and performed,

Theſe colleges to be performed before all other things.

After the colleges performed, ordr taken for the payment of houſehold debts, and then the overplus to reſerr to the crown.

formed, I will then that my faid feoffees do, in fatisfaction
of my debts with all the yffues, profits, and revenues
of the faid caftles, lordfhips, manors, lands, tenements,
rents, fervices, and other poffeffions, as is aforefayd.
Moreover, I will that all the forefaid caftles, lordfhips,
manors, lands, tenements, rents, fervices, and other
poffeffions, remain ftill in my feoffees hands untill the
time that all this my will afore written, and every pointe
of it, be entirely executed and perfectly accomplifhed;
and that fully done and executed, then I will and pray
my faid feoffees, that the faid caftells, lordfhips, mannors,
lands, tenements, rents, fervices, and other poffeffions,
wholie remain to mine heirs and fucceffours, kings of
England, for ever more, and to be annexed to the crown
of England for ever, in the beft forme that the faid
feoffees, by advife of counfell of law, can order and
devife; alway forefeen, that it be lawfull to me, dureing
my life onely, by writing, to change this my will, and
to the fame for to adde, and therein for to mufe in all
thinges conteyned therein, except fuch ordinances and
apointments as belong and concerne unto my faid colleges which be above rehearfed, after my difcretion; which
changings, additions, and mufeings, if it fortune any
to be, I will, charge, and pray my faid feoffees duly to
execute after my will; and if it fortune, that before my
debts be fully payd, and my laft will plainly executed,
my faid feoffees die all fave three, or two, or one, then
I will

I will pray and charge them three, two, or one, that they in all the forefaid caftles, lordfhips, mannors, lands, tenements, rents, fervices, and other poffeffions, in my forefaid letters patents expreffed, do enfeoffe 14 perfons, whofe names be hereafter written, that is to wit, the reverend father in God William [a] bifhop of Winchefter, Reignald [b] bifhop of St. Afaph, Thomas [c] earl of Devon, Richard [d] earl of Sarum, Henry [e] earl of Northumberland, John [f] earl of Shrewefbury, Thomas lord Clifford [g], Lion [h] lord of Weles, Mr. John Chadworth [i] provoft of my faid college of Cambridge, William Weftbury, provoft of my faid college of Eton, Mr. William Say, Mr. Andrew Holts, Sir Robert Roofe [k] knight, and Sir Thomas Stanley [l] knight: And if it fortune that the faid fourteen perfons, which the faid three feoffees, two, or one of them, fhould fo enfeoffee, as in the premiffes before is rehearfed at

A provifion for new feoffee, in cafe the clerdue before the performance of the will.

[a] William Waindeet, 1447—1486.

[b] Reginald Peacock, 1444—1449.

[c] Thomas Courtney died 1 E. IV.

[d] Richard Nevil, who was alfo the famous earl of Warwick, flain at the battle of Barnet 1471.

[e] Henry Percie, third earl of Northumberland of that family, flain at Towton 1 E. IV.

[f] John Talbot flain in France 1453.

[g] Slain at the battle of St. Albans 33 H. VI. 1455, and buried in the abbey there.

[h] Third husband of Margaret Beaufort duchefs of Somerfet, grandmother to H. VII. He was flain at Towton 1 E. IV. Dugd. Bar. II. 12.

[i] Archdeacon of Wilts, prebendary of St. Paul's, bifhop of Lincoln 1452, where he died, and was buried 1471. He was the fecond provoft of King's College, elected 1446. Godwin.

[k] Great uncle to Thomas lord Roos of Hamlake. He died before 27 H. VI. Dugd. Bar. I. 553.

[l] Lieutenant of Ireland 9 H. VI. chamberlain to that king, and father of Thomas firft lord Stanley. Ib. II. 248.

S s .                                     that

312

HENRY THE SIXTH.

that time as such feoffment should be made, be not one
alive but passed to God all fourteen, then I will that
the said three, two, or one of my said feoffees, shall
enfeoffe other fourteen persons spirituall and temporall,
of good fame, faith, and credence, in all the said castles, lordships, mannors, lands, tenements, and rents,
services, and other possessions: Forseen alway, that if any
of the first fourteen persons be alive, when the said feof-
ments should by the three feoffees, two, or one of them
be made, I will that as many of the foresaid fourteen
persons as then shall be alive, be put into the said feofment before any other persons of the same state and degree they be of: And forasmuch as for the good rule and
profitable governance of the said castles, lordships, mannors,
lands, tenements, rents, services, and other possessions,
continually hereafter to be had, and for the effectuall and
expedient levè of the yssues, profits, and revenues of the
same, I have ordained, and made by my letters patents
severall my well-beloved William Tresham esquire, chancellour, and Nich'us Willoughbie general receiver, and
attorney of and for all the castells, lordships, manors,
lands, tenements, rents, services, and other possessions
abovesaid: And to the said office of chancellor have ordained, devised, and apointed, a seale to be used in that
behalf, as in my said letters it plainly appeareth; I will,
pray, and charge my said feffees, that they, by theere deeds
sufficient in law, doe confirme and make sure the said
William and Nich'as of and in the said offices to have
and

*Officer con-
stituted for the
government of
lands.*

and occupie feverally for terme of their lives. And furthermore, at my nomination made under the faid feale, during my life and after my deceefe, the nomination of the provofts of my faid college for the time being made under their feales; I will that my faid feoffees do order and make at all times hereafter needfull, as well fuch chancellour, generall receiver, and attorney, as ftewards, particular receivers, auditors, bailiffs, feoders, and all other particular officers and minifters of the faid caftles, lordfhips, lands, mannors, rents, tenements, fervices, and other poffeffions: alway forefeene that none of the officers or minifters of my faid duchy of Lancafter, during the time that he fhall ftand in the faid office, be hereafter ordained or made in any wife any officer or minifter of the faid caftells, lordfhips, mannors, lands, tenements, rents, fervices, and other poffeffions, which fhall come again into the hands of me, or mine heirs kinges of England: And that in every graunt which my faid feoffees hereafter by their letters and feale hereupon doe make, ther be put and conteined a claufe fpecially according unto this my will in this behalf. Furthermore, for the finall performing of my faid will to be put effectually in execution, I, confidering the great difcretion of the faid worfhipful father in God William now bifhop of Winchefter, his high truth and fervent zeale, which at all times he had and hath unto my weale, and which I have found and proved in him, and for the great and whole confidence which I have unto him, for thefe caufes will that he not only as furveiour

The Bifhop of Winchefter is ordeined furveyor and executor of the will, and requefted to travail required in him.

but

but also as executour and director of my said will be
privy unto all and every execution of performing of my
same will, and that his consent be had in any wise thereto;
and if any execution of the performing of my said will, or
if any part thereof, be done in any wise contrary to the
tenor and effect thereof, I will that it stand void and for
ever to be had for none; and if it befall that there be any
diverse opinions, variance, or discord, betwixt my said
feoffees and mine executours, in or for any execution of
the performing of my said will or any part thereof, I
give then and graunt to the said bishop of Winchester, by
these presents, plain [m] power and auctorite; and finally, I
will that he, as umpire in that behalfe, have at all times
power and auctoritie for to call and take unto him such
discreet persons of my said feoffees as unto him for the
accomplishment of my will seeme most disposed; and that
after their advise heard, do make the finall conclusion in
that part: And I will that the power, state, title, and
interest of that person, and the persons of my said feoffees,
in whom the cause of such variance and discord, by the
said bishop of Winchester, and two other of my said feoffees, shall be founde, cease and be void, as well in all
things touching my said feofment, as in all things touching my said will; and if it be soe that the said bishop of
Winchester passe unto God out of this mortall life, I being
alive, then I will that this auctoritie and power by me
unto him in the forme abovesaid, given and graunted, re-

If any quar-
rel rise between
the feoffees and
executors, the
bishop of Win-
chester shall de-
ciue the doubt.

[m] full, *plein*.

turn again wholly unto me, and abide in mine own dif-
pofition : And in cafe I be called out of this mortall life,
the faid bifhop of Winchefter me overliving, I will then
that at fuch time as God fhall give him knowledge by
likelihoode o' this brief paffage out of this world, my faid
will at that time not fully accomplifhed, he remembre
him of the moft difcreet, faithfull, and true perfon, a
lord fpirituall and temporall, which the faid bifhop of
Winchefter, by experience had the mean time, fhall finde
and prove for to be beft and moft godly difpofed, and moft
fervent in zeale, to the performing of my faid will : and
as well unto the fame lord, without inordinate affection
or acception of perfon, as he fhall in breef time ftreightly
anfwere herein before the tribunall feate of Chrift oure
alder [n] faviour and terrible judge, as unto the provofts of
both my faid colleges for the time being, committee wholy
under his letters and feale the faid power and auctoritie,
which he hath in the fame forme abovefayd, of my guift
and graunt made unto him in this behalfe. And if it foe be
that the faid lorde unto whome the faid power and auctoritie fhall in the forme abovefaid by the faid bifhop
of Winchefter be committed, be not profitable unto the
performing of my faid will; I will that the provofts of
my faid colleges for the time being, have full power and
auctoritie for to difcharge the faid lord of all power and auc-
tority unto him committed in this behalfe ; and thereupon
the fame provofts being remembred in the manner and

[margin note:] A provifion of a furveior, in cafe the bifhop of Winchefter be-fore the king; another provi-fion in cafe the bifhop die after the king.

[margin note:] If the furveior upon truft be not profitable for the college, he may be re-moved by the provofts, and a new one placed by them.

---

[n] alder, Sax. elder, i. e. the firft. Bailey.—Q. alder, moft dear. Dr.
Johnfon explains alderlieveft (Shakfpeare, 2 H. VI.) by moft beloved.

I                                                                    forme,

forme, as it is above rehearfed, have full power and auctoritie for to commit under lettres and feales fuch power
and auƈtoritie in this partie unto another lord, and from
time to time, as by me is here in the forme abovefaid
committed unto the faid bifhop of Winchefter, in every
pointe according unto the fame: And femblaby °, if the
faid lord deceafe, my faid will not accomplifhed, the
faid provofts in likewife remembred and advifed, fhall
commit the faid power and auƈtoritie unto another lorde,
and fro time to time, as often as any of thofe cafes fhall
fall unto the time that my faid will and every part thereof

If the executors be intereƒted by any of the king's heirs, &c. the feƒƒes may fell the lands to certain uƒes.

be plainly and entirely accomplifhed and performed; and
in cafe that any of my heirs and fucceffours, kings of
England, difturb, let, or in any wife interrupt my faid
executours, feffees, furveiour or furveiours, it fhall be
lawfull for my faid feffees to fell and alienate all the faid
caftles, lordfhips, mannors, lands, tenements, rents, fervices, and other poffeffions for [fro] my faid heirs and
fucceffours, fo letting the execution of my faid will, to
fuch as fhall be thought to my faid executours, furveiour,
or furveiours, expedient. The mony thereof arifing to
be employed by the fame executours, furveiour, or furveiours, upon the fullfilling of my faid will, and furplus
(if any be) to be employed upon the holie workes of
pietie. And that this my faid will in every pointe before
rehearfed may the more effeƈtually be executed, I not
onlye praye and defire, but alfo in Chrift require and
charge all and every of my faid feoffees, mine execu-

* In like manner.

4

tours,

tours, and furveiour and furveiours, in the vertue of the
afperfion of Chrift's blood and of his paineful paffion,
that they having God and mine entente only before their
eyne, not leteing[p] for dread or favour of any perfon living
of what eftate, degree, or condition, that he bee truly,
faithfully, and diligently execute my faid will, and every
part thereof, as they will anfwer before the bleffed and
dreadfull vifage of oure Lorde Jhefu, in his moft fearfull and laft day, when every man fhall be moft ftraightly
examined and dealed with after his merits. And furthermore, for the more fure accomplifhment of this my faid
will, I in the moft entire and moft fervent wife pray
my faid heirs and executours, and fucceffours and every
of them, that they fhew themfelves well willing, faithful,
and tender lovers of my defire in this behalf ; and in
the bowells of Chrift our alder, juft, and ftraite[q] judge,
I exhorte them to remember the terrible comminations
and full fearfull imprecations of holy fcripture againft
the breakers of the law of God, and the letters of good
and holy workes. *Quod fi audire nolueris, venient fuper
te omnes maledictiones iftæ, et apprehendent te. Maledictus
eris in civitate, maledictus in agro: maledictus fructus ventris tui, & fructus terræ tuæ. Maledictus eris egrediens,
& maledictus ingrediens. Mittet tibi dominus famem & efu-
riem, & increpationem in omnia opera tua quæ tu facies,
donec conterat te & perdat velociter, propter inventiones tuas
peffimas. Adjungat tibi peftilentiam: percutiat te dominus*

A dreadful
charge given to
the executors,
&c.

The like charge
given to his
heirs and Suc-
ceffors.

Deut. xxviii.

[p] letting, hindering.    [q] ftrict.

*egeflate,*

*egeſtate, febri & frigore, ardore & æſtu, & aere corrupto*
*ac rubigine & perſequatur donec pereas. Tradat te dominus*
*corruentem ante hoſtes, &c.*

I alſo, in amiable wiſe, exhort my ſaid heires and ſucceſſors in Chriſt Jeſu, the liberall rewarder of good deeds,
to remember the deſireable bleſſings and moſt bounteous
grace, promitted to all ſuch as obſerve the lawes of Chriſt,
being helpers and promoters of good and vertuous deſire;
Scripture in the ſame ſaying to ſuch: *Venient ſuper te*
*univerſæ benedictiones iſtæ. Et apprehendent te. Benedictus*
*tu in civitate, & benedictus in agro: benedictus fructus*
*ventris tui, & benedictus fructus terræ tuæ; benedictus eris*
*egrediens & benedictus ingrediens. Dabit dominus inimicos*
*tuos qui conſurgent adverſum te corruentes in conſpectu tuo.*
*Per unam viam venient contra te, & per ſeptem fugient*
*a facia tuá. Mittet dominus benedictionem ſuper cellaria*
*tua & ſuper omnia opera manuum tuarum; ſuſcitabit te*
*dominus ſibi in populum ſanctum, videbuntque omnes terra-*
*rum populi, quod nomen domini invocatum ſit ſuper te, &*
*timebunt te gentes terrarum: abundare te faciet dominus omnibus*
*bonis, &c.*

And in witneſs that this is my full will and intent,
I have ſett hereto my great ſeale, and the ſeale of my
ſaid duchy, and my ſeale apointed and aſſigned by
me for the ſaid caſtles, lordſhips, mannors, lands, tenements, rents, ſervices, and other poſſeſſions put into the
ſaid feoffment: and alſo as well the ſignet I uſe in mine
owne governance for the ſame duchie, as the ſignet of
mine armes. And I have ſigned with mine owne handes
　　　　　　　　　　　　　　　　　　　　　　theſe

thefe prefent letters indented and tripartite, and doe them
to be inclofed under my privy feale at my faid college
of Eton, the 12th of March, Anno Domini 1447, and of
my reign the 26th.

Harleian MS. 7032. N° 11. p 289. to 304. both in-
clufive, being one of Mr. Baker's MSS. ex manufcripto
Cajo-Gonvill cui titulus, Mifcellaneæ Collectiones Magiftri
Roberti Hare, vol. II.

Henry VI. was only child to Henry V. whofe prophetic
expreffions at his birth he literally fulfilled; being more a
monk than a monarch. He fucceeded his father at nine
months old, 1422, was crowned at Weftminfter 1429,
and in Paris 1431; and before he had reigned 25 years,
was difpoffeffed of all his territories in France. In the
year 1452 the rebellion which had been fomenting in
England broke out; and Henry, after having been twice
depofed and imprifoned in the Tower, was, in 1472, there
affaffinated in the 51ft year of his age, by Richard duke of
Gloucefter, afterwards king Richard III. He was firft buried
at Chertfey abbey, and then removed by order of Edward IV.
to Windfor, and there interred under a fair monument
in St. George's chapel, of which there are at prefent no
remains, whilft that of his competitor and his fucceffor
Edward IV. ftill exifts.

He married 1445 Margaret daughter of Renè duke
of Anjou, a lady of a fpirit as oppofite to that o

T t                                                  her

her father, as her hufband's was to his father's. **By** her he had an only child Edward, born 1453, married to Anne daughter of Edward Neville earl of Salifbury and Warwick, and murdered after the battle of Tewkſbury, by Richard duke of Gloucefter, who married his widow.

CARDINAL

# CARDINAL BEAUFORT,
## BISHOP OF WINTON.

IN nomine fancte & individue Trinitatis, patris & filii & fpiritus fancti, ac gloriofiffime virginis Marie, & tocius curie celeftis, Amen. Ego Henricus miferacione divina titulo fancti Eufebii, facrofancte Romane ecclefie prefbiter, cardinalis de Anglia vulgariter nuncupatus* epifcopus Winton. indignus, gratias Deo, compos mentis, & fane memorie, ac in finceritate catholice fidei integer & indubius exiftens, confiderans interiori acie mentis mee quam fallax, quam tranfitoria, mutabilis, & immutabiliter caduca fit hec vita, quam pocius umbram que cito evanefcit feu fpectaculum fore confpicio quam perhennitatem dierum, idcirco volens, cum Dei paciencia, bona mea terreftria in celeftia commutare, & eadem bona mea que michi divina difpoficione collata fore cognofco pro anime mee falute difponere in pios ufus, condo teftamentum meum & hanc meam voluntatem in hunc modum.

In primis, lego animam meum omnipotenti Deo plafmatori[b] meo, & fue mifericordie, ipfiufque matri virgini gloriofe, & corpus meum humand' in ecclefia mea Winton in eo videl't loco quem pro fepultura mea elegi & affignavi. Et volo quod omni die imperpetuum celebrantur tres miffe pro anima mea per tres monachos ejufdem ecclefie, in

---

* He has this ftyle in the public records. Rymer. Rapin, V. 268.
b maker.

capella

capella dicte sepulture mee, una videl't de requiem, alia
de die, tercia de annunciacione virginis gloriose, videl't
cum officio " rorate celi desuper" & aliis singulis eidem
officio pertinen'. Et in qualibet missa volo quod cum
secreto & post communi dicatur ista oracio " Deus qui
" inter apostolicos sacerdotes," &c. exprimendo nomen
Henricum Cardinalem, et quod quilibet sic celebrans
habeat in speciali memoria in missa sua animas Johannis
ducis Lancastrie & Katerine conjugis sue genitorum meorum, animas Henrici quarti, & Henrici quinti regum
Anglie, Johannis comitis Somerset, Thome ducis Exon,
fratrum meorum, Johanne comitisse Westmerlandie so-
roris mee, & Johannis ducis Bedford; & volo quod fiat
assecuracio, secundum discrecionem executorum meorum
& jurisperitorum, pro continuacione istarum missarum, &
pro obitu meo solempniter in predicta ecclesia singulis
annis imperpetuum tenendo meliori & securiori modo quo
fieri poterit. Item volo quod quilibet sic celebrans habeat
& percipiat singulis septimanis 11 d. per diem per manus
prioris seu sui deputati. Et volo quod septimanatim mu-
tentur isti sic celebraturi, & intitulentur in tabula conven-
tuali sub isto titulo, fre . . . . ᶜ celebraturi proxima septimana
pro anima Henrici cardinalis Anglie; pro quibus quidem
missis & obitu sic imperpetuum celebrand' volo quod executores mei concordent cum priore & capitulo predict' &
pro onere vi d. solvend' tribus monachis dict' missas singulis diebus celebraturis. Item volo quod exequie mee

<hr>

ᶜ Q. fratres.

celebrentur

celebrentur non nimis fumptuofo modo, fed fecundum
ftatum in quo Deus voluerit me decedere, & hoc fecundum
difcrecionem executorum meorum. Item volo quod diftribuantur in die fepulture mee ccli. pauperibus ibidem
congregand' fecundum maius vel minus juxta difcrecionem
executorum meorum. Et fi contigerit me obire in aliquo
loco diftanti ab ecclefia mea Wynton predict' volo quod
ultra fumptus neceffarios pro conductu corporis mei ad
locum fepulture, diftribuantur dietim xli. pauperibus elemofinam petentibus fecundum maius vel minus juxta
difcretionem executorum meorum. Et fi contigerit corpus meum pernoctare in aliquo loco, volo quod pro anima
mea fiant exequie mortuorum de nocte, & miffa de requiem
de mane, in ecclefia ubi fic continget corpus meum pro
illa nocte commorari, et quilibet prefbiter ibidem celebrans habeat viiid. et quod offerantur in fingulis ecclefiis tres panni aurei de meis propriis majoris precii vel
minoris, juxta difcrecionem executorum meorum & fecundum exigenciam locorum. Item volo quod quanta celeritate
fieri poterit poft deceffum meum decem millia miffarum,
fcilicet tria milia de requiem, iii milia de " rorate celi de
fuper," iii milia de fancto fpiritu, & mille de trinitate:
et poft oracionem officii in qualibet miffa dicatur oracio,
" Deus qui inter apoftolicos facerdotes," &c. exprimendo
nomen ut fupra, & volo quod quilibet celebrans miffam
habeat vid. Item volo quod fufficienter provideatur per
executores meos in omnibus ornamentis honeftis & neceffariis pro capella & altari in loco fepulture mee ut videl't
ordinent pro eodem altari ii veftimenta communia pro
diebus

diebus feriatis & 11 veftimenta meliora pro feftis majoribus cum una cruce deaurata fecundum difcretionem executorum meorum & cum ymaginibus meis de falutacione, viz. una ymagine beate Marie virginis, & alia archangeli Gabrielis cum olla & lilio[d]. Item, unum calicem aureum cum uno pari urceolorum[e], uno pari candelabrorum cum tintinabulo, & deofculatorio pacis[f] de auro. Item lego eidem altari unum par candelabrorum argenteorum & deauratorum, cum una calice argenteo & deaurato cum urceolis, campana, & deofculatorio pacis deauratis. Item 11 paria pelvium deauratorum, viz. unum par melius & aliud minoris valoris. Item unum vas aque benedict' argenteum ad minus valoris x marc'. Item lego eidem altari unum par candelabrorum argenteorum quod eft in oratorio meo, in diebus feriatis ad ferviend' eidem altari fingulis diebus, 11 miffalia mea, fecundum difcretionem executorum meorum, & unum breviarium meum majus, non notatum quod quondam erat epifcopi Bathon'; que omnia volo remanere eidem altari imperpetuum, & in nullo alio loco defervire. Et quod prior & conventus dicte ecclefie obligentur quod dictis veftimentis confumptis, feu alias in tantum ufitatis quod cum honeftate non poffint ulterius defervire, ipfi providebunt dicti altari de aliis veftimentis competentibus eorum fumptibus & expenfis, & prout po-

---

[d] All the reprefentations of the falutation, introduce a *lily* in the angel's hand, and a *flower-pot* on the floor between him and the Virgin; the latter may be only a piece of furniture, the former anfwer to a caduceus or palm-branch.

[e] poti.          [f] a pax.

terit concordari inter executores meos & ipſos. Item volo
quod prior dicte eccleſie mee Winton' & conventus ejuſdem
habeant de me cc li. & calicem meum meliorem cum
patena, & veſtimentum meum integrum totaliter inbron-
datum quod emi ab Hugone Dyke ; ita tamen quod nul-
lus iſto veſtimento utatur ſi non epiſcopus Winton' pro
tempore exiſtens in eccleſia tum quando voluerit, vel aliquis qui debet officiari in preſencia regis, regine, vel regis
primogeniti. Item lego priori ejuſdem eccleſie unum ciphum deauratum ad minus valoris xli. cum ii ollis argent'
& deaurat' galoniers[g], & iiii ollis argent' non deaurat' galoners, ad finem quod rex, regina, quandocumque vel epiſcopus
Winton' pro tempore exiſtens fuerit in civitate ſeu ſuburbiis
ejuſdem, ubi eis debet deſerviri de prebenda[h] panis & vini in
preſentacione cujus ſervitor prioris tenetur dicere " Saint
Pier & Saint Pol vous envoient," eo tunc predict' unum
portetur in eiſdem cum quatuor ollis galoners non deaurat'.
Et ultra hoc volo quod prior habeat quatuor ollas argenteas potellers[i] cum uno pari pelvium coopertarum & ii
pelvibus ſimplicibus cum duobns aquareis[k]. Item duas
duodenas diſcorum, duas duodenas ſalvariorum, vi chargeours; ii ſaleria[l] deaurata; que omnia volo imperpetuum
deſervire prioribus ejuſdem eccleſie temporibus congruis

[g] of gallon meaſure.
[h] a portion : a feed when applied to horſes.
[i] Q. of pint meaſure. Du Cange explains olla potteller a porringer.
[k] ewers.
[l] ſalt-ſellers. This Engliſh word is a redundancy. Salerium, Saliere,
implying the ſame, as ſellar, in one word.

&

& debitis. Et quod prior obligetur, fub pena privacionis, ifta non alienare, neque impignorare, nec extra monafterium ducere. Et quod pondus omnium iftorum vaforum per me legatorum remaneant penes conventum. Et quod femel in anno fupprior & octo fchiores tocius conventus videant quod ifta bona remaneant in manibns dicti prioris. Et volo quod ifta remaneant priori & conventui ecclefie mee predicte; fic tamen quod ipfi obligentur & quod fiat affecuracio ut predictum eft per advifamentum & difcrecionem executorum meorum de obfervando folempniter obitum meum fingulis annis imperpetuum. Et quod quilibet monachus celebraturus diebus obitus & anniverfarii mei, dicat in miffa poft officium cum fecreto & poftcommunione, " Deus qui inter apoftolicos facerdotes," &c. nomen Henrioum Cardinalem ut fupra. Item do eidem priori viginti marcas, et cuilibet confratrum meorum ibidem XL s. ut ipfi pro anima mea orent; & miniftris ecclefie c s. diftribuend' fecundum difcrecionem dictorum prioris & conventus. Item lego priori, fuppriori, & conventui ejufdem ecclefie mee, VI duodenas difcorum de argento, quilibet difcus ad valoris XL s. V duodenas taffiarum ᵐ de argento, unaquaque taffia ponderis II marc' de pondere Troiano ⁿ cum

---

ᵐ *taffes*, cups.

ⁿ Troy weight. None of the gloffaries give a fatisfactory etymology of this word. Spelman and Du Cange after him content themfelves with faying that *Trojæ pondus apud Anglos dicitur quod* 12 *uncias in libra numerat.* Somner fuppofes it the fame with *Trona* or *Trone* in Scotland, but the authorities alledged prove the latter to be only the weighing engine and not the weight.

majori

majori cipho meo cooperto, & VI ollis argenteis, videl't
II galoneys, & IIII[er] pottellers, que omnia volo defervire
in refectorio, & nullo modo alibi.   Et quod prior pro tempore exiftens, cum octo fenioribus capituli, in fefto fancti
Michaelis videant omnia ifta cum ponder'[o] remanere in refectorio: et quod de iftis vafis deferviatur conventui in refectorio exiften' diebus nativitatis domini, pafche, penthacof-
tes, affumpcionis, & annunciacionis beate virginis, omnium
fanctorum, apoftolorum Petri & Pauli, fancti Swithini, & in
die anniverfaru mei; quo die volo quod confratres mei habeant pitanciam ad valorem XL s.    Item, remitto abbati & conventui fancti Auguftini extra Cantuariam CCCLXVII li. XIII s.
IIII d. in quibus ipfi michi obligantur, ita quod pro ifta fumma ipfi obligentur fecundum difcrecionem executorum meorum quod dietim imperpetuum in tribus miffis, viz. in una de
virgine gloriofa & in miffa celebranda ante feretrum beati
Auguftini, necnon in miffa capitulari immediate poft
primam collectam dicetur in fingulis dictarum miffarum
fuo per d'nm[p] collecta " Deus qui inter apoftolicos facerdotes, &c." exprimendo nomen Henricum Cardinalem ut fupra dictum eft: et una cum hoc quod fingulis annis imperpetuum diem obitus mei folempniter obfervabunt cum
exequiis IX. li.[q] de nocte & miffa folempni in die.  Item, do
et lego abbati predict' unum ciphum deauratum valoris x li.
cum fex fimplicibus peciis deaurat' II ollas deauratas, II ollas
argenteas potellers, XII difcos, XII falfaria[r] & IIII char-

[o] Quere according to their full weight.
[p] Thefe words being unintelligible in the original, quere if *fupradicta*.
[q] Sic Orig.
[r] Saltfellers, as before *Salaria*, note [l].

geours, 11 pelves argenteas cum 11 aquariis, que volo imperpetuum remanere eifdem abbati et conventui in forma qua alia per me data & legata remanent priori & conventui dicte ecclesie mee Winton. Item, lego eidem abbati x marc' & cuilibet monacho ejufdem monafterii xx s. ut ipfi pro anima mea orent. Item, volo quod diftribuantur cccc li. incarceratis, five pro tranfgreffione, five pro debito, in utroque computatorio ¹ London' in Newgate, Ludgate, Flete, Marefcalcia, Banco Regis, & in carceribus infra manerium meum in Suthwerk, pro liberacione eorundem per manus aliquorum virorum bone confcience quos executores mei voluerint eligere & nominare; ita quod quatuor eorundem executorum meorum in nominacione hujufmodi perfonarum quibus iftam diftribucionem debuerunt facere fint concordes. Item, volo quod diftribuantur duo milia marcarum inter pauperes tenentes meos in comitatibus Hampfhire, Wilts, Surr', Somerf', Oxon', Barks, & Bucks. Et fiat ifta diftribucio vel in pecuniis, vel in aliis rebus que magis videbuntur tendere ad utilitatem eorundem fecundum formam in articulo proxime preceden' expreffat' viz. per manus aliquorum virorum bone confciencie juxta difcretionem executorum meorum fic ut premittitur nominand'. Et quod ipfi habeant pro labore eorum illud quod dict' executoribus videbitur racionabile et conveniens. Item, lego fratribus predicatoribus London xl. li. ut ipfi pro anima mea orent. Item, tribus aliis domibus & ordinibus mendicancium in

¹ Compter.

eadem

eadem civitate, viz. cuilibet domui x. li. Item, lego cuilibet conventui fratrum mendicancium infra dioc' meam x marc'. Item, lego domino meo regi Henrico tabulettum cum reliquiis qui vocatur Tablet de Bourbon, & unum ciphum de auro cum aquario qui erat illuftriffimi principis recolendeque memorie patris fui, fact' de auro per eundem principem in die Parafceves oblato, de quo cipho ipfe folebat ufualiter potare & ultimo potavit, fupplicando & humillime intercedendo apud ejus ferenitatem quatinus velit fuccurrere & fubvenire executoribus meis in hiis que poffunt tendere ad falutis anime mee prout fibi, ut Deus novit, femper fui fidelis, & affectans profperitatem ftatus fui, optansque & defiderans ea que poffent tangere ad falutem fui in anima & in corpore. Item, lego Johanne ᵗ uxori Edwardi Stradlyng milit. 11 duodenas difcorum, 1111 chargeours, xii falfaria, 11 pelves cum 11 aquariis, 11 ollas pottellers, & xii pecias de argento. Item, unum ciphum deauratum valoris x li. Item, unum lectum de albo ferico enbrondat' cum rofis, cum tapitis & cuffinis eidem pertinen' & centum libras in auro. Item, lego Hans Nulles xl. li. Item, volo quod clerici capelle mee exiftentes in fervicio meo tempore mortis mee, & ad locum fepulture mee corpus meum ducentes, habeant de regardo ᵘ c marcas inter eos dividendas, fecundum difcrecionem executorum meorum, attendendo promociones eorum & tempora quibus michi fervierunt. Item, volo quod fi pro aliqua folucione denario-

---

ᵗ The bifhop's natural daughter. See hereafter,　　ᵘ Reward.

rum fact' ante dat' prefencium, pro quibus eram obligatus,
aliqua erat defalcacio facta veri debiti, quod fiat reftitucio
perfone feu ejus executoribus cui talis defalcacio facta fuerit
de tali fumma fic defalcata; que quidem fumma defalcacionis
hujufmodi apparere poterit per libros compotorum thefauri
de Wolvefey.    Item, fi aliquas denariorum fummas recepi
ab aliqua venacione facta infra chafeas, parcos, vel garennas
meas, volo quod fiat reftitutio de fumma fic recepta in quantum legitime conftare poterit de aliqua fumma fic recepta.
Item, volo quod debita mea fi que fuerint ante omnia perfolvantur.    Item, quod fiqui fint qui velint & poffint jufte
conqueri de aliqua oppreffione, feu aliquo malo per me eis
injufte illato quod fiant eis reftitucio & emenda, petendo ve-
niam & mifericordiam prout ipfi unan . . . . confequi volunt. Item, remitto dictis tenentibus meis quafcumque denariorum fummas quas ipfi, aut eorum aliquis, debeat michi in
die obitus mei.    Item, volo quod per difcrecionem dict' executorum meorum diftribuantur duo milia librarum inter
fervitores meos domefticos ac familiares, habito refpectu ad
quantitatem temporis quo fteterint in fervicio meo, ad qualitatem fuorum graduum & perfonarum, & ad eorum in me
merita in cafu quod eifdem executoribus meis ante obitum
meum non declaravero, vel fcriptis dimifero modum & formam diftribucionis hujufmodi faciende; volo tamen quod
Hans Nulles fit contentus de eo quod fibi legatum eft, &
quod non comprehendatur quoad iftum articulum inter
alios fervitores meos.    Item, volo quod refiduum bonorum
                                                          meorum

meorum non legatorum juxta difcreciones & confciencias
dict' executorum meorum difponatur & convertatur in opera
caritatis & in pios ufus, utpote in relevandis pauperibus domibus religioforum five religiofarum ere alieno oppreffis, in
maritandis puellis pauperibus, in fuccurrendo pauperibus
egeftatem & neceffitatem evidentem pacientibus, & in alia
fimilia opera pietatis, prout ipfi crediderint faluti anime
mee magis poffe expedire. Hujus autem teftamenti mei ac
ultime voluntatis ordino & conftituo reverendum in Chrifto
Patrem Dominum Cardinalem & Archicpifcopum Eboracen.'ˣ nepotem meumʸ Marchionem Dorfet, Fratrem Ricardum Vyell priorem ecclefie de Withamˣ ordinis Cartufien. Magiftrum Stephanum Wilton archidiaconum Winton cancellarium meum, Ricardum Waller, armigerum,
magiftrum hofpitii mei, Willielmum Whaplode fenefcallum terrarum epifcopatus mei Willielm' Marcys thefaurarium meum de Wolvefeye, Will'm Toly, & Will'm
Port ; rogans eos cum omni finceritate cordi atq' exhor-
tans in vifceribus caritatis, quatinus in exequendo & adim-
plendo iftum teftamentum meum & hanc ultimam voluntatem meam fidelitatem, & diligenciam adhibeant quam
fibi in cafu fimili adhiberi & preftari vellent, & prout velint

---

ˣ John Kemp, 1425—1452.

ʸ Edmund third fon of John Beaufort, fon of John of Gaunt, created
marquis of Dorfet, 21 Hen. VI. flain at St. Albans, 1455, fee before,
p. 211. He married Eleanor fecond daughter of Beauchamp earl of Warwick, by whom he had four fons and feven daughters. She died 1467,
Sandford, p. 331, 332.

ˣ In Selwood, c. Somerfet ; fee before, p. 218. note ˣ.

ante

ante tribunal tremendi judicis in extremo examine refpondere. Et lego cuilibet dictorum executorum meorum onus executionis hujus teftamenti mei, & adminiftracionis bonorum meorum in fe affumenti pro labore fuo, videlicet, dicto Reverendiffimo Patri ducentas libras, et unum ciphum aureum valoris quadraginta librarum, & dicto nepoti meo marchioni ducentas libras & unum ciphum aureum valoris xl librarum, & unicuiq' aliorum executorum meorum predict' centum libras. In cujus rei teftimonium hoc teftamentum meum fub figillo armorum meorum claufi atq' fignavi. Dat. in palacio meo de Wolvefeye, vicefimo die menfis Januarii Anno Domini millefimo cccc^mo xlvi^to.

## CODICILLUS PRIMUS.

IN Dei nomine, Amen. Ego Henricus miferacione divina Cardinalis de Anglia, ac Epifcopus Winton, poft teftamentum meum fcriptum et figillo meo xx die Januarii, anno Domini Mill. cccc°. xlvi^to. fignatum, altiffimi gracia mediante, fenciens me compotem mentis, Volendo ultra ea que continentur in eodem teftamento aliqua ad falutem anime mee de refiduo bonorum meorum in teftamento meo non legatorum certo modo difponere, que non occurrebant menti dum teftamentum meum hujufmodi conficeretur, facio hunc prefentem Codicillum hujufmodi voluntatis mee difpoficionem in fe diftincte continentem. Et volo quod ea que continentur in ifto eodem codicillo meo ejufdem fint

I                                              momenti,

momenti, vigoris, et efficacie, ac fi in dicto teftamento meo
confcripta & comprehenfa effent, & nichilominus quod ibidem teftamentum meum quoad omnia & fingula que in eo
continentur fuum roborem retinere & fortiri intelligatur,
preterquam in hiis que per me fignantur, et in fpeciale et
per terminos expreffos in hoc codicillo forfan mutari continget; in quo cafu intencionis mee eft, & volo quod ftetur
terminis & verbis hujus codicille & non teftamenti mei
fupradicti, et quod voluntas mea quantum ad hoc obfer-
vetur fecundum formam hic infertam et expreffatam. Itaque
in primis lego priori et conventui ecclefie Chrifti Cant'
mille libras, de qua fumma volo quod v⁵ marc. convertantur
et applicentur ad folucionem faciend' pro manerio & dominio de Bekefbourne prope Cantuar' et reliqua pars dicte
fumme mille li. ad fabricam ejufdem ecclefie. Ita tamen
quod quidem prior et conventus ordinent & faciant fecuritatem executoribus meis in dicto teftamento meo nominatis
quod fingulis diebus imperpetuum facient tres miffas celebrari pro anima mea per tres monachos ejufdem ecclefie fecundum formam illarum trium miffarum que continuis
diebus imperpetuum celebrabunt pro anima mea in ecclefia
mea Winton in dicto teftamento meo expreffatam, et obitum
meum fingulis annis imperpetuum folempniter obfervabunt.
Item, lego ad opus et fabricam ecclefie Lincoln' cc li. ita
tamen quod decanus & canonici ejufdem ecclefie diem obitus mei fingulis annis imperpetuum obfervari promittant, et
pro anima mea eodem die miffam de requiem celebrent fo-
lempnem,

lempnem, et nocte precedente vigilias mortuorum exequantur folempniter & ficut confueverunt facere pro fundatori-
bus ejufdem ecclefie, dando fecuritatem executoribus meis
fupradictis pro fe & fucceffioribus fuis de hoc debite faciendo. Item, lego domino meo Regi difcum five plattam
meam auream pro fpicebus, & ciphum meum aureum ena-
mellàtum per totum cum ymaginibus, cum uno aquario
ejufdem operis eidem cipho pertinente.

Item, cum alia certa jocalia et vafa aurea & argentea per
dominum meum regem et officiales fuos autoritate fua ac
parliamenti fui in ea parte utentes anno regni fui fecundo
michi impignorata fuerunt pro certis pecuniarum fummis [a]
extendentibus fe ad eftimacionem & valorem eorundum
pignorum, fibi ad fuam, & dominorum de fuo concilio in-
ftanciam mutuo per me conceffis, fub ea viz. condicione
quod fi de eifdem fummis non fieret michi plenaria folucio
in termino feu terminis hinc inde concordat' quod extunc

---

[a] The Bifhop lent the King at one time *pour l'efploit de v're prefent voyage
vers les parties de France & Normandie v're tres grande befoigne et neceffite
& pur l'aife de v're povre communalte de Engleterre, £.14,000 ;* and
£.8306. 18s. 8d. was then due *a fa auncien creance a vous fait, come piert par
vos honurables letters patentz a luy ent faitz, et a vos ditz Communes miniftres,*
fay the Commons in their petition, 9 Hen. V. 1414. defiring to have it confirmed, and the letters patents inrolled in parliament. For the £.14,000,
the King made over, in the fifth year of his reign, the duties and cuf-
toms on certain imports at Southampton ; and when the bifhop had re-
imburft himfelf to the amount of £.8306. 18s. 8d. he lent the King another £.14000. making in all £.22306. 18s. 8d. for which the faid cuf-
toms were again mortgaged to him, and the cocket of the faid port and its
dependencies; which grant was confirmed in the above parliament. Rot.
Parl. vol. IV. p. 132—135. But a good deal of the loan remained unpaid
at the time of the bifhops death, as appears by this codicil The King
redeemed, 1432, the *fword of Spain,* and other jewels, which had been
pledged to the Cardinal for £. 493. 6s. 8d. Rymer, X. 502.

bene

bene liceret michi eifdem jocalibus & vafis uti & gaudere
tamquam propriis ita ut eadem bona de natura pignorum
tranfirent in meram naturam proprietatis mee & mea effent
& remanerent, prout in literis regiis et indenturis inde confectis plenius liquere poterit ; Nichilominus quamquam hec
ita fint, & quod ipfa jocalia et vafa pro non obfervacione
dicte condicionis ex parte Domini Regis, et non folucione
dictarum fummarum jure optimo mea fint, volo tamen quod
de illis eifdem jocalibus & vafis omnia illa que in manibus
meis tempore obitus mei remanferint Dominus Rex fi fereni-
tati fue placuerit habeat, dum tamen folvat dict' executoribus meis omnes illas fummas pecuniarum pro quibus prius
impignorata fuerant ; except' tabuletto de Burbon & illo
ciplio & aquario aureo fact' per Dominum Regem pie memorie de auro in die Parafceves oblato, de quibus eft facta
mencio in dicto teftamento meo, que volo clare remanere
Domino meo Regi tanquam fibi legata per vim dicti teftamenti mei fine aliqua folucione pecuniarum pro eifdem fienda.
Et volo quod pro folucione facienda pro dictis olim pignori-
bus concedatur Domino Regi per eofdem executores meos
fpacium unius anni, & fi infra idem tempus vel in fine
ejufdem non fiat ifta folucio, quod tunc vere liceat executoribus meis de eifdem rebus ad falutem anime mee difponere
ficut de ceteris bonis meis. Item, quamvis fatis effet expe-
diens in omni actu predicti teftamenti mei, necnon hujus co-
dicilli execucionem concernente omnes executores meos fimul
prefentes fieri, cum tamen poffet contingere quod non omnes

X x                    femper

semper in hujufmodi actu perficiendo propter alias eorum occupaciones & impedimenta fimul convenire poffent; volo quod ex eifdem executoribus meis faltem quinque in omni actu execucionis hujufmodi fint concordes fine quibus ad c .., minus in unum confentientibus nichil fiat quod de jure effectum aut vim executionis confequi poffit. Item, volo quod difponatur per executores meos ut a die obitus mei ufque ad finem unius anni integri, omnes fervitores familiares mei teneant fe fimul, commorentur, & cohabitent in aliquo loco et hofpicio honefto & congruo per executores meos ordinando; Et quod per executores ipfos provideatur omnibus eifdem fervitoribus familiaribus meis in hofpicio hujufmodi ftare & fimul expectare volentibus, unicuiq' viz. fecundum ftatum fuum competenter et honefte tam in efcu- lentis & poculentis quam invadiis[b] et ceteris rebus, fecundum formam & regulam ordinariam in domo mea confuetam & per me hactenus obfervatam. Item, lego rectori & con- fratribus domus de Afhrigge ad fabricam novi operis dicte domus c li. ; dum tamen fecuritatem executoribus meis faciant ad obfervand' ea pro anima mea que alias a me erant ordinata et eis declarata, necnon per eofdem michi conceffa. Item, lego abbati & conventui de Hyda juxta Winton ad reparacionem ecclefie ejufdem cc li. dummodo fingulis an- nis imperpetuum ipfi teneant & obfervent diem obitus mei, & de hoc folempniter faciendo fecuritatem executoribus meis faciant pro fe et fuccefforibus fuis. Item, lego fervi- tori meo antiquo Ricardo Petteworth c li. ut ipfe pro ani-

[b] Wages.

ma

ma mea oret. In quorum premiſſorum teſtimonium hunc
preſentem codicillum meum ſigneto meo ſignavi. Dat' in
palacio meo de Wolveſeye VII$^{mo}$ die menſis Aprilis, Anno
Domini milleſimo cccc$^{mo}$ XLVII$^{mo}$.

## CODICILLUS SECUNDUS.

IN Dei nomine, Amen. Ego Henricus miſeracione
divina Cardinalis de Anglia ac Epiſcopus Winton, poſt teſtamentum meum ſcriptum & ſigillo meo XX° die Januarii,
anno Domini milleſimo cccc$^{mo}$ XLVI$^{to}$. ſignatum, & quen-
dam codicillum de poſt per me VII° die menſis Aprilis, anno
Domini milleſimo cccc$^{mo}$ XLVII° editum, ſenciens eciam
nunc ſicut tunc me, gratie Altiſſimo, compotem mentis mee,
volensque ultra ea que continentur in eiſdem teſtamento
meo & codicillo aliqua diſponere de reſiduo bonorum meorum in dict' teſtamento & codicillo non legatorum ſpecialiter nec diſpoſitorum, facio jam nunc & condo hunc preſentem codicillum meum ultimam voluntatem meam quoad
que in eodem diſtribuuntur diſtincte continentem, decernens
quod ea que in iſto eodem codicillo meo deſtribuuntur ejuſdem ſint roboris et efficacie ac ſi in dicto teſtamento meo
conſcripta ſeu comprehenſa fuiſſent. Et quod quatenus
preſens diſpoſicio mea in hoc codicillo contenta obviat ſive
diſcordat aliquibus in dict' teſtamento meo & codicillo meis
deſcriptis, illa que in preſenti codicillo meo continentur ſor-
ciantur & habeant effectum et vigorem, & quod nichilomi-

nus

nus dict' teftament' & codicillus quoad omnia alia & fingula
que in eifdem continentur fint & maneant rata atque firma.
In primis igitur in illo priori codicillo meo difpofuero quantum ad certa jocalia & vafa aurea & argentea per Dominum meum Regem & officiales fuos autoritate fua ac parliamenti fui in ea parte utentes, anno fecundo regni fui impignorata pro certis pecuniarum fummis per me tunc mutuatis ad eftimacionem & valorem eorumdem pignorum fe
extendentibus, que quidem jocalia atque vafa poftea racione
non folucionis dict' pecuniarum in termino hinc inde concordat' ex fpeciali conceffione & concordia dicti Domini mei
Regis per literas fuas patentes expreffis in proprietatem meam
tranfierunt, quod hujufmodi non folucione non obftant,
et eo quod dicta jocalia & vafa fic in proprietatem meam
tranfierunt, & jure optimo mea facta fint, prefatus Dominus
meus Rex omnia illa que de eifdem tempore obitus mei in
manibus meis remanferunt fi fibi placeret haberet ; dum
tamen prius folveret executoribus meis omnes illas pecuniarum fummas pro quibus impignorata fuerunt. Jam tamen
reminifcens illorum notabilium & infignium collegiorum ;
viz. Beate Marie de Eton juxta Windefor, & Sancti Nicholai Cantabrigg', per dictum Dominum meum Regem ex
fingulari & precipua fua devocione ad divini cultus augmen-
tum catholiceque fidei exaltacionem fancte ac falubriter fun-
datorum, defiderans que profalute anime mee de gracia ipfius
Domini mei Regis ejufque benevolencia & affenfu concur-
rentibus particeps fieri oracionum & aliorum omnium fuf-

fragiorum

fragiorum ac pietatis operum in dictis suis collegiis Deo of-
ferendis, & specialiter quod singulis diebus ab eo qui officium
alte & principisse in quolibet dict' collegiorum celebraturus est, exceptis majoribus duplicibus festis ac parasceves, ab
Sabbato Sancte Pasche dicatur pro me & pro salute anime
mee una specialis collecta, & quod in utroque dictorum collegiorum singulis annis imperpetuum commemoretur & ob-
servetur solempniter dies anniversarius obitus mei, cum missa
de requiem, & cum exequiis mortuorum, die immediate precedente. Et cum premissis confidens & humillime suppli-
cans eidem Domino meo regi quatinus dignetur & velit ex-
hibere se favorabilem & graciosum executoribus dicti testamenti mei, & eosdem in execucione ultime mee voluntatis
supportare atque defendere, lego atque dispono utrique dictorum collegiorum summam mille librarum recipiend' &
deducend' de illa majori summa per dictum dominum
meum Regem persolvend' prefatis executoribus meis pro
jocalibus & vasis supradict' serenitate sue rehabend' secundum modum & formam in dicto priore codicillo meo conten-
to expressat' : Quas quidem summas, sic ut prefertur prefatis
collegiis dispositas, converti volo in utilitates eorundem collegiorum, tales videliz' que servicium eximiam circumspec-
cionem dicti domini mei regis videbuntur magis opportune.
Item, lego Domine mee Regine lectum blodium de panno
aureo de Damasco que pendebat in camera illa in manerio
meo de Waltham<sup>c</sup>, in qua eadem Domina mea Regina cu-

<hr>

<sup>c</sup> A stately palace of the bishops of Winchester, S. of Winchester, demo-
lisht during the civil wars. Wykeham died here 1404. All its remains consist
of the West side of the hall, and a South West tower.

babat

babat illo tempore quo fuit in dicto manerio, una cum tribus tapetis d'arras in eadem camera tunc pendentibus.

Item, lego atque remitto domino de Tiptoft [d] illas
cccxxxiii li. vi s. viii d. in quibus idem dominus de
Tiptoft per suum scriptum obligatorium michi tenetur et
obligatur. Item, simili modo lego et remitto Willielmo
Stafford totum illud in quo ipse per literas suas obli-
gatorias que sunt de summa cc li. michi tenetur et obligatur: ita tamen et non aliter, quod idem Willielmus per
literas suas sufficientes & legitimas in ea parte conficiend'
acquietet tam executores meos quam eciam magistrum
Thomam Forest, magistrum sive custodem hospitalis Sancte
Crucis juxta Winton, & confratres ejusdem de summa
xl li. in quibus sibi teneor racione cujusdam annuitatis
xx li. sibi pro feodo suo concesse, una cum facultate distrin-
gendo pro eisdem in manerio de Heynstrigge [e] dict' hospitali
nunc appropriat. Item, lego Johanni bastardo [f] de Somerset
cccc li. cum certa quantitate vasorum argenteorum secundum discrecionem dictorum executorum meorum eidem
assignand. Item, lego simili modo Willielmo [g] Swynford
nepoti meo cccc li. cum certa quantitate vasorum sibi assig-

[d] John Tiptoft, second Lord Tiptoft, succeeded his father beforemen-
tioned, p. 205. note [r], and was beheaded on Towerhill, and buried in
Blackfriars, London, 1470. He was the patron of Caxton, and one of the
revivers of learning in England, Dugd. Bar. II. 41.

[e] Henstridge, c. Somerset.

[f] Perhaps John of Gaunt's eldest son by Catherine Swinford, who was
born a bastard, though legitimated by act of parliament, 20 Ric. II.

[g] Q. Some grandson of Catharine, the bishop's mother, by her first
husband.

4

nand'

nand' fecundum difcrecionem eorundem executorum meorum. Item, lego Thome Burneby fcutifero familiari Domine mee Regine xx li. & unum ciphum de argento deaurato
fecundum eorundem executorum meorum difcrecionem fibi
liberand. Item, lego Edwardo Stradling [h] militi certum
porcionem vaforum argenteorum juxta difpoficionem dict'
executorum meorum fibi liberand' & tradend'. Item, lego
Johanni Yend feniori, xii difcos argenteos per difcrecionem
executorum meorum limitand. In quorum omnium pre-
miflorum fidem & teftimonium huic prefenti codicillo meo
fignetum meum eft appenfum. Dat. in palacio meo de Wolvefeye [i], nono die menfis Aprilis, Anno Domini millefimo
cccc^mo XLVII°.

Commiffio ad proband' dictum teftamentum & codicillos
11 die menfis Septembris, 1447.

Regiftr. Stafford & Kemp, fol. 111. a. b. 112. a. b. 113. a. b.
in the Archiepifcopal Regiftry at Lambeth.

[h] Who had married the Bifhop's natural daughter; fee before, p. 329,
note q, and p. 343.

[i] Wolvefey-houfe (or caftle, as Bp. Pontifara ftyles it, 1300.) built by
Bp. Blois about 1138, was in Camden's time very fpacious, and furrounded
with many towers; but being demolifht in the civil wars, Bp. Morley built
a handfome houfe near it, in which he included its chapel. Its ruins are
extenfive and magnificent. Warton's Defcription of Winchefter, p. 82.

Henry

Henry Beaufort, second son of John of Gaunt, studied first at Peterhouse, Cambridge; afterwards at Oxford, of which latter university he was chancellor, 1399; but he compleated his studies at Aix le Chapelle. He was prebend of Thame and Bokingham in Lincolnshire diocese, consecrated bishop of Lincoln, 1397, when very young, and seven years after, on the death of Wykeham, translated to Winchester 1404. 4 Hen. VI. He assisted at the council of Constance, 1417, and June 23, 1426, was created Cardinal of St. Eusebius[k], by Pope Martin V. who appointed him his legate, or rather general of his forces against Bohemia[l], which he invaded 1429, with 4000 men, raised by the contributions of the English clergy, and who under him served in France before, on the loss of the battle of Patay. In the decline of life he applied himself sedulously to the care of his diocese, and, among other acts of munificence, founded near St. Cross's hospital, another, for a master, two chaplains, thirty-five poor men, and three nurses; by the name of "the almshouse of noble poverty," whose annual revenue amounted to £. 188. He was four times Chancellor of England, 1404, 1414, 1417, 1424; and in 1417 undertook a voyage to the Holy Land. He died April 11, 1447, Rapin says[m], in despair, that his riches could not

---

[k] Godwin de præf. ed. Rich. p. 231. n. See an attempt to deprive him of his bishopric of Winchester on this promotion, 1431. Rymer, X. 1497.

[l] See the Cardinal's petition to the King, for leave to levy and carry over these troops, and the King's answer, the Cardinal's Commission, &c. 1429. 1431. Rymer, X. 419—427. 491.

[m] V. 357.

exempt

exempt him from death. Shakfpeare has beautifully im-
proved the thought[m]. He lies buried under a noble monument in the prefbytery, behind the high altar of his cathedral. His figure in his Cardinal's habit lies on an altar-
tomb, on the verge of which remained of his epitaph,
in bifhop Godwin's time only thefe words : *Tribularer fi
nefcirem mifericordias tuas.* He was a prelate of exceffive
frugality, whereby he amaffed fo much wealth, that when
Henry V. a little before his death, propofed to convert the
revenues of the clergy into fupplies for his foreign wars,
the bifhop his uncle lent him £. 20,000. out of his own
coffers, on the fecurity of the crown jewels. The influence
which his wealth gave him, and a good fhare of political
prudence, foon gave him an afcendency over his nephew
the Duke of Gloucefter, Protector in the abfence of the
Duke of Bedford. The Duke of Gloucefter came at
laft to an open rupture with him, and brought him to a
trial, in which he was acquitted, but the Great Seal taken
from him. As Henry VI grew up he gained great authority over him, and obtained feveral pardons, 1437, and
1442. He had juft turned the tables on his rival the
Duke of Gloucefter, who was found dead in his bed at
Bury a month before the bifhop died. In his youth-

---

[m] " If thou beeft Death, I'll give thee England's treafure,
" Enough to purchafe fuch another Ifland,
" So thou wilt let me live, and feel no pain."
Second Part of Hen. VI. Act iii. Sc. ult.

ful

ful days, before he took orders, he had by Alice daughter
of Richard Earl of Arundel, fifter of the Abp. of Canterbury, a daughter Jane, whom he married to Sir Edward
Stradling, Knt. of Glamorganfhire. It is remarkable of
this bifhop that he, as well as his immediate predeceffor and
succeffor in this fee, held the epifcopal dignity longer than
any other of our prelates [a], except Thomas Bourchier Abp.
of Canterbury.

    Godwin, ed. Rich. p. 231. 296. Sandford, p. 260. See
alfo Rymer, X. 419, 420, &c. 497. 516.

  [a] His immediate predeceffor Wyckham enjoyed the fee of Winchefter,
from 1365 to 1405; the Cardinal, from 1405 to 1447; and his fucceffor
Wainfleet, from 1447 to 1486; making 121 years; and each of them
about 40. If we add the time that Beaufort held Lincoln, he will have been
a bifhop 50 years.

KING

# KING EDWARD IV.

BY the following extracts, communicated by Dr. Ducarel from the Regifters at Lambeth, it clearly appears this king had made a will; but where it is now depofited is unknown. Probably it was intentionally deftroyed during the ufurpation of his brother Richard III.

### Sequeftracio bonor' Regis Edwardi IIII.ᵗⁱ

Anno Dñi millefimo ccccᵐᵒ octuagefimo tercio, indiccõe prima, pontificatus S. in Xp̄o patris et Dñi Dñi Sixti divina providencia Pape quarti anno xiiᵐᵒ menfis Maii die viiⁿᵒ, infra domum ᵃ folite habitacõis magnifice preclareque Dñe Domine Cecilie Duciffe Ebor' infra poch' Sc̄i Petri juxta Powliswharf civitatis London' fituat'; Prefentibus ibidem Reverendiffimo in Xp̄o Patre & Dño Thoma ᵇ Dei gr̄a Ebor' Archiep̄o, Reverendifque Patribus Thoma ᶜ London', Willmo ᵈ Winton', Roberto ᵉ Bathonien' & Wellen', Jol̄ine ᶠ Wigorn', Edwardo ᵍ Ciceftren', Jol̄ine ʰ Lincoln', Jol̄ine ⁱ Elien', & Edmundo ᵏ Roffen' eadem gr̄a Ep̄is, ac magnificis p̄potentibufque dñis Riĉo

* No mention of this houfe in Stowe.
ᵇ Thomas Rotheram, 1480—1501.
ᶜ Thomas Kemp, 1448—1489.
ᵈ William Wainfleet, 1447—1486.
ᵉ Robert Stillington, 1465—1491. He was chancellor of England from 1465 to 1473.
ᶠ John Alcock, 1476—1486. He was chancellor 1475 and 1486.
ᵍ Edward Story, 1477—1504.
ʰ John Ruffel, 1480—1495.
ⁱ John Morton, 1478—1486.
ᵏ Edmund Audley, 1480—1492.

Duce

Duce Gloucestr', Henrico ¹ Duce Buk', Willmo ᵐ Comite Arundell,
Will o Haſtyngs ⁿ dno de Haſtyngs, Tho' Stanley ° dno de Stanley,
& aliis peeribus regni ĝmplurib'; Reverendiſſimus in Xp̄o Pater & Dn̄s
Dn̄s Thomas Dei gracia tit' ſci Curaci ᵖ in Thermis ſacroſc̄e Romane
eccl̄ie p̄ſbit' Cardinalis �q, Cant' Archiep̄us, tocius Anglie Primas &
Apoſtolice ſedis Legatus, poſt obitū felicis memorie Edwardi quarti
nup Regis Anglie & Francie, ac dn̄i Hib̄nie, pro eo, & ex eo, ĝd executores in ſuo teſtamento nōiati onus execucōis ejuſd̄e ſeu adminiſtra-
cionē bonor' dicti deſuncti in ſe aſſumere diſtulerunt ; et ne a quoĝm
illicite diſtrahant' aut conſumant', & ex aliis legitimis cauſis ip̄m ad
tunc movent', virtute prerogative ſue, & eccl̄ie ſue Cant', omnia
& ſingula bona & jocalia ejuſdem dn̄i nuper Regis legitime ſe-
queſtravit, ac cuſtodiā h̄mōi ſequeſtr' in omnib' & ſingulis jocalib'
predict' int' poſit', dilect' filiis Willmo Dawbeney, Rico Laurence,
& Roberto Forſter, in forma juris commiſſ'. Et deinde tunc ib̄m
idem Reverendiſſimus in Xp̄o pater Cardinalis & Archiep̄us Cant',
ad quem, virtute prerogative ſue & eccl̄ie ſue Cant' p̄dict', mortuo
p̄fat' Rege, cuſtodia ſigillor' quorumcumq' ejuſdem nuper Regis
notor' ptinere dinoſcit', Sigillum magnū, Sigillū privatū, & Signettū
ad p̄fat' Regē dum vivebat ptinent', ad manus ſuas recepit, & penes
ſe cuſtodivit ʳ.

                                                  Comiſſio

---

¹ Henry Stafford duke of Buckingham, beheaded at Saliſbury by Richard III.
whom he had ſet up.

ᵐ William Fitz-Alan, eighth earl of Arundel, died 3 Hen. VII.

ⁿ William Lord Haſtings, beheaded by Richard III. prior to his uſurpa-
tion, and buried at Windſor, near Edward IV.

° Created earl of Derby, 1 Hen. VII.

ᵖ Cyriaci.

q Thomas Bourchier, 1454—1486.

ʳ It is very remarkable that the next inſtrument to this ſequeſtration, in
the Lambeth Regiſter, and immediately preceding the following commiſſion
for paying the expences of the king's funeral, contains the following ſummons
                                  of

Comiſſio p̃ Funeralib' Regis ſolvend'.

Thomas miſeraĉõe divina, &c. Reverendiſſimo confr̃i firo Thomæ Dei g̃ra Ebor' Archiep̃o, et venerabilibus fratribus nr̃is Johi Lync', Edwardo Cyceſtren', et Johi Elien', eadẽ g̃ra Epiſcopis ; necnon dileĉt' ſiliis Dñis Will' Haſtynges Dño de Haſtynges, Thome Stanley Dño de Stanley, ac Thome Mongomery militi, executoribus in teſtamento et ultima voluntatẽ ſelicis memorie Ed-

---

of Edward V. for calling a parliament on the 25th day of June then next following ; which ſummons, though foreign to the purpoſe, it is apprehended
will be acceptable, as it is not known to have ever yet appeared in
print.

### Breve pro Parliamento.

Edwardus, Dei gratia, Rex Anglie & Francie, & Dn's Hib'nie, venerabili in Chriſto Patri Thome eiidem gratia Archiep'o Cantuar' tocius Anglie
Primati, Salutem. Quia, de aviſamento & aſſenſu conſilii noſtri pro
quibuſdam arduis & urgentibus negociis, nos, ſtatum & deſenſionem Regni
noſtri Anglie ac eccleſie Anglicane concernentibus, quoddam Parliamentum noſtrum apud Weſtm' viceſimo quinto die Junii prox' futur' teneri
ordinavimus, & ibidem, vobiſcum, & cum ceteris prelatis, magnatibus, &
proceribus dicti Regni noſtri colloquium habere & traĉtatum ; vobis, in ſide
& dileĉtione quibus nobis tenemini, firmiter injungendo mandamus, quod,
conſiderata dictorum negotiorum arduitate, et periculis imminentibus, ceſ-
ſante excuſatione quacumque, dict' die & loco perſonaliter interſitis, nobiſ-
cum, ac cum prelatis, magnatibus, & proceribus predictis, ſuper dict' negociis traĉtatur' veſtrumque conſilium impenſur'. Et hoc, ſicut nos & honorem noſtram ac ſalvationem & deſenſionem Regni & Eccleſie predictor'
expeditionemque dictorum negotior' diligit', nullatenus omittatis. Præmu-
nientes Priorem & Capitulum Eccl'ie veſtre Cantuar', ac Archidiaconos
totumque Clerum veſtre Dioc', quod iidem Prior & Archidiaconi in propriis perſonis, ac dictum Capitulum per unum, idemque Clerus per duos
procuratores idoneos plenam & ſufficientem poteſtatem ab ipſis Capitulo & Clero diviſim habentes, p'dict' die & loco perſonaliter interſint,
ad conſenciend' hiis que tunc ibidem de communi conſilio d'ci Regni
noſtri, divina favente clemencia, contigerit ordinari. T. meipſo apud
Weſtm' xɪɪɪ die Maii, Anno Regni noſtri primo.

Regiſtr' Morton, Dene, Bourchier & Courtney, fol. 175. b.

wardi

wardi quarti nuper Regis Anglie et Francie, ut afferitur, nominat',
Saltm in omi Salvator'. Cum nos omnia & fingla bona prefati
nuper Regis ubicunq' infra provincia nram Cantuar' ac in quorum-
cunq manibus exiftent', pro eo, & ex eo, qd vos onus execucionis
teftamenti ejufde in vos affumere diftuliftis, prout differt' in pfent', &
ne a quoqm illicite diftrahantur aut confumantur, exq' aliis legitimis
caufis nos in ea pte moventibus, legitime fequeftraverimus. Ex
pte tamen vra nobis extunc intimatu, qd expenfe funerales con-
fuete & omnino de jure in hoc cafu requifit', que ad eftimacoem
MCCCCLXXXXVI lib' XVII fol' II den' fe extendunt, fuper cujus
eftimacionis veritate a vobis plene inftructi fumus, nondum funt
folute, nec de illis hactenus fint aut eft que primo & principa-
lit' folvi deberent aliqualit' satisfact': Ne perfone quib' debetur
satisfaccoi hmoi debitam expectarent folucoem aut quicquam circa
folucoem hmoi di . . . am foret abfq auctoritate noftra quomodolibet
attemptatu, nobis fupplicari fecift', ut bona ipfius defuncti in efti-
macoe predict' conftantia & p appreciatores nros juratos primitus
jufte appreciatos propterea vendicoi trader', & cu pecunia ex vendi-
coe hmoi proveniente folucoem facere expenfaru funeralium predict' libere poffit, fequeftracoe nra pdict' non obftan'; vobis plena,
tenore prefenciu, committimus poteftatem. Dat' fub figillo Archie-
patus nri in manio nro de Knoll, XXIII die menfis Maii, A. D.
MCCCCLXXXIII, & nre tranfl' anno XXIX.

Regiftr. Morton, Dene, Bourchier, and Courtney, fol. 175.
a. b. in the Archiepifcopal Regiftry at Lambeth.

Edward

Edward IV. died of a quartane ague, at his palace of Weſt-minſter, on the 9th of April, A. D. 1483, in the forty-ſecond year of his age, and twenty-ſecond of his reign, juſt on the eve of a war with France ; and lies buried at Windſor, in the new chapel he had there founded, where his magnificent monument of braſs, gilt, (engraven in Sandford, p. 413.) remains entire to this day.

An imperfect account of his funeral is printed in the Archæologia, vol. I. p. 348.

ELIZABETH

## ELIZABETH WIFE OF EDWARD IV.

IN Dei nomine, Amen. The xth daic of Aprill, the yere of our Lord Gode MCCCCLXXXXII. I Elifabeth by the grace of God Quene of England, late wif to the moft victoroiufe Prince of bleffed memorie Edward the Fourth, being of hole mynde, feying the worlde fo traunfitorie, and no creature certayne whanne they fhall departe frome hence, havyng Alr yghty Gode frefsh in mynde, in whome is all mercy and grace, bequeith my fowle into his handes, befeechyng him, of the fame mercy, to accept it gracioufly, and oure bleffed Lady Quene of comforte, and all the holy company of hevyn, to be good meanes for me. It'm, I bequeith my body to be buried with the bodie of my Lord at Windeffore, according to the will of my faide Lorde and myne, without pompes entreing or coftlie expenfis donne thereabought. It'm, where I have no wordely goodes to do the Quene's Grace, my dereft doughter, a pleafer with, nether to reward any of my children, according to my hart and mynde, I befech Almyghty Gode to bliffe here Grace, with all her noble iffue, and with as good hart and mynde as is to me poffible, I geve her Grace my bleffing, and all the forfaide my children. It'm, I will that fuche fmale ftufe and goodes that I have be difpofed truly in the contentac'on of

my

my dettes and for the helth of my fowle, as farre as they will extende.   It'm, yf any of my bloode wille any of my faide ftufe or goodes to me perteyning, I will that they have the prefermente before any other.   And of this my prefent teftament I make and ordeyne myne Executores, that is to fey, John Ingilby, Priour of the Chartour-houfe of Shene, William Sutton and Thomas Brente, Doctors. And I befech my faid dereft doughter, the Quene's grace, and my fone Thomas, Marques Dorfett, to putte there good willes and help for the performans of this my tefta-mente.   In witneffe wherof, to this my prefent teftament I have fett my feale, thefe witneffes, John Abbot of the monaftry of Sainte Saviour of Bermondefley, and Bene-dictus Cun, Doctor of Fyfyk.   Yeven the day and yere abovefaid.

Extracted from the Regiftry of the Prerogative Court of Canterbury.

Doggett. 9. fol. 74. a.

Henry Stevens,
George Goftling, jun'. } Deputy Regifters.
John Grene,

EDWARD

EDWARD IV. foon after his coronation, propofed a marriage with a daughter of Lewis duke of Savoy, fifter to the Queen of France, for which purpofe the earl of Warwick was fent to France. In the mean time, the King hunting in Wickfield foreft, and coming to the manor of Grafton, in Northamptonfhire, fell paffionately in love with Elizabeth, widow of Sir John Grey of Groby, and daughter of Sir Richard Woodvile, Knt. afterwards created Earl Rivers, by Jaquetta, relict of John Duke of Bedford, and daughter of Peter of Luxemburg, Earl of St. Paul. He was married to her at the above manor, May 1, 1464; and on the 26th of May, in the year following, fhe was folemnly crowned at Weftminfter. She was his wife near 19 years; during which her father and fourth brother were beheaded in his caufe, by the Northamptonfhire men, 1468, and herfelf forced to take fanctuary at Weftminfter, 1470, where her eldeft fon Edward was born. After her hufband's death, her elder brother, Anthony [a], and her fon by her firft hufband,

---

[a] The following abftract of his will is from Dugd. Bar. II. p. 233. made 23 June, 1483. in Sherif Hutton caftle, Yorkfhire, not long before his execution: " He bequeathed his heart to be carried to our Lady of Pue, adjoining to St. Stephen's College, Weftminfter, there to be buried, by the advice of the dean and his brethren; and in cafe he fhould die fouth of Trent to be alfo buried before our Lady of Pue aforefaid; appointing that all the lands which were his father's fhould remain to his right heirs, with his cup of gold of Columbine; and that fuch lands as were the Lady Scales, his firft wife, fhould come to his brother, Sir Edward Wydvill, and to his heirs male, and 'for lack of fuch heirs male unto the right heirs of his father; but he to whom it fhould fo come, before he took poffeffion thereof,

being beheaded at Pontefract by Richard, she took refuge a second time at Westminster, which she quitted not till after Richard III's death. Henry VII. having seized on all her possessions, she retired to Bermondsey abbey, where she soon after died, and was buried near her husband Edward. She obtained his licence, in the 6th year of his reign, to complete the foundation of Queen's-College, Cambridge, begun by Henry VI's Queen. Sandford, p. 407.

By her first husband, who was slain in the battle of St. Alban's, 39 Hen. VI. she had issue, 1. Sir Thomas Grey, created by Edward IV. in the eleventh year of his reign, earl of Huntingdon, and four years after marquis of Dorset. He fled from Richard III's tyranny to the Duke of Richmond, and died 17 Hen. VII. 2. Richard, beheaded as above [b].

By the King she was mother of, 1. Edward, born 1470, proclaimed King, and murdered with his brother. 2. Richard duke of York, born 1474, married to Anne only daughter of John Mowbray, Duke of Norfolk. 3. George, Duke of Bedford, died an infant. 4. Elizabeth, born 1466, married to Henry VII. 5. Cecily, married 1st, to John Lord Viscount Welles, son of Margaret Beauchamp,

to deduct 500 marks, to be employed for the souls of the said Lady Scales, and Thomas her brother, and the souls of all the Scale's blood, in helping and refreshing hospitals, and other deeds charitable. Also to find a priest one year at our Lady of Pue, to pray for the souls of those brothers and all Christian soules. Likewise to find another priest to sing at the chapel of of the Rodes in Greenwich, to pray for his own soul, and all Christian souls. Farther directing, that all his apparell for his body and horse-harness should be sold, and with the money thereof shirts and smocks for poor folk to be bought."

[b] Dugd Bar. II. 719, 720.

dutchess

dutchefs of Somerfet, (mother of Margaret Beaufort, countefs of Richmond, mother of HenryVII.) by her fecond hufband Lionel Lord Welles; and he dying 1498, leaving by
her one daughter, Anne <sup>c</sup>, fhe was married, 2dly, to
Kyme of Lincolnfhire, and buried at Quarrera, in the Ifle
of Wight. 6. Anne, married to Thomas Howard third Duke
of Norfolk, and buried at Framlingham, having had one
fon, who died young, and was buried, at Lambeth <sup>d</sup>. 7. Brid-
get, born at Eltham, 1480, became a nun at Dartford,
where fhe died about 1517 <sup>e</sup>. 8. Mary, died at Greenwich,
1482, buried at Windfor. 9. Margaret, born 1472, died
the fame year, buried at Weftminfter, on the north fide
of the Confeffor, where a fmall altar tomb remains, with
part of the epitaph given by Sandford. 10. Catherine,
married to William Courtney earl of Devon, died and was
buried at Tiverton, where fhe has a monument, with her
effigies, on the fide of the altar <sup>f</sup>. Sandford, p. 415—420.

c Dugd. Bar. II. 13.
d Ibid. II. 274.
e Ibid. I. 642.
f See mention of her in the wardrobe-account, in Mr. Walpole's Hiftoric
Doubts, p. 67.

THE

THE unfortunate EDWARD V. was barely pro-claimed King when he was murdered by his usurping uncle RICHARD III *. who, after a turbulent reign of two years and two months, came to a deserved end in Bosworth field.

The will of HENRY VII. having been printed at length, with a judicious preface and appendix, by Thomas Astle, Esq. F. R. and A. S. S. 1775, 4to. it would be unnecessary to reprint it here. We shall therefore close the present series with the will of Margaret Countess of Richmond, mother of Henry VII.

* It is not generally known that, in July 1483, King Richard III. with his Queen and their attendants, were received and entertained at Oxford by Wainfleet, the founder of Magdalen College, as appears from the register books of that college. See Wood's Historia & Antiquitates Oxon. I. p. 233.

M A R-

## MARGARATE COUNTESS OF RICHMOND.

IN the name of ALMIGHTY GOD, Amen. We Margarete Countes of Richmond and Derby, Moder to the most excellent Prince King Henry the VIIth, by the g'ce of GOD King of Englond and of Fraunce, and Lorde of Irlande, our most dere Son, have called to our remembrance the unstabilnesse of this transitory worlde, and that ev'ry creatur here lyving is mortall, and the tyme and place of deth to ev'y creatur uncerteyn. And also calling to o'r remembrance the great rewards of eternall lif that ev'y Cristen creatur' in stedfast faith of holy church shal have for their goode deeds doon by theym in their present lif, We therefore beyng of hole and goode mynde, &c. the vi day of Juyn, the yere of our LORD GOD a thousand five hundreth and eight, and in the XXIII yere of the reigne of our saide most dere son the King, make, ordeyn, and declare, our testament and last will, in man' and forme folowing, that is to saye, First, we gif and bequeth our soule to Almighty GOD, to o'r blissed Lady Seynt Mary the Virgyn, and to all the holy company in heven. And our body to be buried in the monastery of Seynt Peter of Westm',

Weſtm', in ſuche convenable place as we in o'r lif, or our
executors aftir our deceſſe, ſhall provide for the ſame within
the Chapell of o'r Lady, which is nowe begon by the ſaid
o'r moſt deer ſon. It'm, we woll, that placebo and dirige
w't lauds and w't all divine ſ'vices, prayers, and obſervants
belongyng thereunto be ſolemply and devoutly ſongen and
ſaid in the daye of o'r deceſſe, by all the preeſts, myniſters, and children, of o'r chapell, and maſſe of requiem,
w't note, in the mornyng nexte enſuyng, with all divine
ſ'vice, prayers, and obſervants belonging thereunto, in as
ſolempe and devoute wiſe as they can doo or deviſe : and ſo
to contynue to ſynge and ſay daily ev'y day fro daye, as
long as o'r body ſhall reſte there unremoeved toward the
ſaid place of our interment ; and that ev'y preeſt and ley-
man of o'r ſaid chapell have for his labor in that behalf
for ev'y daye for ev'y ſuche placebo, dirige, and lauds, w't
maſſe of requiem, xii d. and ev'y child of the chapell iiii d.
It'm, we will that like placebo and dirige, with lawdes,
and maſſe of requiem, be ſolemply and devoutly ſaid and
ſongen daiely ev'y day during all the ſaide tyme in the
pariſhe church of the place where it ſhall pleaſe Almighty
God to call us owte of this tranſitory lif to his infynite
m'cy and grace by all the preeſts and clerks of the ſame
church ; and by other preeſts to the nowmber of lx or
under, and clerks to the nowmbre of xxx, or under, re-
fortyng to the ſaid church. And that ev'y of the ſame
preeſts beyng p'ſent, and helping to ſuche placebo and

I                                           dirige

dirige w't lawdes and maſſe of requiem, and ſaying alſo ther'
maſſe for our ſoule have fot his labor and reward in that
behalf for ev'y ſuche time XII d. And ev'y of the ſaid
clerks beyng prefent and helping at ſuche f'vice of ev'y
ſuch placebo and lawdes with high maſſe of requiem have
for his reward IIII d. and foo to contynue daiely till o'r
body be remoeved, and to have like reward for ev'y daye.
It'm, we will, that o'r executors aſſone as they convenyently may aftir our deceſſe, cauſe folemply and devoutly to
be fongen or ſaid for our ſoule in ev'y of XV parifshe
churches next adjoyning to the place of our deceſſe, by all
the preefts, clerks, and myniſters, of ev'y ſuch churche,
placebo, dirige, with lawdes and maſſe of requiem with all
divine prayers and obferv'nces belonging thereunto. And
our excutors cauſe to be geven and deliv'ed therefore to the
church-wardeyns of ev'y fuche church X s. to be diſtributed, that is to ſaye, to ev'y preft beyng p'fent, and helping
all divine f'vice of the fame, and alſo ther ſaying maſſe of
requiem, XII d. and to ev'y clerk IIII d. and the refidew
of the fame, if any remayn, to be difpofed to the reparacions or ornaments of the ſaid church. It', we will, that
ev'y preeft, to the nowmbre of LX, beyng prefent in the
parifshe church where our body ſhall reſte eny nyght betwene the place of o'r deceſſe and the place of our interment that ſhal be helping at all divine f'vices of placebo and
dirige with lawdes and maſſe of requiem, with note, and
there ſaye placebo, dirige with lawdes, and maſſe of requiem,

ſhall

ſhall have for his labor viiid. And ev'y clerk, to the
nowmbr' of xxx clerks, beyng p'ſent, and helping to ſing
and ſay placebo and dirige, with lawdes and maſſe of requiem, or ſeying there placebo and dirige, with lawdes,
iiiid. Ir', we bequeth to the curate of ev'y church where
our body ſhall reſte at nyght iiis. iiiid. And to the
wardeyns and pariſhoners of ev'y ſuche church to th'uſe of
the ſame church xs. in money, and ii torches. And to
the ryngars of the bells of ev'y ſuche church iiis. iiiid.
And we will that ev'y preeſt, laymen and childern of our
chapell have for their reward for the ſame daie like ſomez
as is appoynted to be gefen to theym in our chapell, as is
bifore ſaid. And we will that all the ſaid maſſes and
other maſſes that ſhalbe ſaid for our ſoule aft' our deceſſe
unto the tyme of o'r enterment excepte the high maſſe of
requiem ſhalbe orderd and ſaid as can be aft' the forme and
order of a trantall. It'm, we will that o'r executors geve
and deliver to the church-wardeyns of ev'y other pariſhe
that our body ſhall paſſe through toward the ſaid place of
our enterment, other then in the ſaid citie of London,
xviis. viiid. and a torche, to cauſe placebo and dirige
with lawdes, and meſſe of requiem, to be ſolemply and de-
voutely ſongen or ſaid in ev'y ſuche churche by the preeſts
and clerks of the ſame. And to geve therof to ev'y preeſt
for his labor vid. and to ev'y clerk iiiid. and the reſidew
therof to be diſpoſed for the reparacion of the ornament and
church of the ſame pariſhe. It'm, we will that in like wiſe

our

our executours yeve and deliver to the church-wardeyns of
ev'y church that our body fhall paffe through within the faid
citie of London xs. and a torche to caufe like placebo and
dirige with lawds, and maffe of requiem, to be folemply
and devoutly faid and fongen by the preefts, miniftres, and
clerks, of ev'y fuche churche, and to geve to ev'y preft for
his labor vɪd. and to ev'y clerk ɪɪɪɪ d. and the refidew
thereof to difpofe to the reparacions of the ornaments and
church of the fame parifshe. It'm, we will that our executors yeve and deliver to the freres of ev'y of the ɪɪɪɪ orders
of freers in the faid citie of London, for their labour to geve
their attendaunce upon the comyng of our body through
the fame citie and for placebo and dirige, with lawds and
maffe of requiem, to be folemply fongen and faid in ev'y
of the churches of the faid freers xʟ s. It', to the prior
and covents of Crift's churche in London, Seynt Mary
Spitell, Seynt Barthilmewes, and to the abbotts and covents of Tower-hill ª and Bermondfey, for a folempne
dirige, and maffe to be hadde and kepte in ev'y of the
fame place to ev'y of them, xx s. It'm, to the Crowche
Freers, and to the prior and covent of Elfyngfpitell for a
like dirige and maffe to either of them xɪɪɪ s. ɪɪɪɪ d. It'm,
we bequeth to th'abbot and covent of the monaftery of
Seynt Peter of Weftmynfter, for placebo and dirige, with
lawds and maffe of requiem, and other divine fervice and
obfervances to be had and doon in the fame monaftery at
the daie and in the tyme of our enterment, as followeth,

ª i. e. St. Mary Mountgrace.

that

that is to faye, to the abbott of the fame monaftery, if he
be there prefent, xx s. to the prior if he be prefent, x s. to
ev'y monke prefent there, beyng a preeft, II s. to ev'y
monke beyng profeffed and noo preeft, xII d. to ev'y
monke beyng novice and not profefte, vIII d.   And at our
moneths daye to every of the perfones of the fame monaftery above reherfed for like placebo and dirige, with lawds
and maffe of requiem, with all divine fervice and obfervaunce
belongyng therunto the like fomes of money as above is
fpecified.   And to the bells ryngars the tyme of our enterment, xvI s. vIII d.   And at our monethes daie vI s.
vIII d.   And to the Deane and Chanons of the College of
Seynt Stephen, for a like folempne dirige, with lawdes and
maffe of requiem, there by theym to be faid and fongen in
the tyme, and in the daie of our faide enterment Lx s. to
be diftributed by the difcrecion of the deane and treforer
of the fame place for the tyme beyng for al maner of charges
to be doon aboute our faide enterment.   And to the deane
and chapiter of the college of Wynburn[b], for a like folempne dirige, with lawdes, and maffe there to be faid and
fongen at the tyme and in the daie of our enterment xL s.
It', we will, that our executours geve and deliver to the
churche-wardeyns of the parifhe church of Seynt Margarets
of Weftm' xI. s. and a torche, to caufe a like folempne
dirige, with lawdes and maffe of requiem, there to be folemply and devoutly faid and fongen, in the fame churche,

[b] Where her father and mother John and Margaret duke and duchefs of
Somerfet are buried.

by

by the prefts, miniftres, and clerks, of the fame churche, at the tyme and in the daie of the enterment of our body. And to geve to every preeft therof for his labor XII d. and to ev'y clerk VI d. and the refidew of the fame XL s. to be difpofed to the reparacions of the ornaments and churche of the fame parifshe. It'm, we will that in the daye that it fhall pleafe Almighty GOD to call us from this p'fent and tranfitory lif to his infynite mercy and grace, and in the daie of o'r enterment there to be diftributed in almes amongs poore people by the difcrecion of our executour CXXXIII li. VI s. VIII d. or more, as fhall be thought convenyent by their difcrecions. And CC li. to be difpofed in bying of clothe for our executors and fervants, men and women, or other perfones, by the difcrecions of our executours that fhall give their attendance upon the conveyaunce of our body, and our faid enterment, and at our moneths daie. It', we will, that o'r executors provide and ordeyne a convenyent herfe, by their difcrecion to be fett and occupied in the place where we fhall deceffe, in our chapell, during all the tyme that our body fhall refte there. It', we will that our executors provide and ordeyn by their difcrecion another convenyent herfe, in the parifshe church where we fhall deceffe, there to be fett and occupied during all the faid tyme. It', we will that our executours provide and ordeyn a convenyent herfe by there difcrecion in the faid monaftery of Seynt Peter of Weftm', where our body, with Godd's grace, fhalbe interred. It'm, we will that o'r executours provide and ordeyn by their difcrecion torches

con-

convenyent to be occupied and fpent in the place where we
fhall decefle ; and in the parifshe church of the fame, till
our body fhalbe removed ; and alfo to be occupied and
geven by the wey in conveying of our body unto the citie
of London, and through the fame citie unto the fame monaftery at the tyme of our enterment. It'm, to the torches
holders in the faid chapell and parifshe church for ev'y day
till the body be removed to ev'y of them IIII d. It', for
the wages of the torche bearers fro the place of our decefle
unto the faid monaftery of Weftm', and in the fame monaftery, to ev'y of theym, by the day XII d. It'm, we will, that
our executours content and paye the cofts and charges of
our houfehold fervants and officers, and of fuche other convenyent and neceffary perfones that fhall geve their attendance in conveying of our bodye from the place where we
fhall decefle unto the faid monaftery of Weftm', and geve
to every perfone for his cofts for every daye VIII d. It'm, we
will, that our executors content and paye to every of the fame
p'fones for their cofts for II daies lying at Weftm', and in
the citie of London, the tyme of our interment, for every
of them XIId. by the daye. It'm, we will, that our executors geve to every of our houfehold fervaunts VIIId. for every
day, for their cofts, to bringe them fro' Weftm' unto the
place where our houfehold fhall be kepte aftir our decefle,
by the fpace of a quarter of a yere. It'm, we will that our
executors caufe placebo and dirige, with lawdes, and maffe
of requiem, with divine fervices, prayers, and obfervaunces,
belonging

belonging thereunto, to be folemply and devoutly faid and fongen by the prefts, myniftres, and children of our chapell in the place where our chapell fhal be kepte at the tyme of our deceffe bifore the enterment of the fame, and in fome other convenyent place, by the difcrecion of our executors, by the terme of xxx daies nexte enfuyng our faid enterment; and to geve to every preeft and layman of our chapell beyng prefent and helping thereunto for his labour for every day that he fhalbe fo prefent and helping therinto iiii d. and to every child of the chapell id. It'm, we will that our executors, in as goodly hafte and breff tyme as they can or maye aftir our deceffe, content and paye all our detts. And we will, that our faid executors caufe all our houfehold fervants to be kepte togider, and houfehold kepte in all things convenyent for theym at and in fuche convenyent place as fhalbe thought by o'r executors moft neceffarye for the fame from the tyme of our deceffe by the fpace of oon quarter of a yere at the lefte. And that our executors, by all the fame time, fhall provide and ordeyn, or caufe to be provided and or-deyned for all our faid houfehold fervaunts; that is to faye, for as many of theym as will there foo tarrey and abide by all the faid tyme, mete, drynke, and other thing convenyent for houfehold, as they have ufed and accuftomed to have had heretofore in oure houfeholde. And alfo to content and pay to every of our houfehold fervaunts, bothe man and woman, their wages for oon halfe yere next after our de-ceffe, as well to them that will departe within the quarter of

oon

oon yere aftir our deceſſe, as to theym that will tarry and
abide togider in houſehold during all the ſame quarter. It',
we will, that our executors, aftir our funeralls and detts contented and paid, ſhall truely deliver, content, and paye,
all other legacies conteyned and ſpecified in a ſcedull to
this our preſent teſtament and laſt will annexed. All whiche
legacies conteyned in the ſame ſcedull we will and ordeyn
that they ſhalbe had, reputed, and taken as parcell of this
our preſent teſtament and laſt will, according to the true
entent and meanyng of the ſame. Nev'theleſſe we will,
that if at any time hereaftir we for any cauſe reaſonable
doo alterate or chaunge any thing conteyned or ſpecified in
this our preſent teſtament and laſt will, or in the ſaid ſcedull therunto annexed, or ellys adde any thing in writting
ſcedull or codicell, the whiche ſhalbe heraftir in this our
preſent teſtament and laſt will annexed, we will and declare,
that the ſame writting, ſcedull, or codicell, and every thing
in them, and in ev'y of theym conteyned and written,
ſhalbe taken, reputed, executed, and fulfilled as parcell of
this our preſent teſtament and laſt will, according to the true
entente and effecte of the ſame. And of this p'ſent our teſtament and laſt will, we make and ordeyn our executors
Richard[e] Biſshop of Wyncheſter, John[d] Biſshop of Rocheſ-

[e] Richard Fox, Bp. of Wincheſter, from 1502 to 1530.
[d] John Fiſher, her confeſſor, maſter of Queen's College, Cambridge,
chancellor of the Univerſity, and cardinal, beheaded by Henry VIII. 1536.
An altar-tomb, with flowerings and ſuch ornaments, diſcovered on ſome
late repairs in a ſmall chapel adjoining to the chapel of St. John's College,
Cambridge, was ſuppoſed to be his monument, or one intended for him by
himſelf in his life-time.

ter,

ter, my Lord Herbert [e] the King's Chamberlayn, Sir Thomas Lovell [f] Trefuror of the King's houfehold. Sir Henry
Marncy [g] Chauncellar of the Duchie of Lancefter, Sir John
Seynt John [h] our Chamberlayn, Henry Horneby our Chauncellor, Sir Hugh Afshton Comptroller of oure houfehold.

[e] Charles Somerfet Lord Herbert of Gower and Chepftow, natural fon of
Henry Beaufort, Duke of Somerfet, fon of Edmund Duke of Somerfet, uncle
to the teftatrix. From his relationfhip to Henry VII. and his many excellent qualities, he was much in that Prince's favour, and was chamberlain of
his houfhold : having married Elizabeth daughter and heir of William Herbert, Earl of Huntingdon, he became, in her right, Lord Herbert, and was
created Earl of Worcefter. He died April 15, 1526, and lies buried with
his faid Countefs in a chapel which he erected in the royal chapel at Windfor, where a fine monument remains over them. From him defcends his
Grace Henry Somerfet now duke of Beaufort, 1780.

[f] Sir Thomas Lovell, Knt. of the Garter, was an active man in Henry
VII's reign. When only an Efquire he was, in 1485, made Chancellor of
the Exchequer, and Efquire of the King's body, knighted at the battle of
Stoke, and Knight of the Garter. In 1502 Treafurer of the Houfhold,
and Prefident of the Council, and one of Henry VII's Executors, Conftable
of the Tower, Surveyor of the Court of Wards, Steward and Marfhall of the
Houfhold to Henry VIII. He built the gate-houfe at Lincoln's-Inn, and Eaft
Harling-hall, Norfolk, refounded Haliwell Nunnery, Shoreditch, where he
was buried 1528. dying at his houfe called Elfyngs, at Enfield. Blomf.
Norf. I. 219.

[g] Henry Marney, Privy-councillor to Henry VII. and VIII. Knight of
the Garter, Captain of the Guard, Keeper of the Privy Seal, was created
Lord Marney, April 9, 14 Hen. VIII. 1523. Of his holding the above office
I find no other mention exeept in Tanner's Bib. Brit. p. 752, where William
Walter, a poetical writer is called fervant of Henry Lord Marney, Chan-
cellor of the Dutchy of Lancafter. He died May 24, 1523. and was buried
in the chancel of Layer Marney church, Effex, where he has a monument.
Salm. Effex. 449. Dugd. II. 301. where fee his will.

[h] Q. eldeft fon of Sir Oliver St. John, half brother to the teftatrix, and
fon of her mother by her fecond hufband, Sir Oliver St. John of Bletfoe.
Collins's Peerage, V. p. 104. There is ftill in the Bletfoe family a carpet,
with the arms and matches of the family, worked by the teftatrix.

And

And we, in our moſt humble wiſe, hartly pray and beſeche the King our ſovereigne Lord and mooſt deere ſon, that it wold pleaſe his highnes to be ſup'viſors of this our p'ſent teſtament and laſt will, and to be goode and gracious Lord, and to ſhewe his ſpeciall favor, helpe, and aſſiſtance, to our ſaid execütors, and to ev'y of them, in executing and performing of this our preſent teſtament and laſt will. And alſo that it would pleaſe his Highneſs to ſee and cauſe as well all the premiſſez afore reherſed as all that hereafter is ſpecified in this our preſent teſtament and laſt will, or in the ſaid ſcedull therunto annexed, or that ſhalbe conteyned in any other writting or codicill to be hereafter herunto annexed to be well and truely executed and performed in every behalf for the ſingular love that we bare and ever have borne unto his Highneſs, as he will have our bleſſing, and be diſcharged before Goſ and for the ſingular truſt we have in the ſame. And alſo we ſpecially will and deſire the moſt Reverend Fader in God William[1] Archbiſhop of Canterbury to be and cauſe as moche as in hym is or may be, all our ſaid teſtament and laſt will, and every article therof, to be truly executed and performed, according to the true entent and effect of the ſame, as we putt in hym our ſingular truſt.

Ultima voluntas ejuſdem d'ne Margarete.

And foraſmoche as the ſingular lawde, praiſe, and pleaſur of Allmighty God reſtith moſt in this tranſitory world in

admy-

admyniftracion of facrifice, and divine fervices, by the miniftres of holy churche for remyflion of our fynnes, and in the encreas of vertue, cunnyng [k], and of all criften faith, and in doyng of goode almes-deeds, and werks caritatifs; therefore we entending, with the grace of Almighty God, to caufe hym to be the more honored and ferved with facrifice and divine fervices, by the myniftres of holy churche, as well within the faid monaftery where we intende, with Godd's grace, our body to be enterred, as in the univerfitees of Oxenford and Cambrigge, and other places where the lawes of God be more fpecially lernyd, taught, and prechid, and fcolers to the fame entent to be brought up in vertue and cunnyng [k] for the increafe of Crift's faith have provided, ordeyned, and eftablifshed, as followith; that is to fay, three perpetuall daiely maffez, with divine fervices and obfervaunts, to be daiely faid by three fadde [l] and difcrete monks of the faid monaftery, and oon perpetuall anniverfary, to be yerely, folemply, and devoutly, holden and kepte, with LXX lights, and with the diftribucion of x li. in almes at every fuche anniverfary in the fame monaftery, for the helthe of our foule perpetually, while the world fhall endure; and oon perpetuall brother, called a converfe to be perpetually kepte in the fame monaftery, fpecially to ferve the fame monks at their maffes, and all other preefts that fhall fay their maffes at the aulters whereat II of the faid II chauntries maffez fhall be faid. And alfo have pro-

[k] Knowledge.                         [l] Sober.

vided, eftablifhed, and founden, by the Kyng's licence II perpetuall reders in holy theologie, oon off theym in the univerfitie of Cambrigge, and another of theym in the univerfitie of Oxforde, and oon perpetuall precher of the worde of God in the faid univerfitie of Cambrigge. And have licence to founde a perpetuall chauntry in the churche off Wynburn of oon perpetuall preft to teche gramer frely to all theym that will come thereunto perpetually while the world fhall endure; and licence to geve to either of the faid II reders, and their fucceffors, lands and tenements to the yerely value of xx li. and to the faid precheor and his fucceffors x li.; and to the faide chauntery preft of Wynburn x li. And alfo whereas King Henry the VIth of bleffed memory was in mynde and purpofe to have provided and ordeyned in a place in Cambrigge called than Godd's-houfe, fcolers, to the nowmbre of LX there to lerne and ftudy in all liberall fcience, in which place was never fcolars, felowes of the fame place above the nombr' of IIII, for lakk of exhibicion and fynding we have nowe of late purchaced and obteyned licence of the faid King our moft deere fon, and by reafon thereof have founded and eftablifhed in the fame place a college, called Crift's college, of a maifter, XII fcolers felowes [m], and XLVII fcolers difciples there, to be perpetually founden and brought up in lernyng, vertue, and connyng according to fuch ftatuts and ordyn-

[m] Edward VI. to avoid a fuperftitious allufion to Chrift's twelve difciples, added a thirteenth fellow.  Fuller's Hift. of Cambr. p. 91.

naunces as we have made, and fhall make, for the fame.
And for the fynding of one of the faid three chauntery
maffes, to be faide in the faide monaftery of Weftm', we
have purchafed and obteyned a graunte of the abbot, prior,
and co'vent, of the faide monaftery, by whiche they have
bounden theym and their fucceffors to us, our heirs and
executors, by their deed fealed, with their covent feale, to
caufe oon daiely maffe to be faid by a monke of the faid
monaftery, at the aulter of the fhryne of Seynt Edward in
the fame monaftery perpetually while the world fhall endure.    And we the faide Princeffe, for the finguler love,
favor, confidence, and truft that we do bere, and of long
tyme have born to the faid monaftery, and to the governors and mynifters of the fame ; and trufting that the abbot,
prior, and the governors and myniftres of the fame monaftery for the tyme beyng, of their true fubftanciall and vertuoufe difpoficion, will well and truely kepe and performe,
in their behalf, the will, mynde, and entent, of us the faid
Princeffe, in keeping of the other twoo of the faid three
chaunteryes maffes, and of our faid anniverfary, with the
faid LXX lights, and diftribucion of x li. in almes, at every
fuch anniverfary, and of the faide converfe ; and alfo content and paye yerely to every off the faid reders, and their
fucceffors, XIII li. VI s. VIII d, and to the faid prechor,
and his fucceffors, x li. perpetually while the worlde fhall
endure.    Therefore we, by reafon of letters patents of licence of the faid King our Soverain Lorde and mooft deere
son,

fon, beryng date the xth day of Maye, the xiiiith yere of
his reigne, have geven and graunted to the abbott, prior,
and convent, of the faid monaftery, the advowfons of the
church of Swynnefhede[n], in the county of Lincoln, and of
the church of Chefhunt[o], in the countie of Hertf', than of
our patronage, and alfo caufed the fame churches to be
lawfully appropried to the abbot, prior, and convent of the
fame monaftery, and their fucceffors, at our propre cofts
and charges; whiche perfonages, th'abbot, prior, and convent, of the fame monaftery, at their fpeciall defire, and
by their entire affents and confents, have accepted and
taken at the yerely value of liii li. vi s. viii d. over all
charges; that is to faye, either of the fame churches, at the
yerely value of xxvi li. xiii s. iiii d. over all charges
whiche be in deede at this day of gretter valowe. And alfo
by reafon of the faid licence geven unto us by the King[p] our

[n] Given at the diffolution to Trinity College, Cambridge.

[o] Edward IV. feized the advowfon of Chefhunt, as parcel of the Earldom
of Richmond; and gave it to the Dean and Canons of Windfor. But the
teftatrix recovered it, and prefented to it, 1492 and 1494, two eminent
perfonages, afterwards Bifhops, William Smyth of Litchfield, and Hugh
Oldham of Exeter. She gave it to the abbot and convent of Weftminfter,
who prefented to the vicarage, 1502, 1526. On the fuppreffion the Dean and
Chapter fold the rectory to Anthony Dering, and after feveral purchafers,
it is now the property of Mr. Martin. The advowfon of the vicarage was
granted by Mary to Bp. Bonner, whofe fucceffor, before 1610, conveyed it
to Robert Cecil, afterwards Earl of Salifbury, whofe defcendants poffefs it
at prefent.

[p] In Mortmain, for £. 150. per annum. Widmore's Hift of Weftm. Ab.
p. 122. ex archiv. He fays, fhe conveyed £. 90. of it to the convent; but
the total of the three fums here above fpecified amounts to £. 86. 12 s. 4 d.

I

Soverain Lord and most dere Son, we have geven and graunted unto the said abbot, prior, and convent, and their successors, the manors of Drayton, with the appertenaunces, in the county of Midd'x, and divers londs and tenements in West Drayton, Hillyngdon, Colham[q], Woxbrig[r], and Drayton; and also divers londs and tenements in Willesdon, Padington, Westburn, and Kensyngton, in the county of Midd'x, which the said abbot, prior, and convent, at their owne desire, and by their entire assents and consents, have accepted and taken of us, for and at the yerely valow of xxvii li. xiii s. iiii d. and all charges. And also by reason of the same licence, we have geven and graunted to the said now abbot, prior. and convent, and their successfours, divers londs and tenements in grete Chesterford[s], in the countie of Essex, which the same abbot, prior, and convent, of their owne assent and consents, have accepted and taken, at the yerely valow of vi li. over all charges; all which manors, londs, and tenements, so geven and graunted by us to the abbot, prior, and convent, and their successors. And the said churches and benefices of Swynneshede and Chestehunte, now appropried, as is aforesaid, amounten all to the yerely valow of lxxxvii li. over all charges. And all the yerely charges of the said ii chaun-

---

[q] Q. Copham,                          [r] Uxbridge.
[s] Mr. Morant (Essex, II. 555.) mentions lands in Great Chesterford granted by Maurice Berkeley, with the advowson of the church to the convent of Westminster, 18 Henry VII. but the Countess's benefaction in the same place has escaped him.

3                                              tery

tery maffes perpetually to be kepte in the faid monaftery,
and the faid yerely charges of the faid anniverfary, with
the faid lights of LXX tapers, and diftribucion of almes of
x li. yerely be affeffed by the affent and confent of the faid
abbot, prior, and convent, at xxx li. And the yerely
charges for the fynding of the faid converfe at c s. which
xxx li. and c s. yerely, for all the fame charges we the
faid Princeffe have geven and graunted to the fame abbot,
prior, and covent, and their fucceffors, for the fame fynding of the fame II chauntery maffes and perpetuall anniverfary, with the faid lights, almes, and converfe perpetually while the world fhall endure. And for the exhibicion and perpetuall fynding of the faid II perpetuall reders in the faid univerfities of Oxenford and Cambrig, the
faide abbot, prior, and covent, at our defire and requeft,
and according to the faid confidence and truft, have geven
and graunted by thefe feveral deeds, bering the date the
firft day of July, the yere of our LORD M¹ vᶜ and three,
and of my faid Soverain Lord and Son XVIII. to either of
the fame II reders an annuytie of XIII li. VI s. VIII d. yerely.
And alfo by another deede, beryng the date the fixte day
of November, the yere of our LORD GOD M¹ vᶜ. v. and of
my faid Soverain Lord and Son XXI. to the faid perpetuall
prechor an annuytie of x li. for his exhibicion and perpetuall fynding in fuche manor and forme as in the fame
deeds more playnly apperith. All which cofts and charges
for the perpetuall fynding of the faid II chauntery maffes,

                                              and

and of the faid perpetuall anniverfary, with the faid lights
and yerely almes, and of the faid oon converfe, and of the
faid II perpetuall reders, and of the faid perpetuall prechar
as is afore reherfed, extende to the yerely fome of LXXI li.
XIII s. IIII d.  And foo the faid yerely value of the faid
churches geven and appropried, and of the faid temporall
lond geven and graunted by us to the faide monaftery extende and amount yerely over the faid yerely charge to the
fome of XV li. VI s. VIII d. whiche XV li. VI s. VIII d. we
have geven and graunted to the faid abbot, prior, and covent, and their fucceffours in reward, and to and for the
entent that they fhall the more furely, truely, and devoutly
obferve, kepe, and performe, our faid devout will, mynde,
and entent, in the premiffez, in keping of the faid perpetuall chauntry maffes, and of the faid perpetuall anniverfary and converfe, and content and paye the faid an-
nuyties to the faid II reders and prechors, and their fucceffors.  And for the charge of wyn, wax, veftments, and
ornaments, to be daiely occupied at the faid three chauntery maffes, or any other maffe there to be faide ; and for
fuche cafuelties and charge as may fortune to fall by reafon
of the faid londs and tenements, by aydes, fubfidees, or
otherwife.  And alfo we have, bifor this tyme, yeven to
the faid abbot, prior, and convent, divers books, chalices,
and veftyments, and other ornaments, to be ufed and occupied oonly aboute the aulters where the faid III chauntery maffes fhalbe faid.  And over, that we att our greate

cofts

costs and charge have purchased and obteyned bulls of greate indulgencies and pardon of holy faders popes of Rome unto the said monastery for all persons saying or hering any of the said 11 chauntery masses, or any other masse, to be said by any preest at the aulter provided, or the aulters to be provided by us, or our executors, in the saide monastery there, as the same 11 daicly masses shalbe said, as grete as be in the place called Scala celi, without the walls of the citie of Rome, which is daiely, as is suppofed, playn ' remission, to the grete comforte and relief of the said monastery, and of all Christen people reforting thereunto, as in the same bulles more playnly at large apperith of record.   And where the forefaid abbot, prior, and covent, have bounden theym and their fuccessours to us the said Princes, our heyres and executors, by indentur, fealed with the common feale, beryng date the fecunde day of March, in the yere of our LORD GOD M¹. vᶜ. v. and of my said Soverain Lord and Son the xxi. enrolled in the Kyng's Court of Chauncery, to caufe the said three masses daiely to be said by three monks preefts of the faide monastery, beyng of goode and honeft converfacion, well and fufficiently lernyd, and of goode and vertuoufe difpoficion, with all fuche fpeciall collects, divine fervices, prayers, and obfervances, and alfo to kepe and holde our said anniverfary folemply, with divine fervices, prayers, and obfervances, and with the faid lights and diftribucion

---

' full, *plain*.

C c c                                                                of

of almes of x li. yerely ; and also fynde and kepe oon
converse for us in the said monastery perpetually, while
the world shall endur, in suche maner and forme as in
the same endenturs is conteyned and specified : and also
have, by their severall dedes, sealed with their common
seale, and graunted to either of the said ii reders, and their
successors, an annuytie of xiii li. vi s. viii d. And to the
said prechor, and his successors, x li. We will and specially
requyre the said abbott, prior, and covent, and their successours, in speciall confidence and truste, and as they will
therfore aunswere afore Almighty God, at the dredfull daie
of fynall jugeament, to see and cause the said three daiely
masses, with the prayers, observances, and serymonyes, to
to be daily saide ; and the said anniversary, with the said
lights and distribucion of almes yerely to be truely holden
and kepte ; and to provide, have, and kepe, oon converse
for us in the saide monastery perpetually while the world
shall endur according to the true entent of the said indenture ; and also to content and paye to either of the said
ii reders and their successours, yerely, xiii li. vi s. viii d.
and to the said prechor, and his successors, yerely, x li.
according to the said graunts. And whereas we the said
Princesse, by reason and vertue of lettres patents made to
us by the said King our Sovrain Lord and most deere Son,
beryng date the first daye of Maye, the xx yere of his
reigne last paste, have establifhed and founded the said
college called Crist's College, in the said universitie of

Cam-

Cambridge, to the hole nowmbre of LX perfons, with fervants to theym convenyent and neceffary ; and, by reafon of the fame licence, have geven and graunted to the maifter and fcolers of the fame college, and their fucceffours, for their exhibicion and fuftentacion, the manors of Malketon[u], Melreth[x], and Beache[y], with dyvers londs, tenements, rents, reverfions, and fervices, in Malton, Melreth, Beache, Whaddon, Knefworth[z], Hogynton[a], Orwell, and Baryngton[b], in the countie of Cambrigge ; the maner of Ditefworth[c], with th'appertenaunces, with divers londs and tenements in Ditefworth, Kegworth, Hathern, and Watton, with the advoufons of the churches of Malketon, Kegworth, and Sutton de Bonyngton[d], in the countie of Leycefter, and the manor of Roydon[e] in the countie of Effex, to have to theym and their fucceffours, for evermore ; and alfo obteyned licenfe to the fame maifter and fcolers, and their fucceffors, to appropre to theym and their fucceffours the faide church of Malketon, and alfo

[u] Malton. This is a decayed parifh, now included in that of Orwell, where the church, antiently a rectory, ftill remains in ruins. The rectory of Orwell belongs to Trinity College. Ecton, p. 98.

[x] Meldreth.   [y] Waterbeach.

[z] Knefworth.   [a] Orkington.

[b] Barrington.   [c] Difeworth.

[d] The Villare places Sutton Bonington in Nottinghamfhire ; but it is not in Ecton.

[e] In 1522, the Mafter and Fellows of Chrift's College in Cambridge are recorded to have had the manor of Roydons, Inq. 14 H. VIII. Oct. 30. But what manor is meant, and how they loft it, I cannot learn. Morant's Effex. II. 490.

the

the churches of Fendrayton, Helpefton[f], and Navenby[g], as
in the fame lettres patents more playnly apperith; which
churches of Malketon, Fendrayton, and Helpefton, we
have caufid actually to be impropried by affent and confent
of the ordynaries, and of all other havyng therin intereft
unto the fame maifter and fcolers, and their fucceffiours,
aftir due forme and proceffe of the lawe in that parte re-
quifite : alfo we have, by the Kyng's licence, and by
auctoritie, affent, and confent, of the ordinary, and of all
other having intereft, united, annexed, and appropried, for
ever the parifshe churche of Manberer[h], in Wales, within
the diocefe of Seynt David, to the faid maifter, fcolers, and
their fucceffors.   Item, we have, by the Pope's auctoritie,
and the King's fpecial graunte and licence, yeven unto the
fame maifter, fcolers, and their fucceffors, the abbey of
Creyke[i], in the diocefe of Norwich, with the purtenances,
which was in the King's hands, as diffolvyd and extincte.
All which maners, londs, and tenements, and other the

[f] Both in Cambridgefhire.
[g] Naumby, c. Lincoln.
[h] Manwrbwr, c. Pembroke. "This lady being of Welfh affinity, a
Teuther by marriage, and having long lived in Wales (where her fon, king
Henry VII. was born in Pembroke) thought fitting, in commemoration
thereof, to leave fome Welfh land to this her foundation." Fuller ubi fup.
[i] This priory of Auftin Canons (made an abbey by Henry III.) was, about
22 Henry VII. looked upon as diffolved, becaufe the abbot died without a
convent to erect another ; whereupon the lands and revenues, by the pro-
curement of the King's mother, the lady Margaret, Countefs of Richmond,
were fettled upon Chrift's College, Cambridge, being of her foundation,
who are ftill poffeft of them. Tan. Not. Mon. p. 356. Blomf. Norf.
III. 776.

6                                           premiffes,

premisses, we late purchased and provided to the same entent : and will therfore, and specially desir and requyre the said maifter and scolers, and their successours, to cause and see our foundacion of our said college to be truely observed and kepte, according to the statuts and ordynances by us therof made, and to be made, and according to our will, mynde, and entent, as they will therfore answere bifore Almighty God at the dredefull daye of fynall jugeament [k]. And also we specially desire and requyre our executors, and every of them, that they, according to the confidence and trufte that we have putt in them, and in every of them, to see and cause, as ferr as in theym is, or fhalbe, saide III daily masses to be said and doon, and the anniversary, with the said lights, distribucion of almes, to be holden and kepte, and the said converse to be provided and kepte in the said monaftery, and the said annuities to be truely content and paid to every of the said reders and prechars, according to our will, mynde, and entent, aforesaid, and also to see and cause the maifter and scolers of the said college, called Crift's College, to be orderid, rewlid, and governed according to our saide will,

[k] In the North veftry windows are the effigies of Henry VII. and his mother the Countefs of Derby and Richmond, with her firft and fecond hufbands, in armour, with their helmets by them; alfo John Beaufort her father, and Margaret her mother; but they are now much broken and defaced, and the infcriptions fpoilt. There may ftill be read,

" . . . *Komitiffa Rychemondie et Derbei* . . . *tis pro quibus* . . . . *fuo*
" *verbo* . . . . . *tam magni* . . . . ." Blomefield, Collect. Cantab.
p. 216.

mynde

mynde, and entent, and, according to the said statuts and ordinaunces; and also to see and cause all our testament, and last will to be truely executed and performyd in every behalf, as they will answer before Almighty God at the dredfull daie of finall jugement. And also we, in moost humble and hertie wise, praye and beseche the said King our Soverain Lord, and moost deere Son, for the most tendre and singular love that we bear, and would have born to hym, to see and cause our said will therein, and in all other things, to be truely executed and performed. And whereas we the said Princesse, by our deede bering date the first day of Aprill last past, the xx yere of the reigne of our most dere Sonne King Henry the VIIth, have enfeoffed the right reverend Fader in God John[l] Bishop of Rochester, Hugh[m] Bishop of Excester, and other of and in our maners of Maxey[n] and Torpell, in the countie of North', to have to theym, and their heyres, upon confidence thereof to performe our last will; and whereas the said Bishoppes, and their cofeoffez, sithen that at our speciall request and desire have divised and graunted to William Ratcliff, David Cecile, and Thomas Williams of Stamford a felde, and a close by side Crakelolme, late in the tenure of James Maudesley, within the Lordship of Maxey, to have and to holde, to theym and to their

---

[l] Fisher.                              [m] Oldham, 1504—1520.
[n] Maxey is in Naffaburgh Hundred, Northamptonshire. The manor now belongs to the dean and chapter of Peterborough. Magn. Brit. III. 469.

assignes,

affignes, during the lif of Margaret White, anchores in the Houfe of Nones ° befide Stamford, to th'ufe and entent that the fame William Ratcliff, David, and Thomas, and their affignes, fhall take and difpofe th'iffues and profitts therof to and for the exhibucion and fynding of the faid anchores, and of a honeft woman to attende upon hir during her lif. And alfo we have geven and graunted to our fervant Edithe Fowler, late the wif of Thomas Fowler, widow, certyn parcells of the faid manors, londs, and tenements, to the yerely valow by eftimacion of x li. And alfo we have geven and graunted to our fervant Elizabeth Maffey divers other parcells of the faid maners, londs, and tenements, to the yerely valow, by eftimacion, of vi li. xiii s. iiii d. And alfo to our fervant Richard Stukley and Margarete his wif, to the lenger lyver of theym, certeyn other parcells of the faide maners, londs, and tenements, to the yerely valow, by eftimacion, of iiii li. And alfo have geven and graunted to our fervant Henry Ludley certeyn other parcels of the faid maners, londs, and tenements, to the yerely valow, by eftimacion, of iiii li. as by their feverall graunts therof more playnly apperith. All which dimifes and graunts made by the faid Bifshopps, and other their co-feoffez, to all the faid perfones, we the faide Princeffe, by our feverall deeds, fealed with the feale

° A Benedictine Nunnery in Stamford-baron, founded an abbot of Peterborough 6 Henry II. greatly reduced at the diffolution, when the fite was graunted to Richard Cecil. Tan. Not, Mon. p. 383.

of

of our armes, have ratified, approved, and confermed, as
in the fame deeds more playnely apperith. And for the
further fuertie of the parties to whom the faide graunts and
confirmacions be made, we will and declare by this our
prefent teftament and laft will, that all and every of the
fame perfones have and enjoye feverally all the faid londs
and tenements conteyned and fpecified in the fame graunts
and confirmacions according to the tenors and effects of the
fame. And we in moft humble wife praye and befeche
the King our Soverain Lorde and moft deere Son to give
his gracious affente to the fame; and to fuffre them, and
every of them, to have and enjoye the fame, according to
our faid will, mynde, and entent. Item, we will, that
our executors, affone as they convenyently maye aftir our
decefle, doo make, or caufe to be made, in the chapell
there, as our body fhalbe interred, a convenyent tombe,
by their difcrecions; and oon aulter, or II, in the fame
chapell, for the faid II chauntery maffes there perpetually
to be faid at the howres and tymes and with all fuche
prayers and obfervaunces as is afore reherfed. Item, where
we have licence of the faid King our moft deere Son, by his
lettres patents graunten unto us, and our executors, to
eftablifshe and founde a perpetuall chauntery of oon preeft
in the college of Wymborn, and to geve to hym and to
his fucceffors londs and tenements to the yerely [value] of
x li. We will, that if we founde not the faid chauntery
in our lif that then our executors, affone as they conveny-

ently

ently maye aftir our deceſſe, ſhall eſtabliſh and founde the
ſame chauntery of oon perpetuall preeſt in the ſame college, there to kepe contynuall reſidence, and to teche frely
gramer.   And we will, that all the londs and tenements
called Foſters, which be purchaced in Currey-Revell, which
be of the yerely valow of viii li. be ſold by our executors,
to pay our detts or laſt will, and to be diſpoſid in charitable works of pitie and mercy for the wele of our ſoule.
And whereas we the ſaid Princeſſe in the tyme of the
reigne of King Edward the IIIIth, obteyned his Lettres
Patents of licence to put in feoffament, and by reaſon of
the ſame licence, dide put in feoffament our maners of
Martok, Currey-Ryvell, Kyngeſbury, and Quene-Camell,
in the ſame countie of Somerſet, with the hundred of
Bulſton, Abdike, and Horethorn, in the ſame countie,
and our bourghes of Samford, Peverell, and the hundreth of Allerton, with th'appertenances in the countie of
Devon, to Robert ᵖ biſhop of Bathe, Sir Raynold Bray,
knyght, and others, to have to theym and their heyres, to
th'uſe and entent therof to performe our laſt will, which
Biſhop, and his co-feoffes, by reaſon of the licence which
the ſaid King our Soverain Lord and moſt deere Son
graunted unto theym at our deſire by his lettres patents the
vith yere of his reigne, made aſtate of all the ſaid maners and other the premiſſes to Richard �٩ biſhop of Lon-

---

ᵖ Stillington, 1465—1491.
٩ Fitz James, 1506—1522.

don,

don, and Richard Skipton, Clerke, to have to theym and
their heyrès, in fee; which bifshop and Richard Skipton, by reafon of the fame lettres patents, made aftate of
all the fame maners, and other the premiffes, to the right
reverend fader in God Richard ' than bifshop of Excefter,
now Bifshop of Wynchefter, Elies Daubeney of Dawbeney, knyght, William Smyth ' than deane of Seynt Ste-
phens, nowe bifshop of Lincoln, Thomas Lovell, knyght,
William Hodie, knyght, and Richard Emfon', yet lyving,
and other deceffed, in fee, to th'entent therof, to performe
our laft will, by vertue wherof the faid bifshop of Wynchefter, and his co-feoffèz be thereof feafid in fee to the
fame ufe and entent:   We the faid Princeffe will and declare, by thies prefents, that where our moevable goods
which we fhall have at our deceffe, be not fufficient, aftir
our funerall had and don, to content and paye all our detts
and legacies, and to performe our teftament and laft will,
in every behalf; that therefore our executors and affignes
fhall have and take all th'yffues and profitts and revenues
of all the fame maners, and other the premiffes, unto the
tyme that they with the fame yffues, profitts, and revenues,

' Fox, tranflated to Wells, 1492; Durham, 1494; Winchefter, 1502;
died 1530.
' Bp. of Coventry and Litchfield, 1492; Lincoln, 1495.
' This fon of a fieve maker, as Lord Bacon calls him, the fit inftrument
of Henry VII's peculations in the clofe of his life, and the famous coad-
jutor with Dudley, was created a baron of the exchequer, and received
the honour of knighthood. Henry VIII. who, with greater profufion, came
not a whit behind his father in rapacity, made them both the firft facrifice of
his reign.

have

have contented and paid our faid detts and legacies, and throughly and perfitely performed our teftament and laft will; and that the faid bifshop of Wynchefter and his co-feoffes, their heyres and affignes, fhall ftand and be feof-fed of the fame maners and other the premifles to the fame ufe and entent; and fuffer and not lett our faid exe-cutors and affignes fo to doo. And we, in our mooft hum-ble wife, alfo praye the faid King our moft deere Son to geve his gracious affent thereto to fuffer and affifte our ex-ecutors and affignes fo to do, as we putt our finguler truft in his Highnefs. And we the faid Princeffe, aftir our detts paid, and aftir our legacies and bequefts fpecified in this our prefent teftament and laft will, and in the fcedulles ther-unto annexed, fully and truely in every thinge executed and performed, will, that our executors, calling into their in-ward mynds and remembraunce Almighty God, and the dutie of executors, for diftribucion of goods to them in fuche caas committed to diftribute the refidue of all our faid goods for the welth of our foule, in fuche wife as by their difcrecion fhal be thought mooft beft, meritorious and convenyent. In wittnefs wherof, to thies prefents we have fet to our figne manuell and feale of arms the daie and yere abovefaid.

Ultima voluntas ejufdem D. Marg'.

Ddd 2

Be

Be it remembred, That it was alfo the laft will of the
faide Princeffe to diffolve th'ofpitall of Seynt Joh'nis in
Cambrigge ᵃ, and to alter and to founde therof a college of
feculer perfones ; that is to fay, a maifter and fifty fcolers,
with divers fervants ; and newe to bielde the faid college,
and fufficiently to endowe the fame, with londs and tenements, aftir the maner and forme of other colleges in Cambridge ; and to furnyfshe the fame, as well in the chapell,
library, pantre, and kechen, with books and all other
things neceffary for the fame. And to the performans
whereof the faide Princeffe willed, among other things,
that hir executors fhuld take the yffues, revenues, and
profitts of hir londs and tenements put in feoffament in
the counties of Devonfhire, Somerfettfhire, and North-

---

ᵃ Founded by Nigellus bifhop of Ely, or rather by Henry Froft burgefs
of Cambridge in his time, in honour of St. John the Evangelift, for a fecular mafter and brethren, faid to be endowed with £.140. *per ann.* but at
its fuppreffion the revenues amounted only to £.80.   Tanner. Not. Mon.
p.43.  The Countefs had been folicited by fome men of character in the other
univerfity to place her remaining charities upon Oxford, at St. Fridefwide's ;
but Bp. Fifher, by more powerful arguments, and particularly by pointing
out the melancholy ftate and diffolute lives of the brethren of Old St. John's
Houfe, turned her thoughts back again to Cambridge.   Their prodigality
and exceffes had occafioned them to mortgage all their lands and fettled
eftates beyond their worth, and at laft the houfe itfelf was abandoned.   The
beft thing that could be done was to diffolve it, and ingraft a college on the
old ftock.   The confent of the bifhop of Ely, as reputed founder and dioce-
fan, was eafily obtained of James Stanley, and the King's licence as eafily.
But before this could be done in due and legal form, the King died ; and
before much more could be done to the purpofe, the foundrefs likewife
died ; and had fhe not lodged this truft in faithful hands, this great and
good defign had died with her.   Baker's Pref. to her Funeral Sermon by
Bifhop Fifher, p. xv.

amptonfhire,

amptonſhire, &c. Alſo the ſaide Princeſſe willed, that
with the revenues comyng of the ſaid londs putt in feoffament that the ſaid late hoſpitall ſhulde be made clere of all
olde detts dewly provid, and alſo that the londs and
tenements to the ſame late hoſpitall belonging, ſhuld be
ſufficiently repayred and maynteyned. Alſo the ſaid Princeſſe willed, that hir houſeholde ſervants whiche had long
contynued and done to hir goode ſervyce ſhoulde be rewarded with parte of hir goods, by the diſcrecion of the Reverend Fader in God Richard Biſſhop of Wyncheſter, upon
informacion geven unto him of their goode ſervice and
merits; and in likewiſe ſhe wold, that by his diſcrecion
hir executors ſhuld be rewarded. Alſo the ſaid Princeſſe
willed, that the nowmbre of xii poore men and women
that hir grace kepte and founded at Hatfeld in hir liftyme
ſhulde be kepte and maynteyned, at hir coſts, during all
the lyves of the ſaide poore men and women. Alſo the
ſaide Princeſſe willed, that over and above x li. londs by
yere which ſhe wold ſhuld be purchaſed and geven unto
hir chauntry and free ſcole of gramer in Wynborn Myn-
ſter, ſhe wold, that other vi li. ſhuld be purchaſed, and
the King's licence to be obteigned for the ſame. Alſo
the ſaide Princeſſe willed, that the maiſter and felowes of
Criſt's College of Cambridge ſhould have provided for
them and their ſucceſſours londs and tenements to the
yerely value of xvi li. over and befids other londs that the
ſaid college hath in poſſeſſion. Alſo the ſaide Princeſſe
willed, that the ſaid Criſt's College ſhuld, at hir coſts and
charge,

charge, be perfitly fynifhed in all reparacions, bielding, and
garnyfhing of the fame. Alfo the faid Princeffe willed,
that faide maner of Malton, in the fhire of Cambrige,
whiche belongeth to the faid Crift's College fhould be
fufficiently bielded and repayred, at hir cofte and charge;
foo that the faid maifter and fcolers may refort thidder, and
there to tary in tyme of contagioufe feknes at Cambrige,
and exercife their lernyng and ftudies. Alfo the faid Princeffe
willed, that a ftrong coffer fhould be provyded in the faid
Crift's College, at hir cofts and charge. Alfo that hir
faid executors fhulde putt in the fame a c li. of money, or
more, to the ufe of the faid college, to be fpended as they
fhall nede. Alfo the faid Princeffe willed, that all hir
plate, juells, veftments, aulterclothes, books, hangyngs,
and other neceffarys belonging to hir chapell in the tyme
of hir deceffe, and not otherwife bequethed, fhuld be divided betwene hir faid colleges of Crifte and Seynt John, by
the difcrecion of hir executors. Alfo the faide Princeffe
willed, the IIII daye before hir deceffe, that the Reverend
Fader in God Richard bifshop of Wynchefter and maifter
Henry Hornby, hir Chauncellor, fhuld the fame day have
the overfight of hir faid will and teftament; and by theire
fadneffe and goode difcrecions fhulde have full auctoritie
and power to alter, adde to, and demynifhe, fuche articles
in hir faid will and teftament, as they thought moft convenyent, and according to the will of the faid Princeffe.

Probat' dict' teftamenti apud Lamhith, xvii die Menfis
Octobris, Anno Domini Mill'imo Quingenteffimo xii°.

MAR-

MARGARET, only daughter of John Beaufort duke of Somerſet (grandſon of John of Gaunt) by Margaret daughter of John Beauchamp of Bletſoe, was married to Edmund de Hadham, ſecond ſon of Owen Tudor the ſecond huſband of Catherine Queen of Henry V. created 31 Henry VI. earl of Richmond, with precedence before all other earls. He died 35 Henry VI. 1456. and was buried in the middle of the choir of St. David's cathedral, under an altar tomb yet remaining, with an inſcription, ſtyling him, " Father and Brother to Kings." His widow married Henry a younger ſon of Humphrey Stafford duke of Buckingham, ſlain at the battle of Northampton, 38 Henry VI. whoſe will bears date 1481, 21 Edward IV [a]. She took to her third huſband Thomas Lord Stanley, who narrowly eſcaping death from a blow of a halberd at the arreſt of Lord Haſtings, joined the Counteſs's ſon at the battle of Boſworth, and had the honour of placing the uſurper's crown on his head, and was the ſame year created

---

[a] He bequeathed his body to be buried in the college of Pleſhy, in Eſſex, and gave £. 160. to buy twelve marks of livelode by the year, to be amortized for the finding an honeſt fittting prieſt to ſing for his ſoul, in the ſaid college of Plaſhe, for evermore. And to his ſon-in-law the Earl of Richmond a trappur of four new horſe-harneſs of velvet. To his brother John Earl of Wiltſhire his bay courſer; and to Reynold Bray [b], his receiver-general, his grizzled horſe. Of which teſtament he appointed Margaret Counteſs of Richmond his wife his Executrix. Dugd. Bar. I. 167.

[b] This truſty ſervant of the Counteſs of Richmond was one inſtrument in bringing about the Revolution in favour of her ſon, being ſent by the Duke of Buckingham and Morton Biſhop of Ely to concert meaſures with her and Edward IV's dowager. Dugd. Bar. II. 239. ex Polyd. Verg. p. 553.

Earl.

Earl of Derby, which title has been held to this day by his lineal defcendants, of whom our hiftories recite a glorious feries.

She had no children by her two laft hufbands, and only one fon by her firft.

Having lived to fee the coronation of her grandfon Henry VIII. fhe departed this life juft thirteen months after the date of her teftament, June 29, 1509, and is buried, according to her appointment, in the South fide of the chapel of Our Lady at Weftminfter, begun to be built by her fon, and commonly called Henry VIIth's chapel. Her effigies of copper gilt, habited in an ermine mantle, with a coronet on her head, and a hind at her feet, lies on a tomb of black marble, at whofe head are her arms impaled by thofe of the Earl of Richmond, as at the feet by thofe of the Earl of Derby. On the South fide Henry VII. impaling Elizabeth of York, Henry V. impaling Catherine of France, and Arthur Prince of Wales. On the North fide Henry VIII. impaling Catherine of Arragon; John Duke of Somerfet, impaling Margaret Holland, her grandfather and grandmother. Her fimple epitaph, reciting her charities, was drawn up by Erafmus, who received twenty fhillings for it. See it, and the monument, in Sandford, 328. in Dart I. 148. and in Baker's Preface to Fifher's Funeral Sermon, where is alfo an engraving of the arms ufed in her feal, and now borne by the colleges of Chrift and St. John in Cambridge; And fee Dugd. Bar. II. 237, 238.

5

THE

THE several great benefactions of this good lady for the promotion of learning, which had been gradually emerging in this kingdom during the diftractions of the wars between the houfes of York and Lancafter, render it neceflary to give a more particular account of her foundations than could be divided into notes.

The Countefs had letters patents, 12 Henry VII. to purchafe lands of the yearly value of £. 10. to found and endow at Winborn a perpetual chantry of one prieft, in honour of the bleffed Jefus, the Annuntiation of the Bleffed Virgin Mary, and for the health of her foul, and the fouls of her parents. But dying before it was endowed, her executors obtained letters patents, 1 Henry VIII. ratifying the former, and empowering them to purchafe lands to the value of £. 6. per annum, over and above the others, by indenture, tripartite, 2 Henry VIII. between them, the Dean and Chapter of Wimborn, and the facrift, or keeper of Brembre's chantry there. The executors founded a chantry at the altar on the South fide of the tomb of John duke of Somerfet, and Margaret his wife, father and mother of the teftatrix, and appointed Richard Hodgekynnes, B. A. to be firft chaplain, continually refident in the college of Wimborn, in a houfe appointed by the dean and chapter there to teach grammar to all comers as in Eton and Weftminfter fchools, without any other perquifites than were appointed by the executors; and to celebrate daily mafs at the

E e e                                                    faid

said altar, for the souls of the foundress, King Henry VII.
her parents and ancestors; the collects and other cere-
monies are particularly prescribed. He was to keep her
anniversary July 9, and after it to distribute twenty shil-
lings, as follows; to the sacrist of the college if present
at her mass sixteen pence, to every chaplain devoutly
singing eight pence, to every secondary and parish clerk
four pence, to the sacrist for five wax candles to be burnt
about the bier, and two on the altar, and for bell ropes, sixteen pence; to the ringers eight pence; the residue among
the poor of the parish, at one penny or twopence each.
His stipend was ten pound per annum, and his door-keep-
er's forty-shillings, and he was to give an account of his
expences each Michaelmas, to the sacrist, and one of the
senior chaplains of Brembre's chantry; and the surplus
money was to be kept in a chest under three keys, one in
the hands of the Dean or his sacrist, another in those of
the senior chaplain, and the third in those of the chaplain
of this chantry; or to be taken out as wanted. In 1511
Richard Hodgekyns was chantry priest, and received six
pounds per annum. At the dissolution this chauntry fell
with the college of Winborn and all its revenues into
the King's hands; part was leased out, and part continued
as a precarious maintenance to the ministers of the church,
till 5 Eliz. certain of the parishioners, by means of Lord
Montjoy, obtained the Queen's letters patents to found
the free grammar-school now subsisting at Winborn, in
which

which the munificence of the pious teſtatrix is abſorbed;
and inſtead of one prieſt a ſchoolmaſter is maintained
by an income of £. 34. per annum, and an uſher at £. 25.
per annum.  Hutchins's Dorſet, II. 81. 83.

The Cambridge public lecture in divinity ſhe inſtituted
in the 13th year of her ſon's reign, on the feaſt of the
Nativity of the Bleſſed Virgin, and by her original foundation appointed John Fiſher, S. T. P. her firſt reader,
who was ſucceeded by Dr. Coſin, Maſter of Benet, and he
by William Burgoyn, afterwards Maſter of Peter-houſe;
and he by Eraſmus. She likewiſe gave rules and ſtatutes for
the choice of her reader, and for the diſcharge and performance of the duties of his place, and endowed her lecture
with 20 marks per annum, payable by the abbot and convent of Weſtminſter.  The ſame day and year ſhe inſtituted the like reader at Oxford, with allowance of the ſame
ſalary, and almoſt under the ſame rules with that at Cambridge, and nominated one John Roper, S. T. P. her firſt
reader.

In the 20th year of the ſame reign ſhe founded a perpetual public preacher at Cambridge, with a ſtipend of £. 10.
per annum, payable by the abbot and convent of Weſtminſter, whoſe duty was to preach at leaſt ſix ſermons
every year at ſeveral churches ſpecified in the foundation
in the dioceſes of London, Ely, and Lincoln; and one
John Fawn, S. T. P. is appointed her firſt preacher, by the
original foundation.

E e e 2                        This

This foundation of a public preacher is peculiar to Cambridge, for Mr. Wood's fufpicion of the like at Oxford has no foundation.

The foundation of Chrift's college was undertaken by the advice and perfuafion of Bp. Fifher; who, by her ftatutes, was appointed vifitor for life after the foundrefs. The foundation has been placed in the year 1505, but the ftatutes were not given, nor the foundation perfected, till the year following. The original obligation of John Syclyng, laft mafter of God's houfe, and firft mafter of Chrift's college, for obferving the foundrefs's ftatutes, bears date Sept. 5, 22 Henry VII. from which day and year, I fuppofe, and not fooner, the government and ftatutes of that college took place and begun to be in force. And becaufe the bifhops of Ely had yet kept up fome claim or fhew of power, a grant was obtained from James [Stanley] bifhop of Ely, fon in law to the foundrefs, 1506, whereby he gave leave to the Mafter, Fellows, and Scholars, to celebrate divine offices in their college chapel, which had been already confecrated; and by another grant of the fame date, at the inftance of the foundrefs, he exempted the college from epifcopal and ordinary vifitations for himfelf and fucceffors for ever. The endowments of the college are all fpecified in the foundrefs's will, and though it appears from thence that fhe herfelf was very liberal, having beftowed good lands and manors of her own, yet the abbey of Creyke given her by Henry VII. and God's Houfe,

which

which was of the foundation of Henry VI. did go a good way, and pretty deep, in the foundation.

In regard to the foundation of St. John's College, she did indeed leave a will and lands in feoffment for the performance thereof, and these were very sufficient, had they been secured against the next heir the King her grandson; and though her will (as far as appears) was very good, and duly attested, yet that part of it which concerned her foundation of a new college, having been done by way of codicil, before it could be sealed, the good lady departed this life, and left some ground for cavil. This might have been borne with had they been sure of the old house, but that was yet standing undissolved, so that all that had been done towards it was to begin anew, with less power, and under greater disadvantages. King Henry VII. was now wanting; the King reigning, as he had not the same ties of duty and affection, so he was under no obligation to make good his father's promises; and having an eye upon the estate, he had no very strong inclination to favor a design that must swallow up a part of his inheritance. The bishop of Ely, who was easy and complying enough whilst the foundress was living, she being gone, began to shew his nature, and was full of difficulties, and withheld his consent for half a year.

His first business ought to have been to have visited and reformed the house, and to have prevented those enormities that occasioned its dissolution; but having rather

coun-

countenanced their loofenefs, by his ill example, it is no wonder if he had fome tendernefs and feeling of the infirmities of his brethren, or was unwilling to confent to a thing that fo plainly reproached him with his own great neglect and worfe example.

Great application was to be made both at court and at Ely; the affair was likewife to be folicited at Rome, and where Julius II. being then pope, nothing was to be done without addrefs and management, and all the other requifites to expedite fuch an affair. The expences of the bulls are put down upon the executor's accounts (figned and allowed by Polydore Vergil), which are very high for a thing fo much in courfe and of no greater confequence than the diffolving an old ruinous houfe, that might have been done without afking the pope's leave, had it been thought expedient; and yet, when the bull came, it was found defective, and was to be renewed at a new trouble and expence. The latter indeed was not loft; for when the decretory bull was fent it ftruck the old houfe at one blow, without confent either of the King or of the bifhop of Ely.

The King's licence was granted Aug. 7. ann. reg. primo. It fets forth the defolate ftate and condition of the houfe, though not in fo difmal a manner; gives leave to the executors, upon its fuppreffion, to convert it into a college *unius magiftri, ac fociorum, et fcholarium ad numerum* 50 *vel circa, in fcientiis liberalibus, jure civili & canonica, et theologiâ ftudentium,* to be ftiled *St. John's College;*

to

to unite, incorporate, and annex, all the lands of the old houfe to the college fo erected ; and further grants leave to the college when erected to hold £. 50. per annum over and above the lands of the houfe, the ftatute of *mortmain* notwithftanding.

This licence was granted at the requeft of the foundrefs (though then deceafed) as well as of her executors ; for there is an old draught or original of the King's licence, figned Henry, but not fealed, whereto is prefixed the petition of his *humble graunt dame*, in a form there put down : fo it feems, her petition was either preferred, or left to be preferred, after her death ; and the King's licence under feal, refers to her petition.

The bifhop of Ely's firft grant is dated March 7, 1509. after the King's licence, and before the papal bull came, whereby he firft makes conditions for himfelf and fucceffors, by referving to himfelf a power of naming three perfons during his life, and to his fucceffors a power of naming one, to be elected fellows of the college, *fi habiles et idonei fint*, a clog that yet remains upon the fociety ; and then grants, that the college, when erected, fhall enjoy the jewels, goods, &c. belonging to the houfe, and obliges himfelf, that, the papal bulls firft had, he would give leave and allow the houfe to be incorporated to the college. And he empowered Richard Wiot, S. T. P. Mafter of Chrift's college, John Fotehede B. D. and William Thornborough, to take a full and perfect inventory of all the jewels, muniments,

4                                                              ments,

ments, and other moveables of the houfe, and to have them in fafe cuftody till the college fhould be erected.

When the pope's bulls came, the bifhop of Ely paffed another grant, dated Dec. 31. ann. reg. fecundo, whereby he conveyed over to the executors all the fcite and manfion, and all the houfes, churches, chapels, and edifices, belonging to the houfe, together with all manors, lands, rents, tenements, and other poffeffions appertaining thereunto, and all his right as founder in the fame; which houfe being fuppreft, diffolv'd, and extinguifhed, by apoftolical authority, by the King's licence, and by his confent, devolving to him as founder, being of the foundation of him and his predeceffors, he grants to them, to the end and intention, that they might change, found, create, and erect it into a college of fecular ftudents, to endure for ever; ordinary jurifdiction always referved to him and his fucceffors. And he appointed and conftituted Richard Henrifon, clerk, and others, his proctors or attornies, to enter and take feifin and poffeffion of the houfe; and being feized, to deliver full, plenary, and peaceable poffeffion thereof to the foundrefs's executors.

By virtue of this grant, on the 20th of January, the fame year full and peaceable poffeffion of the houfe, &c. was delivered by Richard Henrifon, the bifhop's commiffary to Henry Hornby S. T. P. one of the executors, in the name and ftead of the reft; in the prefence of William Woderove S. T. P. mafter of Clare-hall, and deputy

vice-

vice-chancellor, William Burgoign S. T. P. John For-hede S. T. B. mafter of Michael-houfe, Oliver Scalis public notary, and many other ftudents and burgeffes.

And fo the old houfe, after much folicitation and long delay, after a tedious procefs at Rome, at court, and at Ely, under an imperious pope, a forbidding prince, and a mercenary prelate, with great application and induftry, and at no lefs expence, was at laft diffolved and utterly extinguifhed, on the 20th day of January, A. D. 1510. and fell a lafting monument to all future ages, and to all charitable and religious foundations, not to negleƈ the rules or abufe the inftitutions of their founders, leaft they fall under the fame fate.

Though all this was tranfaƈed in the name of the executors, it ought never to be forgot, that the bifhop of Rochefter was the fole or principal agent.

The houfe being thus diffolved, the next thing the executors were to think of, was to fet about their new foundation; which they were now empowered to do by a full authority. Somewhat they were now fure of, and we have a college in view, but as yet a very poor one: for the revenues of the old houfe were fmall, according to an authentic account amounting only to £. 80. 1 s. 10 d. ob. per ann. And it is pretty plain, from the King's licence of mortmain, he did not intend the foundation fhould be over large, it being thereby limited to £. 50 per annum, befides the revenues of the old houfe.

F f f

It

It is true, the foundrefs had done her part, having left the iffues, profits, and revenues, of her eftate and lands, to the value of £. 400. and upwards, to that purpofe, and for the ufes of her will ; but furely the King, when he granted fuch a mortmain, did not intend the executors fhould enjoy them long. However, being unwilling to underftand his meaning, or being willing to pufh things as far as they would go, or prefaging already the future growth of the college, though from unhopeful beginnings, they went on with good affurance ; and having cleared the debts of the old houfe, according to the direction of the foundrefs in her will, as well as the rubbifh of the old buildings, which in great part were very ruinous, they proceeded to the foundation, both of the fabric and body politic of the college.

The charter of foundation was given April 9, 1511, in the name and by the authority of all the executors.

In all this charter, which is a very long one, there is no mention made of the large revenues left by the foundrefs, for the ufes of her will ; but the King's licence of *mortmain* is there recited, whereby the college is limited to £. 50. *per annum* befides the lands and revenues of the houfe. About the fame time the fabric of the houfe was undertaken, which was made equal to the defign.

The expence of the whole building amounted in all (after fome deductions for other ufes) to betwixt four and five thoufand pounds, a round fum in that age ! for fo

much

much was paid by the executors towards the building to Robert Shorton mafter of the college, and fo much was paid by him to Oliver Scalis, clerk of the works, at feveral payments, as appears by their feveral accounts.

All this while the executors had to do with a greater man, the King, as heir at law to the foundrefs's eftate. All due care had been taken to fecure their intereft therein, by proving her will, both in the Prerogative Court and in the Court of Chancery, by advice of the judges, wherein archbifhop Warham was very ufeful and favourable, both as Archbifhop and Chancellor of England; who, after a long, tedious, and expenfive hearing, witneffes examined, the King's council heard, and judges confulted (all which was neceffary to guard him againft the King) at laft approved and allowed the will as good. Upon this ground the profits of her lands were received for fome years, firft by Bifhop Fifher, and afterwards by Dr. Hornby; but this was not to continue long; for what by the clamours of the Countefs's officers and fervants, who, becaufe they could not have all themfelves, were willing to give all to the King; what by the advice of fome potent courtiers, of which number Wolfey is faid to be one; and what by the frefh fuit of the King's auditors and council, who are ufually ready to fecond the courtiers in fuch defigns, the executors were fo hard preffed, and fo ftraitly handled, that they were forced to let go the lands, notwithftanding all the claim they had to them.

F f f 2                                              The

The lands being gone, they were to look out and sue for a compensation, otherwise all was at a stand. Somewhat of that kind was easily obtained; but that at first granted, as it was small in itself, so it was soon defeated by unexpected accidents, and an untimely death. Somewhat more durable was to be had, and there being an old decayed *Maison Dieu* or hospital at Ospring in Kent worth having, this falling under the Bishop of Rochester's view, was quickly thought of, and being by devolution in the King, by the Bishop's application at court, with the mediation of the Queen, Wolsey, and other courtiers, it was at last obtained.

This, with the lands of the old house, together with the foundress's estate at Fordham, which was charged with debts by her will, with some other little things purchased with her monies, was the original foundation upon which the college was first opened; and whoever dreams of vast revenues, or larger endowments, will be mightily mistaken. Her lands put in feoffment for the performance of her will, lay in the counties of Devon, Somerset, and Northampton; and though I should be very glad to meet with lands of the foundation in any of these three counties, yet I despair much of such a discovery. But whoever now enjoys the manors of Maxey and Torpell, in the county of Northampton, or the manors of Martock, Currey-Ryvell, Kynsbury, and Queen-Camel, with the hundreds of Bulston, Abdike, and Horethorne, in the county of of Somerset; or the manor of Sandford Peverell, with the hundred of Alberton, in the county of Devon; though they may have a very good title to them, which I will not queftion, yet whenever they fhall be pioufly and charitably difpofed, they cannot beftow them more equitably than by leaving them to St. John's college, Cambridge.

Mr. Thomas Baker's preface to the Countefs's funeral fermon, preached by bifhop Fifher at her moneth minde : p. viii—xliv.

**APPENDIX.**

# APPENDIX.

N° I. p. 207.

Rot. Parl. 1 Hen. V. n. 13. vol. IV. p. 5.

Pur les Executeurs de darrien Roy Henry [IV.]

ITEM, certeines Lr̃es patentes feurent faites pur les Executours du Roy Henry, pier ñre Sr̃ le Roy q'or eſt, en la fourme q'enſeute.——Henricus, Dei gr̃a, Rex Angl' & Franc', & Dñus Hiɓnie, Omnibus ad quos preſentes Lr̃e pervenerint, Salutem. Sciatis, qd̃ cum recolende memorie Dñus Henricus, nuper Rex Anglie, pater ñr, cogitans diem exitus ſui appropinquare, ac pie deſiderans dum adhuc ageret in humanis, precipue pauperibus ligeis ſuis, quibus in diverſis pecuniarum ſum̃is erat aſtrictus, ſatis-facere, & aliis pietatis operibus ſaluti anime ſue ſalubriter pro-videre, Teſtamentum ſuum condiderit, in quo, de bonis & catallis ſibi a Deo collatis creditoribus ſuis primo ſatisfieri, ac certa legata ſolvi, & nonnulla pietatis opera exerceri & impleri, diſpoſuit vene-nerabilib' patribus, Henrico [a] archiep̃o Eborum, Thoma [b] ep̃o Dunolm', ac Johanne Pelham, Roberto Waterton, & Johanne Leventhorp, nominatis Executoribus ; necnon Nobis, & Conſan-guineo ñro Thoma [c] archiep̃o Cantuar', ſuperviſoribus ad hoc de-putatis ; Qui quidem archiep̃us Ebor', epiſcopus, Joh̃es, Robtus, & Joh̃es, advertentes bona & catalla ipſius patris ñri ad perſolucõem debitorum ſuor' & alior' in Teſtamento p̃dc̃o diſpoſitor' non ſufficere,

[a] Thomas Fitz Alan, ſon of the earl of Arundel, biſhop of Ely, 1374—1388 ; archbiſhop of York, 1388—1396 ; of Canterbury, 1396—1414. He was alſo lord chancellor.
[b] Thomas Langley. See above, p. 205.
[c] Thomas Arundel.

Exe-

Executionem Teſtamenti hujuſmodi admittere renuunt & recuſant,
& ſic diſpoſitio Teſtamenti bonor' & catallor' hujuſmodi ad dc̄m
conſanguineum n̄rm, tanquam ad ordinarium de jure ptineret, ac
bona & catalla p̄dc̄a pro ſatisfacc̄oe & ſoluc̄oe,& aliis p̄dc̄is implendis,
venditioni publice exponi deberent ; Nos, attendentes bona &
catalla p̄dc̄a Nobis & n̄ris uſibus fore accom̄oda, ac honeſtius eſſe
bona & catalla illa penes Nos remanere, quam venditioni publice
aliqualiter, ut premittitur, exponi, eadem bona & catalla ab ipſis qui
tempore dc̄i patris n̄ri cuſtodiam eorundem habuerint recepimus, &
penes Nos retinemus ; eorumq; valorem per veram eſtimac̄oem inde
fc̄am, qui ad viginti & quinque milia marcarum ſe extendit, ut
diſpoſitio p̄fati patris n̄ri in quantum ſum̄a illa ſufficere poſſit exinde perficiatur, ejuſq; anima miſericordiam Altiſſimi facilius pro-
mereatur, ac Nos de bonis & catallis p̄dc̄is penes Deum & homines
ſimus penitus excuſati, prefatis archiep̄o Eborum, ep̄o, Joh̄i, Roberto
& Joh̄i, concedimus & aſſignamus p preſentes ; Habend' & percipiend' ſummam p̄dc̄am infra quatuor annos prox' ſequentes poſt
dat' preſentium, videlt ad feſta Sc̄i Michis & Paſche extunc prox'
tribuen' equis portionibus quatuor milia librar' ; & ad feſta Sc̄i
Michis & Paſche extunc prox' ſequen' equis porc̄oibus quatuor
milia librar ; & ad feſta Sc̄i Michis & Paſche extunc prox' ſequen'
quis porc̄oibus quatuor milia librar' ; & ad feſta Sc̄i Michis &
Paſche extunc prox' ſequen' equis porc̄oibus Quatuor milia ſex-
centas ſexaginta & ſex libras, treſdecim ſolidos, & quatuor denarios ;
deinde primo creditoribus ipſius patris n̄ri pro victualibus & ex-
penſis hoſpitii ſui, ac neceſſariis camere, ac garderobe ſuar', ab eis
empt' ; necnon p pecuniarum ſummis eidem patri n̄ro p ipſos creditores mutuatis, juxta ſanas diſrec̄oes ſuas ſatisfaciend' ; ac deinde
alia pietatis opera juxta diſpoſic̄oem ipſius patris n̄ri p̄dc̄am, ſi
ſumma hujuſmodi ad hoc ſufficiat, per ſuperviſum n̄rum ac ipſius
conſanguinei n̄ri, ſeu deputatorum n̄ror' faciend' & exercend'. Volentes

lentes ulterius & concedentes, de affenfu dñorum fpiritualium &
temporalium, ac cōitatis regni ñri Anglie in pñenti Parliamento
ñro exiften', quod tam idem confanguineus ñr, quam pfatus
archiepus Eborum, epus, Johes, Robtus, & Johes, de omnimodis
plitis, querelis, actionibus, & demandis, que p pfatos creditores,
vel alios quofcumque, verfus pfatum confanguineum ñrum, ratione
commiffionis adminiftrationis fumme pdce pfatis archiepo Ebor',
epo, Johi, Robto, & Johi, per ipfum faciend'; aut verfus ipfos
archiepum Ebor', epum, Johem, Robtum, & Johem, rone admif-
fionis Adminiftrationis hujufmodi, feu occupationis, receptionis,
feu deliberationis fumme pdce, vel alior' bonor' feu catallor' que
fuerunt pdci patris ñri quorumcumq̃, capi, profequi, vel moveri
poffint, in futur' quieti fint, & penitus exonerati imperpetuum;
aliquo ftatuto in contrarium fco non obftante. Volumus tamen,
qd iidem archiepus Ebor', epus, Johes, Robtus, & Johes, omnes
denarios quos ipfos de fumma pdca recipere & habere continget,
circa fatisfactionem debitor' pdcor', ac alia pietatis opera pdca, in
forma pdca faciend', fideliter folvant & expendant, p fupervifum
fupradcm: Et qd ad compotum five ratiocinium inde reddend' nifi
coram pfato confanguineo ñro, vel ejus fucceff̃oribus, nullatenus
teneantur; aliquo ftatuto vel ordinacōe in contrarium factis, vel
alia caufa quacumque non obftante. In cujus rei teftimonium has
lr̃as nr̃as fieri fecimus patentes. Tefte Meipfo apud Weftm', xv
die Maii, anno regni ñri primo.

## N° II. p. 243.

## Rot. Parl. 2 H. VI. m. 30. Vol. IV. p. 213.

### Pur Johan Stafford, Treforer d'Engleterre.

ITEM, une autre Petition en papire fuift baille en le dit Parlement, p Maiftre John Stafford Treforer d'Engleterre, ovec une
endenture faite pentre luy, & Henry Sire Fitz Hugh, Walter
Hungreford, Walter Beauchamp, Lowys Robeffart, William Porter, & Robert Babthorp, Chivalers; John Wodehous, & John
Leventhorp, Efquiers; Executours del teftament de le tres noble
Prince Sr Henry, jadis Roy d'Engleterre, piere a ñre tres foverein
Sr le Roy q'or eft, nomez des certeins biens, chateux, joialx, &
fummes de deniers, q̃ feurent a dit nadgairs Roy, deliverez as ditz
nomez Executours, p le dit Treforer, p vertu des lettres patentes
de ñre dit Sr le Roy au dit Treforer faitez celle partie; folonc la
forme & effeΦ d'une aΦe en le darrein Parlement ñre Sr le Roy
q'or eft, enrolles, le tenour de quell Petition cy enfuit.

Au Roy ñre foveraigne & tres gracioufe Sr, & as Seignrs Spiri-
tuelx & Temporelx de ceft prefent Parlement, fupplie humblement
v̄re fervitour Meftre John Stafford Treforer d'Engleterre, q̃ come
ñre foveraigne Sr le Roy qe or eft, de l'advys fon grand Counfaill,
& affent des Seignrs Efpirituelx & Temporelx, & fon Communalte
de fon Roialme d'Engleterre, en fon darreyn Parlement, p auΦorite
du dit Parlement, voudra ordiner & graunta q̃ ñre dit Sr le Roy
ferra delyverer & affigner p fon depute ou fes deputes a fes tres
chiers & loialx Henry Sr Filz Hugh, Sr Lowes Robeffard, Wauter
Hungerford, Wauter Beauchamp, William Porter, and Robert
Babthorp, Chivalers; John Wodehous, & John Leventhorp,

G g g                                        Efquiers;

Efquiers; Executours nomez del teftament de tres haut & tres puiffant Prince Sr̃ Henry le Quint, nadgairs Roy d'Engleterre, piere ūre dit Sr̃ le Roy q'or eft, des biens, chateux, joialx, & fommes des deniers, queux furent le dit nadgairs Roy, a le value de XL M. mardz, come p un acte en le dit Parlement eint fait pluis pleinement appiert; p force de quell acte, ūre dit Sr̃ le Roy, p advys de fon dit Counfaill p fes lettres patentz fift affign' & conftit' le dit fuppl' fon depute a delyverer & affigner pur le dit ūre Sr̃ le Roy & en fon noun a lez nomez Executours du dit nadgairs Roy fuifditz diverf' biens, chateux, joialx, & fommes des deniers, en les ditz lettres patentz contenuz; & autres biens, chateux, joialx, & fommes des denirs, a le value du dit fomme de XL M. marz atteignauntz, des biens, chateux, joialx, & fommes des deniers queux furent le dit nadgairs Roy; p endentures ent affairs pentre le dit fuppliant, & les nomez Executours fuifditz; p force de quellx lettres patentz & acte avauntditz, le dit fuppl' ad delyvere les ditz biens, chateux, joialx, & fommes des deniers, en les ditz lettres patentz contenuz; & autres biens, chateux, joialx, & fommes des deniers, queux furent en la garde & mayns des diverf' officers le dit jadis Roy a les ditz nomez Executours, ficome p les endentures pentre le dit fuppl', & les ditz nomez Executours, ent faitz pluis pleynement appiert; folunc la forme & effect du dit acte, & les lettres patentz fuifditz.

Que pleafe a Vous, tres gracioufe Sr̃, de faire enacter & enroller en le Rolle du ceft Parlement les fuifditz endentures. Et outre ceo de ordeigner p auctorite de ceft prefent Parlement, q̃ le dit fuppl', fez heirs, affignes, terre tenauntz, & executours, de cy en avaunt, de toutz les ditz biens, chateux, joialx, & fommes des deniers, & de chefcun parcell d'ycellez, fi bien devers Vous, voz heirs, fucceffours, & executours, come devers chefcun autre perfon qeconqe, foient quietez & difchargez a toutz jours. Et q̃ de

chefcun

chefcun maner d'action & empefchement, fi bien p Vous, voz
heirs, fuccelfours, ou executours, come p autre perfon q̃com̃q̃,
envers le dit fuppliant, fez heirs, affignez, executours, ou terre
tenauntz, pris ou purfuez, a prendrez ou a purfuers, p caufe
d'afcun poffeffion, adminiftration, ou lyvere des ditz biens, chateux,
joialx, & fommes des deniers, ou d'afcun parcell d'ycelles, ou
autre caufe q̃comqe; le dit fuppliant, fez heirs, affignes, executours, & terre tenauntz fuifditz, foient auxint quitez & difchargez, & les ditz pleynauntz, empefchuauntz & purfuantz, ent
foient barrez & excludez a toutz jours; pur Dieu & en oevere de
eliarite.

La quelle Petition leeu & entendu, ordine fuift & accorde p les
Seigñrs Efpirituelx & Temporelx de ceft prefent Parlement, p
l'affent des Communes en icell affemblez, q̃ les ditz endentures
foient enactez & enrollez en le Rolle du dit Parlement; le tenour
des queux endentures cy enfuit.

Hec Indentura facta apud London', Vicefimo fexto die menfis
Augufti, Anno regni Regis Henrici fexti primo: Inter Magiftrum
Johannem Stafford Thef' Anglie, & deputat' per literas ejufdem
Domini Regis patentes affignat', ex parte una. Et Henricum
D̄n̄um Filz Hugh, Walter' Hungreford, Walter' Beauchamp, Lo-
dowic' Robeffart, Willielmum Porter, & Robertum Babthorp,
Milit'; ac Johannem Wodehous, & Johannem Leventhorp, Armiger'; Executores Teftamenti recolende memorie illuftriffimi Principis & Domini Domini Henrici Quinti, nuper Regis Anglie, Patris
p̄dicti D̄n̄i Regis nunc, nominat', ex parte altera. Teftatur, quod
predictus Magifter Johannes Stafford deputat', deliveravit & affig-
navit pro dicto Domino Rege nunc & nomine fuo; prefat' Henrico
Domino Filz Hugh, Waltero, Waltero, Lodowico, Willielmo,
Roberto; Johanni Wodehous, & Johanni Leventhorp, de bonis,
catallis, & jocalibus, ac denar' fummis, que fuerunt ipfius nuper

Regis,

Regis, citra prox' Parliament' expend', applicand', convertend' & fideliter adminiftrand', juxta formam & effectum cujufdam acti in ultimo Parliamento dicti Dñi ñri Regis, nunc prox' ante dat' confectionis prefentium habiti ; & in Rotulo ejufdem Parliamenti irrotulati ; diverf' bona, catalla, & jocalia, ac denar' fummas fubfcriptas ; videlicet, (vid. Rot. Parl. vol. IV. p. 214—241.).

Et prefens Indentura teftatur, quod predicti Henricus Dominus Filz Hugh, Walterus Hungreford, Walterus Beauchamp, Lodowicus Robeffart, Willielmus Porter, & Robertus Babthorp, Milites ; ac Johannes Wodehous, & Johannes Leventhorp, Armigeri ; Executores Teftamenti Domini Henrici Quinti nuper Regis Anglie defuncti nominat' ; receperunt die & anno predictis de dict' Magiftro Johanne Stafford, Thef' Anglie, & deputat' Domini Regis nunc, diverfa bona, catalla & jocalia, ac denar' fummas prefcript', que fuerunt predicti nuper Regis, ad valentiam xviii m.cccciiii li. iiii s. x d. appretiat', per Johannem Palyng, & Johannem Wynne, aurifabr' ; Hugonem Dike, & Johannem Chirche, mercer' ; & Johannem Bullok, tapicer' [a], de London', ad hoc jurat' ; in partem folutionis Quadraginta Millium marcarum dict' Execut' nominat' affignat', fecundum formam & effectum acti fupradicti, que comprehenduntur in prefent' indent' in viginti una paginis pergameni de eifdem fuperius fcript' ; quarum prima pagin' cont' fummam ix m.ciiii li. xi s. ix d.—Secunda pagin', mcxii li. xix s. vii d. ob.—Tertia pagin', mccxix li. iiii s. vii d. ob.—Quarta pagin', ccccl x li. xvii s. iii d.—v ta pagin', c xx iiii li. iiii s. vi d. q.—vi ta pagin', dclxxii li. xvii s. q.—vii ma pagin', mclxv li. vii d. ob.—viii va pag', ccclv li. xv s. viii d. ob.—ix na pag', ccxxix li. xix s. xi d.—x a pag', ccclvi li. ix s. vii d. ob.—xi ma pagin', ccccxliii li. iii s. ii d. ob.—xii ma pagin', cccxl li. vii s. viii d.—xiii ta pagin' cxix li. ii s. xi d. ob.—xiiii ta pagin', dcccvii li.

[a] Weaver.

ii s.

11 ꝝ. 1 đ.—xvᵗᵃ pagin', cc\:XX:\_{iiii}xviiiꝉi. xiiiiꝝ. viđ.—xviᵗᵃ pagin',
cccc\:XX:\_{iiii}xiiiꝉi. viiꝝ. iiiđ. ꝗ.—xviiᵐᵃ pagin', ccxviiꝉi. xixꝝ.—
xviiiᵛᵃ pag', dlꝉi. viꝝ. iiđ.—xixᵐᵃ pagin', \:XX:\_{iiii}viiiꝉi. viiđ. ob.—
xxᵐᵃ pagin', xliiiꝉi. xviꝝ.—xxiᵐᵃ pag', clxxꝉi. iiiiꝝ. viiiđ. ꝗ.

In cujus rei teftimonium, huic parti Indentur', penes prefat'
Magiftrum Johannem Stafford, Thef' Anglie, & Deputat'
Domini Regis nunc remanenti, prediꝰ' Henricus Dominus
Filz Hugh, Walterus, Walterus, Lodowicus, Willielmus,
Robertus, Johannes Wodehous & Johannes Leventhorp,
Execut' prediꝰi nuper Regis nominat', figilla fua appofue-
runt. Dat' die & anno fupradiꝰtis.

---

# Nᵒ III. p. 243.

## Rot. Parl. 1 Hen. VI. m. 14. vol. IV. p. 172.

Pur l'Execution de la darrain volunte de piere du Roy.

FAIT affavoir, q'en cefte Parlement furent baillez une Petition & une Cedule confuitz enfemble, tachez ore a le dorfe
de cefte rolle de Parlement, de la quell Petition le tenure cy
enfuit.

Pleafe au Roi ꝫre Sꝛ foverain, p affent des Seigꝛrs Efpirituelx &
Temporelx en cefte prefent Parlement, & p auꝰtorite de mefme le
Parlement, grauntier & ordeiner tout ceo q'eft contenuz en une
Cedule a ycefte Bille annexee, & ꝗ lettres patentz de ꝫre Sꝛ le
Roi, p auꝰtorite de mefme le Parlement, foient faitz, felonc les
fourme & contenue de ycelle Cedule, pur Dieu & en oevere de
chite. Et le tenure de la dite Cedule cy enfuit.

REX,

REX, Omnibus ad quos &c. Salutem.

Sciatis, quod de avifamento Concilii ñri, & affenfu Dominorum Spiritualium & Temporalium, ac confenfu Communitatis Regni ñ-i Anglie, in prefenti Parliamento ñro exiftentium, auctoritate ejufdem Parliamenti, volumus, ordinamus, & concedimus, quod nos deliberari & affignari faciemus per deputatum ñrum aut deputatos ñros dilectis & fidelibus noftris Henrico Dño Filzhugh, Waltero Hungreford, Waltero Beauchamp, Lodowico Robeffart, Willielmo Porter, & Roberto Babthorp, Militibus; ac Johanni Wodehous, & Johanni Leventhorp, Armigeris; Executoribus una cum aliis, in Teftamento cariffimi Dñi & Patris ñri Dñi H. nuper Regis Anglie defuncti nominatis; bona, catalla, & jocalia, ac pecuniarum fummas valorem Quadraginta Milium Marcarum attingentia de bonis, catallis, & jocalibus, ac denariorum fummis, que fuerunt prefati Patris ñri. Et quod iidem Henricus Dñus Filzhugh, Walterus, Walterus, Lodowicus, Willielmus, Robertus, Johannes, & Johannes, omnia & fingula eis in hac parte fic deliberand' & affignand' circa folutionem cujufdam fumme Decem & Novem Milium Marcarum, in quibus dictus Pater nofter, tempore obitus fui, illis qui Executores Teftamenti recolende memorie Dñi H. nuper Regis Anglie, Avi ñri fimiliter defuncti, nominati fuerunt, indebitatus fuit, pro certis bonis & catallis, que fuerunt ejufdem Avi ñri receptis, & penes ipfum Patrem ñrum retentis, quam aliarum fummarum pro expenfis hofpitii, ac neceffariis camere & garderobe ipfius Patris ñri, ac diverfarum fummarum fibi mutuatarum, & alias, in partem executionis & complementi ultime voluntatis prefati Patris ñri, per avifamentum, fupervifum, & contrarotulationem tam fupervisorum in dicto Teftamento pdicti Patris ñri nominatorum, quam cariffimi avunculi ñri Humfridi Ducis Glouceftr', & cariffimi confanguinei ñri Thome Ducis Exon', ac venerabilium patrum Henrici Wynton' confanguinei ñri cariffimi, & Thome

4                                              Dunelmen'

Dunelmen' Cancellarii ñri, epifcoporum, feu deputatorum fuorum
in hac parte, expendant, applicent, convertant, & fideliter adminiftrent, in quantum commode poterint, citra prox' Parliamentum
ñrum exnunc tenend' : Et quod ipfi, cum fuper hoc debite requifiti
fuerint, fidelem compotum inde reddant prefatis fuperviforibus,
ducibus & epifcopis, feu eorum deputatis, quodque Parliamento
illo finito, deinceps ab ulteriori compoto five ratiocinio inde reddendo penitus exonerentur, ac adeo liberi fint & illefe conditionis,
tam erga nos, quam prefatos fupervifores, duces & epifcopos, ac
alios quofcumque, ficut ipfi aliquam receptionem, occupationem,
folutionem, five adminiftrationem hujufmodi bonorum, catallorum,
& jocalium, aut pecuniarum fummarum, eis fic affignatorum & li-
beratorum, fuper fe nufquam affumpfiffent. Volumus etiam, ac de
avifamento, affenfu, confenfu, & auctoritate p̄dictis, ordinamus,
concedimus, & ftatuimus, quod tam p̄dicti Henricus Dñus Filzhugh,
Walterus, Walterus, Lodowicus, Willielmus, Robertus, Johannes,
& Johannes, quam omnes alii Executores in Teftamentis p̄dictis
nominati, ac eorum heredes, executores, attornati, fervientes, &
deputati, de omnimodis placitis, querelis, actionibus, & demandis,
per creditores tam dicti avi ñri, quam prefati patris ñri, aut alias
feu aliam perfonas vel perfonam, verfus p̄dictos Henricum Dominum Filzhugh, Walterum, Walterum, Lodowicum, Willielmum,
Robertum, Johannem, & Johannem, aut prefatos alios executores,
in Teftamentis p̄dictis nominatos, heredes, executores, deputatos,
attornatos, & fervientes, feu eorum aliquem, occafione adminiftrationis, occupationis, perceptionis, receptionis, folutionis, aut libe-
rationis dictorum bonorum, catallorum, & jocalium, aut denariorum fummarum, eifdem Henrico Domino Filzhugh, Waltero,
Waltero, Lodowico, Willielmo, Roberto, Johanni, & Johanni, fic
affignand' vel liberand', feu alicujus parcelle eorumdem, profecutis
aut motis, capiend', profequend', aut movend', in futur' quieti &
exonerati

exonerati exiſtant imperpetuum, ac querentes & implitantes, de omñi actione preclufibiles, & preclufi, in hac parte ; et quod Cancellarius Anglie, aut cuſtos magni figilli ñri, vel heredum, aut fucceſſorum noſtrorum, pro tempore exiſtens, auctoritate p̄dicta, fieri facere & liberare teneatur, tam prefatis Henrico Dño Filzhugh, Waltero, Waltero, Lodowico, Willielmo, Roberto, Johanni, & Johanni, quam dictis aliis executoribus, in teſtamentis p̄dictis nominatis, & eorum cuilibet, ac heredibus, executoribus, deputatis, attornatis, & ſervientibus fuis, & cujuſlibet eorumdem, tot & talia brevia de fuperfedeas, in quibufcumque placitis & querelis, verfus ipſos, feu ipforum aliquem, contra formam & effectum prefentium, motis vel movendis, quot & qualia, eis & eorum cuilibet, in hac parte fuerint neceſſaria, feu quomodolibet oportuna, aliquo ſtatuto in contrarium facto, feu alia caufa quacumque non obſtante. In cujus &c.

Les queux Petition & Cedule leeuz en ceo meſme Parlement, & les matiers comprifez en ycelles bien entenduz, le Roi de l'aſſent & avifement des Seignñrs Efpirituelx & Temporelx eſteantz en le dit Parlement, & de l'aſſent auxi de les communes eſteantz en meſme, voet & ad ordeinee & grauntee toutz les articles, chofes, & maters contenuz en la cedule avauntdite, & q̃ lettres patentz du Roi foient ent faitz defoutz fon graunde feale en due fourme felonc l'effect & le tenure de meſme la cedule en toutz points, & ceo p̱ l'auctorite de ceſte Parlement.

N° IV.

## Nº IV. p. 243.

Rot. Pat. 3 H. VI. p. 2. m. 10. Rymer, vol. X. p. 346.

Super Liberatione diverfis Franciæ ecclefiis, juxta Teſtamentum Henrici nuper Regis.

REX, omnibus ad quos, &c. Salutem. Sciatis quod cum dilectus Clericus noſter, Magiſter Robertus Gilbert, nuper Decanus Capellæ cariſſimi Domini & Patris noſtri Regis defuncti, per præceptum cariſſimi confanguinei noſtri Ducis Exonie, & dilectorum & fidelium noſtrorum Domini de Bourgchier, Walteri Hungerford, & Willielmi Porter, militum, ac Domini Fitz-Hugh jam defuncti, Executorum nominatorum in Teſtamento dicti Patris noſtri, liberari fecerit diverfis ecclefiis in partibus regni noſtri Franciæ res & parcellas fubfcriptas, pro exonerationibus animæ dicti Patris noſtri fiendis ; videlicet,

Abbatiæ Sancti Dionifii unam Crucem argenteam deauratam, cum uno magno pede ſtante, ponderis viginti & octo librarum Troye ;

Unam altam Frontellam [a], & unam baſſam Frontellam, de velvet rubeas, cum foliis aureis brouderatas ;

Unam Paruram [b] pofitam cum perreia [c] & armis Angliæ ;

Tres Capas de velvet rubeas, cum rofis aureis, leonibus, & floribus de liciarum, brouderatas ;

Duas Tunicas, & unam Cafulam, de eifdem panno & colore.

Tres Albas cum Paruris, Stolis, & Favones [d] de eifdem panno & colore.

Et etiam unum par Curtinarum de tartryn rubearum.

[a] Frontel to the altar.    [b] *Parure*, ornament.
[c] *Pierrerie*, precious ſtones. Du Cange in voc.
[d] Or *fanones*, banners. Id. in voc. *Favo* & *Fano*.

H h h                    Item,

Item, apud Maunte, unum Veſtimentum aureum panni viridis, cum foliis aureis, & unam altam Frontellam cum una baſſa Frontella ejuſdem panni.

Item, apud Vernon, unum Veſtimentum ejuſdem panni viridis aurei.

Et ſimiliter apud Rothomagum, duos pannos blodei coloris, cum falconibus aureis, pro veſtimentis inde faciendis;

Et unum Pannum rubei coloris aureum pro orfrais inde faciendis.

Item, apud Oſſay, unum Pannum aureum, blodei coloris, cum falconibus & heronis.

Item, apud Arkes, unum Pannum aureum ejuſdem coloris.

Et conſimiliter apud Ewe, unum Pannum, blodei coloris, cum foliis aureis.

Item, apud Heſdyn, unum Pannum aureum rubei coloris, cum foliis aureis.

Et apud Tirewyn, unum Pannum aureum rubei coloris, cum foliis aureis.

Nos, de aſſenſu Concilii noſtri, conſideratione præmiſſorum, volumus quod præfatus Robertus de omnibus rebus & parcellis prædictis, per ipſum ut præmittitur liberatis, erga nos, hæredes & executores noſtros, in Scaccario noſtro ſeu alibi, quietus ſit & exoneratus imperpetuum per præſentes.

In cujus, &c.

Teſte Rege, apud Weſtmonaſterium, xxviii die Junii.

Per Breve de privato ſigillo.

2

# GLOSSARY.

### A.

*ABBEYE de Lyfnes*, Lefne abbey at Erith in Kent, 107.

*Acordaunt come affiert*, as like as it can be made, 92.

*Adaquaria*, ewers, 195.

*Aderere*, tout du fuite, Lacombe ; in arrear, 124.

*Chefeun perfon de l'afferant*, every one according to what he can afford, 159.

*Affiaunce*, confidence, 129.

*Affie*, confide, 164.

*Affres (averia)*, beafts, 34.

*Afforfaunt*, ftrengthening, 141.

*Aillours*, ailleurs, otherwife, 157.

*Alant, alen*, à dog, 157.

*Album.* See *Veftimentum*.

*Alder*, moft dear, 315. Dr. Johnfon explains *alderlivest* (Shakfpeare, 2 H. VI.) by *moft beloved*.

*Alme*, foul, 172.

*Almefdis the fhipp*, q. the difh or bafon for alms enameled with a fhip, 284.

*Amaille, emaille*, enamelled, 24.

*Amenufer*, to diminifh, 102.

*Amien, Amienx*, Amiens, 152.

*An (l')* *renoef darrein paffiz*, renoef, reneuef, renouvelle. The laft paft, or the laft new year, 156.

*Anees*, q. *anels*, rings, 100.

*Anel, Anelx*, rings, 106, 154.

*Anglefeye*, Anglefey abbey, c. Cambridge, 110.

*Anthoneny (l')*, Lantony, Llanhodeni, or Lantonia prima, in Monmouthfhire, 107.

*Anthony (priorie de l')*, Lantoni priory, 48.

*Anyntiz*, aneantie, undone, deftroyed, 123.

*Aournementz*, ornaments, 85.

*Apper*, Q. *a prier*, 55.

*Aquaeris*, ewers, 325.

*Arare*, arrear, as *aderere*, 54.

*Areriffement*, backwarding, hinderance, 122.

*Arme*, army, 148.

*Affherugge*, Afhridge priory, c. Bucks, 71.

*Affize de perie*, fet with ftones, 105.

*Affize (feet of)*, ftatutable feet, 295.

*Atant*, autant, fo much, 121.

*Attantz*, for as much, 122.

*Attry, artry*, q. artillery, 284, 288.

*Avaunt*, fo far as, 136.

*Aveine*, venue, coming, 225.

*Augnell de perill*, ring, or perhaps angell, of pearl, 151.

*Auxint*, auffi, fometimes *aufinc*, 45.

*Aynz*, aifne, eldeft, 158.

H h h 2                    *Balois*,

## B.

*Balois*, a species of rubies of a vermeil rose colour. Chambers's Dict. 71.

*Barrez*, bars, 99.

*Baryngton*, Barrington, 377.

*Baffinet*, basnet, helmet, 221.

*Baudik*, belt, 113.

*Baukyn*, *Baldekynus*, pannus omnium ditiffimus, of filk and gold thread. Du C. 179.

*Bayes*, Q. dales, 302.

*Beache*, Waterbeach, 377.

*Beauval en Shirwode*, a house of Carthufians, founded by Nich. de Cantilupe, 218.

*Bedhampton*, in Hants, 214.

*Bedridyn*, bedridden, 226.

*Benegerer*, q. *Bignor*, in Arundel rape, 131.

*Benoit' ove esperge*, holy water-pot, with a sprinkler, 25.

*Berdefelde*, Q. Berdwell, c. Suffolk, 33.

*Berford Seynt Martin*, Bereford St. Martin, c. Wilts. 285.

*Bernoldswyk*, Barnoldswek in Stancliffe hundred, in the West Riding of Yorkshire, 151.

*Bervynes*, *babeines*, levres de certains animaux. Lacombe. q. faces or heads, 132.

*Bien poy*, very near, 127.

*Blakeberwe*, Blackborough priory, c. Norf. 257.

*Blendeworth*, in Hampshire, 213.

*Blodio & viridi colore enamalet'*, enameled with red and green, 89.

*Blodius*, color fanguineus. Du C. blue, 253.

*Bloy*, blue, 219.

*Bobaunce*, *bobans*, *bobanité*, fumptu-

ofité. Lacombe. extravagance, 84. 121.

*Bodekesham*, Q. Botteſham, c. Cambridge, 33.

*Boten*, a button, 284.

*Bremmesfeld*, Brimsfield, c. Glouc. 89.

*Brigaudiers*, brigandine, a fashion of ancient armour, confisting of many jointed and fcale-like plates, pliant and eafy for the body. Cotgrave. 221.

*Brondatum*, embroidered, 88. 272.

*Bruggerak*, Brigerak, a town in Gafcoigne, 83.

*Brugwater*, Bridgewater, 110.

*Brune*, Bourne in Lincolnshire, 118.

*Bruskyn; brusq* is old French for green, 37.

*Brusyerd*, Brusyard, c. Suffolk, 111.

*Buretis*, Du Cange refers from *buretum* to *bruneta*, which he explains a fpecies of money uſed in Italy during part of the 12th century. Sed q. if it has that fenfe here? 273.

*Buiffeaux*, bushels, 35.

*Burbon*, Bourbon, 230.

*Buris*, Berry, 229.

*Burnham*, or Nun-Burnham, a fmall Benedictine nunnery in Yorkshire, 227.

*Buftelesham Mountagu*, Bifham abbey, founded by William Montacute earl of Salifbury, 98.

## C.

*Caen (noneynes de )* nuns of Caen, 50.

*Cameca*, *camoka*, *camuca*, *camucum*, *camaca*, *pannus de comota*, *vell camocas*, fo often mentioned in antient wills, is explained by Du Cange as a kind of rich ſtuff or ſilk, 25. 150.
Cantirbirs,

*Cantirbirs,* Canterbury, 135.

*Capæ.* See *Veſtimentum.*

*Capicium, capuce,* hood, 147.

*Capitz,* teſter, 72.

*Cariant illoiques,* carrying thither, 218.

*Carves,* carts, whence *carvage,* 34.

*Caſula.* See *Veſtimentum.*

*Celure,* coverlet. Kelham. Q. if not rather *teaſter* from *ciel,* 73.

*Cereliis* (circulis), circles, 195.

*Ceſt',* f. *ſept* for *ſeptieſme,* 177.

*Chambre toute-entiere,* the furniture of the chamber, 112.

*Champ (le) piers overez,* the field partly wrought, 157.

*Chanſure pur les moignes,* q. ſong-money, or allowance for ſinging maſters, 26.

*Chaperon de fere,* iron ſcull-cap or morion, 221.

*Chargeours,* chargers, 24.

*Charlton,* there are two places of this name in Suſſex, in the rapes of Bramber and Chicheſter, 213.

*Charthous de Londres,* Charter-houſe or Carthuſians, 218.

*Chaſez,* chaſed, 227.

*Chater,* acheter, to buy, 226.

*Chateux,* chattels, 121.

*Chekere,* F. chequer'd, 25.

*Chirbury (priorie de),* priory of Black canons at Snede, 108.

*Chirpelere (meſon de),* Q. Chipley, a priory of Auſtin canons in Suffolk, 52.

*Chriſtianiſſimus princeps,* a title long claimed by the kings of France, and given to our Henry VI, in compliment to his piety, 252.

*Cixtes.* Q. *ciſtes,* little boxes, 72.

*Clanfeld,* in Hampſhire, 213.

*Clere memoir (de),* of famous memory, 161.

3

*Clifford en Gales,* a Cluniac priory in Herefordſhire, 111.

*Clyderhow,* Clitherow in Lancaſhire, 237.

*Cuilers, Coilers,* ſpoons, 100. 112.

*Coers,* hearts. Dugdale tranſlates it *cover,* 134.

*Coler,* collar, 155.

*Combien que de preſent ne cognoiſſe nulle en eſpeciale meintenaines,* though at preſent I know of none in ſpecial maintenance, 148.

*C'es (les) de la ville,* les communs de la ville, 84.

*Colham,* Q. *Cotham,* 372.

*Combir, Cumhyre,* a Ciſtertian abbey in Radnorſhire, 110.

*Compas,* 219. Q. if a circle.

*Compaſſe,* circle, 155.

*Computatorie,* compter, 328.

*Conning,* knowledge, 293.

*Contrariouſtee,* contradiction, 139.

*Coronne,* coronet, 139.

*Coronacioun en la ſummite d'un petite tablet d'or,* 134. Q. a repreſentation of ſome coronation of the Virgin or other perſon.

*Corporas caas,* corporax caſe, or caſe for the pix, 251.

*Coſteles,* Q. coſtly, 30.

*Coſtages,* coſt, expenſes, 46.

*Coſties, coſtes, coſters,* ſide pieces, 70. 234.

*Covere,* q. corners, 178.

*Cov'ture,* coverlet, 72.

*Coungie,* congé, leave, 170.

*Crabhows,* or Wigenhale, in Norfolk, an Auſtin nunnery, 257.

*Crokeſton,* Crux Eaſton, 261.

*Croys Roys,* Roiſia's crois, the Auſtin priory at Royſton, founded by Roiſia de Vere, 110.

*Cunatum,*

*Cunatum,* coined, 266.
*Cunnyng,* knowledge, 360.
*Cureez (le) dite eglife aient n're melior chivall ou le prix en nom de principal,* the curates of that church to have our beft horfe, or his value, in the name of the principal, 84.
*Curfarii,* courfers, 262.

.

### D.

*D'alifaundre,* of Alexandria, 114.
*Dalmatica.* See *Veftimentum.*
*Dameiux (a),* q. *ad Amieux,* at Amiens, 151.
*Damortiez,* amortize, 93.
*Darreinere,* dernier, 38.
*Dorreynement,* lately, 128.
*Daffher (ove un),* with a fprinkler, 106.
*D'autre part,* on the other fide, 83.
*Decovrez,* uncovered, 158.
*D'egles,* with eagles, 74.
*Debues,* due, 74.
*Dedeinz, deinz, da deinz, de dedans d,* within, 34. 146. 227.
*Deliberacio,* delivery, 89.
*Demeore, demorance, demoree, demeorge,* delay, 98.
*Demoerant,* remainder, 93.
*Demy gros,* half groats, 218.
*Deofculatorium pacis,* a pax to put the hoft in, 324.
*Depden,* Debden, 184.
*Dertyngton,* Q. Dartington, c. Devon.
*Defaife,* Q. difeafe, illnefs, 183.
*Deftrez, deftriers,* horfes, 68.
*Defyve,* deceafe, 180.
*D'evelyn,* Dublin, 116.
*Devie,* die, 113. deceafe, 233.
*Devions, devier,* or *devoyer,* to die; 83.

*Devoir,* duty, ceremony, 224.
*Diffinitor,* or definitor, the vifitor of the order in general chapter, 250.
*Diploidem,* donblet, 263.
*Ditefworth,* Difeworth, 377.
*Diffipacio,* fpending, 89.
*Donwiz,* Dunwich, 33.
*Door,* d'or, of gold, 30.
*D'orge et draget,* monk, meflin, or mixt corn, 34.
*Dorra,* fhall give, 126.
*Doffier,* back piece, 74.
*Doffier (un), et huyt pieces pur les cofts et dieux banqueres,* a back piece, and eight pieces for the fides and two benches, 69.
*Donne,* donnez, given, 123.
*Doune en charge,* give in charge, 146.
*Doutant,* q. *redoutunz,* fearing, 178.
*Draget, dragere,* meflin, mixt corn, 35.
*Drapeft,* Q. *d'apreft,* loans, 37.
*Duytee, duitz,* duty, obligation, 138.
*Dymenge,* Dimanche, Sunday, 44.
*Dynde,* blue, 51.

### E.

*Eez,* Effex, 44.
*Effeffez,* feoffees, 172.
*Ehu,* eu, had, 148.
*Eident,* aiding, 101.
*Ely (meafouri de)* the Benedictine priory at Ely, 135.
*Emprendre,* borrow, 109.
*Empriaunt,* praying or requefting, 126.
*Enbefciller,* q. embezzle, 155.
*Enaferes,* hereafter, 106.
*En bufoigne,* be neceffary, 165.
*Encouvertre,* to cover, clothes, 226.
*Ency,* ainfi, 230.

                              *En*

*En greyn,* in grain, 37.
*Enguerdonnent,* reward, 74.
*Enhanced,* raised. 303.
*En mye le quer,* in the middle of the choir, 217.
*Ennorez,* gilded, 121.
*Enseffiblement,* ensemblement, together, 35.
*Ent,* thereon, 162.
*Entour, entre,* among, 220.
*Epitumum, Epitimium,* 2. a field of battle, a term peculiar to Ordericus Vitalis.
*Erge,* orge, barley, 35.
*Escheiez,* eschus, escheated, 131.
*Eschette,* q. *escheque,* chequered, 156.
*Esmon,* Edmund, 100, 113.
*Especial choistre,* of especial choice or succession, 178.
*Epeie,* sword, 112.
*Esploitable,* profitable, 127.
*Espois,* pois, pease, 36.
*Esportable,* q. *esploitable,* profitable, 121.
*Esqueles,* poringers, 24.
*Estatut merchant.* A bond of record, acknowledged by the *clerk of the statutes merchant* and the lord mayor of the city of London, or two merchants assigned for that purpose; and before the mayors of other cities and towns, or the bailiff of any borough, &c. 104.
*Estelle,* estoile, a star, 114.
*Esplinges,* sterling, 70.
*Estoise,* subject, *estoiser a la ley,* subir à la loi, 37.
*Estoisent, estoier,* to stand to, to abide. Kelham. 75.
*Estoor,* store, 121.
*Estore, estoveir,* necessity; estoyer, *estre,* 45.
*Estrange de jent,* de gent estrange, of strange people, 121.

*Estre,* propre, own, 55.
*Estre ce, estre ceo,* besides this, 94.
*Estrille,* or *etrille,* a currycomb, 227.
*Eues,* had, 38.
*Ewerot,* Q. a little ewe, 27.
*Exequiis ix. li. (cum),* sic orig. 327.
*Exploitez,* expended, 127.

## F.

*Faiz,* made, i. e. work, 151.
*Fanon,* manipule, towel, 71.
*Farlyngton,* q. Farringdon, c. Hants, 213.
*Favonet,* or *Fanones,* banners, 415.
*Feez,* fees, wages, 135.
*Ferniculs, fermilet,* clasp, buckle, 154.
*Ferures,* fetter-locks, 155.
*Feur et paille.* Lacombe makes *feur* synonymous with *paille,* elsewhere, hay, forage, 34.
*Feurer, fuere,* artisan, ouvrier, 53. It is not easy to explain the office of the several domestics, such as *Ferour, Hustiler,* &c. 53.
*Fesaunce d'ecestes (a la),* at the making of these, 133.
*Fiertre, fierte,* feretory, shrine, 32.
*Finols, finials,* a term of Gothic architecture for the little ornaments that terminate pinnacles, 47. 302.
*Firmayl,* chain, 100.
*Flounce,* rim, 182.
*Foer a, al foer,* in the shape of, 133.
*Foill,* q. breadth, from feuille, 184.
*Forcell,* q. strong box. *Forcerett* or *forchiere,* is explained by Lacombe *petit coffre,* 139.
*Fornecette,* Forncet in Deepwade hundred, Norfolk, 268.
*Founce,* fond, bottom, 114.
*Frontella,* frontel to the altar, 415.

*Gaddesden,*

## G.

*Gaddesden,* Great Gaddesden, Hert-
fordshire, 283.

*Galoniers,* of gallon measure, 325.

*Garenne,* Warren, 37. 69.

*Gartiers, lokers, & faucons,* garters,
fetter-locks, and falcons, the badges of the house of York, 219.

*Gaudes,* trinkets, gawdies, 5. 100. 180.

*Gaudes de get,* trinkets of jet.

*Gemelez,* double, or pair of, 108.

*Gerfacon',* Gerfalcon, a courser, 88.

*Gester,* to lye, 44.

*Gesine, gesine,* l'etat d'une femme en
couche, 115. See *Jhazen.*

*Gessine,* le ceremonie et le festin des
relevailles, 115. See *Jhazen.*

*Gipwy,* Ipswich, 33.

*Godet,* a mug, cup, 24.

*Goleclyve,* Goldcliff in Monmouthshire, 110.

*Goryng,* a small Austin priory of nuns
in Oxfordshire, 227.

*Graunts,* q. large beads, 180.

*Grauntz de n're saunk,* great people of
our blood or lineage, 84.

*Gre,* allowance, 54.

*Greces,* steps *(gressus),* 297.

*Greindre,* plus grande, largest, 38,
108.

*Guerdon,* guerdon, reward, 75.

*Guerdoner,* to reward, 85.

## H.

*Habergeon,* a coat of mail, 181, *ove un
crois de laton merchie sur le pis en-
contré le cuer,* with a cross of Latin
markt or wrought on the spot opposite to the heart (of the wearer).

*Haberjon,* habergeon, coat of mail,
221.

*Halton,* in Cheshire, 237.

*Hamound (l' abbey de),* the abbey of
Haghmond, c. Salop, 127.

*Hanap',* coupe à boire, cup, 24.

*Have do,* have done, 291.

*Heenton jouste Bathe,* Hinton ; a foundation for Carthusians by Ela
countess of Salisbury, 218.

*Henxmen,* henchmen, 220. * This is
an old English word for a *page* or
*equerry,* derived from the Saxon
hengeʒt, a *horse.* Spelman.
*Hanchman,* in the Highlands of
Scotland, is a close attendant on a
chief in quality of secretary or ser-
vant', from *hanch,* quasi *qui claudit
latus.* See Letters from the North
of Scotland, II. 156.

*Herce,* herse, or frame of wood-work
to put over the body while it lay in
state, 45, 68.

*Herce de cire,* a curious hearse of wax
in a small proportion placed upon
it, 225.

*H'noise, harnoise,* mounted, 24.

*Hernoise,* furniture, 31.

*Heynstigge,* Henstridge, c. Somerset,
340.

*Hogynton,* Q. Oakingham, 377.

*Holi-water stoppe,* vessel for holy-va-
ter, 253.

*Hopelande, hopelande, hopulandes, houpe-
lands,* long cloaks. L. 220. 225.

*Hosbandre,* of husbandry, 214.

*Hostel,* house, 131.

*Hou mont,* the black Prince's motto,
in German signifies a *haughty spirit,*
67.

*Housell, houces,* housings, 221.

*Huche.* Lacombe explains this word
*couvrechef, voile, coffre, coiffe.* Here
it means a pall over an empty coffin
representing the real one, 45.

*Hugucion,*

*Hugucion*, Hugutio or Hugh de Ver-cellis bishop of Ferrara, a great writer on the Decretals, 31.

*Hurlle (priorie de)*, Hurley priory, c. Hants, 49.

*Huykes*, q. if not *huque*, a huke, or Dutch mantle, 220.

## I.

*Jernem'*, Yarmouth, 33.

*Jhazen*, une nouvelle accouchée. Lac-combe, q. the labour or the puri-fication of our Lady. 115. See *Ges-nie* and *Gessine*.

*Illoeq'*, there, 32.

*Josfne, joone*, jeune, young, 35.

*Joeux des enfantz*, jeux des enfans, childrens sports, 112.

*Joust (juxta)*, near, 171.

*Isoit*, should be, 93.

*Issint*, ainsi, so, 84.

## K.

*Katryngton*, Katherington, in Hamp-shire, 213.

*Knesworth*, Kneesworth, c. Cam-bridge, 377.

## L.

*Lanternan*, Llantarnan in Monmouth-shire, 110.

*Laynes*, q. wool, 121.

*Lee*, broad, 26.

*Leger*, slightly, 136.

*Lerra morir*, shall die, 101.

*Lesse morir*, Kelham has *se lerra mourir*, shall die, 224.

*Lessez*, omitted, 166.

*Leteing*, letting, hindering, 317.

*Lettron*, q. *lettrin*, catafalque, 152.

*Leve de latoun suzorrez*, i. e. washed over with Latyn, &c. 67.

*Leu*, Q. l'on, 67.

*Linges*, Q. sheets, 84.

*Lintaux*, sheets, 72.

*Lit estandard*, q. a *standing* bed, or one whose tester rested on pillars, 131.

*Lite*, lit, 154.

*Litel veleuid*, little or not at all re-warded, 279.

*Long*, along, 299.

*Lonquets*, q. wild vine-branches. *Lan-gos*, les coursons de la vigne. 180.

*Lore, lors*, then, 159.

*Luminour*, administrateur ou marguil-lier de l'eglise. Laccombe. Q. chaplain, or chapel-clerk, 50.

*Lyncheux*, sheets, 100.

*Lyngbrok'*, a priory of Austin nuns on the river Lug in Hereford-shire, 99.

## M.

*Maes, mais*, pas, excepté, plus, dès que. but, only, 120.

*Male talent*, resentment, 147.

*Malison*, or *malichon*, malediction, 75.

*Mulketon*. Malton. This is a decayed parish now included in that of Or-well, where the church, antiently a rectory, still remains in ruins. The rectory of Orwell belongs to Tri-nity College, Cambridge, 377.

*Manberer*, Manúrbûr, c. Pembroke, 378.

*Manere (en) d'une cheen*, in the shape of a dog, 112.

I i i

Man-

*Manipulus.* See *Vestimentum.*

*Mannerbier,* Mannûrbûr, è. Pembroke, 285.

*Marcher, marquer,* to mark, 76.

*Marches de terre* or *marche,* land valued at one mark, 113.

*Maser.* Lacombe explains *mazer* the material of which were made drinking vessels, thence called *mazelins, mazesius,* or *mazelins:* and Kelham explains *hanap de mazer,* a bowl made of mazer. Du Cange says, *mazer, mazerinus, maza um, mazdrinum,* are the name of precious cups; of what material he does not determine, but inclines to think them the *pocula murrhina* of the antients, called in later writers, *hanaps de madre:* and then they will be made of precious stones, which, from the many instances of their being mounted in silver, recited by Dugdale, is much more probable than that they were of *maple wood,* as Somner thought.— And in some other instances, the material is put for the vessel, 25. 142

*Maffez,* q. *mafles,* male; or rather mastive, 139.

*Matarat',* mattrass, 79.

*Materes,* matters, 141.

*Meignalx,* menial, 219.

*Meigne,* houshold, 98.

*Meignee,* famile, menage, 38.

*Melreth,* Meldreth, c. Cambridge, 377.

*Melx,* mieux, best, 121.

*Meorne,* Q. *meorge* die, 124.

*Merchez, marques,* marked, 182.

*Mermyns de mier,* mermaids of the sea, 73.

*Mesnez,* remaining, 102.

*Messals,* missals, 153.

*Mialtz, mialtz, mieultz, multz,* best, 154.

*Miden',* Meath, 90.

*Miegnals,* menials, 116.

*Mieltz,* mieux, 41.

*M l'res de perles,* Dugdale translates this a thousand pearls, 30.

*Mixtilon,* monk, meslin, or mixt corn, 34.

*Molets,* mullets, 181.

*Monstre,* q. for *montée,* set forth, or amounting, 112.

*Mors,* f. morceau, 24.

*Mort estor',* dead stock or store, 34.

*Mortiers,* lamps, 84.

*Moun aun doun,* my new-year's gift, 129.

*Multz, mialtz, mieultz, multz,* best, 154.

### N.

*Naturelx,* kind, 134.

*Naturesse,* kindness, 221.

*Navemby,* Naumby, c. Lincoln, 378.

*Nichol, Nichole,* Lincoln, 42. 83.

*Nief pur encens,* ship for incense, 31.

*Nient,* not, 102.

*Noche, ouch,* or *nouche,* a gold stud, or setting for jewels, 50.

*Noir traille,* q. black lattice work, 155.

*Noneignes,* nuns, 153.

*Noneynes de Caam,* nuns of Caen, 50.

*Nones beside Stamford.* 381. A Benedictine Nunnery in Stamford-Baron, founded by an abbot of Peterborough, 6 Henry II. greatly reduced at the dissolution, when the site was granted to Richard Cecil.

*Notele*

*Notele (priorie de)*, Notley abbey, c.
Bucks, 49.

*Nounchalure*, indifference, 147.

## O.

*O*, f. *ove*, with, 234.

*Oeps*, ufe, work, 30. 69.

*Oeures*, oeuvres, works, 146.

*Olla & lilio.* All the reprefentations of the Salutation introduce
a *lily* in the angel's hand, and a
*flower-pot* on the floor between him
and the angel; the latter may be
only a piece of furniture, the former anfwers to a caduceus or palm-
branch, 324.

*Or de Cipre*, gold of Cyprus, Cyprus
work, 179.

*Ordenus*, 148. commands.

*Oreford*, Orford, 33.

*Orphareis*, fringes of gold, 254. 272.

*Os*, a bone, 106.

*Ov'eigne leve de latoun fuzorrez*, work
in relief of copper gilt, 67.

*Overaigne*, work, 32.

*Ouvròge*, work or pattern, 151.

*Ouftell*, maifon. L. houfhold, 133.

*Ouftez, eftet*, taken from, 130.

*Oswelment*, equally, 130.

## P.

*Paane, pane*, parcel, fkirt, 35.

*Palorz*, paled, 107.

*Pance*, q. belly-piece, from *pance*, gros
ventre. L. *pance*, a great-bellied
doublet. Cotgrave, 221.

*Pane*, fide, 300.

*Paope*, purple, 25.

*Papejayes*, popinjays, parrots, 35.

*Paramont la tombe*, on the top of the
tomb, 67.

—— *les ftallez*, above the ftalls, 70.

*Parentre*, q. among, 127.

*Parochiell*, to the parifh, 145.

*Patens*, the paten, 152.

*Pauleatum*, paled, 88.

*Paxbred*, the fame as *corporas caas*,
282.

*Pennally*, Penaly, c. Pembroke, 287.

*Pepyrying*, Peppering in Arundell
rape, 124.

*Perceive, i. e.* receive, 294.

*Pere*, piere, ftone, 217.

*Perfaire*, finifh, 85.

*Perie (ove)*, with ftones. Dugdale
not underftanding it leaves a blank,
114.

*Perill*, q. *perle*, 151.

*Peronnt, peront*, wherefore. K. whereby, 122.

*Perriea*, 415. } q. pierres, pre-
*Perrie*, 25. 106. } cious ftones.

*Piers*, partly, parcel, 149.

*Piert*, appears, 122.

*Pipes*, q. pipes or tuns, or ftaves : Lacombe gives both thefe fenfes,
149.

*Pitca grante*, quære, *ptie, i. e. partie
grante*, in part granted, 93.

*Plain, plein*, full, 214.

*Plafmator*, maker, 321.

*Playn*, full, 375.

*Plomftede*, probably Plumftead in
Kent, 103.

*Ponder' (cum)*, quere, according to
their full weight 327.

*Ponfonez*, pinkt, 180.

*Pootz*, pots, 24.

*Popynjayes*, parrots, 284.

*Port (le quel) mon mefues defut moy en-
femble*, which I wear myfelf about
me, 154.

*Portehors*, portiforium, with which the
French word is fynonymous, 71.

*Portiforium melius meum notatum*,

I i i 2                                    my

my best portiforium with musical notes, 88.

*Poffeffion*, q. *profeffion*, 112.

*Poffeffioners*, q. houfekeepers, 40.

*Poft com.* poft communionem, a part of the fervice of the church, 180.

*Povres naifs de mes manoirs*, poor fervants born on my eftates, 94.

*Potager*, officier qui a foin du potage du Roi, 52.

*Petellers*, q. of *pint* meafure. Du Cange explains *olla potteller* a porringer, 325.

*Pounfonnez*, ftriped and fpotted, or fprinkled, 227.

*Pounts et caufes*, bridges and caufeways, 41.

*Pour*, power, 75.

*Prebenda*, a portion : a feed, when applied to horfes, 325.

*Primer*, Q. aforementioned, 293.

*Prioratus de Sion apud Shene*, the priory of *Jefus* of Bethlem, for 40 Carthufian monks, c. Surrey, 252.

*Premiez*, q. proviez, provided, 217.

*Pro Deo pofuit*, quære, bound himfelf before God, 252.

*Profcheinement*, next, from *profchain*, 105.

*Pur nul mifchiefs*, to prevent prejudice being done to them; or, on no account, 69.

*Pur fopur*, for fupper, 129.

### Q.

*Qar, car*, for, L. 127.

*Q̃erex*, Q. *quarres*, 51.

*Qe eftre*, f. jeo eftre, 1 will, 187.

*Quadrant*, quadrangle, 301.

*Quaremele*, Lent, 34.

*Quillers*, Q. efquiles, bells, 25. *Cuilier*, a fpoon or ladle. *Howell*.

*Quillies*, receuillez, 53.

*Quilte*. This is not a modern French word, and yet occurs not in old gloffaries, 74.

*Quir, cuir*, 31.

*Quiffins*, cufhions, 72.

*Quyre, cuir*, leather, 134.

### R.

*De Radicibus auri*. See *Orphareis*.

*Raffata*, q. Taffeta, 32.

*Rebatement*, abatement, 149.

*Rebatuz*, abated, 132.

*Recommiffos, commendatos*, recomended, 273.

*Recreant*, craving, 224.

*Regardes*, rewards, fees, falaries, 148.

*Regardia*, rewards, 247.

*Regardum*, reward, 329.

*Reguerdonez*, rewarded, 116.

*Rere doffe at the high altar*, fcreen at the back of the high altar, 297. 302.

*Refpondes*, q. parallel correfpondent walls or fides, 295.

*Refones d'averell*, 182.

*Retrettz*, withdrawn, 123.

*Ridell*, curtains, 253.

*Riems, rien*: in old French this word has a pofitive fenfe, and means *any* thing, 45.

*Rimeie*, poetry, 181.

*Robertefbrugge*, Robertfbridge abbey in Suffex, 135.

*Roeis*, Royfton, 32.

*Roffe*, rofe, 101.

### S.

*Sadde*, fober, 368.

*Salaria, Saleria*, falt-fellars. This Englifh word is a redundancy; Salerium, Saleire, implying the fame as *fellar*, in one word. 325.

*Sale,*

*Sale*, seems to be used for the *hangings* of a hall, 72. 128.

*Saler*, falt-feller, 24 112.

*Samyt*, fine ſtuff or linen, 31.

*Seens*, *sens*, ſenſes, 147.

*Schapewyk*, Shapwick, c. Somerſet, 131.

*Seele entier*, whole teſter, diſtinguiſhed from half teſter, 132.

*Seint Eſmon*, q. *St. Edmond's*, ſcil. Bury, 32.

*Seint Marie*, Lincoln minſter, or cathedral, dedicated to the Virgin Mary, 152.

*Semail*, ſeed corn, 34.

*Semblably*, in like manner, 316.

*Sen lac*, or *Sang Lac*, the ſpot where the deciſive battle was fought between Harold and William, 2.

*Sepulchre*, 155. The ſepulchre of our Lord, which was on the N. ſide of the altar in many churches. See a curious deſcription of it at Northwold in Norfolk. Blomef. I. 157, who refers to others in the churches of Hurſt.nonceaux, c. Suſſex, and Stepney. See alſo Ib. p. 487.

*Senſures*, cenſers, 220.

*Serveieur*, ſuperviſor, 227.

*Serverve*, ſuperviſaunce, 105.

*Et ad le Scurveue de toutz terriens faitz & penſez pur quelx il rendra guerdon a cheſcun ſolom ſon deſert*, and has the over-ſight of all earthly deeds and thoughts, for which he will render a reward to every one according to his deſerts, 166.

*Qi ſi ele ſoy ſeut d'avoir autre marry*, q. *ſeure*, ſure; or perhaps *ſente*, if ſhe ſhould be *inclined* to marry again, 130.

*Sevelier*, enſevelir, 92.

*Seweth*, q. ſollowing, 3 8.

*Seyn*, *cloche*, bell, 25.

*Seynt*, girt, or *ceint*, a bell. K. 106.

*Soeffre*, ſuffer, 75.

*Solers*, ſ*uliers*, ſhoes, 178.

*Solom l'affairement*, in proportion, or what it will make, 127.

*Soudre*, ſouder, ſurder, to ariſe. Kelhan, 74.

*Soueſtoke*, q. Southwick in Bramber rape, 124.

*Soulez*, *ſolz*, or ſouz, pence, 116.

*South priour*, q. ſoubs priour, ſub prior, 99.

*Stanndon*, Standon, c. Herts, 33.

*Stevynton*, Q. c. Bedford, 283.

*Stokes*. There were three religious houſes of this name. St ke Curſey, c. Devon; another in c. ſomerſet; and the college in Suffolk, 110.

*Stola*. See *Veſtimentum*.

*Stop (un)*, a holy water *ſtoup* or veſſel, 106. 253.

*Straite*, ſtrict, 317.

*Stratford* at Bow, a Benedictine nunnery, as old as the Conqueſt, 226.

*Suages*, q. ſervages, ſervices, 129.

*Subirs*, Sudbury, 33

*Suelleſhales jouſte Whaddon*, Snelleſhall in Whaddon pariſh, 111.

*Sullyngton*, q. Sulton in Arundel rape, 131.

*Surerre*, ſurderre, gilt, 24.

*Surveoirs*, ſuperviſor, 227.

*Sutton de Bonyngton*. 377. The Vil'are places Sutton Bonington in Northamptonſhire; but it is not in Ecton.

4            T.

## T.

*Tache,* faſtened, *attache* ; *tache* in old French and Spaniſh is a nail, 31.

*Tantq',* unto, until, 68.

*Taſſia, taſſes,* cups, 326.

*Ten'tz,* tenements, 148.

*Terrien,* earthly, 164.

*Tertaryn,* Tartarian, 182.

*Textes,* woven, 149.

*Tilteye,* an abbey of White monks in Eſſex, 110.

*Torcenous,* wrongful, 39.

*Tortelez,* wreathed work. 114. Dugdale tranſlates it of a *tortois,* (Bar. I. 150).

*Tottyngton,* Tottington. There is a place of this name both in Arundel and Bramber rape, 124.

*Trav'ſin, traverſin,* croſs-piece, 73.

*Treſtouts,* all ; in the fulleſt ſenſe of the word; all and every, 149.

*Tripere,* tripod, 114.

*Triſtram,* a romance of that name, 254.

*Troiano (pondere)* Troy weight, 326. None of the Gloſſaries give a ſatisfactory etymology of this word. Spelman and Du Cange after him content themſelves with ſaying that *Trojæ pondus apud Anglos dicitur quod 12 uncias in libra numerat.* Somner ſuppoſes it the ſame with *Trona* or *Trone* in Scotland, but the authorities alledged prove the latter to be only the weighing engine and not the weight.

*Truſſe,* found, K. ſed q. 128.

*Tuelle, tuyau, conduit,* pipe, 24.

*Tyrteyne,* 25. *ſorte de mauvaiſe etoffe qui a pris ſon nom de Tyre, et dont on habille la milice.* Laccombe.

2

## V.

*Vadlet,* valet, 116.

*Velveto defenſinum (de),* q. faced with velvet ? 263.

*Verniele,* q. a Veronica, 152.

*Uerwyk,* York, 232.

*Veſtement,* furniture, 149.

*Veſtes, veſſes,* vetches, 36.

*Veſtes de aras,* q. garments of arras, 195.

*Veſtimentum,* 251. a whole ſuit of church apparel, comprehending the *caſula,* or cowl ; the *dalmatica,* or upper robe ; the *alba,* or albe, a kind of ſurplice; the *amictus* or amice, anſwering to the ſcarf ; the *ſtola,* which, like the amice, went over the neck, and hung down before, and was richly embroidered; the *manipulus,* or handkerchief, worn over the left arm ; the towels or napkins for the altar, which had alſo an altar-cloth of linen, and another to hang down in front of the altar, the frontlet and curtains, the caſe for the pix, the pulpit cloth, and the *capæ* or copes.

*Vadiis,* wages, 336.

*Ulture,* quære Ulſter, 111.

*Ulveſtier,* Ulſter, 34.

*Unc, oncques,* by no means, 84.

*Ungore, encore,* 85.

*Voine,* vain, 84.

*Voiſent,* q. ſhall walk before our Lady, 68.

*Upmerdon,* Upper Merden in Chicheſter rape, 124.

*Urceoli,* pots, 324.

*Uſqe,* Vſk, or Cairuſk in Monmouthſhire, 108.

*Uſque,* verſus, 196.

W.

## W.

*Waltham, manerium de,* a stately palace of the bishop of Winchester in Hampshire, demolished during the civil wars, 339.

*Wallyng encountre le mer,* sea walls, 135.

*Warbiyngton,* Warbleton, 213.

*Warnecamp,* quære *Warnham* in Bramber rape, 124.

*Waffaill,* waffell or grace-cup. A corrupt pronunciation of *waes' hoel,* be of health, 115.

*Witham, Wytham en Selwode,* a Carthusian monastery in Selwood, c. Somerset, 218. 331.

*Wodehous,* near Clebury Mortimer, c. Salop, 110.

*Wormyngey,* Wormegay, a priory of black canons in Norfolk, 253. 257.

*Woxbrig,* Uxbrig, 372.

## Y.

*Yovil, Yevil, Evill,* in Somersetshire, 137.

*Yma e (un) de la incarracioun de notre ame,* a picture of the incarnation of the Virgin Mary, 133.

*Ynde,* blue, 25. 115.

*Yverne en,* in winter, 129.

*Yvele,* q. Ewell vicarage, Surry, 137.

## DOUBTFUL WORDS.

*Accuby,* 182. accubes, resting-places, Howel; lits, Borel.

*Anal,* 182. q. *amail,* enamel.

*Ariez,* 182.

*Avanteres,* 227. q. avant hier, formerly.

*Averill,* 182.

*Avis,* 183. q. *a vie,* for en vie, in his life.

*Batuz,* 105.

*Beal,* 182. q. *bel,* handsome.

*Fittiz,* 122.

*Chare roffed,* 302.

*Espiner,* 182.

*Ferour,* 53 q. blacksmith.

*Hastiler,* 53. q. spearman or spearmaker.

*Parkes,* 114. *perk* is used in Blomfield for a *pedestal.*

*Plonket,* 100.

*Railles,* 149.

## ERRATUM.

P. 120. r. note, Elizabeth daughter of William de Bohun earl of Northampton.

# NEW BOOKS lately printed by and for J. NICHOLS.

British Topography, or an Historical Account of what has been done for illustrating the Topographical Antiquities of Great Britain and Ireland. In two volumes, quarto. Price Two Guineas and a Half in boards.

The History of the Town of Thetford, in the Counties of Norfolk and Suffolk, from the earliest accounts to the present time. By the late Mr. Thomas Martin, of Palgrave, Suffolk, F. A. S. Quarto. Price in boards 1l. 4s.

Medals, Coins, Great Seals, and other Works of Thomas Simon; engraved and described by George Vertue. The second edition, with additional plates and notes, and an appendix by the editor. Quarto. Price one guinea in boards.

The Connexion of the Roman, Saxon, and English Coins; deducing the antiquities, customs, and manners of each people to modern times, particularly the origin of feudal tenures, and of Parliaments. Illustrated throughout with critical and historical remarks on various authors, both sacred and prophane. By W. Clarke, A. M. Chancellor of the Church of Chichester. Quarto. Price one guinea in boards.

Mr. Pegge on the Coins of Cunobelin. 4to. Price 5s. sewed.

Four new editions of the Supplement to Swift's Works; with explanatory notes on all the former volumes, and an Index, by J. Nichols. In quarto, large octavo, small octavo, and 18mo.

Russia: Or, a Complete Historical Account of all the Nations which compose that Empire. Two volumes, octavo, price 10s. 6d. in boards.

Hymns to the Supreme Being: In imitation of the Eastern Songs. Octavo. Price 3s. 6d. in boards.

A complete and elegant Edition of the English Poets, in sixty volumes, with Prefaces biographical and critical to each Author, by Samuel Johnson, LL.D.

A Select Collection of Poems, with Notes Biographical and Historical by J. Nichols. Four volumes, small octavo, adorned with four portraits by Kneller, Lely, &c. Price 10s. 6d. in boards.—Four more volumes are in the press.

The Original Works of William King, LL.D. Advocate of Doctors Commons, &c. with Memoirs of the Author and Historical Notes by J. Nichols, in three volumes, octavo. Price 10s. 6d. sewed.

The Origin of Printing, in Two Essays, by W. Bowyer and J. Nichols. Octavo. Price 3s. sewed.

Some Account of the Alien Priories, and of such Lands as they are known to have possessed in England and Wales. Two volumes, crown octavo, adorned with a Map of Normandy, and eight other elegant Engravings. Price 7s. sewed.

The History of the Royal Abbey of Bec in Normandy, translated from a French MS. presented to Dr. Ducarel by Dom. Bourget. Price 3s. sewed.

Heylin's Help to English History; continued to the present time by Paul Wright, D. D. F. S. A. Adorned with copper-plates. Price 8s. sewed.

Letters from an English Traveller [Martin Sherlock, Esq;]. Translated from the French Original, printed at Geneva; with Notes; quarto. Price 3s.

# ADDITIONAL OBSERVATIONS

### AND

# CORRECTIONS,

### COMMUNICATED BY SOME LEARNED FRIENDS.

Page ix. *After* l. 7, *add*, " Eleanor Queen of Henry II. - - - - 13\*."
—— x. l. 2. r. " *Mohun*."
—— l. 15. r. " Edward V."
—— 3. In the 3d metrical line, Hearne gives it " me*u*able." See his Robert
  of Gloucester, p. 586.
—— 5. l. *antepen.* for 4 read 2. See Sandford, p. 27.
—— 12. *lin. ult.* r. Mans.
—— 17. note, l. 1. for " own" r. " half." L. 5 of the text, r. " capellani
  mei."
—— 21. l. 6. Leland (Collect. I. 554.) from the Scala Chronica, says, " Edward I. gave to his son Edmund *yn his testament* 4000 markes by
  yere of landes to be performid by his son Edward upon his bene-
  diction. In party whereof Edmund had after the counte of Kent,
  but he had not the hole sum afore Edward the Third's days." This
  implies a will after Edward I. came to the crown.
—— 31. note *h*. r. " Ferrara."—Text, l. 5 from the bottom, " de causa
  Dei adversus Pelagianos," by *Thomas Bradwardine.*
—— 41. notes, r. " husband's."
—— 49. note *o*, r. " Hurley."
—— 49. *l. antep.* " *priorie* de Notele." But the house in note *p* was from
  the first an abbey.
———— two last lines, " n're priorie de Scoule." Finding no such religious
  house any where, *Scoule* perhaps may be the true reading; for
  at *Stonely* in Huntingdonshire was a priory, connected with the
  Mandeviles and the Bohuns; for which see *Tanner*, p. 194. See
  also p. 55. *lin. ult. infra.*
—— 54. note *g*. r. " *arare*, arrear."

K k k

Page  55. note *i.* " a prier" in Italics.
—— 59. l. 9. Perhaps " patiretur."
—— 86. note *a*, " William *de Cloune.*" Br. Willis. [By comparing *Br. Willis's* two accounts of *William Knight*, as given in his Abbies, and at the end of Notit. Monast. it will appear that in the latter place, for " 1322," we should read " 1522."]
—— 109. l. 11. *emprendre*, to undertake. *Cotgrave.* See also p. 420. col. 2.
—— 110. note *a*. r. " LLantarnam," and again in the Glossary.
——————— *b.* r. " 1143."
—— 121. note *e*, read " 127."
—— 126. note *c*. r " college "
—— 136. —·· *m.* r. " Not."
—— 155. —·· *a.* r. " Brotherton."
—— 161. —·· *x.* l. 11. for " *minis*" r. " *nimis.*"
—— 165. and 198 dele notes *i*, and say *Roger* Walden, dean of York, and high treasurer of England, was archbishop of Canterbury the two last years of Richard II's reign, and was afterwards, for the last year of his life, bishop of London. See Richardson's Godwin, p. 123, 124. 187.
—— 180. —·· *m.* r. " vigne."
—— 181. l. 14. Concerning *Ægidius de Columna* see Cave's Hist. Lit. ii. 339.—edit. *Oxon.*
—— 184. note *l.* " Nic. Mile——28 July."
—— 186. l. 4, 5. " but—1v." should be erased.
—— 189. l. 16, 17. omit " since the time of R. I." Sandford, p. 376, will clear up this.
——————— l. 22. r. " 377."
—— 199. notes. *lin. ult.* r. " Pleshy."
—— 201. note *b*, line 2. for " 2" r. " 1."
—— 204. l. 10 from the bottom, r. " prey my."
—— 207. lines 4, 5, 6. the inverted commas omitted.
——————— l. 8. r. " Baugé." and " 1421."
—— 211. l. 5. " Moriton" or " Mortain ?"
—— 216. l. 9. r. " once."
—— 218. note *e*, r. " 470."
—— 222. l. 13. should it not be " Of his dukedom of Aumarle he "?
—— 224. note *b*, r. " *se terra mourir.*"
——————— l. 6. r. " MCCCCXXX."
—— 244. l.16. r. " *Somersetshire.*"
——————— line 9 from the bottom, Sandford, p. 293, writes that Helen had issue *Stephen* Gardiner, Prior of Tinmouth, afterwards Bishop of Winchester. But the Prior's christian name was *Thomas*; see
Willis's

Willis's Abbies, ii. 165; and he was probably Helen's son. As to the Bishop's parents see the note in Richardson's Godwin, p. 236, from Ric. Parkeri Sceletos Cantabrigienfis, as published in the 5th volume of Leland's Collectanea.

Page 249. (2) note *b*, line 2. r. " and *earl of* Kent."—for " ° " r. " f."
——————————— 3. r. " 695."
——— 250. (2) l. 11. " ecclefia."
——— 251. l. 9. " collegialia."
——— 251. note *f*, *lin. antep.* r. " *frontlet*," as at p. 428. col. 2.
——— 253. notes. *lin. ult.* for " IV." r. " III."
——— 256. l. 1. " mutuacionis."
——— 259. notes. *lin. ult.* " bifhop."
——— 263. note *g*, " faced;" literally " guarded."
——— 267. l. 10 from the bottom, " caftellum honoris five dominii."
——— 270. l. 8, 9. Quære " canonici prebendati." See p. 271. l. 6, 7.
——— 272. 5, 6. " habet et poffidet."
——— 274. note *b*, l. 3. r. " Eugenius " " crowns." The Latin is " SS. coronatorum;" fee Bentham's Ely, from Anglia Sacra. Of the four crowned with Martyrdom, fee Bede in his Martyrologium, p. 443, and Hofpinian, Fefta Chriftianorum, p. 101.
——— ibid. note *k*, lines 3, 4. for " Northampton" r. " Lincoln." L. 4 for " in the fame county" r. " c. Northampton."
——— ibid. l. 4. r. " 1443."
——— 275. l. 14, for " principium," perhaps " precipuum."
——— 280. l. 5 from the bottom, r. " earl *of*."
——— 291. l. 6. r. " Buddeno."
——— 298. *lin. antep.* " dry."
——— 302. note *r*. l. 1. r. " 297."
——— 315. l. 5. for *this* r. his; and l. 8. for *and* r. or. l. 15. " oure *alder* Saviour," our common Saviour, the Saviour of us all. See in the Gloffaries to Urry's and Tyrwhitt's Chaucer. So p. 317. l. 16. where erafe the commas.
——————— l. 16. perhaps " committe," with a filent *e*. See Budden.
——— 317. l. 4. clearer, if the comma were erafed after *favour*, and in the next line placed after *bee*.
——— 321. *lin. penult.* " celebrentur," as in p. 323. l. 1.
——— 322. l 5. " poft communione," as in p. 326. l. 13, 14.
——— 324. *lin. penult.* " dicto." note *e*, r. " potr."
——— 325. l. 16. " unum.' Q? " vinum."
——————— note *i*. Rather " of *pottle* meafure," the half of the gallon meafure.
——— 329. l. 11. " falutem."
——— 331. l. 5 from the bottom, " cordis."

Page  338. l. 13. Q.? *obstant.*
—— 341. note *b.* line 2. for "s" read "t."
—— 342. l. 4. r. "prebendary."
—— 349. l. 6  for "brafs" r. "fteel."
—— 350. l. 8. from the bottom, Q.? " worldely."
—— 352. l. 5. *Carte* fays "the foreft of Whitlebury."
—— 352. —— "Quarrer."
•—— 358. l. 10 from the bottom, " *at all.*"—*Lin. ult.* "placebo *and* dirige."
—— 359. *lin. penult.* " ornaments."
—— 365. *Lin. antepen.*  Q.? "our p'fent," as in p. 367.
———— note *d*, lin. 2. r. " 1535."
—— 367. l. 7 from the bottom, "to *fe* and caufe." Compare p. 379. l. 3,
           4, 12 ; p. 380. l. 2.
—— 375. note. r. " *plein.*"
—— 378. note *i*, l. 3. " *elect.*"
—— 381. note °, l. 1. r. " founded *by.*"
—— 385. l. 7 from the bottom.  Q.? " *do* diftribute."  Clearer, if the
           comma were erafed in the foregoing line, and placed in this after
           " committed."
—— 396. laft line r. " canonico."
—— 403. l. 1. r. Samford.
—— 404. note *a*, r. " Henry Bowett, bifhop of Bath and Wells 1401, arch-
           bifhop of York 1406—1423." The firft note fhould be made °,
           and the prefent note ° erafed.
—— ibid. l. 4 from the bottom, r. " difcree'oes."
—— 405. l. 10 from the bottom, r. " equis."
—— 419. col. 1. l. 5 from the bottom, for " 252" r. " 232."
—— 419. under *Coellers*, for " 100" r. " 102."  Under *Cofres*, for " 234"
           r. " 284."  Under *Corporas caas*, add " *Paxbrede* is the Pix." See
           Dugdale's Bar. II. 208.
•—— 421. col. 2. l. 10. " towel" furely fhould be omitted ; as in the page
           there referred to, we read " fanon avec towaill."  See *Fanon* &
           *Manipulon* in Cotgrave.  The word at p. 415, feems from the con-
           text to be reftricted to the fame fenfe as that at p. 71 ; and if fo,
           note *d*, at p 415, might be fpared, as alfo the article " *Favours,*"
           in the Gloffary.
—— 423. col. 1. l. 5. for " Hants" r. " Berks."
—— 425. col. 2. r. " Perrein." Under *Plain.* r. " 314."
—— 426. laft article, *lin. penult.* r. " Saliere."